Liebe Astrid,
lieber Christian!

Ein 70jähriger
bedankt sich!

Faschingsgaudi
Rußiger Freitag, 16.2.07
"bei Binners"

Ludwig [illegible]

Die
Spiegelauer Waldbahn

Die Geschichte der Spiegelauer Waldbahn
und des staatlichen Forst-Maschinenbetriebes Spiegelau
von der Planung bis zur Auflösung mit über
200 historischen Fotos, Zeichnungen und Plänen
und Berichten von Zeitzeugen.

Ludwig Reiner, Hermann Beiler, Richard Sliwinski, Thomas Klotz,
Josef Goldmann, Josef Fritsch, Wenzl Sammer

Ohetaler Verlag
94566 Riedlhütte

Dieses Buch entstand mit Unterstützung
des „Kulturfonds Bayern“ und der
"Kulturstiftung des Bezirks Niederbayern“.

Unter Mitarbeit von

Josef Burghart, Leo Hawalik †, Hans Schrödinger †, Hans Schwankl, Erwin Vogl

Herausgeber:

Heimatverein d' Ohetaler Riedlhütte e.V.
Kühbergweg 28
94566 Riedlhütte

Repro, Layout und Satz:

Hermann Beiler, Spiegelau

Ohetaler Verlag
94566 Riedlhütte
www.ohetaler-verlag.de

ISBN 3-937067-14-0

Vorwort

Das ist die Geschichte der legendären Spiegelauer Waldbahn an den Südhängen von Rachel und Lusen im inneren Bayerischen Wald: Einst die größte Waldeisenbahn in West- und Mitteleuropa mit dem längsten Streckennetz, das 9.000 ha Wald erschlossen hat. Mit den Vorarbeiten von 1900 bis 1908 war sie bis 1960 insgesamt 60 Jahre in Betrieb: Auf 95 km Schmalspurgleisen (600 mm), zeitweise sogar 110 km, hat sie im Jahr etwa 20.000 bis 40.000 Festmeter Holz transportiert: Insgesamt etwa 2 Millionen Festmeter: In diesen 60 Jahren wurde 39 Mal die Welt umrundet. Durch die Besuche vieler Forstleute aus dem In- und Ausland kam sie zu hohem Ansehen. Sie war Vorzeigemodell für den Holztransport aus den Hochlagen an die Reichsbahn: Kein Student der Forstwissenschaften, der sie mit seinen Professoren bei einer Fachexkursion nicht besucht hat.

Wir schildern die bei der Waldbahn tätig gewesenen Menschen, die „Waldbahnerer", in den verschiedenen Berufen und Hantierungen: 60 Jahre lang -mehr als zwei Generationen- sorgte die Waldbahn für die Menschen zwischen Klingenbrunn und Mauth für eine lohnende Arbeit. Nach den häufigen Windwurfkatastrophen oft bis an die Grenzen der Leistungsfähigkeit der Menschen und der technischen Einrichtungen. Mit der Waldbahn sind um 1900 neben der Arbeit in der Glasfabrik und als Holzhauer im Wald, neue Tätigkeitsbereiche entstanden. Die „Waldler" haben diese Herausforderungen gerne angenommen. Viele wurden zu Spezialisten. Es gibt in Klingenbrunn, Spiegelau, Riedlhütte, Neuschönau, Mauth und Umgebung eine ganze Reihe von Familien, in der mindestens ein Mitglied „bei der Waldbahn" beschäftigt war. Oft hat die Tätigkeit auch der heranwachsende Sohn vom Vater übernommen. So waren beim Bau der Strecken 600 Personen (1929, 1930), im Fahrdienst 18 (1946), für den Unterhalt der Gleise 15 (1933), als Holzverlader 40 (1935), in der Werkstatt 10 (1930, 1931), insgesamt (ohne Streckenbau) um 80 Personen beschäftigt. Wir werden auch dem Bau des weit verzweigten, 95 km langen Streckennetzes, den eingesetzten Lokomotiven (7 Dampf-Loks, 4 Diesel Loks) und 418 Trucks, dem Fahrbetrieb und der Arbeitswelt der verschiedenen Berufe nachspüren: Viele Familien am Rachel und Lusen sind daran interessiert, zu erfahren, mit welcher Tätigkeit der Vater und Großvater ein Arbeitsleben lang, sein Brot verdient hat. Oft war es eine schweißtreibende und gefahrvolle Tätigkeit, mit stundenlangen Anmarschwegen zu ihren Einsatzorten an den hoch gelegenen Holzlagerplätzen. Viele haben sich bei ihrer Tätigkeit schwer verletzt, drei haben bei Unfällen ihr Leben verloren.

Es ist nicht einfach, die unvorstellbaren Transportleistungen zu veranschaulichen: Im Jahr wurden im Mittel 31.250 Ster Holz transportiert (Festmeter in Ster (1x1x1m) umgerechnet). Hintereinander gereiht, eine Strecke von Spiegelau bis Deggendorf. Von 1910 bis 1957 (47 Jahre), entspricht die Transportleistung einer Sterholzreihe, die der Strecke von München nach Hamburg hin und zurück entspricht. In der Zeit von 1910 bis 1957, in 47 Jahren, sind in Spiegelau und Klingenbrunn Waggons der Eisenbahn verladen worden, die hintereinander gereiht, von Spiegelau bis nach München reichen.

Dieses Buch hätte schon vor 20 Jahren geschrieben werden müssen: Noch mehr lebendige Berichte von Zeitzeugen über ihre Tätigkeiten wären mitgeteilt worden. Wir sind dankbar, dass wir den letzten Holzverlader, Leo Hawalik und Hans Schrödinger, beim Steinbrecher beschäftigt, kurz vor ihrem Tod, noch befragen konnten. Hans Schwankl (Elektro-Schwankl, Riedlhütte), in den 50er Jahren Bremser, schilderte uns eine aufregende und gefährliche Arbeitswelt. Der Erstautor hat als Rindler von Schleifholz nach seiner Schulentlassung 1951, insgesamt 4 Monate lang auf dem Holzlagerplatz Stiegenhütte (900 m) unter dem Rachelsee, die Tätigkeit der Holzverlader und den Fahrbetrieb der Waldbahn kennen gelernt.

Für eine fundierte Schilderung der technischen Seite der Spiegelauer Waldbahn, war es ein Glück, dass sich Dipl. Ing. (FH) Richard Sliwinski, in seiner Diplomarbeit 1991 an der Fachhochschule Weihenstephan, Fachbereich Forstwirtschaft (Betreuer: Prof. Th. Klotz) mit dem Thema „Die Waldeisenbahn Spiegelau ...." beschäftigt hat. Von Josef Goldmann, Spiegelau, im „Kontor" (Büro) der Waldbahn und des Forst-Maschinenbetriebes tätig, stammen viele Berichte und Bilder. Josef Burghart, Neuschönau, hat für seinen Heimatverein seltene Waldbahn-Bilder gesammelt und uns zur Verfügung gestellt. Von der Familie Wolf, Klingenbrunner Bahnhof, stammt ein Bild über den Holzhof.

Im Jahre 1960 hat die Spiegelauer Waldbahn aufgehört zu bestehen: Im Zweiten Weltkrieg wurde sie stark vernachlässigt. Den Wettbewerb mit dem Lastkraftwagen und ausgebauten Straßen hat sie verloren: Die Holzabfuhr war mit geringeren Kosten aus den Hochlagen bis an die Lagerplätze der Sägewerke möglich geworden. Für die heute über 60-Jährigen in den Walddörfern, ist das Pusten und Fauchen der kleinen Dampf-Lokomotiven auch heute noch in lebhafter Erinnerung. Diese Zeit lebt wieder auf, wenn heute in Riedlhütte, entlang der Großen Ohe, die Schmalspurbahn (600 mm) eines Münchner Vereins im Juli beim Glaserfest im Einsatz ist und Jung und Alt erfreut.

Für die ehemaligen Waldbahnerer war es nicht einfach, in Spiegelau neue Arbeitsplätze zu finden. Eine gewisse Entlastung brachte hier der forstliche Maschinenbetrieb des Regierungsforstamtes Niederbayern. Er wurde bereits seit 1923 neben der Waldbahn aufgebaut und bestand bis 1983. Viele Menschen in Spiegelau und Umgebung verdanken diesem erfolgreichen Maschinenstützpunkt eine lohnende Arbeit.

Wir sind dankbar, dass uns der ehemalige Leiter, Herr Oberamtsrat Josef Fritsch, diesen Nachfolgebetrieb der Spiegelauer Waldbahn aus eigenem Erleben schildern konnte.

Folgen Sie mit uns den faszinierenden Spuren der einst so erfolgreichen Spiegelauer Waldbahn und des forstlichen Machinenbetriebes: Eine Sozialgeschichte aus dem Inneren Bayerischen Wald.

Riedlhütte, Spiegelau, München im November 2005

Ludwig Reiner, Richard Sliwinski, Hermann Beiler, Josef Goldmann, Josef Fritsch

Zum nachfolgenden Text:

Um das Auffinden zu erleichtern, wurden die Stichwörter, welche im **Index** erfasst sind, in **Fettschrift** dargestellt.

Inhalt

1 Bahnbau: Plattling-Deggendorf-Zwiesel-Grafenau

Die legendäre Spiegelauer Waldbahn ist ohne den Bahnbau von **Plattling**, **Deggendorf** und **Zwiesel,** mit der Nebenstrecke von **Zwiesel** nach **Grafenau** nicht denkbar. Erst nachdem diese Bahnverbindung vorhanden war, konnten mit einer Schmalspurbahn die großen Holzvorräte aus den Hochlagen am Rachel und Lusen am Bahnhof in Spiegelau zum Versand gebracht werden. Die wirtschaftliche Erschließung der Ortschaften am Rachel und Lusen wurde durch diese Eisenbahn möglich.

Die Verwirklichung dieses Bahnbaues von Plattling und Deggendorf nach Zwiesel und Grafenau war jedoch mit vielen Schwierigkeiten verbunden. Der Bayerische Wald ist, wie alle höheren Mittelgebirge, durch die Gestaltung der Landschaft sehr verkehrsfeindlich. Es ist kein Zufall, dass die erste deutsche Eisenbahn im Königreich Bayern 1835 auf ebener Strecke von Nürnberg nach Fürth dampfte.

Zunehmender Warentransport: Es war die Zeit, wo in den Jahren nach 1800 sich Deutschland aus dem vorwiegend agrarischen Staat in ein Industrieland zu wandeln begann. Diese „***industrielle Revolution***" brachte eine tief greifende Umwälzung der wirtschaftlichen und sozialen Verhältnisse. Die traditionelle Handarbeit wurde zunehmend durch Maschinen ersetzt. Fabriken entwickelten sich zum größten Arbeitgeber in der Wirtschaft: Auf Kosten des Kleingewerbes und des Handwerkes. Die Gewinnung von **Steinkohle** und **Braunkohle** stieg von 1848 bis 1875 auf das 7-8fache. Diese wirtschaftliche Entwicklung hatte eine starke Ausdehnung des Warentransportes zur Folge: Das Verkehrsnetz in den deutschen Staaten wurde ausgebaut: 1835 hatten die Eisenbahnstrecken eine Länge von nur 6 km. 15 Jahre später, 1850, waren es bereits 6.044 km, 1860 dann 11.633 km und 1870 schließlich 19.575 km: Das Zentrum war Berlin. Deutschland erhielt den Anschluss an das europäische Ausland. In diesem größeren Zusammenhang ist auch der Anschluss des bayerischen Waldes an das deutsche Eisenbahnnetz zu sehen.

Eine Kampfabstimmung in München: Besonders die Glashütten im Bayerischen Wald hatten unter der schlechten Verkehrsanbindung zu leiden. Schon am 8. Dezember 1856 trafen sich in Zwiesel die Glashüttenherren aus dem gesamten Zwiesler Winkel und aus dem benachbarten Böhmen (Schmidt, 1969). Sie entwickelten Vorstellungen über eine Eisenbahnlinie von Landau, Plattling nach Deggendorf über Zwiesel und Eisenstein nach Böhmen bis Prag. Bis diese Vorstellungen weit blickender Unternehmer jedoch Wirklichkeit werden konnten, sollte es aber noch 21 Jahre bis 1877 dauern. Seit dieser ersten Zusammenkunft blieb aber die Forderung nach einer für das Waldland wichtigen Eisenbahnlinie auf der Tagesordnung.

Dass der Bayerische Wald an das Eisenbahnnetz angeschlossen werden muss, darüber gab es damals im Handelsministerium in München keine Diskussion mehr. Es war privates Geld, **Aktiengesellschaften**, die sich damals mit dem Bahnbau eine gute Rendite versprachen. Lange strittig war jedoch die **Streckenführung** dieser ersten Eisenbahnlinie in den Bayerischen Wald. Die eine Gruppe wollte sie von Plattling, Straubing nach Cham, an die bereits bestehende Strecke von Furth nach Böhmen führen. Eine andere starke Gruppe von niederbayerischen Abgeordneten, machte sich für einen Streckenverlauf von Plattling über Deggendorf nach Zwiesel und Eisenstein stark. Wichtig war bei dieser Linienführung, dass auf der böhmischen Seite eine private Bahngesellschaft sie von Eisenstein nach Pilsen weiterführen wollte. Die Vor- und Nachteile dieser beiden Streckenführungen wurden damals in den aufstrebenden Zeitungen heftig diskutiert (Zeitler, 1980, 36). Dann kam es im Februar 1873 in München zu einer wichtigen Versammlung der Aktionäre der **Ostbahngesellschaft**. Es sollte endgültig darüber abgestimmt werden, welche der beiden vorgeschlagenen Bahnlinien nun gebaut werden soll. Für die Ostbahngesellschaft war bei der Entscheidung von großer Bedeutung, dass in Eisenstein die Bahn auch einen Anschluss nach Böhmen bekommen sollte: Man wollte die hohen Baukosten schnell wieder erwirtschaften. Durch einen Staatsvertrag zwischen Bayern und Österreich, bekam die „*Pilsen-Priesener-Bahn-Gesellschaft*" die Erlaubnis, diese Bahn zu bauen.

Die Versammlung der weit über tausend erschienenen Aktionäre hatte zunächst tumultartig begonnen: In dem zu kleinen Saal konnten viele Aktionäre der Versammlung nicht folgen. Deshalb wurde sie in den damals größten Münchner Saal, in das „*Odeon*" verlegt. Nun sollte an diesem 14. Februar 1873 über diese beiden Strecken abgestimmt werden: Bei der Abstimmung hatte jeder Aktionär Stimmen nach der Anzahl seiner gezeichneten Aktien. Die anwesenden Aktionäre vertraten insgesamt 33.674 Aktien. Beim Ergebnis der Abstimmung stimmten die Aktionäre von 25.559 Aktien (77 %) für die Linie Plattling-Zwiesel-Eisenstein. Die Aktionäre von 7.918 Aktien (23 %) entschieden sich für die Strecke Plattling- Straubing-Cham. Ungültig waren 197 Stimmen. Durch diese Abstimmung hatte die Ostbahngesellschaft nun die erforderliche Mehrheit von mindestens zwei Drittel aller Stimmen. Entscheidend für den Sieg bei der Abstimmung der Vertreter der Plattling-Eisensteiner Linie war das redegewandte Auftreten des Vorstandes des Zwieseler Eisenbahnkomitees, **Benedikt von Poschinger** (Zeitler, 1980, 41, Poschinger von, 1955).

Der Zwieseler Chronist **Max Hilz**, 1890, 100, berichtete über diese für die gesamte Region so entscheidende Abstimmung in seinem „*Buch für Zwiesel und Umgegend …*" (Neudruck: Benz, Hilz, 2003). Interessant ist, dass bereits wenige Stunden nach dieser wichtigen Abstimmung das Ergebnis in Zwiesel bekannt wurde: *„1873 am Freitag den 14. Februar, nachmittags 4 Uhr, kam aus München die telegraphische Nachricht an, dass der Bahnbau Landau-Deggendorf-Eisenstein gesichert und die Strecke Landau-Straubing-Cham durchgefallen sei"*. Diese Mitteilung wird in Zwiesel große Freude ausgelöst haben.

Max Hilz, 1890, teilte auch Einzelheiten dieser Abstimmung mit. Dabei setzte er aber, 17 Jahre später, die Anzahl der Aktien der einzelnen Aktionäre mit Personen gleich. Anwesend waren aber nur über tausend Aktionäre und nicht *„über 33.000"*, wie er feststellte. Hier sein Bericht über die Abstimmung: *„1872 wurde vom Komitee Zwiesel um eine Eisenbahn beim Handelsministerium* (in München) *angehalten. Es wurden von Seiten der Ostbahn-Gesellschaft 4 Ingenieure mit 12 Gehilfen hierher* (nach Zwiesel) *gesendet, um die Bahn auszustecken. Nachdem aber diese Bahn viele große Gegner hatte (Schlör und Glött), welche die Bahn* (über) *Straubing und Cham bauen wollten, so wurde in einer großen General-Versammlung im Odeon zu München am 13. Febr. 1873 von über 33.000 Personen abgestimmt, und trafen auf Zwiesel-Eisenstein 25.559, auf Straubing-Cham 7.918 Stimmen. Da sich Herr Benedikt von Poschinger auf Oberfrauenau um das Zustandekommen dieser Bahn sehr verdient gemacht hatte, so wurde dieser hohe Herr in Zwiesel am 18. Februar nachts mit Fackelzug, Musik und großartiger Beleuchtung der Häuser empfangen. Aus Zwiesel waren 36 Bürger zur Abstimmung nach München gereist"*.

Der von Max Hilz oben genannte Gustav Schlör, ehemaliger Bayerischer Minister und Ostbahndirektor, trat vor der Abstimmung in einem langen Zeitungsartikel für die Straubing-Chamer Strecke ein. Seine Bedenken waren dabei die hohen Baukosten der Strecke nach Zwiesel und die durch starke Steigungen zu erwartenden Schwierigkeiten beim Betrieb (Zeitler, 1980, 36).

Eröffnung der Strecke; 1877: Nach dieser wichtigen Abstimmung erwähnt Max Hilz 16 Monate später noch den Beginn der Bauabeiten an dieser Bahnstrecke: *„1874 am Dienstag den 23. Juni wurde bei Bayrisch-Eisenstein die Arbeit zum Eisenbahnbau angefangen"*. Am 9. September waren erst 196 Arbeiter beschäftigt. Dann am 7. Oktober schon 334 Arbeiter, die bereits 45.000 Kubikmeter Erdreich mit Pickel und Schaufel bewegt hatten. Später arbeiteten dann etwa 4.000 Arbeiter an dieser Strecke: Darunter viele erfahrene italienische Maurer und tschechische Sprengmeister.

Nach 3jähriger Bauzeit kam dann endlich der Tag der feierlichen Eröffnung (Hilz, 1890, 120): *„1877 am Sonntag den 16. September wurde die Eisenbahn von Plattling bis Ludwigsthal dem öffentlichen Verkehr übergeben. Dadurch hatten sämtliche Fuhrwerke von Zwiesel nach Deggendorf zu existieren aufgehört"*. Für die in Zwiesel und Umgebung ansässigen **Fuhrleute**, die bisher den **Transport** aller Güter nach Deggendorf über die **Rusel** besorgt haben, war das ein schwerer wirtschaftlicher Verlust.

Wie wichtig und dringend notwendig dieser Bahnbau für die Unternehmer der Gegend war, zeigt die Tatsache, dass **Ludwig Stangl**, Hüttenherr und Sägewerksbesitzer im 26 km entfernten **Spiegelau** schon 6 Wochen vor der Eröffnung der Bahnstrecke Deggendorf-Zwiesel, das erste **Frachtgut** am Bahnhof in Zwiesel lagerte. Er hatte den Ehrgeiz, diese neue Bahnlinie trotz der weiten Entfernung zum Bahnhof nach Zwiesel als Erster nutzen.

Max Hilz, 1890, war dieses erste Frachtgut in seiner Chronik einer Mitteilung wert: *„1877 Anfangs August wurde von Herrn Ludwig Stangl von Spiegelau bei Klingenbrunn eine Fuhre sogenannter Holländerbretter zum hiesigen Bahnhof (Zwiesel) als erstes Frachtgut verfrachtet und gelagert"*. **„Holländerbretter"** waren Bretter aus Langnutzholz (18 m lang, 27 cm am dünneren Zopf-Ende), das im Main- und Rhein-Floßhandel früher bedeutsam war (König, 1962, 312). Dem Glashüttenherrn und Sägewerksbesitzer Ludwig Stangl, Spiegelau, bot diese neue Eisenbahnverbindung erstmals die Möglichkeit, am gewinnträchtigen **Main-Rhein-Holzhandel** teilzunehmen. Diese Begebenheit zeigt aber auch eindrucksvoll, wie die Unternehmer dieser Zeit sich bietende Gelegenheiten nutzten, ihren Handel auszuweiten.

Nebenstrecke Zwiesel-Grafenau; 1887-1890: Diese Nebenstrecke oder *„Lokalbahn"* sollte ursprünglich nach den ersten Planungen von Zwiesel über Grafenau und Freyung nach Passau führen. Man nannte sie *„untere Waldbahn"*, um sie von der *„Waldbahn"* von Plattling nach Eisenstein abzugrenzen. Zur Einleitung der notwendigen Verhandlungen mit den Interessenten, begab sich am 4. Juni 1883 eine Kommission der Generaldirektion der königlichen Staatseisenbahnen zu einer Besichtungungsreise nach Zwiesel, Grafenau, Freyung und Passau. Die Kommission hatte zu ergründen, ob die nach dem ***Lokalbahngesetz*** geforderte, kostenlose Abtretung des Grundes für den Bahnbau möglich ist. Auch sollten die lokalen Interessenten dieser Bahn bereit sein, für den Bahnbau Spenden aufzubringen. Am 18. Juni 1883 berichtete die Kommission an das Staatministerium des königlichen Hauses in München über ihre Vorverhandlungen für diesen Bahnbau. Darin stellte sie fest, *„dass für die Bahnlinie von Zwiesel nach Grafenau die unentgeltliche Grundabtretung weitgehend gesichert ist. Auch das Transportaufkommen erscheint für diese Strecke sichergestellt. Für die Weiterführung der Strecke von Grafenau bis Freyung jedoch, ist die notwendige, kostenlose Grundabtretung nicht zu erreichen"*. Die Unternehmer dieser Gegend, meist Sägewerksbesitzer, haben die Bedeutung einer Eisenbahnlinie für den Absatz ihrer Produkte und die Entwicklung ihrer Orte damals nicht erkannt.

Kostenlose Grundabtretung und Spenden: Welches große Interesse die Unternehmer an der Strecke von Zwiesel nach Grafenau am Bahnbau hatten, zeigt die großzügige Grundabtretung und die Spendenliste (Zeitler, 1980, 61f): Hier sind vor allem die Poschinger hervorzuheben: **Reichsrat Benedikt von Poschinger** aus Frauenau stellte den Grund bereit und spendete 20.000.- Mark. **Ferdinand von Poschinger**, an der Grundabtretung unbeteiligt, gab einen Zuschuss von 5.000.- Mark. Auch in Spiegelau und Riedlhütte fanden sich Spender: So stellte der Regierungs- und **Fiskalrat Wirth** aus München, Mitbesitzer und Prokurist der **Holzstofffabrik Wildberger** in **Luisenfels**, in der **Steinklamm** bei Spiegelau, 5.000.- Mark bereit. Der oben genannte Glasfabrik- Guts- und Sägewerksbesitzer **Ludwig Stangl** in Spiegelau, übereignete kostenlos Grundstücke und zahlte 2.000.- Mark. Auch der Glasfabrikbesitzer **Hugo Roscher** im 2 km entfernten Riedlhütte erhoffte sich Vorteile von dieser Bahnlinie: Er spendete 1.200.- Mark. Auch in Grafenau fanden sich unter den Kaufleuten und den Besitzern von Schneidsägen und **Zündholzfabriken** viele weitere Förderer.

Bahnhof Grafenau: Schwaimberg oder Stadtmitte? Dieser Bericht nach der Besichtigungsreise der Kommission war sehr entscheidend: Die Generaldirektion der königlich bayerischen Staatseisenbahnen erhielt nun den Auftrag, vorerst nur die Teilstrecke der *„unteren Waldbahn"* zwischen Zwiesel und Grafenau zu bauen. Es bestand jedoch immer noch die Absicht, zu einem späteren Zeitpunkt, die Bahnlinie von Grafenau über Hohenau nach Freyung weiter zu bauen. Dieses Vorhaben wäre aber nur zu verwirklichen gewesen, wenn der Bahnhof in Grafenau nördlich der Stadt auf dem Schwaimberg errichtet worden wäre. Mit dieser Lösung waren aber die Grafenauer Stadträte nicht einverstanden: Zur Grundabtretung und Barleistung waren sie nur bereit, wenn der Bahnhof in unmittelbarer Nähe zum Stadtplatz zu liegen kam. Die Staatseisenbahnverwaltung in München hat sich schließlich erpressen lassen: Der Bahnbau sollte nicht scheitern. Aus heutiger Sicht war das für die Region ein zweifelhafter Sieg. Die bequemere Lösung der Grafenauer verbaute die Möglichkeit, die Bahn nach Süden aus dem Grafenauer Talkessel über die Höhen in Richtung Hohenau weiter zu bauen. Der Entscheidung der Stadtväter von Grafenau fehlte damals der Weitblick: Der Landkreis hätte heute längst eine Bahnverbindung zwischen den beiden Hauptorten Grafenau und Freyung.

Streckenverlauf über Riedlhütte, St. Oswald, Grafenau: Mit einem Bahnhof auf dem Schwaimberg nördlich von Grafenau, wäre auch der Verlauf der Bahntrasse anders geführt worden. Sie würde heute von Spiegelau über Riedlhütte, Siebenellen nach Grafenau verlaufen. Der kostenaufwendige Verlauf mit der hohen Brücke über die Große Ohe und den vielen Sprengungen an den Südhängen entlang der Steinklamm, wären nicht notwendig gewesen: Der Glashüttenort Riedlhütte und St. Oswald wären heute an die Bahn angeschlossen.

Als Ursache für diesen nicht ausgeführten Streckenverlauf haben ältere Bürger in Riedlhütte in Erzählungen die Weigerung der damaligen Hüttenherren Arthur und Hugo Roscher gesehen. Das ist jedoch sehr unwahrscheinlich: In diesen Jahren planten sie in Riedlhütte am heutigen Standort der Glasfabrik den Neubau einer modernen Tafelglasfabrik mit Siemens-Generatorofen, die dann 1890 auch gebaut wurde. Es ist eher anzunehmen, dass den Einheimischen damals die echten Hintergründe dieses Streites über den Standort des Bahnhofes in Grafenau nicht bekannt waren. Bei diesem Streit haben die Grafenauer Bürger den heutigen Standort des Bahnhofes erzwungen mit der Folge, dass die Ortschaften Riedlhütte, St. Oswald, Hohenau und andere heute keinen Bahnanschluss haben.

Forst; Verbindungsgleise zu den Triftplätzen: Auch mit der damals einflussreichen königlichen Forstverwaltung gab es Streit wegen der Festlegung der Bahnhöfe. Sie vertrat ernsthaft die heute geradezu weltfremde Forderung, die Bahnhöfe nicht in Ortsnähe, sondern möglichst nahe an die Holztriftplätze der Bäche zu legen. Deshalb war die Forstverwaltung mit der Ortswahl der Bahnhöfe damals nicht einverstanden. Später forderte sie Verbindungsgleise zu diesen Holztriftplätzen: Der Abtransport des Triftholzes an die Bahnhöfe und das Eisenbahnnetz Deutschlands sollte so sichergestellt werden: Hier wurden 1885, noch 15 Jahre vor dem Bau der Spiegelauer Schmalspurbahn, bereits Ideen geäußert, die dann erst um 1900 verwirklicht werden konnten.

Bahnstrecke Zwiesel-Grafenau, fertig gestellt 1890: Am 21. April 1884 wurde der Bahnbau von Zwiesel nach Grafenau genehmigt. Nachdem der Standort des Bahnhofes in Grafenau feststand, konnten die Vermessungs-Ingenieure im Sommer 1885 mit den schwierigen Geländeaufnahmen beginnen. Sie dauerten 3 Jahre. Im Frühjahr 1888 wurde mit dem Bahnbau von Zwiesel nach Grafenau begonnen. Die Arbeiten zur Herstellung des Bahnkörpers wurden in Abschnitte eingeteilt und in „Losen" ausgeschrieben. In den einzelnen Streckenabschnitten sind vornehmlich Arbeiter aus den umliegenden Ortschaften eingesetzt worden. Nach 2 ½ jähriger Bauzeit fuhr dann am 18. August 1890 in einer Probefahrt die erste Lokomotive die 31,5 km lange Strecke von Zwiesel nach Grafenau. *„Seine Königliche Hoheit der Prinzregent, hat die Inbetriebsetzung der Lokalbahn Zwiesel-Grafenau mit 1. September laufenden Jahres* (1890) *allergnädigst zu genehmigen geruht"* (Zeitler, 1980, 66).

Mit dieser Nebenstrecke waren über Zwiesel, Deggendorf und Plattling die Anschlüsse nach München, Passau, Regensburg und in alle Regionen des damaligen Deutschen Reiches möglich. Die geschlagenen Baumstämme konnte man aus den urwaldähnlichen Wäldern um Rachel und Lusen als Langholz weithin transportieren lassen. Im Main-Rhein-Holzhandel und in den Industriegebieten war das *„**Holländerholz**"* wegen seiner Güte gesucht und gefragt.

Kosten; Zwiesel - Grafenau: Die Gesamtbausumme dieser Nebenstrecke betrug 2.463.498 Mark: 78.156 Mark je Kilometer. Diesen Betrag hat der Staat finanziert. Nur 172.892 Mark (7 %) sind neben der Grundabtretung von den Interessenten beigesteuert worden. Wäre die Strecke über Riedlhütte, St. Oswald, Grafenau, Hohenau usw. geführt worden, hätte der Betrag ausgereicht um mehr Ortschaften mit der Bahn zu erschließen. Von den Unternehmern und der Bevölkerung wurde diese neue Bahnlinie ausgiebig genutzt: In diesen Jahren sind jährlich 40.000 Personen und 45.000 Tonnen Güter, vor allem Holz, befördert worden.

Abb. 1: Das Streckennetz der Eisenbahn von Plattling, Deggendorf, Zwiesel, Eisenstein (fertiggestellt 1877) und von Zwiesel nach Grafenau (fertiggestellt 1890).

Auch die ersten „***Sommerfrischler***“ stellten sich bald ein. Von Klingenbrunn und Spiegelau aus bestiegen sie den Rachel und erkundeten die Steinklamm. Es war die Zeit, in der die ersten Reiseschriftsteller über dieses Gebiet ausführlich berichtet haben. August Sieghart schreibt über eine Fahrt auf der Bahnlinie von Zwiesel nach Grafenau (Zeitler, 1975, 54): „*Übrigens: Die einstündige Fahrt auf der Nebenbahnstrecke Zwiesel-Grafenau ist landschaftlich von einmaliger Schönheit. Man fährt dabei zwischen Frauenau und Spiegelau am Fuße des Rachel entlang, durch urwaldähnliche, großartige, einsame Hochwaldbestände, wobei man lange Zeit weder eine Straße, noch einer Ortschaft oder auch nur ein Haus ansichtig wird ...*“ (Abb. 1).

2 Die Wälder an Rachel und Lusen

Bevor wir den Spuren der legendären Spiegelauer Waldbahn folgen, ist die Geschichte der Wälder am Rachel und Lusen kurz zu schildern. Hinsichtlich der Fläche handelt es sich um einen Streifen entlang der tschechischen Grenze, der etwa 7 km breit und 20 km lang ist und 140 Quadratkilometer umfasst. (Abb. 2).

Die Wälder des bayerisch-böhmischen Grenzgebirges zwischen Rachel und Lusen hatten die Phantasie der Obrigkeit schon immer beflügelt. Was konnte man aus diesem Holzreichtum herausholen? Im Mittelalter waren die Wege schlecht und das Holz selbst hatte keinen großen Wert. Ein Abtransport in die dichter besiedelten Gebiete und Städte zur Weiterverarbeitung oder zum Heizen hätte sich nicht gelohnt. Man suchte also Möglichkeiten, das Holz an Ort und Stelle „zu veredeln“, dann die Produkte zu transportieren und zu Geld zu machen.

Glashüttenzeit: Die Glasherstellung im holzreichen Bayerischen Wald bot eine solche Möglichkeit. Bäume, die sonst umgestürzt und verfault wären, wurden als Heizmaterial zur Schmelze von Glas verwendet. Holz aus Wind- und Schneebrüchen konnte immer noch zur Pottaschegewinnung dienen. Auch weiter entfernte Wälder, ja selbst die schwer zugänglichen Hochwaldregionen konnten durch Aschenbrennen noch genutzt werden. Am Ende stand das Produkt Glas, das nun seinen Weg zu den Verbrauchern fand und damit Profit bringen konnte. Abgaben auf nahezu alle Vorgänge der Glasfabrikation bis hin zum Hüttentrunk waren eine willkommene Einkommensquelle für Herzöge, Kurfürsten und Kirchenobere, welche auf diese Weise nun doch noch Nutzen von ihren entfernten Waldungen im Grenzgebiet ziehen konnten.

Seit der Zeit um 1450 wurde der Wald am Rachel und Lusen im Inneren Bayerischen Wald (LK Freyung-Grafenau) von den Glashütten genutzt. Die **Glashüttengüter** Klingenbrunn (Spiegelau), Riedlhütte und Schönau (Neuschönau) teilten sich diesen „*oberen, mittleren und unteren Hochwald*“ in breiten Streifen von 2.000 bis 3.000 ha. Der **obere Hochwald** reichte von der Flanitz bis zum Rachel. Der **mittlere Hochwald** von Rachel bis zur Kleinen Ohe. Der **untere Hochwald** von der Kleinen Ohe bis zum Sagwasser im Osten. Im Gebiet des Fürstbischofs von Passau lag die Glashütte **Schönbrunn**. Der Einzugsbereich war der Höhenrücken östlich des Sagwassers. Heute deckt sich dieses Gebiet mit dem **Nationalpark Bayerischer Wald**.

Über die Jahrhunderte hatten die Glashüttenherren mit ihrem erbrechtlich gesicherten Nutzungsrechten mit der Herstellung von Glas ihr Auskommen. Sie achteten auf eine nachhaltige Waldbewirtschaftung. Die Waldungen sollten ja nicht nur ihnen, sondern auch den nachfolgenden Generationen die wirtschaftliche Existenz sichern.

Beginnende Industrialisierung: Im 19. Jahrhundert wurde nun Holz als Werk- und Rohstoff selbst wertvoll. Die rasch wachsende Bevölkerung, vor allem in den Städten, benötigte große Mengen des universell verwendbaren Werkstoffes Holz. Es diente zum Bau von Häusern, Brücken, Gerüsten, Möbeln, Fahrzeugen, Behältnissen etc.. Es wurde auch in immer größeren Mengen als Heizmaterial verwendet. Das Holz wurde immer mehr zur **Handelsware**. Auf der böhmischen Seite der Grenze hatte damals schon **Fürst Schwarzenberg** auf seinem **Schwemmkanal** Brennholz mit hohen Erlösen bis zur Donau getriftet und nach **Wien** geflößt. Auch die Große und Kleine Ohe und die Nebenbäche der Ilz wurden zur Trift ausgebaut. In den Jahren 1830 bis 1900 sind 4,5 Millionen Ster **Brennholz** und über 1 Million Stück 3 m lange Nutzholz-**Blöcher** in die Donau getriftet, weiter geflößt oder mit der Bahn verfrachtet worden (Hellinger, 1983). In dieser Zeit wurde zunehmend auch **Nutzholz**

nachgefragt. Bei der **Eisenverhüttung** wurde die Holzkohle zwar durch die Steinkohle in der ausgeglühten Form des Kokses ersetzt, aber im aufstrebenden Bergbau wurden **Grubenhölzer** in großer Menge benötigt und nachgefragt. Die Eisenbahnen brauchten Schwellen und Masten für die Signalanlagen. Mit **Friedrich Gottlieb Keller**, setzte eine neue Form der industriellen Verarbeitung von **Nutzholz** ein: Er erfand 1845 den **Holzschliff**. Die so hergestellte **Zellulose**, die reine **Holzfaser**, wurde zum wichtigsten Material für die Herstellung von **Pappe**, **Papier** und Geweben. Die möglichen Gewinne aus der Holzwirtschaft wollte der Staat jetzt nicht mehr anderen überlassen. Man wollte so viele Waldungen wie möglich selbst bewirtschaften. Das inzwischen zum Königreich gewordene Bayern erweiterte seine Staatsforste, wo immer es ging. Schon im 18. Jh. versuchte die Hofkammer des damaligen Kurfürstentums mit teilweise höchst fragwürdigen Methoden die Erbrechte zu beschneiden bzw. aufzuheben um ungestört über das Waldeigentum verfügen zu können.

So verbot die **Hofkammer** in München, in den verbrieften Erbrechtswäldern der Hüttenherren, dem „***Aschenwald***“, Pottasche zu brennen. Durch den Zukauf der um das 3-fache verteuerten **Pottasche**, konnte Glas nicht mehr wirtschaftlich hergestellt werden. Die Pottasche war mit etwa 25 % im Gemenge der teuerste Rohstoff bei der Glasbereitung. Diesem Verbot ging 1788 die denkwürdige Reise des Hofkammer-Rates **von Utzschneider** zu den Glashütten im Bayerischen Wald voraus. Nur zwei Jahre später, 1790, stellte er in der **Cameral - Forstinstruktion** des **Kurfürsten Carl Theodor** die alten verbrieften Rechte der Glashüttenherren mit dem Argument in Frage: *„...Wegen dem in ihren Erbrechtsbriefen ganz unbestimmten benannten Aschenbrand“....* Gegen die *„Widerspenstigkeit der Glashüttenmeister,,* wurden Strafen angedroht: Sie soll *„zu unserer Hofkammer einberichtet werden, damit verfängliche Maßnahmen vorgekehrt werden können*“ (Reiner, 1996, 45f).

Der **Aschenbrand** wurde eingeschränkt. Glas war durch die teuere, zugekaufte Pottasche nicht mehr wirtschaftlich herzustellen. Beim Studium des Schriftverkehrs gewinnt man den Eindruck, dass die Hüttenherren ganz gezielt aus ihrem **Erbrechtsbesitz** gedrängt werden sollten (Hilz, 2002, 96ff). Eine Verbesserung der rechtlichen Situation der Hüttenherren trat erst mit dem neuen Kurfürsten und späteren ersten bayerischen **König Max I. Josef** ein. Dieser verlagerte die Prioritäten. Nicht mehr die Einziehung der Wälder stand im Vordergrund, sondern die Schaffung von Arbeitsplätzen für die wachsende Bevölkerung, um Devisen und sichere steuerliche Einkünfte durch wirtschaftliches Wachstum. Freiere Luft für Unternehmer kam auf (Hilz S. 134). Statt der Lehensrechte mit den endlosen Streitereien bot er den Hüttenherren Tausch von Erbrechten gegen freies Eigentum. 1809 erfolgten die Verhandlungen zur **Purifikation** (Bereinigung): Die Nutzungsrechte der Hüttenherren wurden nach einer Flächenabtretung in freies Eigentum umgewandelt: Die Glashüttenbesitzer bekamen für ihre ursprüngliche Erbrechtsfläche von 3.200 ha etwa 2.250 ha Wald als freies Eigentum zugesprochen. Für die Hüttenherren zwischen Rachel und Lusen kam diese Entscheidung aber zu spät. Sie gaben einer nach dem anderen auf und verkauften das erst neu gewonnene Eigentum 1824 (Neuschönau), 1832 (Klingenbrunn) und 1833 (Riedlhütte) an das Königreich Bayern. Die Glashütten wurden umgehend an Investoren weiter verkauft, die diese weiter betrieben. Mit dem Forst hatte man anderes vor. Es begann nun in großem Maßstab eine „geregelte **Forstwirtschaft**“. Viel hätte man von der **nachhaltigen Bewirtschaftung** der Wälder durch die Glashüttenherrn lernen können. Aber man wollte nun schnell und effektiv wirtschaften.

Vom Mischwald zur Monokultur : Der wachsende Holzmarkt und die ständig steigenden Holzpreise leiteten eine neue Entwicklung ein: Statt artenreicher altersunterschiedlicher Mischwälder mit riesigen alten Tannen, Ahornen, Buchen und darunter heranwachsenden neuen gesunden Mischbeständen wollte man nun „**Holzäcker**“: Bestände gleichaltriger Monokulturen schnell wachsender Bäume in gleichmäßigen Arealen, die leicht zugänglich und per „**Kahlschlag**“ leicht zu „ernten“ waren und anschließend ebenso leicht „aufgeforstet“ werden konnten. Diese Idee wurde rasch umgesetzt und es begann die Zerstörung der Wälder mit allen bis heute wirkenden Folgen. Die Altbestände wurden radikal abgeholzt. Gefragt war jetzt nur mehr die schnell wachsende Fichte: Nur sie garantierte in kurzer Zeit einen schnellen Umtrieb und hohe Erlöse. Statt gemischter Bestände wurden Fichten- und in kleinerem Maße Buchen-Monokulturen angelegt. In wenigen Jahrzehnten war der von **Adalbert Stifter** und von vielen anderen besungene und bedichtete **Hochwald** fast vollständig verschwunden. Die Folgen dieser Umstellung auf die **Monokultur Fichte** in den vergangenen 170 Jahren waren verheerend: Der stabilen Pfahlwurzler (Tannen) und der alten Baumriesen beraubt, war der neue Wald den immer wieder auftretenden Stürmen schutzlos ausgesetzt. Extreme **Windwürfe** und Schädlingsbefall, hauptsächlich mit dem **Borkenkäfer,** vernichteten immer wieder große Teile des Waldbestandes. Da die Forstbehörden auch die forstliche Ausbildung im Land beherrschten, fand die Lehrmeinung mit den Monokulturen in ganz Bayern leider auch Eingang in die Privat- und Körperschaftswälder. Erst heute, nach diesen verheerenden Rückschlägen setzt sich nun im ganzen Land langsam die Auffassung durch, wieder für alters- und artengemischte Wälder zu sorgen. Damit sind 170 Jahre staatliche Forstwirtschaft da angelangt, wo die Hüttenherren mit ihren stabilen Glashüttenwaldungen über fünf Jahrhunderte bereits waren: Beim naturnahen Mischwald.

Der Ausbau der Bäche zur Trift: Sofort nach der Übernahme der Hüttenwälder durch das Königreich Bayern, erfolgte auch am Rachel und Lusen die Erschließung der unwegsamen Wälder mit „***Begangsteigen***“ und **Ziehbahnen** für den Schlittenzug im Winter, dem Ausbau der Bäche mit „***Beschlacht***“ für die Holztrift und die Errichtung von **Triftklausen**. Von 1835 an bis 1908 bewährte sich diese Trift zum Transport von Holz im „***Ilzer-***

Trift-Komplex" aus dem Rachel-Lusen-Gebiet im Inneren Bayerischen Wald bis zu den Lagerplätzen nach Hals nahe Passau. Diese Trift von Brennholz und Blöchern ist dann 1908 teilweise von der Spiegelauer Waldbahn abgelöst worden.

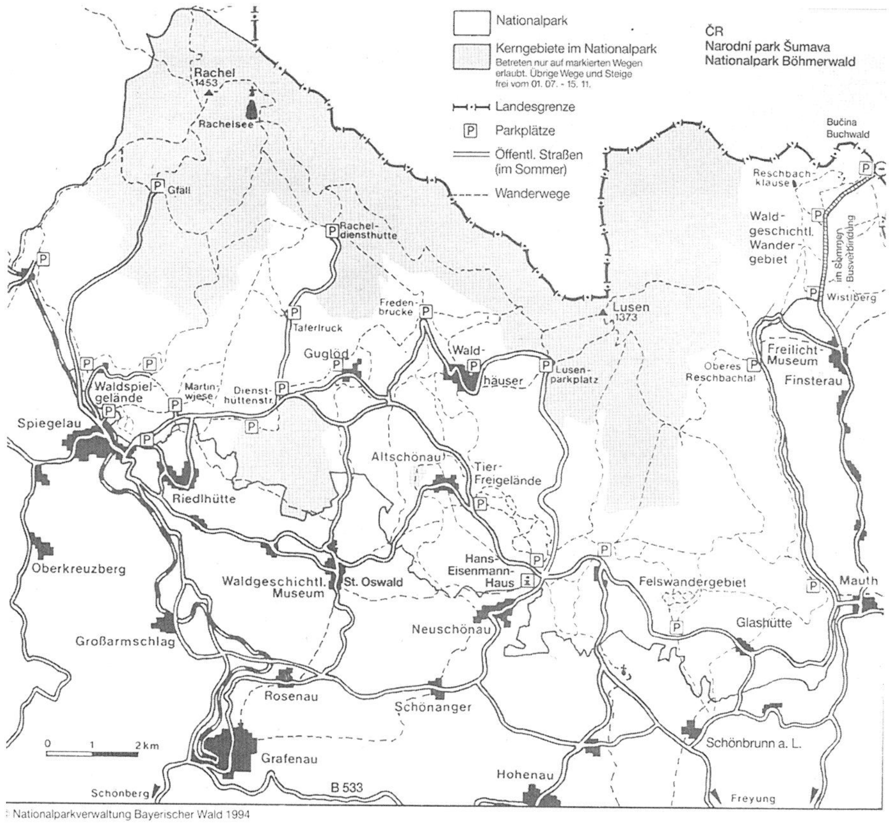

Abb. 2: Mit der Spiegelauer Waldbahn wurde am Rachel und Lusen eine Fläche von etwa 140 Quadratkilometer erschlossen. Sie deckt sich mit dem Nationalpark vor der Erweiterung. Quelle: Nationalpark Bayerischer Wald.

3 Spiegelauer Waldbahn: Idee von FM Leythäuser

1877 wurde die Eisenbahnlinie der Königlich Bayerischen Staatsbahn von Deggendorf nach Eisenstein fertiggestellt. 1890 dann die Abzweigung nach Grafenau über Frauenau und Spiegelau. Ein großes Waldgebiet war über die Eisenbahn an den Holzhandel im Main- Rheingebiet und an die Zentren des Holzverbrauchs in den großen Städten im Reich angebunden. Der frühere Forstmeister in Spiegelau, Fellmeth, 1926, 545, erkannte die Gunst der Stunde: „*Im Gebiet des Bayerischen Waldes zieht sich, die Hänge des Rachel und Lusen umfassend, längs der tschechischen Grenze ein geschlossener Staatswaldgürtel von etwa 7 km Breite und 20 km Länge* (140 Quadratkilometer) *hin. Nur wenige Ortschaften, meist aus Holzhauerhütten bestehend, sind in dieses Waldmeer eingebettet*".

Aufschwung für die Holzwirtschaft: Diese Nebenstrecke brachte entlang dieser Eisenbahnstrecke und vor allem in dem 140 Quadratkilometer umfassenden Rachel-Lusen-Gebiet einen nicht erwarteten, wirtschaftlichen Aufschwung für die Holzwirtschaft. Die Ortschaft Spiegelau, damals nur aus einer Mühle bestehend und auf keiner Landkarte zu finden, entwickelte sich zum bedeutenden Ort für den Umschlag von Holz. Die Unternehmer, vor allem aus **Sachsen**, haben damals die Chancen genutzt: Sie gründeten mehrere **Sägewerke**, eine **Holzstofffabrik** in Luisenfels am Eingang zur Steinklamm und andere holzverarbeitende Betriebe. Diese Entwicklung erfasste auch noch den letzten Kleinstlandwirt und Häusler. Sie brachte Geld in die Familien: Die **Hausindustrie** und die Arbeit der **Bitzler** nahm einen ungeahnten Aufschwung: Seit jeher geschickt in der Bearbeitung von Holz, fertigten sie **Jalousie-Brettchen, Holzdraht, Holzschaufeln** zum Wenden von Malz in den Tennenmälzereien, **Bürsten, Schuhleisten** und viele andere Gegenstände. Diese Fertigprodukte sind dann in Spiegelau auf die Staatsbahn verladen und verschickt worden. Die Nebenstrecke der Staatsbahn von Zwiesel nach Grafenau hatte für die wirtschaftliche Entwicklung der Region nach 1890 ungeahnte Folgen.

Hohe Fuhrlöhne: Diese sich sprunghaft entwickelnde Holzindustrie nach 1890 wurde zunächst über die **Trift** in den zahlreichen Bächen mit Holz versorgt. In den engen Bächen war es aber immer schwierig, **Langholz, Nadelblochholz,** zu befördern. Das Triften von **Buchenblöchern** war wegen des hohen Gewichtes überhaupt nicht möglich. Diesen Bedarf an Fuhrleistung erkannten die Bauern der Gegend und haben mit ihren Fuhrwerken mit Ochsen- und Pferdeanspannung dann die Sägewerke mit Blöchern und Langholz beliefert. Befestigte Wege oder Straßen waren noch nicht vorhanden. Sie wurden bei starken Regenfällen und nach der Schneeschmelze im Frühjahr grundlos und stark beschädigt. Die Ausgaben für die Unterhaltung der Wege und Straßen nahmen zu. Durch diese schlechten Wege sind dann aber auch die **Fuhrlöhne** immer weiter gestiegen. Ein weiterer Grund für hohe Fuhrlöhne war aber auch, dass die Fuhrleute ihr Monopol im Transport von Langholz erkannt und genutzt haben. (Abb. 3, 4).

Abb. 3: Ein Ochsengespann mit schweren Blöchern, unterwegs zu einem Sägewerk oder Bahnhof. (Foto: Anton Pech)

Abb. 4: Pferdegespanne beim Transport von Brettern und Langholz

Idee von Forstmeister Ludwig Leythäuser: Diese Situation fand Forstmeister Ludwig **Leythäuser** vor, als er 1883 das Forstamt in Spiegelau übernahm und sieben Jahre bis 1890 blieb. Er hatte in diesen Jahren die ständig zunehmende Nachfrage nach Nutzholz erkannt und kam auf eine einzigartige Idee. Fellmeth, 1926, 546, berichtete darüber so: *„Schon im Jahre 1889 hatte daher der damalige Amtsvorstand des jetzigen Forstamtes Spiegelau, Königlicher Forstmeister* (Ludwig) *Leythäuser, die Anregung gegeben, das ausgedehnte Waldgebiet durch ein großzügiges Waldbahnnetz an die Lokalbahn in Spiegelau anzuschließen. Aber erst 20 Jahre später war es dem Genannten, der inzwischen als Forstrat bei der Regierung* (von Niederbayern) *in Landshut das fragliche Gebiet als Inspektions-Bezirk erhalten hatte, vergönnt, seine Idee durchzuführen*" (Abb. 5).

Wie kam Leythäuser auf diese Idee, den Bau einer **Waldeisenbahn** von Spiegelau in die Hochlagen am Rachel und Lusen vorzuschlagen? Im war bekannt, dass damals schon einige Waldeisenbahnen im Reichsgebiet und auch im Königreich Bayern im Einsatz waren. Er wusste, dass sich diese Waldbahnen vor allem nach dem schweren Befall mit den Forstschädlingen **Nonne** (1889/91) im **Ebersberger Forst** und später mit dem **Spanner** (1896) im **Nürnberger Reichswald** im flachen Gelände bestens bewährt haben. Wir müssen davon ausgehen, dass sich Leythäuser im Ebersberger Forst auch schon selbst umgesehen hatte. Hinzu kam, dass damals die deutsche Industrie für Schwermaschinen einen großen Aufschwung erlebte. Für diese Schmalspur- oder Kleinbahnen konnte sie längst ausgereifte, kostengünstige, in Großserie hergestellte Lokomotiven und Trucks herstellen und liefern.

Abb. 5: Forstmeister Ludwig Leythäuser (1883-1890) hatte die Idee, die Spiegelauer Waldbahn zu bauen. (Fri)

Als Leythäuser 1890 an die Forstabteilung der Regierung von Niederbayern in Landshut versetzt wurde, fand er Mitstreiter, die sich damals für dieses Projekt einsetzten. Sein größter Vorzug war, dass er das Gelände und die Probleme beim Transport von Holz am Rachel und Lusen 7 Jahre lang aus eigener Anschauung kannte. Nach seiner Versetzung nach Landshut war er nun ganz nah an den Entscheidungsträgern in München.

Vier Argumente für den Bau der Waldbahn: Mit vier wichtigen Argumenten hat er seine Vorgesetzten in Landshut und beim Finanzministerium in München für den Bau einer Waldbahn überzeugen können: Die katastrophalen **Wegeverhältnisse** beim Holztransport waren allgemein bekannt. Aus den guten Erfahrungen im Ebersberger Forst und im Nürnberger Reichsforst konnte er zeigen, dass die Waldbahn im Vergleich zu Ochsengespannen und Pferdefuhrwerken preisgünstiger eingesetzt werden kann. Sein drittes Argument war die Auslastung: Er konnte vorrechnen, dass eine Waldbahn beim Holztransport für den Versand am Bahnhof in Spiegelau, für die Versorgung der Sägewerke in Spiegelau und Umgebung und beim Abtransport der Sägewaren aus den Sägewerken an den Bahnhof in Spiegelau ausgelastet sein wird. Sein viertes Argument aber war die Nutzung der wertvollen, alten Buchenbestände am Rachel und Lusen. Diese schweren Buchen-Blöcher waren in den Triftbächen nicht zu befördern. Sie schwammen nicht und gingen unter. Auf den morastigen Wegen waren sie mit Fuhrwerken nicht zu transportieren. Mit der Waldbahn konnten sie erstmals an den Bahnhof in Spiegelau gebracht und lohnend verkauft werden. Diese vier Argumente konnten seine Vorgesetzten überzeugen. Ludwig Leythäuser lieferte die entscheidenden Ideen und war damit der geistige Vater der Spiegelauer Waldbahn.

Forst bestritt 1909 10-15 % des Staatshaushalts: Den Beamten des Forstwesens im **Finanzministerium** in München war auch bekannt, dass die Einnahmen aus der Forstverwaltung in Bayern um die Jahrhundertwende einen wichtigen Einnahmeposten für den gesamten **Staatshaushalt** lieferten: Im Jahre 1890 erzielte die *„Staatliche Forst-, Jagd- und Triftverwaltung"* bereits Bruttoeinnahmen von 31 Millionen Mark mit stark steigender Tendenz: Schon 19 Jahre später, 1909, sind sie um 67 % auf 46 Millionen Mark angewachsen. Die bayerische Forstverwaltung war durch die steigenden Preise für Nutzholz damals außerordentlich gewinnträchtig: Die Einnahmen bestritten zwischen 10% bis 15% des gesamten Staathaushaltes im damaligen Königreich Bayern (Heydenreuter, 2002, 37). Im *„Bayerischen Staatsrecht"* ist noch 1913 zu lesen (Seydel, v. 1913, Bd. 2 S. 18): *„Die Verwaltung des Forstwesens ist unter den Verwaltungen staatlichen Finanzvermögens die Wichtigste".* Diese besonders günstigen Randbedingungen haben den Bau der Spiegelauer Waldbahn damals sicher sehr gefördert: Die Einnahmen aus dem Staatsforst sollten weiter steigen! Die Spiegelauer Waldbahn konnte dabei helfen.

Ein Vergleich mit heute (2004): Mit 750.000 ha Staatsforst ist Bayern heute der größte Waldbesitzer in Mitteleuropa. Seit Jahrzehnten aber kostet der Wald dem Freistaat viel mehr Geld, als er an Einnahmen erzielt: Schuld daran sind die in 128 Forstämtern tätigen Forstbeamten. Ein Gewinn ist mit diesen Strukturen nicht zu erzielen. Deshalb sollte schon 1995 die Staatsforstverwaltung aufgelöst werden. Heute (2004) steht die Forstverwaltung vor der größten Reform der Nachkriegszeit: 128 Forstämter werden aufgelöst. Nach dem Beispiel in Österreich wurde die Staatsforstverwaltung in eine Gesellschaft mit besonderer Haftung (GmbH) umgewandelt. Die Forstbeamten sollen diese GmbH nach dem Bayerischen Waldgesetz überwachen (Schneider, 2004; Beck, 2003).

Leythäuser als Volkskundler: Der Name Ludwig Leythäuser hat aber auch noch heute für die Volkskunde am Rachel und Lusen einen guten Klang: Er war es, der das Wahrzeichen dieses Landstrichs, die erste **Rachelkapelle**, hoch über dem Rachelsee erbauen ließ: Erst kürzlich ist sie vom Bayerischen Waldverein, Sektion Spiegelau-Riedlhütte, mit großem Aufwand wieder restauriert worden. Von ihm stammen aber auch mehrere grundlegende Archivstudien über dieses Gebiet: Zu nennen sind die Arbeiten über die *„Wirtschaftliche Rundschau ..."* (1906) am Rachel und Lusen, *„Die Trift aus dem Bayerischen Wald nach Passau, in Vergangenheit und Gegenwart"* (1906), die Organisation der alten Forstämter, *„Die goldenen Steige im unteren Bayerischen Wald"* und die Geschichte der alten Glashütten in *„Der obere, mittlere und untere Hochwald in der ehemaligen Herrschaft Pernstein"* (Leythäuser, 1906, 1906a, 1908, um 1910, 1914).

Forstmeister am Forstamt Spiegelau: Hier eine Übersicht über die Forstmeister am Forstamt in Spiegelau während der Zeit der Waldbahn: Leythäuser, 1883-1890; Roder, 1902-1913; Steinkirchner, 1913-1919; Fellmeth, 1919-1932; Gradl, 1932-1938; Bauer, 1938-1956; Lautenbach, 1956-1962; Götz, 1962-1969.

4 1900: Erste Versuchsstrecke

Als Geburtsstunde der Spiegelauer Waldbahn werden vom wichtigsten Berichterstatter, Fellmeth, 1926, 546, die Jahre 1909/10 genannt. Fellmeth bezieht sich hier auf das Datum der Übergabe der betriebsbereiten Waldbahn und ihrer Genehmigung durch das Ministerium in München. Auf dieses Datum beziehen sich seit dieser Zeit auch alle weiteren Mitteilungen. Sliwinski, 1991, 10, konnte in seiner Diplomarbeit jedoch nach dem Studium des Schriftverkehrs aus dieser Zeit in den Archiven nachweisen, dass die ersten Vorarbeiten und der Bau einer Versuchsstrecke schon 10 Jahre vor dem offiziellen Betrieb anzusetzen sind. Das ist der Grund, warum wir hier die Anfänge der Spiegelauer Waldbahn bereits im Jahre 1900 sehen: Auch wenn in den bisherigen Mitteilungen das Jahr der Inbetriebnahme 1909/10 als Beginn angegeben wird.

1900 gab es bereits 2.000 m Gleisanlagen: Im Schriftverkehr erfahren wir, dass im Jahre 1900 in Spiegelau bereits über 2.000 Meter Gleisanlagen gebaut waren. An den Forstämtern in Spiegelau und Klingenbrunn waren 1900 auch schon etliche Drehschemel-Wagen, die Trucks, für den Langholztransport vorhanden. Auch einige fahrbare Muldenkipper für den Bau der Bahndämme sowie weiteres Waldbahnmaterial werden im Briefverkehr genannt. Der Aufbau der Waldbahn hat also bereits 10 Jahre früher begonnen. Das wird mitgeteilt am 23. Juni 1900 in einem *„forstamtlichen Bericht"* des Forstamtes Spiegelau an die königliche Regierung von Niederbayern, Forstabteilung, in Landshut.[1] Dass diese Bauarbeiten in Spiegelau 10 Jahre vor der offiziellen Genehmigung ausgeführt werden konnten, ist für eine forstliche Behörde ungewöhnlich. Wir können jedoch davon ausgehen, dass der Forstrat Leythäuser, seit 1890 nun nicht mehr in Spiegelau sondern bei der Regierung von Niederbayern in Landshut beschäftigt, über diese Versuchsarbeiten genau informiert war und sie gedeckt und gefördert hat. Dabei wird besonders wichtig gewesen sein, dass in Spiegelau bei diesen Vorarbeiten keine hohen Kosten anfallen. Obwohl der direkte Beweis fehlt, wird Leythäuser auch hier vermittelnd eingegriffen haben: Ihm war

[1] StAL 168/2 Nr. 4510: FAB Nr. 703

sicher bekannt, dass im Ebersberger Forst und im Nürnberger Reichswald nach den „*Kalamitäten*" von 1889/92 mit den Waldschädlingen Nonne und Spanner, die Waldbahngleise und Trucks, mit denen das Totholz transportiert worden ist, nun nicht mehr gebraucht wurden.

Schädlingsfraß hat Versuchsstrecke gefördert: In diesem Schriftverkehr erfahren wir nun, dass diese 2.000 Meter langen Waldbahngleise von den Forstämtern mit dem Schädlingsbefall der Nonne im Ebersberger Forst (Oberbayern) und des Spanners im Nürnberger Reichsforst (Forstamt Altdorf) stammten. Nach der Überwindung dieser „*Schädlingskalamität*" hatte man an diesen Forstämtern für die Waldbahn keine Verwendung mehr und sie gerne abgegeben. Hierbei spielte sicher der „*kleine Dienstweg*" unter den Forstmeistern die ausschlaggebende Rolle. Forstrat Leythäuser wird dabei vermittelnd eingegriffen haben. Am Forstamt in Spiegelau war man an diesen Gleisen und dem „***Rollmaterial***", den Trucks, brennend interessiert. Nur durch eine **Versuchsstrecke** konnte man Erfahrungen sammeln und den vorgesetzten Behörden in Landshut und München Zahlen liefern, dass die Errichtung einer Waldbahn wirtschaftlich ist. Wie kam es aber zum Bau einer Waldbahn im Ebersberger Forst und im Nürnberger Reichswald?

Fichtenschädling Nonne im Ebersberger Forst: Im Ebersberger Forst kam es 1889/91 zum massenhaften Auftreten des Schädlings **Nonne** oder **Wollspinner** (Lymantria monachia, 35-55 mm Flügelspannweite). Die Eier werden unter Rindenschuppen abgelegt und überwintern. Im Folgejahr, April-Juni, erfolgt der Raupenfraß (40-50 mm lang). Die Fichte stirbt ab. Der größte Teil der Fichten im Ebersberger Forst fiel damals dem Nonnenfalter zum Opfer. Zur Abfuhr des Holzes wurde mit Erfolg eine Waldbahn eingerichtet. Die schnelle Aufarbeitung des Holzes besorgten nach der Gründung eines Schwellenwerkes der Königlich Bayerischen Staatsbahn um 1889 tausende von Holzarbeitern. Daraus entwickelte sich der neue Ortsteil Kirchseeon-Bahnhof. Diese Geschichte blieb im Gedächtnis der Bevölkerung haften: Das Wappen der Gemeinde **Kirchseeon** zeigt heute „*im Grün zwischen zwei bewurzelten goldenen Nadelbäumen einen silbernen Nonnenschmetterling"(Abb.6)*.

Kiefern-Spanner vernichtet Nürnberger Reichswald: In den Jahren von 1892 bis 1896 vernichtete eine unvorstellbare Massenvermehrung des Kiefern-Spanners ein Drittel des Reichswaldes im Forstamt Altdorf. Die abgestorbenen Bäume wurden auch im Nürnberger Reichsforst mit einer Waldbahn aus den Wäldern gebracht. Der Spanner ist als Groß-Schmetterling (Macrolepidoptera, Familie Geometridae) einzuordnen. Den Schaden richtet aber die gefräßige Spanner-Raupe an. Den Kahlfraß überstehen die Kiefern nicht und sterben ab. Die beiden Schädlinge Nonne und Spanner waren auch damals „*hausgemacht*": Sie treten, genau so wie der Borkenkäfer, nur in Monokulturen auf (Abb. 7).

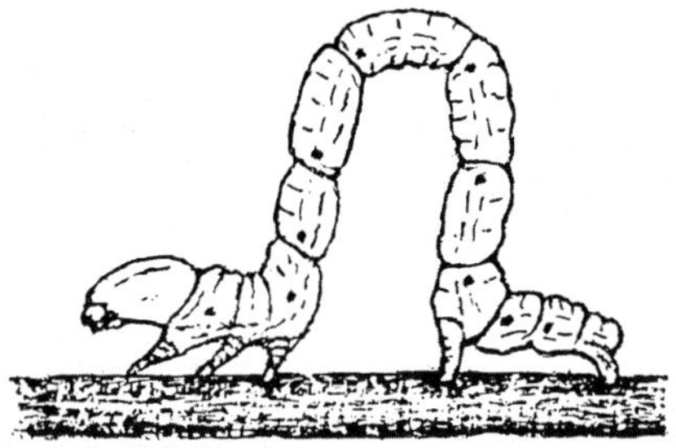

Spannerraupe beim »Spannen«

Abb. 7: Die gefräßige Spanner-Raupe, die 1892-1896 ein Drittel des Nürnberger Reichswaldes vernichtet hat. Mit einer Waldbahn wurde das Totholz herausgebracht.

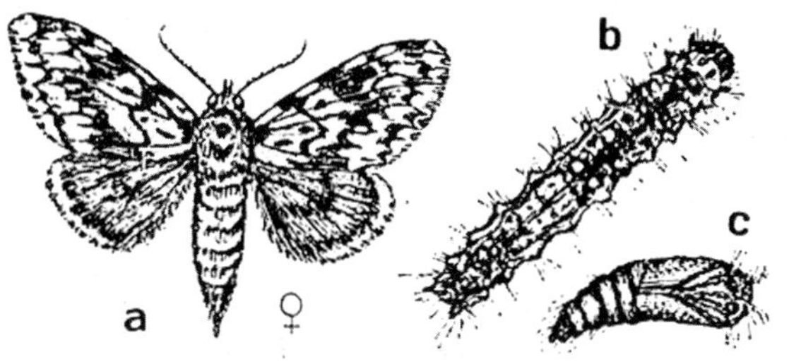

Falter, Raupe und Puppe der Nonne

Abb. 6: Die Raupe (b) des Fichtenschädlings Nonne (a) hat um 1890 im Ebersberger Forst riesige Wälder zum Absterben gebracht (c = Larve). Das Totholz wurde mit einer Waldbahn transportiert. Diese Bahn kam 1900 als Versuchsstrecke nach Spiegelau.

Spurweite 600 mm schon 1900 festgelegt: Nach der Aufarbeitung der Schädlingskalamität im Ebersberger Forst und im Reichsforst wurde die Waldbahn nicht mehr gebraucht und kostenlos an das Forstamt Spiegelau abgegeben. Nur so ist zu erklären, dass 1900 in Spiegelau bereits eine Versuchsstrecke von 2.000 Meter Länge vorhanden war: Lange bevor dann 1909/10 die Spiegelauer Waldbahn offiziell in Betrieb ging und genehmigt worden ist. Damit ist jedoch schon 10 Jahre vor der offiziellen Inbetriebnahme eine wichtige Vorentscheidung gefallen: An diesen genannten Forstämtern sollte nur für kurze Zeit und im ebenen Gelände Totholz abtransportiert werden. Deshalb wählte man die Mindestspurweite von 600 Millimeter. Forstmeister Fellmeth, 1926, 546, berichtete darüber: „*Die Wahl der Spurweite von nur 600 mm war dadurch bestimmt, dass die Anlage mit geringerer Spurweite wesentlich geringeren Aufwand" erforderte. Ferner dass man damals glaubte, die großen Vorräte an rollenden Material, die aus früheren Katastrophengebieten (Ebersberger Forst, Schädling Nonne, 1889/91; Nürnberger Reichswald, Kiefern-Spanner, 1896) für 600 mm-Spur vorhanden waren, benützen zu können. Wenn sich auch alsbald zeigte, dass bei dem durch die Gefäll-Verhältnisse hier (am Rachel und Lusen) bedingten schwereren Maschinenbetrieb und bei der größeren Inanspruchnahme der Trucks das Flach-*

landmaterial zu schwach war, so kann doch festgestellt werden, dass die Spurweite von 600 mm für den hiesigen, nur auf Holztransport zugeschnittenen Betrieb vollständig ausreicht".

Der Hersteller dieser übernommenen Gleise war die Fa. Krupp in Essen.[2] Das von den Forstämtern Ebersberg und Altdorf gelieferte Waldbahnmaterial wurde damals auf dem forsteigenen Lagerplatz am Staatsbahnhof in Spiegelau gelagert. Das Gelände gehörte allerdings schon zum Forstamtsbereich in Klingenbrunn. Diese erste, vorläufige Versuchsstrecke von 2.000 Meter Länge im Jahre 1900, war für die Planung und den weiteren Ausbau der Spiegelauer Waldbahn von größter Bedeutung:

1908; bereits über 7 km Gleise vorhanden: Der Schriftverkehr belegt, dass dem Forstamt Spiegelau in den Jahren nach 1900 bis 1908 laufend Gleise und Trucks aus den nicht mehr benötigten Waldbahn-Beständen der Forstämter Ebersberg und Altdorf übergeben worden sind (Sliwinski, 1991, 11).[3] Bereits 8 Jahre später, 1908, waren in Spiegelau über 7 km Gleise, 82 Trucks für den Langholztransport und zwei Muldenkipper für den Bau der Bahndämme vorhanden. Das wird auch durch die mündliche Aussage von Herrn Lorenz Moser jun., dem letzten Lokführer der Waldbahn, bestätigt: Bereits vor dem offiziellen Eröffnungstermin der Waldbahn im Jahre 1910, muss ein eingeschränkter Betrieb stattgefunden haben. Er stützte sich in einem Gespräch mit Richard Sliwinski 1991 auf die Erzählungen seines Vaters, dem ersten Lokomotivführer und auf eigene Beobachtungen in seiner Kindheit.

Streckenverlauf der Versuchsstrecke 1908: Diese erste Waldbahnstrecke folgte nördlich vom Staatsbahnhof in Spiegelau etwa 750 m den Gleisen der Staatsbahn und führte dann in einer großen Kurve in östliche Richtung: Südlich am Jägerriegel und am Jägerfleck vorbei bis zur heutigen Martinswiese. Im Schriftverkehr ist bereits 1908 von 7 km Gleisanlagen die Rede. Überträgt man dies 7 km auf die Karte 1:25.000 muss die Spiegelauer Waldbahn 1908 schon die Aufschlägersäge (Abzweigung der Straße nach Guglöd) erreicht haben und bereits etwa 1 km darüber hinausgegangen sein.

Abb. 8: Die Beförderung von Langholz auf einer Waldbahn mit Pferdeanspannung (Rei)

Pferdeeisenbahn: In den Unterlagen wird auch erwähnt, dass 1908 die Spiegelauer Waldbahn zum Holztransport und zum Wegebau eingesetzt worden ist. Diese Aussage ist zunächst nicht zu erklären: Es kann als sicher angenommen werden, dass 1908 in Spiegelau noch keine Lokomotive im Einsatz war. Die Waldbahnzüge mussten bei diesem, im Schriftverkehr erwähnten Holztransport, von Zugtieren gezogen worden sein. Das war in dieser Zeit nicht ungewöhnlich: Beim Transport von Zuckerrüben auf den Feldbahnen der großen landwirtschaftlichen Güter war es allgemein üblich, Zugtiere einzusetzen. Auch das Sägewerk Graf in Forstwald bei Neuschönau hat um 1930 mit Pferdeanspannung auf Schmalspurgleisen (1,3 km) ihre geschnittenen Balken und Bretter im Tal der Kleinen Ohe nach Schönanger zum Weitertransport auf die Hauptstraße gebracht (Abb. 8).

In den Jahren 1900 bis 1908 sind mit diesem Gleismaterial auch die fliegenden Gleise verlegt worden, auf der das Material für den Bau der ortsfesten Gleisanlage transportiert worden ist. Nachdem Forstmeister Fellmeth, 1926, 28 Jahre später, diese ersten Ausbauarbeiten der Waldbahn mit einer Länge von immerhin 7 km nicht erwähnt, müssen wir davon ausgehen, dass ihm die *„forstamtlichen Berichte,"* die sein Forstamt Spiegelau in dieser Zeit an die Regierung in Landshut schickte, nicht mehr bekannt waren.

Bei diesen frühen Arbeiten waren Praktiker am Werk: Für das Gleismaterial und die Trucks ist kein Geld aus der Staatskasse geflossen. Deshalb wird auch kein offizielles Genehmigungsverfahren notwendig gewesen sein. Die vorgesetzte Behörde für den Forstmeister in Spiegelau leitete der Pragmatiker Ludwig Leythäuser an der Regierung in Landshut: Er muss von der Nützlichkeit dieser Waldbahn zutiefst überzeugt gewesen sein und hat die Aufbauarbeiten tatkräftig gestützt und geschützt: Die Bedenkenträger in den Münchner Ministerien wussten zu wenig, um gegen das Projekt aktiv zu werden. Diese ersten Gleisanlagen von 7 km Länge nutzten die Betreiber, um ihre eigenen Erfahrungen mit diesem neuartigen Transportmittel zu sammeln. Schließlich war es ein Unterschied, ob diese Waldbahn im ebenen Gelände um Nürnberg und Ebersberg oder in den Hochlagen und Hängen am Rachel und Lusen eingesetzt wird.

---

[2] StAL 168/2 Nr 4510: Meldung d. K.Bay. Staatsmin. d. Finanzen, Forstabteil. vom 4.7.1902.

[3] StAL 168/2 Nr. 4510: Forstamtl. Bericht, Forstamt Klingenbrunn vom 3. 6. 1908.

5 1908/09: Waldbahn, genehmigt, eröffnet

Die Forstbeamten in Landshut und am Finanzministerium in München haben sich die endgültige Entscheidung für eine Genehmigung der Waldbahn nicht leicht gemacht: Vor allem interessierten sie Stellungnahmen über die technische Durchführbarkeit. Bevor sie dem Ausbau zustimmten, haben sie auch Voraussagen über die Wirtschaftlichkeit des künftigen Waldbahnbetriebes angefordert. Aus dem Schriftverkehr der Jahre 1907 und 1908 wird ersichtlich, dass man am Forstamt in Spiegelau in diesen Jahren sehr beschäftigt war, alle Anfragen zu beantworten und Bedenken auszuräumen. Die Frage der zu erwartenden Wirtschaftlichkeit wurde durch eine Befragung bei den möglichen Nutzern der künftigen Waldbahn abgeschätzt. Auch die benachbarten Forstämter hat man befragt, welche Holzmengen sie erwarten, die mit der Waldbahn abgefahren werden sollen. Den Beamten in München wollte man damit konkrete Planungszahlen für die Entscheidung an die Hand geben.[4] Diese sorgfältig erhobenen Daten gaben dann auch den Ausschlag für den Bau einer dauerhaften Waldbahn mit einem festen Gleiskörper.

Abb. 9: Unter Forstmeister Roder (1902-1913) vom Forstamt in Spiegelau wurde der Bau der Waldbahn 1908 genehmigt und der Fahrbetrieb 1909 eröffnet. (Fri)

Genehmigung 1908: Die Genehmigung aus München kam als *„Entschließung des Finanzministeriums"* (FME) am 26. August 1908.[5] Der damalige Forstmeister Roder (1902-1913) am Forstamt in Spiegelau wird zufrieden aufgeatmet haben. Offensichtlich hat er alle kritischen Anfragen der Münchner Beamten zur Zufriedenheit beantwortet (Abb. 9).

Eröffnung mit Probefahrt, 1909: Noch vor Einbruch des Winters, am 8. November 1909, konnte die höchst offizielle Probefahrt auf der Basisstrecke vom Waldbahnhof Spiegelau bis zur Sagwasser-Säge mit der Abnahme der Strecke durch die Beamten der Eisenbahndirektion Regensburg stattfinden. Auf dieses Datum der Abnahme der Bahnstrecke 1909 bezieht sich auch Fellmeth, 1926, 546, in seiner grundlegenden Beschreibung der Spiegelauer Waldbahn. Als Jahr der Inbetriebnahme gibt er allerdings 1909/1910 an: Vielleicht waren bis 1910 noch Auflagen zu erfüllen oder er bezieht sich auf die *„Waldbahnordnung"*, die erst 1910 ausgegeben wurde: *„Die Waldbahn Spiegelau, Sagwasser – Reschwasser, dient dem Zweck, das innerhalb ihres Einzuggebietes angefallene Holz zum Hauptlagerplatz am Bahnhof Spiegelau sowie zu zwischenliegenden Ablagestellen* (Sägewerke am Hauptstrang) *gegen Bezahlung der tarifmäßigen Gebühr auszufahren"*.

Firma Orenstein & Koppel bekam den Auftrag: Forstmeister Roder (1902-1913) musste bereits Vorinformationen über diese Genehmigung erhalten haben: Wir schließen das aus der Tatsache, dass bereits vor dieser endgültigen Baugenehmigung, die Niederlassung der *„Firma AG für Feld- und Kleinbahnbedarf, vormals Orenstein & Koppel"* in München die Planung und Durchführung des Waldbahnbaues übertragen wurde. Die Wahl dieser Firma dürfte damals nicht schwer gefallen sein: Die gleiche Firma hatte schon die private Waldbahn im westlich angrenzenden Revier des Freiherrn von Poschinger in Frauenau projektiert und geplant. Der Briefwechsel der Firma Orenstein & Koppel (O&K) mit der königlichen Regierung von Niederbayern, Kammer der Forsten, Landshut, ist erhalten.[6] Im Kostenvoranschlag wurden für den laufenden Meter Gleis 3,70 Reichsmark (RM) und für eine der insgesamt 16 am Hauptstrang von Spiegelau nach Mauth vorgesehenen Weichen 130 RM veranschlagt. Eine Dampflokomotive mit einer Leistung von 50 PS sollte 9.600 RM kosten. Für die Langholzwagen, den Trucks und andere Wagen sollten erst noch Kostenvoranschläge vorgelegt werden. Die gesamten Baukosten der Spiegelauer Waldbahn waren auf 135.000 Reichsmark veranschlagt. Der *„Vorschusskredit"* wurde durch das Finanzministerium in München auf 160.000 RM erhöht.[7] Die Oberleitung für den Bau dieser Waldbahn an der Regierung in Landshut wurde dem Bezirksinspektions-Beamten Forstrat Leythäuser übertragen: Er war in den sieben Jahren von 1883 bis 1890 Forstmeister am Forstamt in Spiegelau.

Spurweite 600 oder 750 mm?: Schon lange vor der offiziellen Genehmigung der Waldbahn, 1908, wurden seit 1900 Gleise und Trucks der Spurweite 600 mm von den aufgelassenen Waldbahnen der Forstämter Ebersberg und Altdorf bei Nürnberg in Spiegelau eingesetzt. Bei der Genehmigung ist in einem *„finanzministeriellen Erlass vom 26. August 1908"* empfohlen worden, diese kostenlos gelieferten, zusammengebauten **Gleisjoche**, vor allem für das Anlegen von *„flüchtigen"*, fliegenden, Gleisen zu verwenden:[8] So könnte die Neuanschaffung von Gleisen gespart werden. Auch der Firma Orenstein & Koppel war die frühere Festlegung auf die **Spurweite**

[4] StAL, 168/2, Nr. 4511

[5] StAL, 168/2, Nr. 4511; FME Nr. 4123 vom 26. 8.. 1908

[6] StAL, 168/2, Nr. 4511, Briefwechsel mit Orenstein & Koppel

[7] StAL, 168/2, Nr. 4511, FME Nr. 26234 vom 20.10. 1908.

von 600 mm bekannt. In einem Gutachten wurde diese Spurweite „*in Anbetracht der zu erwartenden, geringen Transportmenge für ausreichend erachtet*". Nun wird aber in einem weiteren Schreiben der Firma **Orenstein & Koppel** an die Königliche Regierung von Niederbayern in Landshut betont, dass eine Spurweite von 750 mm grundsätzlich vorzuziehen gewesen wäre. [9] Damit war eine Diskussion über die Spurweite 600 zu 750 mm eröffnet:

Die Spurweite von 750 mm hätte sicher einige ganz wesentliche Vorteile gehabt: Zu nennen sind die höhere Standfestigkeit der beladenen Züge, eine höhere Tragfestigkeit und vor allem das größere Fassungsvermögen der verwendeten Wagen. Als Nachteile steht diesen Vorteilen jedoch ein wesentlich höherer finanzieller Aufwand für den Bau und die Unterhaltung der Strecke gegenüber (Kieper, Preuß, Rehbein, 1980, 23ff). Schon Fellmeth, 1926, 546, teilte die Erfahrung mit, dass die gewählte Spurbreite von 600 mm für die auf den Holztransport zugeschnittene Waldbahn völlig ausreichte. Auch die leichte Beweglichkeit und Verlegbarkeit der Gleisanlagen wurde als Vorteil gewertet. In späteren Jahren kam dann noch ein weiterer Vorteil hinzu: Es konnte auf Gleise, Trucks und Lokomotiven der Kleinbahnen aus den ehemaligen **Heeresfeldbahnen** mit der Spurweite von 600 mm nach dem ersten und zweiten Weltkrieg zurückgegriffen werden.

Die größte Bewährungsprobe bestand die 600 mm-Waldbahn während der Jahre 1925/1927 und 1930/1931 mit verheerenden **Windwürfen**. Zeitweise wurden in dieser Zeit täglich über 1.000 Festmeter Holz ausgefahren. Der begrenzende Faktor war damals nicht die geringe Spurweite oder das Fassungsvermögen der Rollwagen: Begrenzend war nur die Durchlassfähigkeit der eingleisigen Strecke.

6 Strecken-Netz der Waldbahn

In den folgenden Ausführungen soll das weitverzweigte Streckennetz der Spiegelauer Waldbahn mit insgesamt 29 Teilstrecken näher beschrieben werden. Dieses **Streckennetz** in den einzelnen Waldabteilungen, ist für den interessierten Leser, der die Hochlagen kennt, unübersichtlich und verwirrend. Es ist in den 53 Jahren von 1900 bis 1953 entstanden und ständig erweitert worden.

Teilstrecken; vier große Bereiche: Im Wesentlichen ist es in vier große Bereiche zu gliedern: Hier ist zunächst die Basisstrecke von Spiegelau bis Mauth zu nennen. An diese Basisstrecke wurde dann südwestlich vom Rachel im Bereich des Forstamtes Klingenbrunn das Teilstreckennetz Revier Klingenbrunn angeschlossen. Südlich vom Rachel ist das Teilstreckennetz im Bereich des Forstamtes St. Oswald entstanden. Im Osten ist die Basisstrecke der Waldbahn dann in den Forstämtern Mauth-West und Mauth-Ost, am Reschbach entlang bis zur Hackl-Reibn erweitert worden, nahe dem Freilichtmuseum Finsterau.

Die erste Waldbahnstrecke mit 2 km bestand bereits 1900. 1908 erfolgte die Genehmigung und 1909 die Probefahrt mit der Eröffnung des Fahrbetriebes. 1953 erreichte die Waldbahn mit über 95 km den größten Umfang, bis sie dann 1960, nach 60 Jahren, stillgelegt und abgebaut worden ist. Zeitweise betrug die Streckenlänge sogar 110 km. Wir folgen bei der Beschreibung des Streckennetzes der chronologischen Abfolge der Bauarbeiten. Sliwinski, 1991, 13ff. hat in seiner Diplomarbeit das Streckennetz schon so gegliedert. Dabei konnte er in den verschiedenen Zeitabschnitten erstmals die noch vorhandenen Geschäftsberichte der damaligen „*Waldbahn-Betriebsleitung*" auswerten. Hier ist noch zu sagen, dass in den Anfangsjahren nach 1908 die Waldbahn noch im Aufgabenbereich des Forstamtes (FoA) Spiegelau war. Nach der ständigen Ausweitung des Fahrbetriebes ist jedoch später ein selbstständiger Nebenbetrieb gebildet worden, der dem FoA Spiegelau angegliedert war.

„*Fliegende Gleise*" oder Dauergleise? Bei vielen Einsätzen von Schmalspurbahnen im Straßenbau und in der Landwirtschaft, wurden oft die so genannten „*fliegenden Gleise*" verlegt. Diese sind transportabel und leicht beweglich. Meist wurden sie als fest verschraubte Gleisjoche für eine kurze Zeit verlegt. Nach dem Abbau konnten sie an anderer Stelle wieder verwendet werden. Die Strecken der Spiegelauer Waldbahn waren in der Regel auf Dauer im Betrieb. Trotzdem kam es manchmal vor, dass einzelne Strecken nur kurz genutzt und dann wieder abgebaut worden sind. „*Fliegenden Gleise*" wurden in Spiegelau hauptsächlich beim Bau neuer Gleisanlagen eingesetzt. An anderen Waldbahnen, wurden fliegende Gleise oft von einer festen Bahnstrecke aus als zeitweise Rücke-Gassen für die Dauer des Abtransportes des geschlagenen Holzes verlegt und genutzt.

Hauptstrecken, Nebenstrecken: Schließlich sind noch die Begriffe Haupt- und Nebenstrecken zu klären. Da die Hauptstrecken stärkeren Belastungen im Fahrverkehr ausgesetzt waren, wurden hier stärkere Gleise mit den Profilhöhen der Schienen von 80, 93, 100 und 115 mm auf besser befestigten Bahndämmen verlegt. Auf Nebenstrecken, die weniger Fahrbetrieb erwarten ließen, fanden schwächere Schienen mit einer Profilhöhe von nur 70 mm Verwendung.

---

[8] StAL, 168/2, Nr. 4511, FME, Nr. 4123 vom 26. 8. 1908.

[9] StAL, 168/2, Nr. 4511, Briefwechsel der Fa. O&K mit der K. Reg. von Niederbayern.

6.1 Alter Hauptstrang: Spiegelau-Mauth

Im Folgenden wird nun jede der insgesamt 29 verschiedenen Teilstrecken des Schienennetzes der Spiegelauer Waldbahn beschrieben. Sie sind alle zu unterschiedlichen Zeiten im Zeitraum von 1900 bis 1953 entstanden: Auf seinem Höhepunkt, 1953, waren insgesamt 95 km Schienen verlegt. Im Anschluss an jede Beschreibung der Strecke, folgt eine Übersicht mit der Länge dieser Fahrstrecke, der Länge der Lade- und Rangiergleise sowie eine Beschreibung des genauen Standorts. Bei jedem Ladeort befand sich auch ein großer Holzlagerplatz, an dem die Holzverlader tätig waren. Wir werden mit Angaben in Metern beschreiben, von welchem Wanderweg oder anderen bekannten Orten aus, dieser ehemalige Lagerplatz zu erreichen ist. Zur Orientierung im Gelände, geben wir auch die nächstgelegene Höhe in Meter an. Mit diesem Buch als Wanderführer in der Hand, sollte es dem interessierten Wanderer möglich sein, diese Plätze einstiger, gefahrvoller Geschäftigkeit an den Ladeorten und Lagerplätzen aufzusuchen. Oft sind sie durch Wegebauten und Baumbewuchs schwierig zu finden.

November 1909; Probefahrt, Abnahme: Oben haben wir gezeigt, dass 1900 von den Forstämtern Ebersberg und Altdorf Gleise nach Spiegelau abgegeben worden sind. In diesen Jahren wurde eine Strecke von 2 km gebaut. Es ist davon auszugehen, dass die Planung und der Bau dieser 2 km ohne die Mithilfe der Firma Orenstein & Koppel erfolgt ist. Bei der Genehmigung am 26. August 1908, bestand bereits eine Strecke von 7 km von Spiegelau in Richtung Mauth. Versucht man diese 7 km auf dieser kurvenreichen Strecke einzutragen, muss sie 1908 etwa zwischen der **Aufschläger-Säge** und der **Graup-Säge** geendet haben.

In diesem Spätsommer und Herbst 1908 wollte man noch vor dem Einbruch des Winters keine Zeit verlieren: Schon wenige Tage später, noch im September 1908, hat ein Forstpraktikant damit begonnen, den geplanten Verlauf der Strecke im unwegsamen Gelände abzustecken. Diese Arbeit des wohl recht unerfahrenen Praktikanten, konnte jedoch die ausführende Firma Orenstein & Koppel nicht zufrieden stellen. Einem Briefwechsel mit dem Forstamt Spiegelau ist zu entnehmen, dass Orenstein & Koppel, Unterlagen mit der Anleitung zur richtigen Ausführung dieser Vermessungen geschickt hat.[10] Noch in diesem Herbst 1908 und dann 1909 sind dann von der Firma **Himmelbach** in Regensburg insgesamt 40.000 Kiefern- und Tannenschwellen für den Bahnbau geliefert worden. Der Grund für diesen Zukauf dürfte gewesen sein, dass diese Eisenbahnschwellen einige Jahre abgelagert und trocken sein mussten. Diese Bedingung konnte mit frisch geschlagenen Schwellen der heimischen Tannen nicht erfüllt werden. Trotzdem überrascht, dass bei der langen Planungszeit, nicht frühzeitig Tannen für die Schwellen geschlagen worden sind.

Oberaufsicht; Eisenbahndirektion Regensburg: Die eisenbahntechnische Oberaufsicht über den Waldbahnbau in Spiegelau hatte die *„Königliche **Eisenbahndirektion** in Regensburg“.* Diese Organisation der Staatsbahn war für die technische Abnahme der Waldbahn und die Aufsicht zuständig. Sie konnte nach einer Entschließung des Finanzministeriums (FME) auch ergänzende Anweisungen und Auflagen über die Betriebsführung der Waldbahn erlassen.[11]

Schon ein Jahre später, 1909, war die 17,5 km lange Strecke vom Spiegelauer Waldbahnhof bis östlich der Sagwasser-Säge fertig gestellt. Auch durch die kurze Bauzeit von nur einem Jahr, ist davon auszugehen, dass 7 km dieser insgesamt 17,5 km langen Strecke, schon in den Jahren 1900 bis 1908 gebaut worden sind. Die Probefahrt mit der Abnahme der Strecke durch die Eisenbahndirektion Regensburg konnte noch vor Einbruch des Winters, am 8. November 1909, stattfinden.

Streckenverlauf Hauptstrang: Der Hauptstrang der Waldbahnstrecke nahm den Ausgang am Waldbahnhof in Spiegelau, etwa 750 m nordwestlich vom Bahnhof der Staatsbahn. Er verlief zunächst entlang der Staatsbahn, überquerte den **Schneiderbach** und 250 m weiter nördlich die **Schwarzach**, die in diesem Bereich damals als ***„Schwarzachkanal“*** für die Holztrift ausgebaut war. Um Höhe zu gewinnen, wurde die Strecke nun südwestlich der **Klingenbrunner Neuhütte** im weiten Bogen an der Waldabteilung **Hüttenhäng VII** nach Osten geführt. Hier überquerte sie auch den alten *„Klingenbrunner Neuhüttenweg“*. Die Waldbahntrasse, heute ein Wanderweg, überquerte die Schwarzach (Abb. 10) und führte im weiten Bogen in Richtung Trossel und Martinwiese. Die Strecke umrundete den Jägerriegel (Höhe 832 m) im Westen und Süden und erreichte nördlich der Trossel (heute Kinderspielplatz) nach 1.250 m die Martinwiese. Hier waren die ersten Lade- und Rangiergleise (72 m) mit einem großen Holzlagerplatz: 250 m nördlich Parkplatz Martinwiese, 200 m südlich Nationalparkstraße. 1910 führten die Gleisanlagen 17,5 km von Spiegelau in Richtung Mauth bis südöstlich der Sagwasser-Säge. Auf dieser Basisstrecke konnte nun Holz aus den Waldungen der Forstämter Spiegelau und St.Oswald zum Bahnhof nach Spiegelau transportiert werden (Abb. 11, 12). Kurz vor dem Ladegleis an der Martinwiese, 2,5 km vom Waldbahnhof in Spiegelau entfernt, wurde 1927 die nördliche Abzweigung der Hammerwaldstrecke gebaut (s. Kapitel 6.21).

---

[10] StAL, 168/2, Nr. 4511 Briefwechsel O&K mit FoA Spiegelau

[11] StAL, 168/2, Nr. 4518, FME Nr. 34090 vom 4. Nov. 1909.

Abb. 10: Die Brücke der Waldbahntrasse über die Schwarzach westlich von Spiegelau. (Rei)

Gefährliche Abfahrten mit den *„Rollwageln“*: Mit dem Holzlagerplatz Martinwiese verbinden sich beim Erstautor Erinnerungen aus seiner Kindheit. Die Lade- und Rangiergleise waren von Riedlhütte-Häuser zu Fuß oder mit dem Rad besonders leicht zu erreichen. Es verging um 1955 kein Sonntag, wo an diesem Holzlagerplatz nicht eine leere **Zuggarnitur** zum Beladen für den nächsten Werktag abgestellt war. Es war jedes Mal ein aufregendes Erlebnis, mit diesen leicht beweglichen Rollwagen waghalsige Fahrten zu unternehmen. Wir schoben auf der leicht ansteigenden Strecke einzeln mehrere Rollwagen mit etwa zwei Bremswagen auf die Anhöhe in Richtung **Schindlau**. Dort hängten wir sie wieder mit den schweren Ketten zusammen. Nach dem die **Bremser** auf ihrem **Bremswagen** bereitstanden, schoben wir den Zug an. Nun konnten wir etwa 1.000 m zügig in Richtung Spiegelau abfahren. Der Zug wurde immer schneller. Es war die verantwortungsvolle Aufgabe der Bremser, dass die Fahrt nicht zu schnell wurde: Ein Glück, dass auf dieser Strecke keine enge Kurve zu befahren war. Bei zu hohen Fliehkräften, wären die Trucks sicher aus dem Gleis gesprungen. Die **Holzverlader**, die am frühen Montagmorgen anrückten, um im Akkord Holz zu verladen, werden die *„Saubuam“* verflucht haben: Sie mussten sich die Rollwagen in der notwendigen Reihenfolge erst zusammenschieben und werden möglicherweise weniger Geld verdient haben. Mit diesem selbstverordneten *„Waldbahn-Praktikum“* haben damals die 12-14jährigen Buben schon verschiedene Berufe bei der Waldbahn spielend kennengelernt und verinnerlicht. Nach der Entlassung aus der Volksschule in Riedlhütte waren sie für eine Tätigkeit als *„Waldbahnerer“* schon bestens vorbereitet.

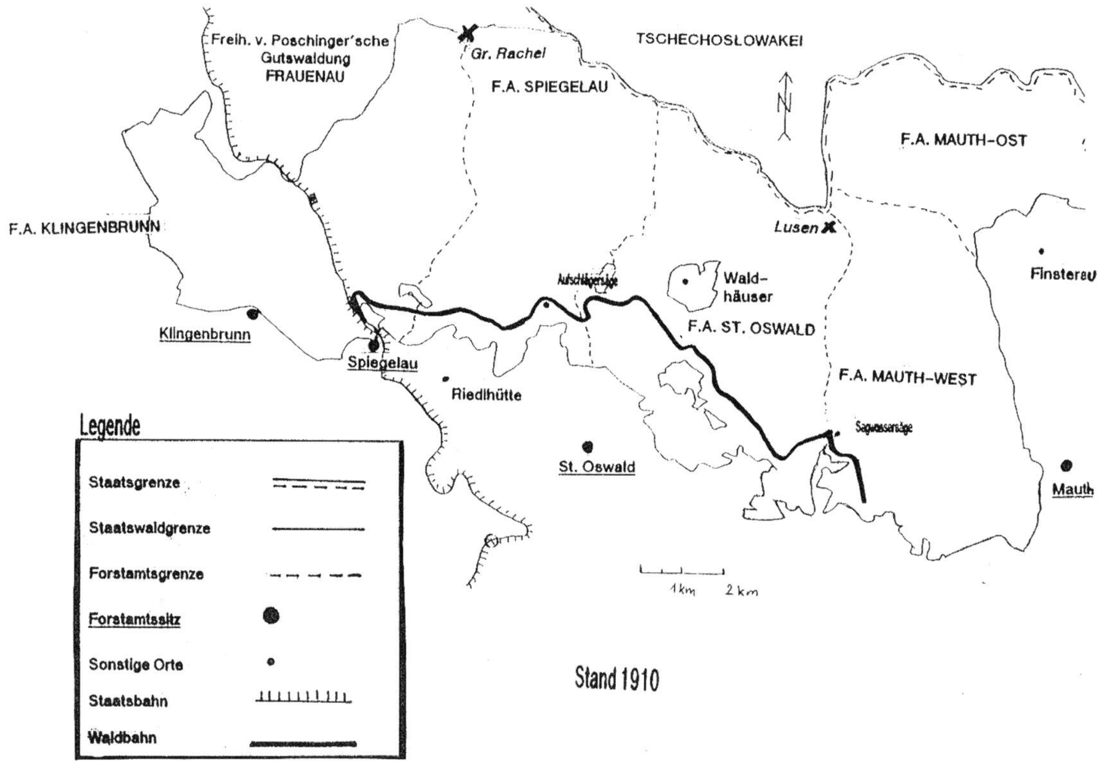

Abb. 11: Streckenverlauf des 17,5 km langen alten Hauptstranges der Waldbahn von Spiegelau in Richtung Mauth bis südöstlich der Sagwasser-Säge (Bauzeit 1909-1910, x = Großer Rachel, Lusen).

Basisstrecke; Sagwasser, Mauth, Hackl-Reiben: In den folgenden Jahren war die Weiterführung der Basisstrecke geplant: Von der Sagwassersäge bis nach Mauth und entlang des Reschwasserbaches bis zur Hackl-Reib'n (Kurve, Reiben, Reibe). Mit dieser Erweiterung sollten vor allem die alten Buchenbestände in den Forstämtern Mauth-West und Mauth-Ost erschlossen werden. Diese wertvollen Buchen konnten mit der bisherigen Transportmöglichkeit, der Trift, nicht genutzt werden: Sie sind im Wasser nicht geschwommen. Die Buchen gewinnbringend zu nutzen, war auch ein wichtiges Argument für den Bau der Waldbahn. Die Forstabteilung am Finanzministerium in München hat jedoch die Rentabilität dieser Maßnahme in Frage gestellt. Es stimmte in einer *„Entschließung des Finanzministeriums“* (FME) vom 5. April 1910 nur einer Erweiterung bis zur Abteilung XXXI.3 „*Kaltwasserberg*“ zu.[12] Am 15. und 17. Mai 1911 fand eine „***Oberinspektion***“ der bisherigen Arbeiten der Waldbahn statt: Für Regierungs-Forstrat **Kirschstein** und Ministerialrat **Zeulmann** war der vorgesehene Weiterbau bis Mauth oder sogar bis zur Hackl-Reibn nicht „*rentabel*“.[13] Man einigte sich jedoch, die Strecke im Jahre 1911 noch bis zum Reschwasser unterhalb der Ortschaft Mauth weiterzuführen.

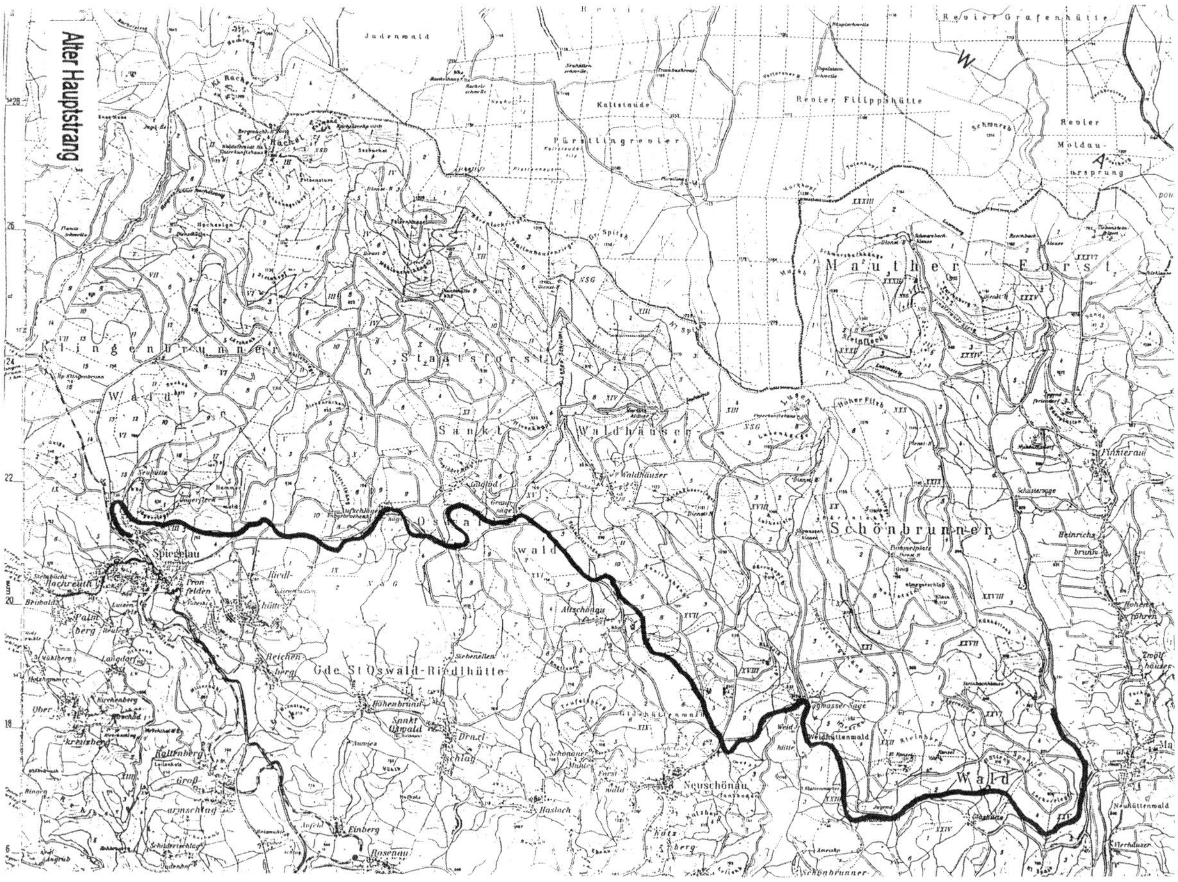

Abb. 12: Streckenverlauf des alten Hauptstranges der Waldbahn von Spiegelau bis Mauth

Nach der Meinung der Gutachter war es wirtschaftlicher, das Holz die 6 km auf dem Reschwasser bis an diese Stelle zu triften, hier dann aus dem Wasser zu nehmen und auf die Waldbahn zu verladen. Bis zum Reschbach westlich von Mauth erreichte der Hauptstrang eine Länge von 27,44 km. Die Basisstrecke von Spiegelau nach Mauth entspricht etwa dem Verlauf der heutigen Nationalparkstraße. In dieser Zeit erscheint sie als „*Spiegelauer Bahnhofstraße*“ in den Akten. Vom Waldspielplatz in Spiegelau bis nach Mauth wird diese ehemalige Waldbahn-Trasse heute im Sommer als Radweg und im Winter über weite Strecken als Langlauf-Loipe genutzt.

Drei Schneidsägen am Hauptstrang: Hier standen auch die wichtigen Schneidsägen Aufschläger-Säge an der Großen Ohe, Graup-Säge an der Kleinen Ohe und Sagwasser-Säge am Sagwasser. Die Namen erinnern an heute in der Gegend noch verbreitete Familiennamen. Die Blöcher wurden mit der Waldbahn zur Säge und die Schnittware dann zum Bahnhof nach Spiegelau gebracht. An diesen 3 Schneidsägen fanden viele Menschen eine lohnende Arbeit. Die Schneidsägen am Hauptstrang und entlang des Reschbaches haben wesentlich dazu beigetragen, die Waldbahn auszulasten (Abb.13).

Abb. 13: Eine Schneidsäge mit drei Sägegattern, wie sie am alten Hauptstrang der Waldbahn gearbeitet hat. (Rei)

Aufschläger-Säge: An diese ehemals wichtige Schneid-Säge erinnert heute kein Gebäude mehr. In der Karte 1: 25.000 ist sie mit dem Hinweis „*abgebrochen*“ eingezeichnet (Höhe etwa 760 m). Sie

[12] StAL, 168/2, Nr. 4511, FME Nr. 6307 vom 5. 4. 1910.

[13] StAL, 168/2, Nr. 4511.

befand sich zwischen der Großen Ohe und der wichtigen, späteren Abzweigung der Waldbahn in Richtung Grübenbrücke und Rachel-Diensthütte: Heute die Abzweigung der Straße zur Rachel-Diensthütte von der Nationalparkstraße. Mit einem Parkplatz ist es heute im Winter der beliebte Einstieg in die sehr schneesichere Guglöder Loipe.

Graup-Säge: Sie lag östlich der Abzweigung der Straße nach Waldhäuser auf einer großen Verebnungsfläche (Höhe 752 m), die sich als Holzlagerplatz gut eignete. Das ehemalige Gattergebäude der alten Graup-Säge und das umliegende Gelände ist heute ein Bauhof des Nationalparks. Die alten Waldbahngleise sind vor dem ehemaligen Gattergebäude auf der Ostseite im betonierten Boden noch vorhanden. An der Nordwand des Gebäudes angelehnt, befindet sich auch noch ein fest verschraubter Gleiskörper, ein Gleisjoch, wie es für die fliegenden Gleise verwendet wurde (Abb. 14, 15, 16).

Abb. 14: In diesem Gebäude (heute Bauhof Nationalpark) standen die Säge-Gatter der Graup-Säge. Über das Tor (rechts) wurde das Langholz auf Rollwägen zum Gatter geschoben. (Rei)

Abb. 15: Zu den Sägegattern führten die später in Beton eingelassenen Gleisanschlüsse. (Rei)

Abb. 16: An der Nordseite des Gattergebäudes lehnt ein fest montiertes Gleisjoch (600mm) der Waldbahn.

Sagwasser-Säge: Sie befindet sich am östlichen Ufer am Sagwasser, das die Südhänge des Lusen entwässert. Auch bei dieser Schneidsäge wurde die Wasserkraft als Antrieb genutzt. In den amtlichen Karten wird dieses Gewässer als Sägwasser bezeichnet. Der Name leitet sich aber nicht von der Säge ab, sondern wird von der Bevölkerung so ausgesprochen. Diese ehemalige Säge ist auch als **Jolas-Säge** bekannt: Benannt nach einem ehemaligen Besitzer. Lange Zeit wurde die Schneidsäge aber von der Familie **Rothkopf** betrieben.[14] Die Wasserkraft wird auch heute noch zur Stromerzeugung genutzt. An der Sagwasser-Säge kann man die Abzweigung der Gleise vom Hauptstrang Spiegelau-Mauth an die Schneidsäge auch heute noch gut sehen (Abb. 17, 18, 19, 20).

Dort, wo an der Sagwasser-Säge die Waldbahn über eine Brücke die Kleine Ohe überquerte, wurden beim Fahrbetrieb auch regelmäßig die Wasservorräte der Dampflokomotiven aufgetankt. Vom Lagerplatz für die Bretter aus, ist entlang des Sagwassers die „Sagwasserstrecke" etwa 2 km südlich bis zum Weiler Katzberg östlich von Neuschönau verlängert worden (s. Kapitel 6.25). In der Skizze aus dem Jahre 1910 ist diese Strecke noch als „geplant" eingezeichnet (Abb. 20).

Vorschlag; Sagwasser-Säge als Museum: An der Sagwasser-Säge ist noch das alte Gattergebäude mit einem alten, funktionsfähigen Sägegatter originalgetreu erhalten geblieben. Die Gleise westlich vor dem Gattergebäude wurden erst vor wenigen Jahren herausgerissen. Hier befindet sich heute ein gepflasterter Hofplatz. Bis vor wenigen Jahren war das Sägegatter nach den Aussagen von Herrn Rothkopf (2004 leider verstorben) zeitweise noch im Betrieb. Im Osten des Gebäudes, konnte die Schnittware von drei Gleisstutzen aus, vom Rollwagen direkt auf die Trucks der nördlich vorbeiführenden Waldbahn oder auf die untenstehenden Fuhrwerke geladen werden. Diese letzte Schneidsäge ist noch im Originalzustand erhalten. Es ist ein Denkmal der Geschichte der Schneidsägen am Hauptstrang. Mit wenig Aufwand könnte es als Museum ausgebaut, zugänglich gemacht und für die Nachwelt erhalten werden. Hier könnte die Nutzung der Wasserkraft zum Antrieb und eine durchdachte, menschliche Arbeitskraft schonende, Logistik der Anfuhr des Langholzes, die Lagerung, die Verarbeitung am Sägegatter und die Abfuhr der Schnittware auf der Waldbahn und mit Fuhrwerken in einzigartiger Weise gezeigt werden. Die Familie Rothkopf ist für die Historie ihrer alten Säge sehr aufgeschlossen. Vom geschäftigen Be-

[14] Bei Herrn (gestorben 2004) und Frau Rothkopf bedanken wir uns, dass wir die Örtlichkeiten der Sag wasser-Säge am 10. 8. 2003 zusammen mit Herrn Sliwinski, München, erkunden durften.

trieb während der Blütezeit dieser Schneidsäge gibt es noch Bilder: Heute Dokumente einer längst vergessenen Welt. Generationen von Waldlern der Umgebung fanden hier als Säger und Tagwerker ihr Auskommen.

Abb. 17 Das Bild aus der Zeit um 1950 zeigt die Sagwasser-Säge mit dem Gattergebäude (rechts). Vordergrund: Lagerplatz für Bretter mit Rangierlok. Bildmitte: Gleisanlagen (Quelle: Rothkopf).

Abb. 18 Ostseite des Gattergebäudes der Sagwasser-Säge mit den Gleisanlagen zum Verladen der Balken und Bretter. (Rei)

Abb. 19 Mit der Waldbahn wurde die Schnittware, Bretter und Balken, von der Sagwassersäge zum Bahnhof nach Spiegelau gebracht. Foto, F. Burghart, Neuschönau, um 1920.

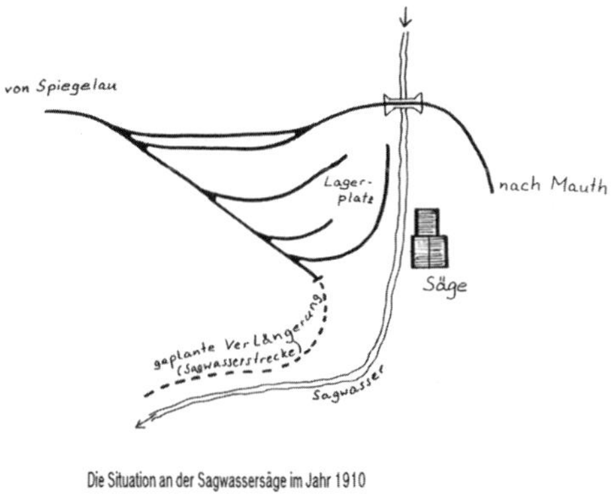

Abb. 20 Anbindung (1910) der Sagwasser-Säge an den Hauptstrang von Spiegelau nach Mauth mit Lagerplatz und Strecke nach Katzberg (Skizze R. Sliwinski, 1991).

Reschbach: 6 Sägewerke und 1 Hammerschmiede: Auch entlang des Reschbachs, der durch den Ausbau der Waldbahnstrecke bis zur Hackl-Reibe erschlossen wurde, entstanden auf der östlichen Seite 6 Schneidsägen und 1 Hammerwerk. Sie wurden alle nach dem Namen der Besitzer benannt: Südlich der Reschbachbrücke in Richtung Mauth entstand die Hilz-Säge. In nördlicher Richtung dann die Lenz-Säge, ein Hammerwerk (heute aufgelassen), die Schuster-Säge und die Poxleitner-Säge. Westlich des Reschwassers am Schwarzbach lag die heute abgebrochene Plöchinger-Säge. An der großen Hackl-Reibn (Kurve) stand noch die Hackl-Säge. Die Poxleiner-Säge war der erste Stromlieferant für die Ortschaft Finsterau. Dort wurde erstmals das Wasserrad durch eine Turbine mit Generator ersetzt. Es folgte dann 1922 als Stromlieferant die Hackl-Säge. Für Finsterau war es damals ein bedeutender technischer Fortschritt, als die erste Glühbirne erstrahlte. Von diesen 6 Sägewerken arbeiteten 1994 hier nur noch zwei. Im Laufe der Zeit wurden die Wasserräder durch Turbinen ersetzt. Die Kraft des Wassers bewegt heute eine Turbine mit einem angeschlossenen Dynamo. Der so erzeugte elektrische Strom wird in das Netz eingeleitet.

Nebenstrecke zum Bärenloch: Beim weiteren Ausbau der Spiegelauer Waldbahn nach dem 2. Weltkrieg, 1945, sollte beim Streckenkilometer 12,5 eine Seitenlinie bis zum Bärenloch (Höhe 799 m) am Südhang von Waldhäuser gebaut werden. Das war nach einer Niederschrift vom 10.Juni 1948 die Absicht des Referenten für den Forstwegebau am Regierungsforstamt in Regensburg.[15] Die Abzweigung dieser Bärenlochstrecke vom Hauptstrang war beim Parkplatz beim Zugang zu den Wild-Gehegen, geplant. Das sehr felsige, steile, dann sumpfige Gelände und Geldmangel haben diesen Neubau verhindert. Nach der Einrichtung des Nationalparks wurden in der Nähe dieser Waldabteilung **Bärenloch** das Ottergehege und das Hirschgehege eingerichtet. Der Flurname Bärenloch weist darauf hin, dass in früherer Zeit hier in Fangvorrichtungen Bären für die **Lusthetze** der bayerischen Kurfürsten in München lebend gefangen worden sind. Im Wald nördlich von **Siebenellen** konnte nach alten Aufzeichnungen so eine Fangvorrichtung im Gelände aufgefunden werden (Reiner, Schober, 1999).

[15] StAA, Oberforstdir. Nr. 8669, Niederschr. d. Referenten V. (Wegebau) d. Reg. FoA, Regensburg, 10.6.48

In den Jahren um 1950 zeichnete sich auch bereits der beginnende Strukturwandel beim Transport von Holz mit den Lastkraftwagen auf festen Straßen ab. Gleichzeitig ging das **Frachtaufkommen** im östlichen Teil des alten Hauptstranges bis zur Sagwasser-Säge sehr zurück. Das hatte zur Folge, dass bereits schon um 1948 diskutiert wurde, den Hauptstrang bis zur Sagwasser-Säge abzubauen. Auch der Abschnitt Aufschläger-Säge an der Großen Ohe bis zur Sagwasser-Säge war damals bedroht, frühzeitig stillgelegt zu werden.

Filzwaldgleis (s. Kapitel 6.20): Am **Filzwald**, etwa 300 m westlich der Abzweigung der Straße zur Rachel-Diensthütte, befand sich ein Anschlussgleis zum eigenen **Steinbruch**. Über eine Rutsche konnte der zum Bahnbau und Straßenbau benötigte Schotter aus der **Steinquetsche** direkt in die Kastenwagen und Muldenkipper der Waldbahn verladen werden.

Streckenstatistik: Alter Hauptstrang: Baujahr: 1909/1911, Fahrbetriebsstrecken (Haupt- und Nebenstrecken): 27.440 m. Lade- und Rangiergleise: 3.630 m. Zusammen: 30.610 m. Diese Gleise wurden mit 80 mm hohen Schienen gebaut. Um 1940 wurden diese Gleise teilweise noch verstärkt und auf ein 93 bis 115 mm hohes Schienenprofil *„umgenagelt"*.

Ladegleise, Rangiergleise und Lagerplätze: In den folgenden Waldabteilungen an der Hauptstrecke befanden sich Ladegleise, Rangiergleise und Holzlagerplätze (Länge in m):

Geigermartin-Wiese: 72 m; Neubruck, südlich Sammerkreuz: 80 m; Filzwald, 300 m westlich Abzweigung Rachel-Diensthütte: 164 m; Guglöder Kreuzstraße: 100 m; Graup-Säge, an der Kleinen Ohe: 580 m; Hüttenstatt, 500 m östl. vom Forsthaus Altschönau: 150 m; Böhmstraße, altes Informationshaus National Park: 170 m; Spitzkehre, Gleisdreieck zum Wenden der Dampfloks: 100 m; Sagwasser-Säge, Wasserfassen für die Dampfloks: 1.050 m; Kaltwasserberg: 200 m; Platzl: 130 m; Leckerriegel, am Reschwasser, Höhe 908 m: 190 m; Jägerhäng: 197 m; Ahornbrunn: 164 m; Riedlhäng, Kilometer 27, unterhalb Mauth: 163 m.

6.2 Strecke Schwarzachebene

Bauzeit: 1923/24 (Abb. 22, 23, Nr. 2). Diese Strecke führte in die Waldabteilung Obere und Untere Schwarzachebene, bis etwa 2 km östlich von Klingenbrunn-Bahnhof. Von Spiegelau (Höhe 732 m) bis zur **Schwarzachebene** mit 856 m waren 124 Höhenmeter zu überwinden. Die Übersichtskarte der Waldbahn (Abb. 21) zeigt das Gesamtgebiet am Rachel und Lusen, das mit der Waldbahn erschlossen wurde (Stand um 1930): Forstämter: Klingenbrunn, Spiegelau, St. Oswald, Mauth-West, Mauth-Ost. Die Erschließung des Forstamtes Klingenbrunn befindet sich im linken (westlichen) Bereich.

Wirtschaftskrise (1914-1923), Stillstand: Obwohl die Waldbahn sehr gute Erfolge nachweisen konnte, sind in den 10 Jahren von 1913 bis 1922 kaum mehr Neubaustrecken entstanden. Schon seit Jahren war eine Erweiterung in die Waldungen des Forstamtes Klingenbrunn am Südhang des Rachels geplant: Doch die Zeiten waren für dieses Vorhaben wirtschaftlich zu schlecht. Es war die Zeit der größten **Wirtschaftskrise** und **Geldentwertung** (Inflation) mit vielen **Arbeitslosen**. Wie kam es dazu?

Die Weichen für die Geldentwertung von 1923 sind bereits vor Beginn des Ersten Weltkrieges gestellt worden: Als im Juli 1914 die Anzeichen für eine militärische Auseinandersetzung immer deutlicher wurden, ließen sich viele Geldanleger ihre Einlagen in Goldmünzen auszahlen. Dadurch kam die Golddeckung der Reichsmark ins Wanken. Sie war die Währung des Kaiserreiches. Am 31. Juli 1914 stellte die Reichsbank die Auszahlung des Goldes ein und brachte als Ersatz frisch gedrucktes Papiergeld unter das Volk. Der Erste Weltkrieg (1914-18) wurde 1918 verloren. Die Forderungen der Kriegsgegner an **Reparationen** im April 1921 betrugen 132 Milliarden Goldmark. Wieder mussten die Druckmaschinen angeworfen werden. 1922 hatte der 1.000-Reichsmark-Schein den höchsten Geldwert. Schon ein Jahr später 1923 hatte die Bevölkerung Geldscheine im Nennwert von bis zu 100 Billionen Reichsmark im Geldbeutel: Eine Zahl mit 14 Nullen (100.000.000.000.000): Wenn im Juli 1913 ein US-Dollar für 4,2 Reichsmark zu haben war und im November 1923 für 4.200 Billionen Reichsmark, wird diese Hyperinflation deutlich. Während 1913 das Kilo Mehl für weniger als eine halbe Reichsmark zu haben war, kostete es Anfang November 1923 über drei Milliarden Reichsmark. Ein Ei kostete 1913 den Betrag von 7,5 Pfennige und im November 1923 2,6 Milliarden Reichsmark.

Erst Mitte November 1923 ging diese schwerste Wirtschaftskrise in der deutschen Geschichte zu Ende: Das Kabinett um Reichskanzler **Gustav Stresemann** beschloss die Einführung der Rentenmark. Am 15. November konnte die Bevölkerung das wertlose Papiergeld zum Kurs von einer Billion Reichsmark zu 1 Rentenmark umtauschen. Seit dieser schwersten Wirtschaftskrise sind über 80 Jahre vergangen. Die Notlage der Menschen im Bayerischen Wald war damals sehr groß: Unsere Großeltern und Eltern haben noch lange darüber berichtet.

Warum wurde diese Zeit der wirtschaftlichen Not und Geldentwertung von 1913 bis 1923 so ausführlich geschildert? Die Entscheidung am 15. November 1923, die Rentenmark einzuführen, fiel im fernen Berlin: Fast auf den Tag genau, lässt sich am Beispiel der Waldbahn im hintersten Bayerischen Wald die Verbesserung der wirtschaftlichen Lage im damaligen Reichsgebiet erkennen: Nach dem 15. November 1923 war auf den Höhenlagen von 800-900 m schon täglich mit Schneefall zu rechnen: Trotzdem handelte die Betriebsleitung der Waldbahn am Forstamt in Spiegelau sofort. Sie entschloss sich nach zehnjährigem Stillstand ohne zu zögern für den Weiterbau. Wir können heute nicht mehr nachvollziehen, welches Zeichen der Hoffnung auf eine Besserung der so langen, trostlosen, wirtschaftlichen Lage, damals von dieser Entscheidung ausgegangen ist. Die Teilstrecke in die Rachelwälder wurde sofort in Angriff genommen. Hier ist auch anzunehmen, dass vom Finanzministerium in München, die vorgesetzte Forstbehörde, zu dieser Maßnahme der Arbeitsbeschaffung für die Bevölkerung geraten worden ist. Der Winter 1923/24 wurde dann aber leider auch besonders streng.

Weiterbau der Strecke Schwarzachebene: Der Verlauf der Strecke Schwarzachebene mit allen ihren Abzweigungen wurde zur besseren Orientierung in eine Karte 1:25.000 eingezeichnet. Da sie sich mit den Erweiterungen nach Klingenbrunn und in Richtung Rachel zur Klingenbrunner Scheer auf einer DIN A4-Seite nicht darstellen lässt, wurden Fortsetzungen angefügt. Die Nummern in den Karten an den Strecken entsprechen nicht der zeitlichen Folge der Entstehung, sondern den Bauarbeiten in den Forstämtern Klingenbrunn, St. Oswald und Mauth-West und Mauth-Ost. Diese Nummernfolge wurde bei der Beschreibung der Teilstrecken von 1 bis 29 (Kapitel 6.1-6.29) beibehalten (Abb. 22, 23, 24, 25, 26).

Diese Strecke (Nr. 2) zweigte in Spiegelau vom alten Hauptstrang (Nr. 1) in Richtung Norden ab. Der alte Schienenstrang nach Mauth überquerte auf einer Brücke die Schwarzach und führte nach Osten. Die Strecke Schwarzachebene (Nr. 2) folgte dann der Ebene der Schwarzach zwischen der Straße und dem Bach bis zur Einmündung des Föhraubaches in die Schwarzach, westlich der Hinteren Bocksberge. An diesem vorläufigen Endstutzen befand sich ein großer Holzlagerplatz mit einem Umfahrgleis. Heute befindet sich hier ein Parkplatz. Der Föhraubach entwässert die Senke des Föhrau-Filzes zwischen dem Lärchen-Berg, Hüttenriegel und dem Vorderen Bocksberg.

Strecke Föhraubach (Weiterführung): Um 1935 wurde dann die Strecke Schwarzachebene mit einer Zweiglinie in das Tal des Föhraubaches weiter verlängert (siehe Kap. 6.29, Abb. 22, Nr. 29).

Streckenlänge: Fahrstrecke 2.800 m; Lade- und Rangiergleise: 150 m. Zusammen: 2.950 m.

6.3 Strecke Rachel

Bauzeit: 1925/27 (Abb. 22, 23, Nr. 3). Im Jahre 1925 wütete wie schon so oft ein Orkan am Rachel und Lusen mit verheerenden Windwürfen. Um dieses Holz aufzuarbeiten wurde überlegt, das Waldgebiet nördlich des Staatsbahnhofes Klingenbrunn in Richtung Rachel durch eine Waldbahn zu erschließen. Diese Überlegung hatte den Vorteil, das geschlagene Holz am Staatsbahnhof Klingenbrunn auch gleich zu verladen.

Die Anbindung dieser **Rachelstrecke** erfolgte kurz vor der Endstelle der 1923/24 erbauten Schwarzachstrecke, 250 m südwestlich der Einmündung des Föhraubaches in die Schwarzach. Hier wurde eine Abzweigung in nordwestlicher Richtung angelegt. Sie führte aus der Ebene der Schwarzach heraus und über einen Höhenrücken in das Tal der **Flanitz**. Der Abzweig verlief von der Höhe 779 m an der Schwarzachstraße durch die Waldabteilungen **Rehau** VII 11 und Schwarzach VII 12, überquerte die Quellgräben des **Waldhüttenbaches** und endete an der Klingenbrunner Rachelstraße auf der Höhe der **Flanitz Löcher** (Höhe 820 m), etwa 250 m vor der Flanitz. Hier befand sich ein großer Holzlagerplatz mit einem Umfahrgleis zum Rangieren der Lokomotiven. Im Winter haben die Holzhauer mit dem Schlittenzug auf steilen Ziehbahnen das Holz an diesen Lagerplatz gebracht. Dem genauen Streckenverlauf der alten Waldbahntrasse folgt heute eine gut ausgebaute Fahrstraße von der Schwarzach bis kurz vor den Flanitzlöchern.

Streckenlänge: Fahrstrecke 2.390 m; Lade- und Rangiergleise: 150 m. Zusammen: 2.540 m.

6.4 Strecke Klingenbrunn-Bahnhof

Bauzeit: 1925/26 (Abb. 22, 24, Nr. 4). Nachdem die Rachelstrecke das Gebiet nordöstlich vom Klingenbrunner Bahnhof erschlossen hat, war es notwendig, eine Anbindung an die Staatsbahn am Bahnhof Klingenbrunn zu schaffen. Dieser Bahnhof liegt etwa 3 km nördlich der Ortschaft Klingenbrunn. Die Strecke zum Klingenbrunner Bahnhof zweigte nach etwa 100 m am Beginn der Rachelstrecke, nahe der Schwarzach ab. Sie überquerte die **Glitzlettenseige** und nahe am Zusammenfluss den **Waldhüttenbach** und den **Flanitzkanal**.

Über den Flanitzkanal wurde Wasser aus der Flanitz in den Waldhüttenbach geleitet, um hier nach 1835 die Scheitertrift zu ermöglichen. Vom Flanitzkanal führte die Strecke im weiten Bogen um die Höhe 778 herum und erreichte am **Großen Buchwald** (Höhe 769 m) in der **Flanitz Ebene** die Klingenbrunner Rachelstraße. Von hier waren es nur noch 500 m in südwestlicher Richtung zum großen Holzlagerplatz an der Staatsbahn am Klingenbrunner Bahnhof. Heute ist diese Strecke bis zur Glitzlettenseige ein Wanderweg und ab dem Flanitzkanal bis zur Rachelstraße eine gut ausgebaute Forststraße.

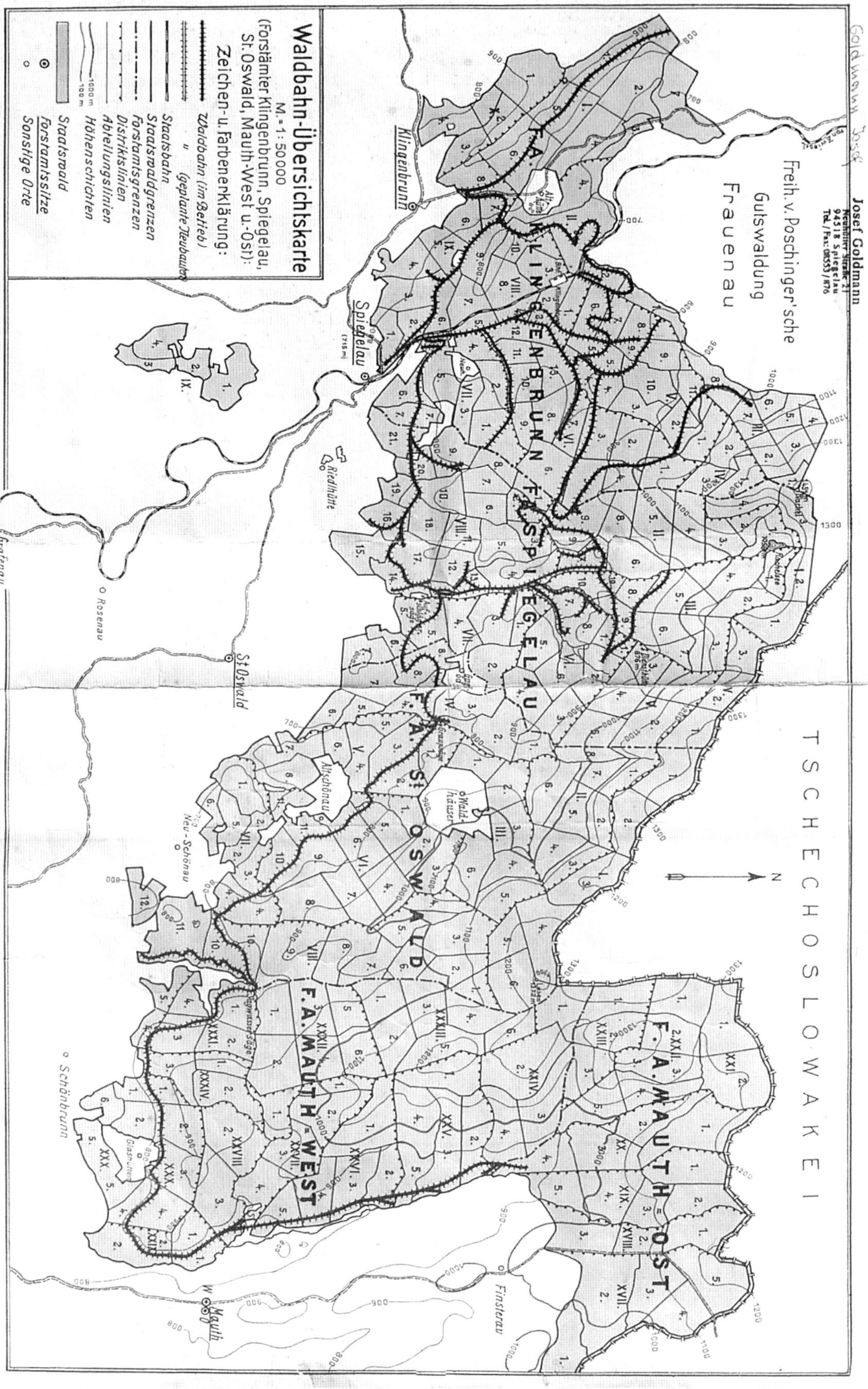

Abb. 21: Die Übersichtskarte mit den Grenzen der Forstämter Klingenbrunn, Spiegelau, St. Oswald, Mauth-West und Mauth-Ost zeigt den Stand der Spiegelauer Waldbahn um 1930 (Maßstab 1:50.000)

Wendeschleife „Henkel": Bei der Abzweigung der Klingenbrunner Strecke von der Rachelstrecke, nahe der Schwarzach, befand sich eine wohl einmalige Einrichtung auf einer Waldbahn: Es war eine Wendeschleife, von den Einheimischen als *„Henkel"* bezeichnet. Der Ursprung dieser Bezeichnung ist leicht erklärt: Diese Wendeschleife ist in der Form genau dem Henkel an einem Maßkrug nachgebildet. Dieser *„Henkel"* geht auf die Idee des Forstmeisters am Klingenbrunner Forstamt zurück: War ein Waldbahnzug von Norden her auf der Rachelstrecke (Abb. 22, Nr. 3) unterwegs, so mündete er im spitzen Winkel in die Klingenbrunner Bahnhofstrecke (Abb. 22, Nr. 4). Die Lokomotive musste auf dem Rangiergleis an den *„Kopf"*, den Anfang des Zuges, umgesetzt werden. Nur so konnte er zum Holzlagerplatz am Bahnhof Klingenbrunn weiterfahren. Diese Wendeschleife *„Henkel"* sollte dieses lästige und zeitaufwendige ***„Kopfmachen"*** vermeiden: Das Manöver des Umsetzens der Lokomotive beim Wechsel der Fahrtrichtung des Zuges, von einem Ende an das andere Ende, konnte durch den Henkel eingespart werden.

Strecke zur Ortschaft Klingenbrunn: An der Einmündung der Klingenbrunner Bahnhofstrecke in die Rachelstraße befand sich auch die Abzweigung der Strecke zur Ortschaft Klingenbrunn. Um an dieser Stelle ein Wenden der Lokomotiven zu ermöglichen, entstand hier eine geschlossene Spitzkehre (Abb. 24, Nr. 7).

Streckenlänge: Fahrstrecke 2.830 m; Lade- und Rangiergleise: 800 m. Zusammen: 3.630 m.

Standorte: Lade-, Rangiergleise: Henkel, 500 m westl. Parkplatz Schwarzachstraße, 200 m; Buchwald, Einmündung zur Rachelstraße, 150 m; Spitzkehre an der Rachelstraße 220 m; Bahnhof Klingenbrunn, Staatsbahn, 230 m.

Holzhof Klingenbrunn Bahnhof: Die zweite Überladestelle von der Waldbahn auf die Staatsbahn befand sich neben Spiegelau am Klingenbrunner Bahnhof. Schon kurz nach der Eröffnung der Bahnlinie Zwiesel–Grafenau wurde hier ein einfaches Ladegleis mit der Spurweite der Staatsbahn (Normalsspur) eingerichtet. Es war im Besitz der Forstverwaltung. In der Folge ist hier dann ein Holzlagerplatz errichtet worden. Im Jahre 1913 wurde das bestehende, nördliche Ladegleis der Staatsbahn auf Kosten der Staatsforst-Verwaltung erweitert. So konnte der Lagerplatz besser bedient werden.[16] In späterer Zeit war jedoch die Verladung auf die Staatsbahn hier nicht mehr möglich: Obwohl die Waldbahnstrecke nach dem Windwurf 1927 den Bahnhof Klingenbrunn schon erreichte, wurde wegen des fehlenden Überladegleises das gesamte Holz zum Verladen noch zum Bahnhof nach Spiegelau gebracht. In einem Bericht des Forstamtes Spiegelau vom 24. 2. 1928 an die Regierungs-Forstkammer von Niederbayern heißt es noch:[17] *„Einziger Reichsbahn-Anschluss: Bahnhof Spiegelau".*

Erst nach den großen Windwürfen des Jahres 1929 und in Zusammenhang mit der allgemein schlechten Wirtschaftslage des Jahres 1930, wurde an der „Reichsbahnstation Klingenbrunn" entlang der Rachelstraße ein großer „Holzhof-Betrieb" eingerichtet. Dabei wurde dieses Gleis der Reichsbahn am neu entstandenen Holzhof zum Überladen von der Waldbahn auf die Waggons der Staatsbahn westlich der Rachelstraße erheblich verlängert. Diese Erweiterung und die schlechte Wirtschaftslage erfahren wir in einem Geschäftsbericht der Waldbahn von 1930:[18] „... Die im Winter 1929/30 einsetzende und ständig sich verschärfende Wirtschaftslage brachte es mit sich, dass im Frühjahr 1930 das Holzverkaufsgeschäft nur äußerst schleppend sich hinzog. Im April und Mai 1930 standen für den Abtransport nur ganz geringe, verkaufte Mengen zur Verfügung. Verstärkter Fahrbetrieb setzte erst ein, als die Regierung im Hinblick auf die Unmöglichkeit anderweitiger Verwertung, Holzhöfe in Ochsenfurt (für Langholz) und in Regensburg (für Nadelblochholz) einrichtete, die mit Windabfallholz beliefert wurden, und gleichzeitig einen Lohnschnitt-Betrieb großen Umfangs in Plattling ins Leben rief. In den Herbstmonaten wurden die Anforderungen an die Waldbahn weiter noch erhöht durch die Errichtung eines aus dem Forstamt Klingenbrunn zu beliefernden Holzhofes an der Reichsbahnstation Klingenbrunn und durch Massenverkäufe von Schleifholz". Der große Holzhof in Klingenbrunn Bahnhof entlang der Rachelstraße wurde von der Waldbahn mit Holz aus dem Revier Klingenbrunn beliefert (Abb. 27, 28, 29). Mit einem doppelten Ladegleis war er an die Reichsbahn angeschlossen. Auf 2 Ladegleisen konnte das Holz auf die Waggons geladen werden. Die Normalspur-Gleise der Reichsbahn hatten hier eine Länge von insgesamt 800 m. Diese Anschlussgleise zählten im Gegensatz zu Spiegelau jedoch nicht zur Waldbahn-Anlage. An diesen Holzlagerplatz konnte das Holz auch mit Schlitten und Fuhrwerken aus den Rachelwäldern transportiert werden. Das hier ansässige Sägewerk Graf erhielt 1933 einen Anschluss an die Waldbahn. Durch eine Verlängerung bis zum Wasserturm der Reichsbahn, wurde es auch für die Dampfloks der Waldbahn möglich, hier Wasser zu fassen.

---

[16] StAL, 168/2, Nr. 4517.

[17] StAL, 168/2, Nr.4513.

[18] StAL, 168/2, Nr. 4522, Geschäftsbericht der Waldbahn von 1930

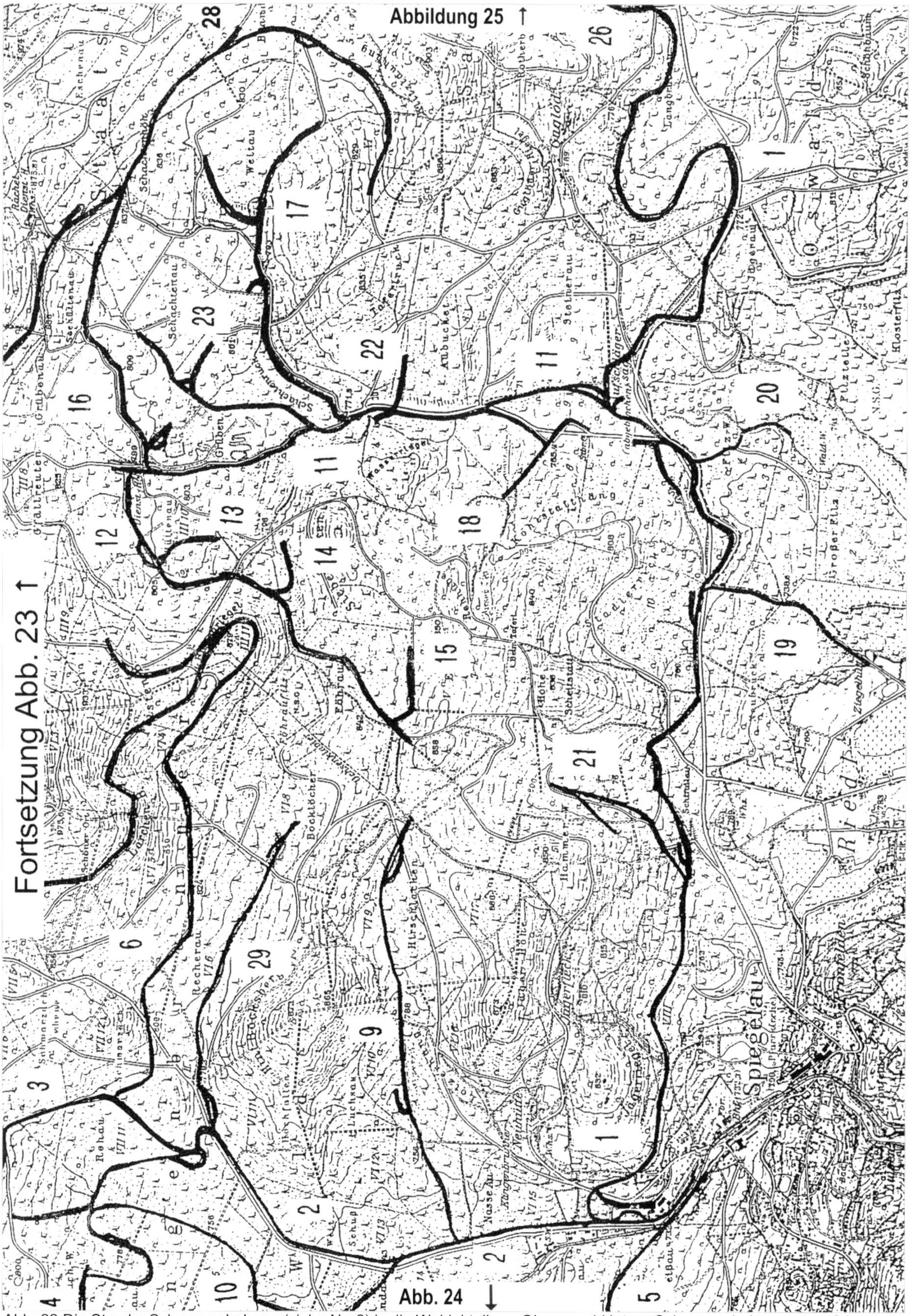

Abb. 22 Die Strecke Schwarzachebene (siehe Nr. 2) in die Waldabteilung Obere und Untere Schwarzachebene, etwa 2 km östlich vom Klingenbrunn-Bahnhof (Forstamt Klingenbrunn).

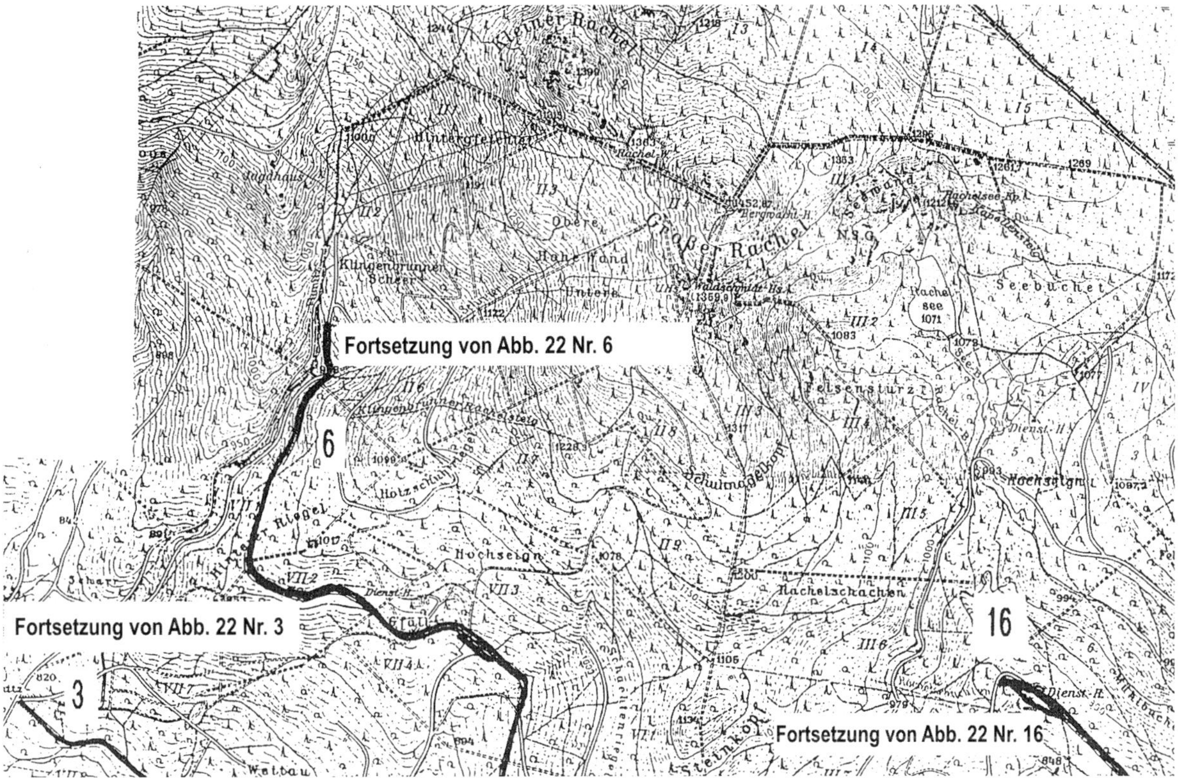

Abb. 23: Fortsetzung: Die Abzweigung der Strecke nach Norden in Richtung Rachel bis zur Flanitz an den Flanitz-Löchern (Nr. 3), zur Klingenbrunner Scheer (Nr. 6) und zur Diensthütte (Nr. 16).

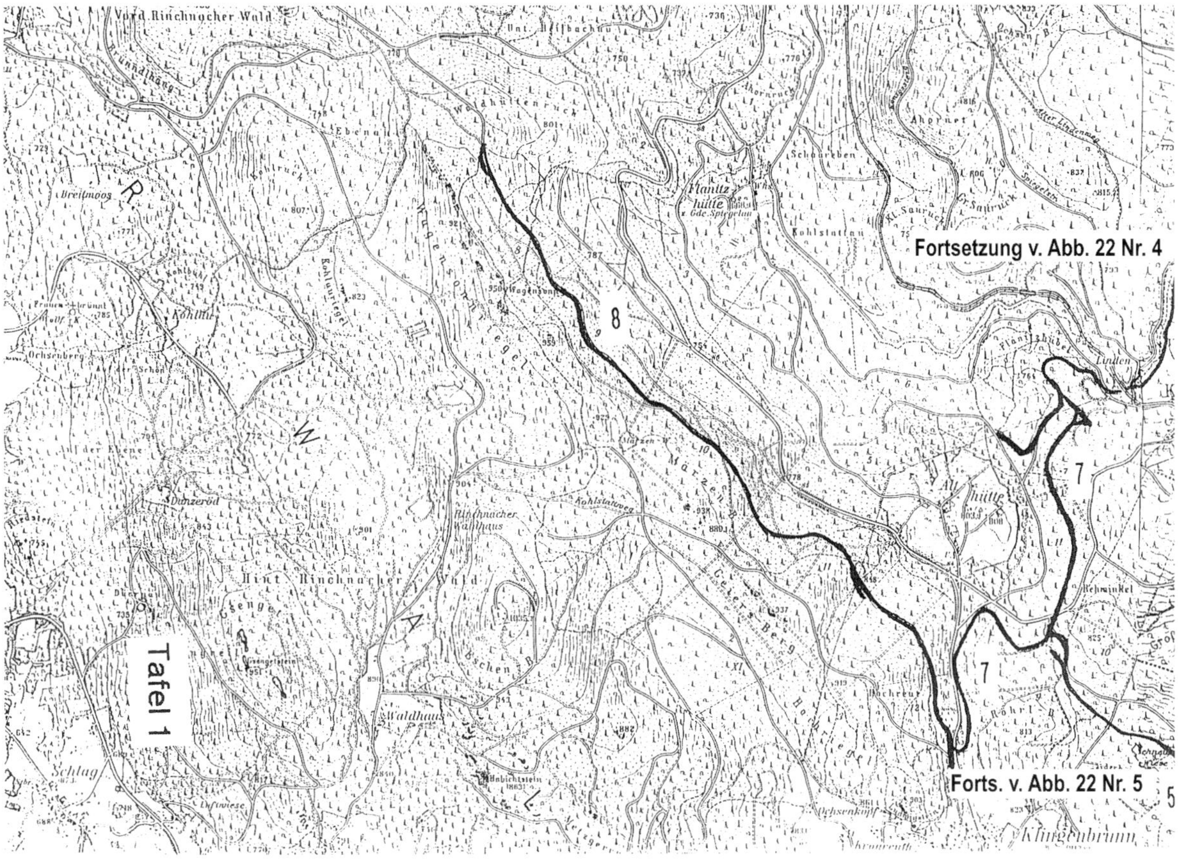

Abb. 24: Fortsetzung Abb. 22, Nr. 4, 5, 7: Die Abzweigung der Strecke nach Westen zum Klingenbrunner Bahnhof , entlang dem Schneiderbach (Nr. 5), Klingenbrunner Straße (Nr. 7) und zur Hochstraße (Nr. 8) am Wagensonn.

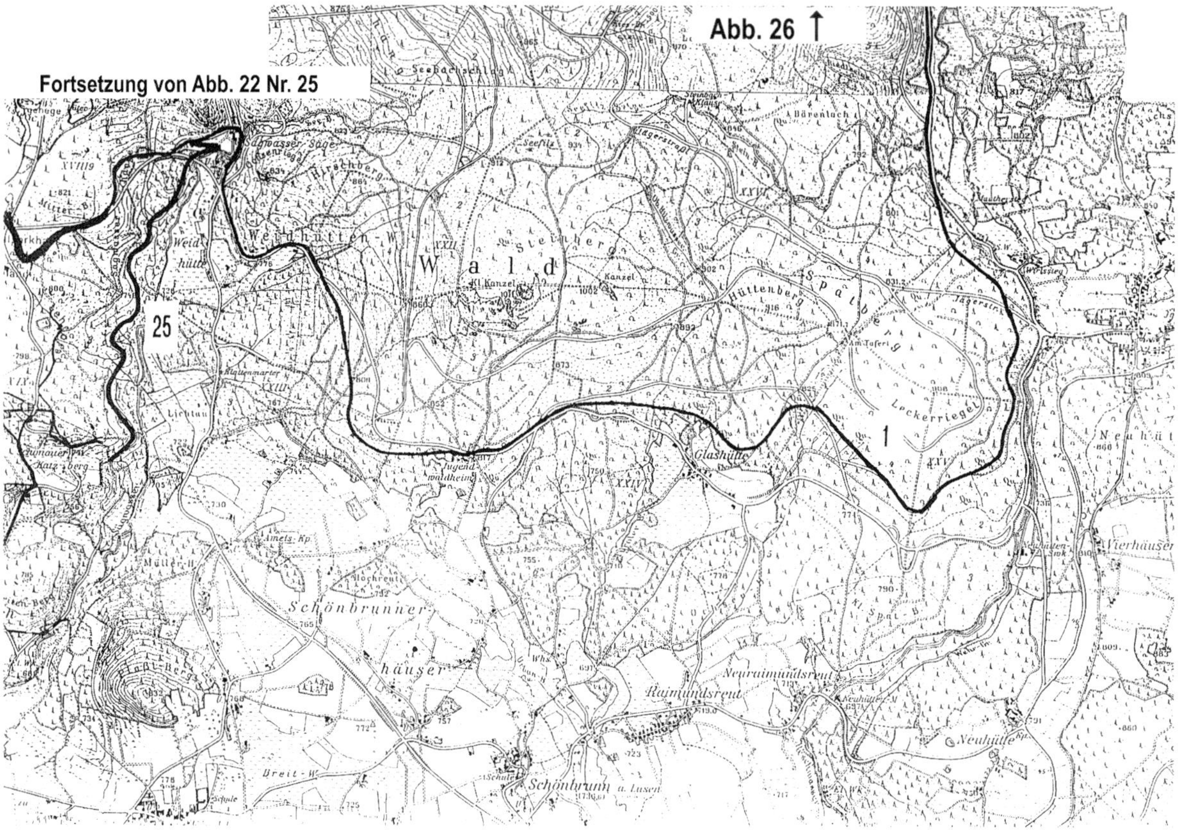

Abb. 25: Fortsetzung der Basisstrecke nach Osten zum Forstamt Mauth-West und Mauth-Ost mit Sagwasserstrecke (Nr. 25) nach Katzberg.

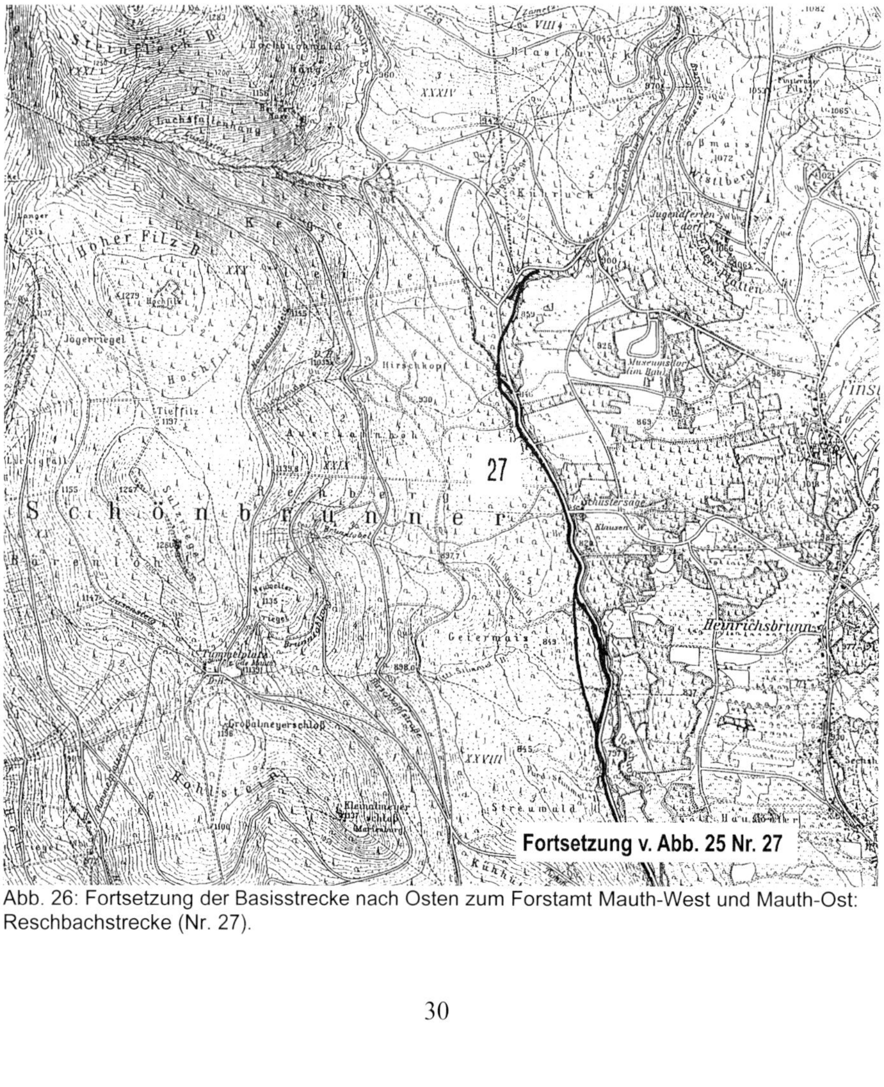

Abb. 26: Fortsetzung der Basisstrecke nach Osten zum Forstamt Mauth-West und Mauth-Ost: Reschbachstrecke (Nr. 27).

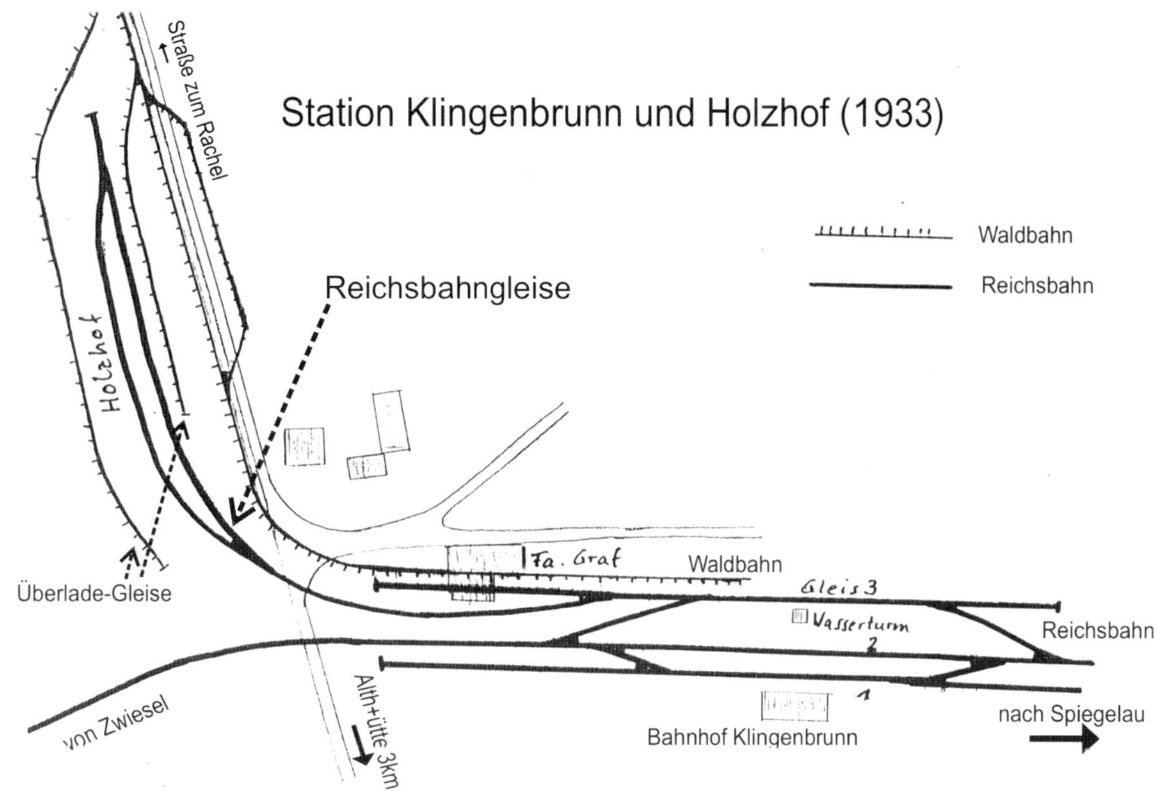

Abb. 27: Übersicht über den Holzhof am Bahnhof Klingenbrunn entlang der Rachelstraße um 1933. Auf zwei Ladegleisen (links) konnte Holz auf die Waggons der Reichsbahn geladen werden.

Abb. 28: Der Holzhof am Klingenbrunner Bahnhof 1930/31. Auf der rechten Seite die Gleise der Reichsbahn. Links (Waldrand) das Gleis der Waldbahn.

Die Luftaufnahme aus der Zeit nach dem Abbau der Waldbahn zeigt zwischen Waldrand und Rachelstraße den Verlauf des Reichsbahngleises in den Holzhof. Das östliche Überladegleis verlief nahe dem Reichsbahngleis. Das westliche Überladegleis verlief etwas weiter entfernt. Hier konnte Langholz abgeladen, in Pollern gelagert und auf die Reichsbahn geladen werden. Diese ehemalige Waldbahntrasse kann vom nördlichen Waldrand nach Süden begangen werden. Heute, nach 45 Jahren, wachsen dort Fichten mit einer Stärke von 30 cm. Auf der westlichen Seite der Rachelstraße in Richtung Rachel (nördlich vom Waldrand) kann die alte Waldbahntrasse im Gelände noch gut verfolgt werden. Es fällt auf, dass der Schotter des Oberbaues der meisten Gleise hier aus Quarz besteht. Sollte es hier in der Nähe noch eine große Quarzlinse geben, die ausgebeutet wurde und noch nicht bekannt geworden ist? Möglicherweise wurde aber auch Quarzschotter aus dem Pfahlsteinbruch March verwendet.

Abb. 29: Foto Wolf: Der Holzhof am Klingenbrunner Bahnhof nach dem Abbau der Waldbahn um 1965 aus der Luft. Vordergrund: Sägewerk Graf mit Lagerplätzen; links unten: Bahnhof; Hintergrund: westlich der Rachelstraße, ehemaliger Holzhof mit Trasse der Reichsbahn. Am Waldrand verlief ein Überladegleis. Foto: Fam. Wolf, Klingenbrunn-Bahnhof, HNr. 19.

6.5 Strecke Schneiderbach

Bauzeit: 1926/29 (Abb. 22, 24, Nr. 5). Im Jahre 1923 wurde vom Waldbahnhof in Spiegelau in östliche Richtung auf Kosten des Sägewerks **Ernst Petzold** (später **Staatliches Sägewerk**, heute aufgelassen) ein privater Gleisanschluss errichtet. Dabei musste das Gleis der Staatsbahn von Zwiesel nach Grafenau am Schneiderbach niveaugleich (siehe Abb. 175) überquert werden. Die dabei notwendig gewordenen, besonderen Sicherheitsauflagen zeigen zwei Skizzen (Abb. 30, 31).

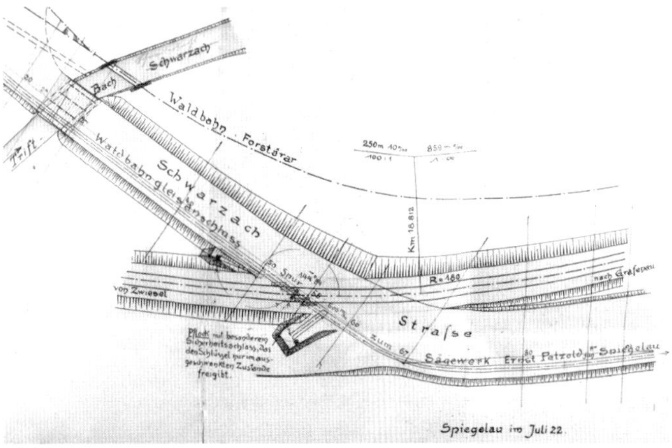

Abb. 30: Detailzeichnung mit der abschließbaren Gleissperre (Bildmitte, unten: Riegel am Gleis) bei der Überquerung der Staatsbahn.

Auf Grund technischer Mängel und strenger Sicherheitsauflagen durch die Reichsbahn, konnte dieses Privatgleis mit der Kreuzung der Staatsbahn erst zwei Jahre später, 1925, in Betrieb genommen werden. Erst nach umfangreichen Änderungen und Einbau einer abschließbaren Gleissperre mit Signalanlage, konnte es in Betrieb gehen. Hawalik Leo berichtet über diesen Übergang so: „*...Für das Sägewerk Petzold, später staatliches Sägewerk, is des herobere (südliche) Gleis beim Sägewerk Reinert auf-iganga. Da haben die Züge über die Reichsbahn übersetzen müssen. Der Reichsbahn hat der Lokführer Bescheid sagen müssen. Da hams a Apparatur (Gleissperre) gehabt, dö ham ihr Ding, die Gleissperre draufgelegt und san dann d'rüberg'fahrn. In Klingenbrunn bei der Grafsäge hams auch über das Reichsbahngleis müssen. Da hams die Apparatur nit gern genommen. Sie sind lieber den Umweg fast über die Schwarzachebene, Stierplatzl und von hint' nach Klingenbrunn eina g'fahren zur Grafensäge. Ja des war ein weiter Umweg!*“.

Dieses private Anschlussgleis ging 1930 in den Besitz der Waldbahn über. Die Übernahme wurde notwendig, weil in der Zwischenzeit der Maschinenbetrieb der Waldbahn südlich der Reichsbahn und der Forststraße eingerichtet worden ist. Dort war dann auch der Steinbrecher untergebracht, der direkt auf die Waldbahnwagen verladen und zu den Einsatzorten gebracht werden konnte. In der Zwischenzeit wurde hier auch noch ein weiterer Lokschuppen für die Reservemaschinen errichtet.

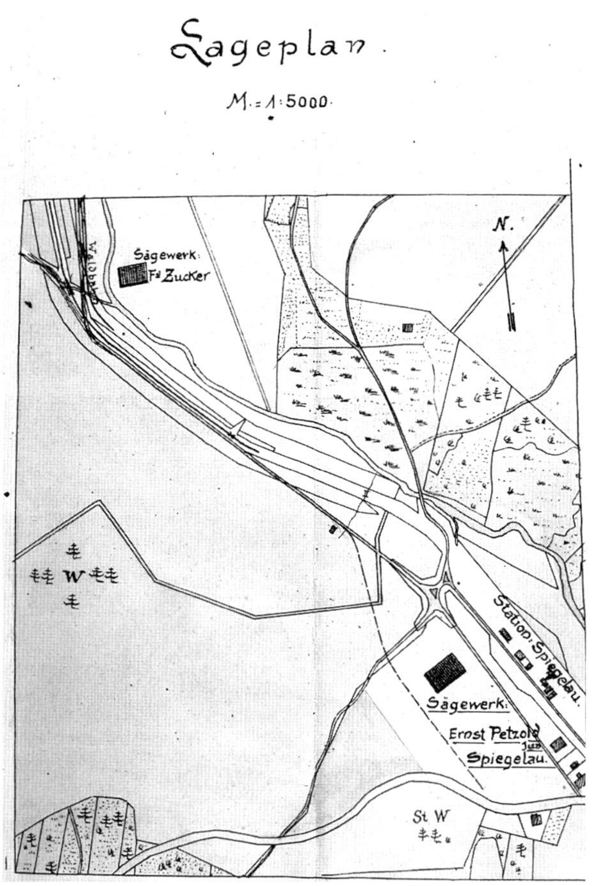

Abb. 31: Übersicht über den Gleisanschluss an das Sägewerk Petzold (rechts unten) und der Überquerung der Staatsbahn am Schneiderbach (links oben)

Strecke entlang dem Schneiderbach: (Abb. 22, 24, Nr. 5). Im Jahre 1926 gab es verheerende Windwürfe. Das war der Anlass für die Entscheidung, ausgehend vom Privatgleis der **Petzold-Säge**, eine neue Strecke in das Tal des Schneiderbaches in Richtung Klingenbrunn zu bauen. Angebunden wurde diese Strecke in die nordwestliche Richtung, wenige Meter nach der Überquerung der Reichsbahn. Dort wo die Schwarzachstraße die Reichsbahn überquerte, folgte die neue Strecke dann dem **Schneiderbach**. In einer Übersicht über die Waldbahnanlagen ist diese Stelle noch als *„fliegendes Gleis"* bezeichnet. Die Strecke der Waldbahn wurde auf der südlichen Seite des Schneider-Baches in der **Gaisau** entlang geführt. Auf der nördlichen Seite steigt das Gelände an. Im Gelände müssten die Dämme der Waldbahn noch zu sehen sein. Etwa auf halber Strecke zwischen der Mündung des Schneiderbaches in die Schwarzach und der **Schneiderwiese** befand sich noch das Lade- und Rangiergleis *„**Geisberghäng**"*. Hier dürfte es sich um die nördlichen Ausläufer des Geisberg-Riegels (Höhe 820 m) gehandelt haben. Auf der südlichen Seite entlang des Schneiderbaches befinden sich umfangreiche Abraumhügel früherer Goldwäscher. Sie dürften diese Seifenhügel in der Zeit von 1.000 bis 1.300 angelegt haben (Reiner, 1996).

Die Strecke Schneiderbach berührte dann nach der alten *„Waldbahn-Übersichtskarte"* in gerader Linie die nördliche Seite der Schneiderwiese, nahe dem Schneider-Bach. Kurz vor der Schneiderwiese zweigte noch der *„Stutzen beim Torfstich"* 260 m nach Südwesten ab. Auch hier sollte im Gelände danach gesucht werden, ob die Vertiefung eines ehemaligen Torfstiches gefunden werden kann. Die Schneider-Bach Strecke führte dann nördlich von der Ortschaft Klingenbrunn bis auf 500 m an die Ortsflur von Althütte heran. Hier dürfte auch das erwähnte Lade- und Rangiergleis *„**Hackstall-Au-Stutzen**"* nördlich der Höhe 792 m (**Röhrl-Berg**) zu suchen sein.

Strecke Klingenbrunn-Bahnhof, Hochstraße: Vom Endpunkt der Strecke Schneider-Bach, erfolgte drei Jahre später, 1929, eine Erweiterung in zwei Richtungen: Zunächst versuchte man eine Verbindung nach Norden zum Klingenbrunner Bahnhof herzustellen (Strecke Klingenbrunner-Straße (Kapitel 6.7)). Dann wurde die Straße Spiegelau-Zwiesel überquert. Die Strecke Hochstraße führte in nordwestlicher Richtung in gerader Linie unterhalb von **Geiersberg** und **Märzenberg** zum **Wagensonn-Riegel**. Hier war die Grenze zwischen dem Staatsforst und dem Rinchnacher Klosterwald.

Streckenlänge: Fahrstrecke 2.870 m; Lade- und Rangiergleise: 490 m. Zusammen: 3.360 m.

Standorte: Lade-, Rangiergleise: Stutzen beim Torfstich, südlich Schneiderwiese, 85 m; Geisberghäng, Ausläufer des Geisberg-Riegels, 145 m; Hackstallau-Stutzen, nördlich von Klingenbrunn, 260 m.

6.6 Strecke Scheerhütte (Höhe 1000 m)

Bauzeit: 1928/29, 1951/53 (Abb. 21, 22, 23, Nr. 6). Als nächstes großes Vorhaben der Waldbahn im Forstamt Klingenbrunn, wurde in den Jahren 1928/29 mit dem Bau der Strecke in Richtung Rachel zur Klingenbrunner **Scheerhütte** begonnen. Mit ihr sollten die großen Holzvorräte an den Südwesthängen unter dem Rachel einer Nutzung zugeführt werden. Schon in der Anfangszeit war es das ehrgeizige Ziel, die Waldbahn bis über 1.000 m Seehöhe zur **Klingenbrunner Scheer**, unterhalb der **Hohen Wand** zu bauen: Der **Große Rachel** ist von hier in östlicher Richtung nur noch 1.700 m entfernt. Die Weltwirtschaftskrise und dann der 2. Weltkrieg haben den endgültigen Ausbau zunächst verhindert: Trotzdem konnte vor dem 2. Weltkrieg mit großem Erfolg bereits bis zum **Feistenberg** auf einer Höhe von 900 m gefahren werden. Um 1930 wurden sogar 800 m dieser Strecke vom Endpunkt her wieder abgebaut: Die ausgebauten Gleise wurden für wichtigere Neubauten und für Ausbesserungen anderer Strecken gebraucht.

Erst im Jahre 1951 konnte der begonnene Streckenbau in Richtung Rachel wieder weitergeführt werden. Schon 1953 konnte die lange geplante Gesamtstrecke bis zu einer Höhe von 1.000 m befahren werden. Mit dieser Strecke wurde der höchste Punkt der Spiegelauer Waldbahn am Rachel und Lusen erreicht. Die Fertigstellung der Strecke Scheerhütte zählte zu den letzten großen Neubauten. Der Untergang begann sich bereits damals langsam abzuzeichnen.

Streckenverlauf Scheerhütte (1000 m): Den Ausgang nahm die Strecke Scheerhütte um 1928/29 an der Rachelstrecke (Kapitel 6.3) beim Pumpwerk an der Schwarzach (Höhe 824 m) bei der Waldabteilung **Schwarzach-Ebene**. Hier befand sich ein Gleisdreieck, mit der Möglichkeit zur Durchfahrt sowohl auf der Rachelstrecke in Richtung Rachelstraße und Klingenbrunn-Bahnhof als auch zur Schwarzachebene nach Spiegelau. Von hier führten die Gleise dann in östlicher Richtung mit geringem Anstieg entlang der Höhenlinien südlich am **Lärchen-Berg** vorbei (Höhe 824 m). Am **Hütten-Riegel** (Höhe 879 m), nur 600 m vom ehemaligen Glashüttenstandort **Neuhüttenwiese** entfernt, nahm sie dann wieder eine westliche Richtung ein. Genau an dieser weiten Kurve verlief die alte Grenze der beiden Glashüttengüter Klingenbrunn und Riedlhütte, *„oberer und mittlerer Hochwald“*. Sie wurde auch als Grenze der Forstämter Spiegelau und St. Oswald übernommen. Etwa 500 m westlich von dieser Kurve am Südhang vom Feistenberg auf einer Höhe von etwa 900 m war 1929 dann auch das vorläufige Ende der Strecke zur Klingenbrunner Scheer. Hier waren auch Rangier- und Ladegleise mit einem Holzlagerplatz vorhanden.

Weiterbau 1951 bis zur Scheerhütte (1.000 m): Erst nach dem zweiten Weltkrieg, 1951, sind die Bauarbeiten hier wieder aufgenommen worden. Die Strecke führte von diesem vorläufigen Endpunkt dann nördlich am Lärchen-Berg vorbei und erreichte den **Schönen Ort**. Von hier nahm dann die Trasse mit ständiger Steigung eine nördliche Richtung an und führte westlich vom **Schachten-Riegel** zur **Gfällhütte** mit einer Höhe von 950 m. Auch hier wurden Rangier- und Ladegleise mit einem Holzlagerplatz eingerichtet. Der **Gfäll** ist jedem Wanderer zum Rachel als Ausgangpunkt für den Aufstieg bekannt. Vom Gfäll folgte die Strecke im leichten Anstieg den Höhenlinien und verlief in westlicher Richtung bis auf 250 m im **Hinteren Riegel** in das enge Tal der Flanitz. Auf den Westhängen des Rachel und östlich der Flanitz ging nun die Strecke wieder nach Norden, vorbei an **Holzschuh-Riegel** und dem **Klingenbrunner Rachelsteig** bis zur Unteren Klingenbrunner Scheer. Der Endpunkt der Waldbahn lag auf einer Höhe von etwa 1.000 m: Dem höchsten Punkt, den die Spiegelauer Waldbahn in den 60 Jahren ihres Bestehens erreicht hat.

Bericht; Bau Scheerhüttenstrecke, 1951: Der Bau dieser Strecke bis zur Klingenbrunner Scheer ist ein Beweis, welche große Bedeutung nach dem Krieg um 1950 der Waldbahn zur Erschließung der Hochlagen am Rachel noch beigemessen wurde. Wer mit dem Gelände vertraut ist, kann gut einschätzen, welche hohe **Ingenieurleistung** beim Projektieren und Vermessen dieser Strecke notwendig war. Die Beamten am ehemaligen Forstamt Klingenbrunn und die Streckenarbeiter haben hier oben eine große Leistung vollbracht.

Es ist ein Glücksfall, dass in einem erhaltenen Bericht des Forstamtes Klingenbrunn an das Regierungsforstamt von Niederbayern in Regensburg vom 4. Juni 1951 Einzelheiten dieses schwierigen Ausbaues bekannt geworden sind.[19] Das Forstamt berichtet, dass der Bau der Scheerhüttenstrecke außerordentliche Schwierigkeiten bereitet hat. Die gesamte Strecke verläuft auf **Firneisgrundschutt**: Lockere Bodenformationen, die durch ständiges Auffrieren und Abtauen der oberen Bodenschichten während der Eiszeit auf dieser Höhe entstanden sind. Die stehen nicht nur oberflächlich, sondern auch im Untergrund an. Die ganze Strecke ist eine *„Schutthalde“* mit Felsbrocken von mindestens ½ m^3 Masse. Dadurch ist ein dauernder Einsatz des **Kompressors** notwendig. Ein Großteil der Strecke muss auch gesprengt werden. Durch das Sprengen und Anschneiden von Wasser führenden Schichten, tritt dauernd Grundwasser aus, das zusätzlich abgeleitet werden muss. Die Arbeiten zogen sich außerdem durch den Einsatz von ***„Notstandsarbeitern“*** hin. Sie waren nicht sonderlich *„arbeitswillig“* und erbrachten nur 50 % der Normalleistung. So weit dieser Bericht aus der Sicht eines Forstbeamten. Der 72-Jährige Holzhauer **Puchinger Franz** hat nach der Vertreibung aus dem Böhmerwald hier gearbeitet. In dem be-

[19] SrAA, 159/27, Nr. 10029, Bericht FoA Klingenbrunn an Reg. Forstamt von Ndb. Regensburg, 4. 6. 1951

rühmten Glashüttenort Hurkenthal, wo die Abele und Hafenbrädel hochwertiges Spiegelglas geblasen haben, war er auf der anderen Seite der Grenze zu Hause. Er sitzt auf der Bank vor seinem Holzschuppen am Haus in Klingenbrunn-Bahnhof und gibt bereitwillig Auskunft über seine Tätigkeit, die er damals als 18-Jähriger Streckenarbeiter auf der Klingenbrunner Scheer verrichtet hat: Täglich hatten sie einen Anmarschweg bei jedem Wetter von 1 Stunde. Ständig mussten große Felsen gesprengt werden, die dem Streckenverlauf im Weg standen. Die meiste Zeit waren die Arbeiter damit beschäftigt, mit schweren Schlegelhämmern große Gesteinsbrocken zu zerkleinern. Der dunkelkörnige Gneis, der hier ansteht, der „Blaue", wie ihn die Arbeiter nannten, setzte den Schlägen größten Widerstand entgegen. Der Schotter für den Oberbau ist so in schweißtreibender Handarbeit hergestellt worden.

Erinnerungstafel: Es wäre längst an der Zeit, mit einer Informationstafel an diesen höchsten Punkt, den die Spiegelauer Waldbahn jemals erreicht hat, zu erinnern. Der geeignete Ort wäre wohl die Stelle, wo der Klingenbrunner Rachelsteig die ehemalige Waldbahntrasse kreuzte. Hier könnte man darauf verweisen, dass 750 m weiter nördlich, die Waldbahn mit 1.000 m ihren höchsten Punkt erreicht hat: Nur 1.700 m vom Rachelgipfel entfernt.

Streckenlänge: Fahrstrecke 8.600 m; Lade- und Rangiergleise: 540 m. Zusammen: 9.050 m.

Standorte: Lade-, Rangiergleise, Länge: Gleisdreieck, an der Schwarzachstraße 150 m; Feistenberg 150 m; Gfällhütte 150 m.

6.7 Strecke Klingenbrunner Straße

Bauzeit: 1929/30 (Abb. 21, 24, Nr. 7) Im Anschluss an die Strecke Schneider-Bach, am westlichen Ortsrand von Klingenbrunn, wurde 1929 eine Verbindungstrasse in Richtung Klingenbrunn-Bahnhof und zur Hochstraße am Wagensonn-Riegel (Kapitel 6.8) gebaut. Folgen wir zunächst der Verbindung vom Bahnhof Klingenbrunn zur Ortschaft Klingenbrunn im Süden. Diese Trasse zweigte etwa 750 m nördlich vom Holzhof am Bahnhof Klingenbrunn von der Bahnhofstrecke (Kapitel 6.4) ab. In einer weiten Kurve erreichte sie dann westlich die **Flanitz.** An der Flanitz entlang führte sie in der **Flanitzebene** südlich zum Holzhof in Klingenbrunn-Bahnhof und zur Reichsbahn. Bei der Flanitzbrücke wurde die Reichsbahn überquert. Unterhalb des **Flanitzhübels** zweigte hier der ***„Frauenauer Stutzen"*** als Seitengleis in Richtung Ortsflur **Althütte** ab. 120 m östlich von dieser Abzweigung befand sich hier ein Gleisdreieck zum Wenden der Lokomotiven. Im Tal des **Bier-Baches** stieg das Waldbahngleis leicht an und traf dann zwischen Althütte und **Klingenbrunn** auf die Strecke Schneider-Bach (Kapitel 6.5). Die Strecke Hochstraße (Kapitel 6.8) führte hier weiter. Sie überquerte nördlich der Ortschaft Klingenbrunn die Straße Spiegelau-Zwiesel und verlief bis zum Wagensonn-Riegel an die Flurgrenzen des Rinchnacher und Poschingerwaldes.

Streckenlänge: Fahrstrecke 5.500 m; Lade- und Rangiergleise: 750 m (für 93 mm Schienenhöhe planiert). Zusammen: 6.250 m.

Standorte: Lade-, Rangiergleise: Frauenauer Stutzen, 600 m; Gleisdreieck, 150 m.

6.8 Strecke Hochstraße zum Wagensonn

Die Strecke Hochstraß am Wagensonn-Riegel war die Weiterführung der Trasse **Schneider-Bach** nach Nordwesten (Abb. 21, 24, Nr. 8). Sie überquerte die Straße Spiegelau-Zwiesel am nordwestlichen Ortsende von Klingenbrunn. Diese Strecke führte dann in nordwestlicher Richtung in gerader Linie unterhalb von **Hochriegel, Geiers-Berg, Märzen-Berg** zum **Wagensonn-Riegel** (Wagensonn 950 m). Hier war dann die Grenze zwischen Staatsforst, dem ehemaligen Rinchnacher Klosterwald und dem Poschinger Wald erreicht. Der Ladeplatz **Steiniger Hübel** muss nordöstlich vom Geiers-Berg zu finden sein.

Streckenlänge: Fahrstrecke 4.770 m; Lade- und Rangiergleise: 450 m. Zusammen: 5.040 m.

Standorte: Lade-, Rangiergleise: Straße Zwiesel-Spiegelau, 80 m; Steiniger Hübel, 818 m, südwestl. Althütte, 150 m; Wagensonn, Endpunkt der Strecke, 150 m.

6.9 Strecke Lotzerbach

Bauzeit: 1926/28. (Abb. 21, 22, Nr. 9). Die **Lotzerbachstrecke** zweigte etwa 1.250 m nördlich vom Waldbahnhof Spiegelau von der Schwarzachstrecke (Kapitel 6.2) nach Osten ab. Sie folgte dem **Lotzerbach**, der das Gebiet der **Hirschlacken**, nahe **Föhrau** entwässert. Die Strecke wurde etwa 2.500 m im Tal zwischen dem **Vorderen Bocksberg** und der **Lotzerhäng** bis zum Wanderweg in Richtung Rachel am **Ochsenklavier**, (750 m südwestlich vom **Föhrau-Filz)** geführt. Dieser Wanderweg war über die Jahrhunderte die Grenze zwischen den Glashüttengütern Klingenbrunn und Riedlhütte (oberer und unterer Hochwald) und dann zwischen den Forstämtern Klingenbrunn und Spiegelau.

Diese Seitenlinie Lotzerbach wurde in den Jahren 1926 bis 1928 gebaut. Sie war mit fast 10 % Steigung eine der steilsten Waldbahnstrecken. Von der Abzweigung an der Schwarzach mit 730 m waren auf halber Strecke nach 1.200 m im Tal am Vorderen Bocksberg mit 788 m fast 60 Höhenmeter zu überwinden. Durch diese Steigung konnte diese Strecke mit den vorhandenen Dampf-Lokomotiven nicht befahren werden. Nur die 1925 gekauften, benzin-elektrisch betriebenen **Gebus-Lokomotiven** haben diese Steigung bewältigt. An den **Unteren Hochfallen**, etwa 750 m östlich von der Schwarzach und am Endpunkt bei den Hirschlacken befanden sich Ladegleise, Ausweichgleise und Lagerplätze.

Streckenlänge: Fahrstrecke 2.580 m; Lade- und Rangiergleise: 210 m. Zusammen: 2.790 m.

Standorte: Lade-, Rangiergleise: Untere Hochfallen, 60 m; Hirschlacken, 150 m.

6.10 Strecke Waldhüttenbach

Baujahr: 1926 (Abb. 21, 22, Nr. 10). Die **Waldhüttenbachbahn** war zunächst nur als kurze Stichstrecke von der Klingenbrunner Bahnhofstrecke (Abb. 22, Nr. 4) geplant. Sie zweigte dort, wo der **Flanitzkanal** in den **Waldhüttenbach** mündet von der Bahnhofstrecke nach Süden ab. Später wurde diese Stichstrecke dann entlang des Waldhüttenbaches bis zu seiner Mündung in die Schwarzach weitergeführt. Hier wurde sie dann an die Schwarzachstrecke (Kapitel 6.2) angebunden. An dieser Strecke befinden sich keine Lade- und Rangiergleise und keine Lagerplätze.

Streckenlänge: Fahrstrecke 2.400 m; Lade- und Rangiergleise: keine. Zusammen: 2.400 m.

Waldbahntrassen im Forstamt Klingenbrunn: Mit den erwähnten Strecken in Kapitel 6.1 bis 6.10 sind alle Waldbahntrassen im ehemaligen Forstamt Klingenbrunn beschrieben. Insgesamt sind im oft schwierigen Gelände 35.250 m oder über 35 km Dämme für die Waldbahn gebaut und Gleise verlegt worden: Etwa 37 % des Endausbaues von 95 km.

6.11 Strecke Seebach

Baujahr: 1912 (Abb. 21, 22, Nr. 11). Historisch betrachtet, folgte auf den Bau der Basisstrecke von Spiegelau nach Mauth in den Jahren 1909 bis 1911, schon 1912 die **Seebachstrecke** im Gebiet des Forstamtes Spiegelau. Der Seebach, der seinen Ursprung im **Rachelsee** hat, wird erst nördlich des Taferlruck so bezeichnet. Südlich davon ist von Großer Ohe die Rede. Diese Waldbahnstrecke entlang de Großen Ohe und des **Seebaches**, geht bereits auf die Planung von Forstmeister **Leythäuser** zurück. Mit ihr sollten die Hochlagen am Rachel mit einer Waldbahn erschlossen werden. Die Gleise zweigten bei der **Aufschlägersäge** (abgebrochen) am westlichen Ufer der Großen Ohe (Höhe 755 m) nach Norden von der Basisstrecke in Richtung Mauth ab. An dieser Abzweigung befand sich ein großer Holzlagerplatz der Schneidsäge mit Lade- und Rangiergleisen. Dann folgte die Waldbahn der Großen Ohe bis zur Waldabteilung **Taferlruck**. Hier war ebenfalls ein Holzlagerplatz mit Lade- und Rangiergleisen. Heute verläuft auf dieser Strecke die sehr schneesichere Guglöder Loipe.

Die Strecke verlief dann dem Seebach entlang weiter, bis zur **Grübenbrücke** (Höhe 799 m). Beim Bau dieser Trasse im westlichen, flachen Uferbereich der Großen Ohe und dem Seebach sind die Grübenfelder der um das Jahr 1.000 hier tätigen Goldwäscher durchschnitten und teilweise zerstört worden. Westlich und östlich von der **Diensthütte** an der Grübenbrücke befanden sich auch hier wieder zwei Holzlagerplätze mit Lade- und Rangiergleisen. Diese erste Strecke erreichte zunächst eine Länge von 2.684 m. Später wurde sie für den Bau der **Diensthüttenstrecke** (Kapitel 6.16) nach Osten und der Föhraustrecke (Kapitel 6.12) nach Westen noch um 200 m nach Norden verlängert. Etwa 100 m nördlich von der Diensthütte Grübenbrücke, befand sich in diesen Jahren eine Schneidsäge, die in alten 1: 5.000 Katasterplänen noch eingezeichnet ist. Sie war mit einem Privatgleis an die Waldbahn angeschlossen. Der Name des Besitzers konnte bisher noch nicht ausfindig gemacht werden.

Streckenlänge: Fahrstrecke 2.800 m; Lade- und Rangiergleise: 520 m. Zusammen: 3.320 m.

Standorte: Lade-, Rangiergleise: Aufschlägersäge, (ohne Privatgleis zur Säge), 110 m; Taferlruck, 100 m; Grübenbrücke West, 100 m; Grübenbrücke Ost, 210 m.

6.12 Strecke Föhrau

Bauzeit: 1926/29 (Abb. 21, 22, Nr. 12). Erst 14 Jahre später, im Zuge des Ausbaus der Waldbahn im Gebiet des Forstamtes Klingenbrunn, wurde die Seebachstrecke (Kapitel 6.11) nach Südwesten in Richtung Föhrau erweitert. Etwa 100 m nördlich von der Diensthütte Grübenbrücke zweigte sie in Richtung Jägerau nach Westen ab. Etwa 500 m von der Abzweigung entfernt, wurde hier ein Holzlagerplatz mit Lade- und Rangiergleisen eingerichtet (Höhe 805 m). Sie verlief dann entlang der Osthänge des Feistenberges und streifte die westliche Grenze des ehemaligen Glashüttenstandortes Neuhüttenwiese unter dem Hüttenriegel. Weiter folgte sie den Südhängen des Hüttenriegels, 120 m östlich am Föhrau-Filz vorbei bis zum Endpunkt Föhrau (Höhe 842 m). Von hier waren es nur noch 400 m für einen Ringschluss mit der westlich hier endenden Lotzerbachstrecke im Forstamt Klingenbrunn. Nach dem Abbau der Waldbahngleise 1960 wurde entlang des Streckenverlaufs von der Grübenbrücke bis Föhrau eine Straße gebaut. Von der Föhraustrecke zweigten die nachfolgend genannten Stichstrecken **Jägeraustrecke** (6.13), **Siebenruckgleis** (6.14) und **Föhraustutzen** (6.15) ab.

Streckenlänge: Fahrstrecke 2.150 m; Lade- und Rangiergleise: 90 m. Zusammen: 2.240 m.

Standorte: Lade-, Rangiergleise, Länge: Jägerau-Lagerplatz ....90 m

6.13 Strecke Jägerau

Baujahr: 1928 (Abb. 21, 22, Nr. 13). Etwa 600 m vom Beginn der Föhraustrecke beim Jägerau-Lagerplatz, zweigte hier nach Süden eine 390 m lange Trasse in die **Jägerau** (Höhe 803 m) ab. In älteren Karten wird diese Waldabteilung **Hüttenau** genannt. Wie der Flurname es schon ausdrückt, ist hier das Quellgebiet einiger Gräben, die in den Seebach fließen.

Streckenlänge: Fahrstrecke 390 m. Keine Lade- und Rangiergleise.

6.14 Siebenruck-Gleis

Baujahr: 1928. (Abb. 21, 22, Nr. 14). Etwa 250 m südwestlich von der **Neuhütten-Wiese** wurde hier eine 380 m lange Stichstrecke angelegt. Sie verlief zunächst nach Süden, überquerte den **Hüttenbach** um dann in einer Kurve nach Osten am Nordhang des **Siebenruckes** (Höhe 853 m) entlang geführt zu werden. Sie endete etwa 70 m vor der Zufahrt und dem südlichen Teil der Neuhütten-Wiese. Der Hüttenbach hat die Hilz- und später Roscher-Glashütte Neuriedlhütte mit Wasser versorgt. Im Bereich Neuhütten-Wiese wird auch ein **Quarzbruch** erwähnt, der bisher noch nicht entdeckt werden konnte.

Streckenlänge: Fahrstrecke 380 m. Keine Lade- und Rangiergleise.

6.15 Föhrau-Stutzen

Baujahr: 1928/29. (Abb. 21, 22, Nr. 15). Etwa 150 m vor dem Ende der Föhrau-Strecke, 130 m nördlich der Höhe 858 m, wurde der **Föhrau-Stutzen** mit 370 m Länge abgezweigt. Er verlief auf einer Waldabteilungsgrenze (Linie) zunächst nach Südosten, um dann nach einer Kurve in der **Großen Ebene** bei den Quellen des Hüttenbaches eine östliche Richtung einzunehmen. Das Ende reichte bis auf etwa 150 m, nahe der Höhe 850 m **Rehhübel**, an die Straße in Richtung Neuhütten-Wiese. Diese Straße zeigt hier, 500 m nördlich der Waldabteilung **Beim Taferl**, einen ebenen Verlauf.

Streckenlänge: Fahrstrecke 370 m. Keine Lade- und Rangiergleise.

6.16 Strecke Diensthütte, Fellmeth-Strecke

Bauzeit: 1925/27. (Abb. 21, 22, Nr. 16). 1925 traten wieder verheerende Windwürfe auf. Nach den guten Erfahrungen westlich vom Rachel wurde 1925 erstmals versucht, mit der Waldbahn auch die Hochlagen südlich des Rachel zu erschließen. Wegen der stärkeren Beanspruchung durch den großen Holzanfall nach dem **Windwurf**, sollte diese Strecke als Hauptbahn ausgeführt werden. Nach diesen Vorgaben waren die stärkeren Schienen mit dem Profil von 93 mm Höhe auf einem Bahndamm mit fester Bettung zu verlegen. Auch eine Steigung von maximal 3 % (auf 100 m 3 m Steigung) sollte nicht überschritten werden.

Die **Diensthütten-Strecke** zweigte von der **Seebach-Strecke** (Kapitel 6.11) an der Grübenbrücke (Höhe 799 m), wenige Meter südlich vom Gebäude der Diensthütte (steht heute noch!) nach Osten ab. Sie verlief südlich von der heutigen Fahrstraße zur Rachel-Diensthütte. Im Bereich des Seebaches querte sie die **Grübenfelder** der früheren **Goldwäscher**. Die Strecke führte dann durch die Niederung der **Schachtenau** (Höhe 809 m) und der **Seehüttenau**, südlich der Höhe 856 m. Dann überquerte sie den **Hinteren Schachtenbach** und traf bei der Höhe 837 m auf die Fahrstraße zur Rachel-Diensthütte: Nach wenigen Metern schließlich zur **Schachtenhöhe** (Höhe 836 m). Hier befand sich eine **Spitzkehre** mit einem großen Holzlagerplatz und Rangiergleisen. Durch diese Spitzkehre konnte die Fahrt dann in entgegengesetzter Richtung nach Nordwesten zur **Stiegen-Diensthütte** unter dem Rachelsee fortgesetzt werden.

Spitzkehre bei der Rachel-Diensthütte: Durch die Vorgabe einer nicht zu überschreitenden Steigung von 3 %, konnten in den höheren Lagen die Kehren nicht mehr als weite Kurven ausgeführt werden. Diese Vorgabe war nur noch durch eine „*Spitzkehre*“ zu erreichen. So wurde bei der Schachtenhöhe (Höhe 836 m), 500 m südlich von der Rachel-Diensthütte eine „*offene Spitzkehre*“ gebaut (Abb. 32).

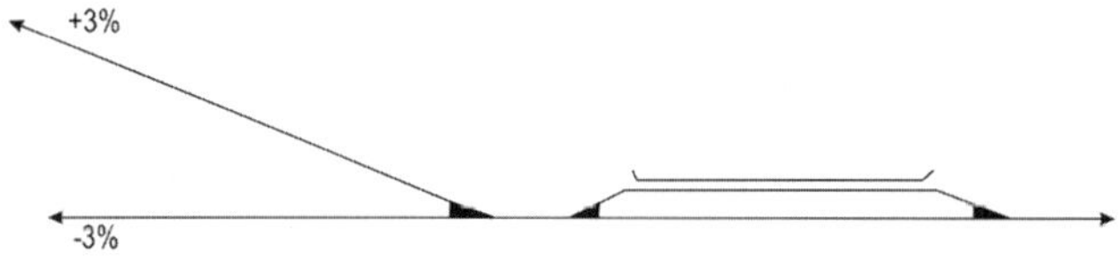

Abb. 32: Spitzkehre: Der Gleisverlauf bei der „offenen Spitzkehre“ mit Rangier- und Ausweichgleis (rechts) 500 m unterhalb der Rachel-Diensthütte. Erklärung im Text. (Sli S. 27)

Spitzkehren sind künstliche Längenausdehnungen im steilen Gelände, wenn der Bau einer Kurve nicht mehr möglich ist. Sie erfordern baulich einen geringen Aufwand und sind vorwiegend bei Gebirgsbahnen eingesetzt worden. Die Bahn endet *„stumpf“* an einer Berglehne. In der entgegengesetzten Richtung führt sie mit gleicher Steigung dann weiter. Die Spitzkehre hatte aber für den Fahrbetrieb einen ganz entscheidenden Nachteil: Zur Fahrtrichtungsänderung wurde ein Aufenthalt des Zuges notwendig. Dazu gab es die zwei Möglichkeiten mit oder ohne Umsetzen der Lok: Ohne Zeitverlust konnte der Zug mit der Lok zur Stiegenhütte geschoben werden. Da bei der Bergfahrt die Rollwägen nicht beladen waren, war das ohne Schwierigkeiten möglich. Die zweite Möglichkeit war, die Lokomotive *„umzusetzen“*: Den Zug am Rangiergleis vom Anfang des Zuges an das Ende zu setzen.

Nach der Spitzkehre wurde das Gleis in Richtung Stiegenhütte 250 m südwestlich von der Rachel-Diensthütte vorbeigeführt. Sie folgte 1.750 m dem Südhang der **Mühlbuchethänge** bis zum großen Lagerplatz Stiegenhütte direkt am Seebach. Auf dieser Strecke befanden sich die Holzlagerplätze und Ausweichgleise **Kanal-Lagerplatz** und **alte Diensthütte**. Bei der Spitzkehre an der Schachtenhöhe ist nach Südosten die **Brandfleck-Strecke** (Kapitel 6.28) weitergeführt worden.

Streckenlänge: Fahrstrecke 3.780 m; Lade- und Rangiergleise: 560 m. Zusammen: 4.340 m.

Standorte: Lade-, Rangiergleise: Spitzkehre, 180 m; Kanallagerplatz, 150 m; Alte Diensthütte, 130 m; Stiege (Stiegenhütte), 100 m.

Abb. 33: Oberforstmeister Gustav Fellmeth, der „Eisenbahn-Forstmeister“. Von 1919-1932 hatte er als Leiter des Forstamtes Spiegelau großen Anteil am Aufbau der Waldbahn.

Fellmeth, der *„Eisenbahn-Forstmeister“*: Die Spiegelauer Waldbahn ist untrennbar mit Oberforstmeister Gustav **Fellmeth** verbunden. Zur Erinnerung an seine Erfolge in den 13 Jahren von 1919 bis 1932 beim Aufbau, wurde die Diensthüttenstrecke als Obere und Untere **Fellmeth-Strecke** benannt. In einer Würdigung bedeutender bayerischer Forstleute sind seine Leistungen so beschrieben worden (Wild, 1986): „*...Die derzeit* (1986) *aktuellen Überlegungen, die Waldeisenbahn im Nationalpark Bayerischer Wald wieder einzusetzen, geben Anlass, sich des bekannten und angesehenen ‚Eisenbahn-Forstmeisters' Gustav Fellmeth zu erinnern. In seiner Zeit als Leiter des Forstamtes Spiegelau von 1919 bis 1932 fällt die große Waldbahnerschließung des Mittleren Waldes, eine Maßnahme, deren Umfang heute kaum mehr vorstellbar ist. Entscheidenden Anteil hieran hat Gustav Fellmeth gehabt“.* Diese Zeilen wurden 1986 geschrieben, als Vorschläge geäußert wurden, die Waldbahn wieder zu beleben.

Gustav Fellmeth war der Sohn einer bayerischen Försterfamilie und kam 1878 in **Stadtprozelten** (Bezirksamt **Marktheidenfeld**) zur Welt. Durch die Versetzungen seines Vaters kam er dann nach **Zwieseler-Waldhaus** und **Wunsiedel.** 1896 legte er das Abitur am Wilhelms-Gymnasium in München ab. Zum Studium kam er an die Forstlehranstalt **Aschaffenburg**, 1898 an die **Universität München** und beendete es im Jahr 1900. Neben seinen hervorragenden Leistungen beim Studium und im Staatsexamen, sind auch seine beruflichen Tätigkeiten von Interesse. Herauszustellen ist, dass er in **Eglharting**, **Forstamt Ebersberg**, mit der Waldbahn in Berührung kam. Sie wurde hier zum Abtransport des durch den **Waldschädling Nonne** geschädigten Holzes verwendet. Nachdem die Gleisanlagen nicht mehr gebraucht wurden, sind sie in Spiegelau weiter verwendet worden. Die Stelle als Leiter des Forstamtes Spiegelau wird er auf Grund seiner Erfahrungen mit der Waldbahn erhalten haben (Wild, 1986): „... *Es folgen Jahre unterschiedlicher Verwendung im Ministerium, als Lehrer an der Waldbauschule Wunsiedel (Oberpfalz) und auf der Außenstelle des Forstamtes Ebersberg in Eglharting. 1914 unterbricht der Krieg (1. Weltkrieg 1914-18) seinen forstlichen Berufsweg. Erst 1919 -aus dem Lazarett entlassen- nimmt er in Eberberg den Dienst wieder auf. Wird jedoch im selben Jahr zum Forstmeister und Amtsvorstand des Forstamtes Spiegelau bestellt. Er findet dort die 1910 eingerichtete Waldbahn vor, die den Transport des Holzes aus den Forstämtern zwischen Rachel und Lusen zu den bestehenden Bahnanschlüssen ermöglicht. Als er in Spiegelau beginnt, stehen dem Waldbahnbetrieb 23 km Strecke zur Verfügung. Als er 1932 auf eigenen Wunsch nach* ***Dießen*** *(am Ammersee) versetzt wird, zeugen 95 Bahnkilometer von seiner Tatkraft.* Oberforstmeister Fellmeth war ab 1932 Leiter des Forstamtes Dießen am Ammersee wo er bis zu seinem 70. Lebensjahr (1948) arbeitete. Er galt als Pionier der Walderschließung in Bayern (Abb. 33).

6.17 Strecke Tiefseige, Taferlruck-Tiefe Seige

Bauzeit: 1912, 1932/33 (Abb. 21, 22, Nr. 17). Auf der Höhe 771,9 m, Taferlruck (heute Pegelmessstation: Einzugsbereich Große Ohe), ist von der Seebachstrecke die **Tiefseigen-Strecke** nach Nordosten abgezweigt worden. Sie führte nordöstlich der Diensthüttenstraße am **Schachtenruck** und dem **Vorderen Schachten-Bach** entlang. Etwa 800 m nach der Abzweigung von der Seebachstrecke wurde nach Norden in die **Schachtenau** ein Holzlagerplatz mit Rangier- und Ausweichgleisen angelegt: Der **Tiefe Seige-Lagerplatz**. In der **Weitau** ist die Strecke 1933 verlängert worden: Dort, wo die **Tiefe Seige** in den Vorderen Schachten-Bach fließt, folgte sie 500 m diesem Bach nach Osten: Dann noch weitere 350 m nach Südosten. 250 m östlich von diesem Zusammenfluss zweigte in den 30er Jahren noch entlang der Weitau-Seige nach Norden ein 400 m langes Ladegleis ab: Der **Weitau-Seige-Stutzen**. Diese Strecke wurde in den Anfangsjahren um 1912 ohne Lokomotiven betrieben. Die Strecke war zunächst nur mit fliegenden Gleisen ausgestattet: Die schweren Dampfloks der Firma Orenstein und Koppel waren dafür ungeeignet. Da hier das Gelände nicht so abschüssig ist, dass ein beladener Zug von selber rollt, sind hier um 1912 sicher Zugtiere eingesetzt worden. Später wurde dann die Strecke mit einem festen Gleisoberbau und 80 mm hohen Schienen ausgerüstet. Ab 1922 waren dann auch leichtere Dampfloks vorhanden: Das ermöglichte einen normalen Zugbetrieb.

Streckenlänge: Fahrstrecke 2.000 m. Lade- und Rangiergleise: 590 m; Zusammen: 2.590 m.

Standorte: Lager- und Rangiergleise: Tiefe Seige-Lagerplatz, 190 m; Weitau-Seige-Stutzen,400 m.

6.18 Strecke Kohlstatthäng

Bauzeit: 1926/29 (Abb. 24, 25, Nr. 18). Diese Strecke zweigte etwa 1.000 m nördlich der Abzweigung der Seebachstrecke (Kapitel 6.11) vom Hauptstrang Spiegelau-Mauth ab. Es ist die Stelle, wo die Straße zur Rachel-Diensthütte die Nationalparkstraße verlässt: Heute Parkplatz und im Winter der Einstieg in die Guglöder Loipe. Nach nur 350 m bei der Höhe 765,4 m verzweigte sich diese Strecke: Etwa 350 m führten nach Nordwesten in die **Kohlstatthäng**. Nach Süden führten 270 m zum Steinbruch **Schwarze Kiesgrube.** Das hier anstehende, grünliche bis schwarze Gestein, ein **Serpentinit**, ist am Rachel und Lusen äußerst selten: Dieser Serpentinit ist vor Jahrmillionen in einer Gneisspalte aus größerer Tiefe emporgestiegen (**Eruptivgestein**). Wegen seiner großen Härte und Widerstandsfähigkeit eignet er sich besonders gut zum **Wegebau**. Dieser Serpentinit wurde für den Gleisunterbau der Spiegelauer Waldbahn verwendet. Auf zwei Rollwägen wurde die **Steinquetsche**, der Steinbeißer, verladen und mit einem Waldbahnzug hierher geschoben. Der Serpentinitfelsen wurde angebohrt, mit Dynamit gesprengt und mit dem Steinbeißer zu Schotter für die Waldbahndämme zerkleinert. Hier befanden sich auch Ausweichgleise um den Schotter sofort auf die Rollwägen mit **Kastenaufbauten** zu verladen.

Streckenlänge: Fahrstrecke 1.060 m; keine Lade- und Rangiergleise.

6.19 Neubruck-Gleis

Baujahr: 1926 (Abb. 21, 22, Nr. 19). Bei Strecken-Kilometer 4, vom Bahnhof in Spiegelau aus, zweigte von der Basisstrecke das Neubruck-Gleis nach Süden ab. Es verlief da, wo heute die alte Straße südlich nach Riedlhütte zur Ziegelhütte von der Nationalparkstraße abzweigt. Dieses Gleis hatte zunächst nur eine Länge von 570 m. Es wurde aber später um 430 m auf 1.000 m bis zur Grenze des Staatswaldes verlängert. Nach Aussagen von Herrn **Moser, jun**. waren die Gleise jedoch noch 150 m weiter bis kurz vor dem heutigen Sportplatz in Riedlhütte verlegt. Auf dieser Waldbahn wurde bei der Ziegelhütte in Riedlhütte-Häuser Brennholz zum **Ziegelbrennen** angefahren und auch gebrannte Ziegel verladen und abgefahren.

Heute befindet sich dort an der Ecke Ziegelhüttenweg-Pocherstraße eine Informationstafel: „Das Einzugsgebiet der Spiegelauer Waldbahn waren 9.000 ha Hochwald. Zur Sprengung von Felsen und schweren Stöcken wurden täglich 50 kg **Sprengstoff** benötigt. Bei der Erweiterung 1925/26 kostete der Kilometer Unterbau 10.000.- Mark und der Kilometer Oberbau 16.000.- Mark“.

Streckenlänge: Fahrstrecke 570 m; keine Lade- und Rangiergleise. Diese Länge wurde später um etwa 430 m auf 1.000 m verlängert.

6.20 Filzwald-Gleis

Baujahr: 1926 (Abb. 21, 22, Nr. 20). Dieses Gleis zweigte 250 m südwestlich von der Abzweigung der Straße zur Rachel-Diensthütte vom Hauptstrang südlich in die Waldabteilung **Filzwald** ab. Das Gleis führte bis zu der großen **Waldwiese**, 250 m vor dem **Großen Filz**. Die ersten 250 m sind heute eine Fahrstraße.

Streckenlänge: Fahrstrecke 510 m; keine Lade- und Rangiergleise.

6.21 Strecke Hammerwald

Baujahr: 1927 (Abb. 21, 22, Nr. 21). Etwa 2,5 km vom Waldbahnhof Spiegelau entfernt, kurz vor dem Ladegleis an der **Martinwiese**, wurde hier als nordöstliche Abzweigung vom Hauptstrang die **Hammerwaldstrecke** gebaut. Nach 320 m in nordöstliche Richtung, erreichte sie zunächst den Fahrweg in Richtung **Neuhütten-Wiese** an der Stelle des heutigen Parkplatzes Martinwiese. Hier wurden im Gelände große Quarzbrocken gefunden, die sicher vom Quarzbruch auf der **Hohen Scheitstatt** stammten (Reiner, 1995). Die Strecke folgte dann auf der östlichen Seite diesem Fahrweg. Im Gelände sind heute die Dämme der alten Gleisanlage noch gut zu erkennen. Die Strecke führte bis zum Abflussgraben des **Kohlbrunnens** (Höhe 823 m).

Südöstlich von der Höhe 850 m **Hammer Wald**, 250 m vor dem Ende der Strecke, zweigte noch ein Stichgleis mit dem Holzlagerplatz Hammerwald ab. Nach einer früheren Planung sollte diese Strecke mit der **Föhraustrecke** (s. Kapitel 6.12), die von der Seebachstrecke bei der Grübenbrücke abzweigte, einen ***„Ringschluss“*** bilden. Zu diesem Ausbau ist es aber nicht mehr gekommen.

Streckenlänge: Fahrstrecke 900 m; Lade- und Rangiergleise: 560 m. Zusammen: 1.460 m.

Standorte: Lade-, Rangiergleise: Hammerwald-Lagerplatz, 180 m.

6.22 Aubuchet-Stutzen

Baujahr: 1929 (Abb. 21, 22, Nr. 22). Etwa 250 m südlich des Lagerplatzes am **Taferlruck**, zweigte von der Seebachstrecke ein kurzer Streckenstumpf nach Westen Richtung **Wasserriegel** (150 m) und nach Osten (250 m) in das **Aubuchet** ab. Die offizielle Länge wird mit 220 m angegeben. Tatsächlich waren es aber etwa 400 m.

Streckenlänge: Fahrstrecke 400 m; keine Lade- und Rangiergleise.

6.23 Strecke Schachtenbach

Baujahr: 1929 (Abb. 21, 22, Nr. 23). Etwa 200 m nördlich vom Taferlruck-Lagerplatz zweigte von der Seebachstrecke diese Seitenlinie ab. Sie überschritt auf einer Brücke den Seebach und folgte dem **Hinteren Schachten-Bach** bis zur Höhe 809 m, wo sie 300 m vor der Straße Grübenbrücke-Rachel-Diensthütte endete. Nach etwa 750 m vom Seebach entfernt, zweigte von hier nach Osten der Schachtenau-Stutzen ab. Dieser Stutzen endete 300 m vor der Straße vom Taferlruck zur Rachel-Diensthütte.

Streckenlänge: Fahrstrecke 1.310 m; Lade- und Rangiergleise: 290 m. Zusammen: 1.600 m.

Standorte: Lade-, Rangiergleise: Schachtenau-Stutzen 290 m.

6.24 Lade-, Rangiergleise, Bahnhof Spiegelau

Bauzeit: 1909, 1927. Der Ausgangspunkt der Waldbahn war der Waldbahnhof in Spiegelau. Von hier war auch der **Übergang** von der Waldbahn zur Staatsbahn. In den Jahren 1926/27 wurde der Waldbahnhof erweitert und teilweise umgebaut. Nur so konnten die ständig steigenden Holzmengen auf die Staatsbahn verladen und den Sägewerken auf ihren Privatgleisen zugeführt werden. Oft waren es bis zu 40 Waggons der Staatsbahn, die täglich hier verladen und abtransportiert worden sind. Lade-Rangiergleise: 1.150 m.

6.25 Strecke Sagwasser

Baujahr: 1927/28 (Abb. 21, 25, Nr. 25). Am Holzlagerplatz der **Jolas-Säge** oder **Sagwasser-Säge** wurde die **Sagwasser-Strecke** nach Süden verlängert. Sie folgte dem Sagwasser auf halber Höhe der **Sagwasserhänge** bis an den Rand des Staatsforstes beim Weiler **Schönauer Katzberg** (Nähe Höhe 741 m). Heute ist diese Trasse ein Wanderweg und ein Lehrpfad. Auf dieser Strecke befanden sich 3 Verladestellen.

Streckenlänge: Fahrstrecke 2.340 m; 3 Lade- und Rangiergleise: 310 m. Zusammen: 2.650 m.

6.26 Strecke Kleine Ohe

Bauzeit: 1928/29 (Abb. 21, 22, Nr. 26). An der früheren **Graup-Säge**, war eine Strecke von etwa 1.500 m von der Basisstrecke aus nach Norden, entlang der **Kleinen Ohe** bis zur **Fredenbrücke** geplant. 1928 wurde mit diesem Bau begonnen. Die Strecke zweigte dort ab, wo heute die Straße nach **Guglöd** die Nationalparkstraße verlässt. Aus Gründen der Rentabilität ist jedoch der bereits angefangene Bau wieder eingestellt worden. Was übrig blieb, war ein kurzer, nur 110 m langer Streckenstumpf. Dieser wurde in den folgenden Jahren als Abstell-

und Ladegleis genutzt. 1926 war auch geplant, südlich entlang der Kleinen Ohe eine 1.500 m lange Waldbahntrasse zu bauen. Auch diese Planung kam nicht zur Ausführung.

Streckenlänge: Fahrstrecke 110 m (Abb. 34).

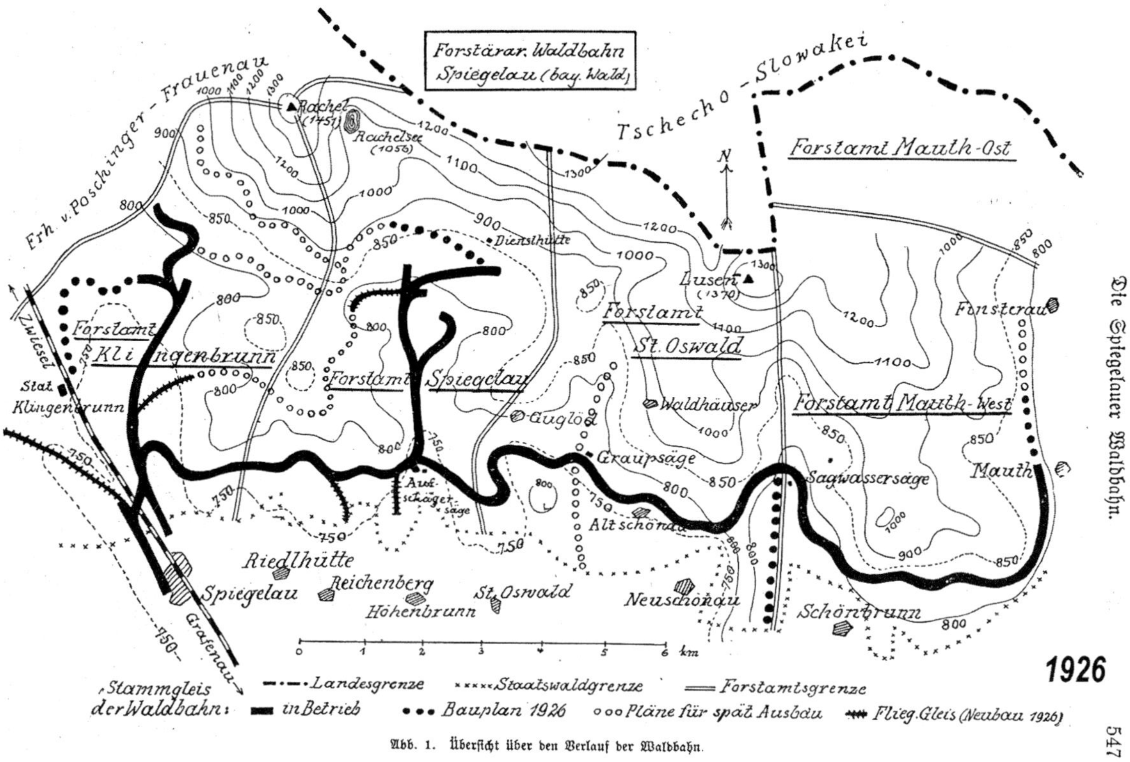

Abb. 34: Das Streckennetz der Waldbahn von 1926 zeigt die geplanten Strecken von der Graupsäge (Bildmitte, offene Ringe) entlang der Kleinen Ohe nach Norden zur Fredenbrücke und nach Süden unter „Pläne für späteren Ausbau" (Fellmeth, 1926).

6.27 Strecke Reschbach

Bauzeit: 1927/30 (Abb. 21, 25, 26, Nr. 27). Mit dem Bau der Reschbach-Strecke wurde der Alte Haupststrang (Kapitel 6.1) bei Mauth nach Norden fortgesetzt. Es war bereits 1911 das Vorhaben der Waldbahnplaner, die Gleise entlang dem Reschbach bis zur Hackl-Reibn (Kurve) weiterzuführen. Das ist die Stelle, wo die Fahrstraße in weitem Bogen in östlicher Richtung den Reschbach überquert (Abb. 26). Als Begründung für diesen Bau wurden die Buchenbestände angeführt, die in diesem Revier zu nutzen waren. Sie konnten auf dem Reschwasser nicht getriftet werden. Die Beamten der Kammer der Forsten in Landshut, die diesen Plan damals zu begutachten hatten, haben sich jedoch dagegen ausgesprochen.[20] Starke Windwürfe 1925 und 1926 änderten dann 14 Jahre später die Meinung zu Gunsten der Waldbahn. Die Beamten der Kammer der Forsten (KdF) an der Regierung in Niederbayern, Landshut, hatten erkannt, dass die Waldbahn gerade in Katastrophenfällen eine sehr leistungsfähige Einrichtung war.

Diese Strecke wurde mit großer Anstrengung in Angriff genommen. 1928 waren entlang dem Reschbach schon 2 Kilometer zu befahren. Anfang der 30er Jahre fuhr die Waldbahn bis zum Endpunkt Hackl-Reib'n (etwa 450 m vor der Brücke über den Reschbach), nur etwa 1 Kilometer vom heutigen Freilichtmuseum Finsterau entfernt. Heute befindet sich dort ein Parkplatz.

Verlängerung bis nach Böhmen: Nach der Errichtung des Protektorates *„Böhmen und Mähren"*, 1939, war geplant, die Reschbach-Strecke bis zur **Reschbach-Klause** (Höhe 1.127 m) und über den Grenzkamm nach Norden sogar bis in das böhmische Revier **Moldau-Ursprung** zu verlängern. Diese Aussage stammt von Herrn Moser, jun., dem ehemaligen Lokomotivführer der Waldbahn aus Spiegelau. Zu dieser Verlängerung kam es aber nicht mehr. Das heute im Gelände noch vorhandene Planum am Reschbach entlang, beweist, dass eine Erweiterung der Strecke hier in Richtung **Alte Klause** schon begonnen worden ist.

[20] StAL, 168/2, Nr. 4511, FME Nr. 6307 vom 5. 4. 1910

Ende der Waldbahn zeichnet sich ab: Es ist noch von der Besonderheit zu berichten, dass sich das Ende der Spiegelauer Waldbahn hier sehr frühzeitig abzuzeichnen begann: Die **Reschbach-Strecke** gehörte zu den letzten Strecken, die gebaut worden sind. Anfang der fünfziger Jahre ist sie auch als erste der Hauptstrecken wieder abgebaut worden. Die Gründe lagen in der Geländeform mit nur geringer Steigung, dem mangelnden Frachtaufkommen aus den Forstämtern Mauth-West und Mauth-Ost und daran, dass die Fahrstraße mit einer Teerdecke versehen werden konnte. Die Zeit der Waldbahn ging ihrem Ende entgegen: Der Abtransport des Holzes mit dem Lastkraftwagen zeichnete sich ab: Am 1. Juni 1953 berichtete das Forstamt Spiegelau in einem *„Forstamtlichen Bericht"* an die Oberforstdirektion in Regensburg nicht ohne Stolz, dass die Reschbach-Strecke von Kilometer 31,8 Hackl-Reib'n (Entfernung von Spiegelau) bis Kilometer 27,0 (**Riedlhäng**), insgesamt 4.800 m, abgebrochen worden ist.[21] Auf dieser Strecke von 4.800 m befanden sich insgesamt 4 Lade- und Rangiergleise. Davon kann nur der Ort Hackl-Reib'n im Gelände eindeutig zugeordnet werden.

Streckenlänge: Fahrstrecke 4.800 m; Lade- und Rangiergleise: 820 m. Zusammen: 5.620 m.

Standorte: Lade-, Rangiergleise: Hegersteg, 190 m; Barackenschlag, 160 m; Auerhahnhöhe , 350 m; Hackl-Reib'n, 120 m.

6.28 Strecke Brandfleck

Baujahr: um 1935 (Abb. 22, Nr. 28). Mitte der dreißiger Jahre wurde als direkter Anschluss an die Diensthütten-Strecke oder der unteren Fellmeth-Strecke (Kapitel 6.16) noch die **Brandfleck-Strecke** gebaut. Die Strecke nahm an der östlichen Ausfahrt der **Spitzkehre** (Höhe 837 m) ihren Anfang. Sie umrundete den Talkessel mit dem Wassereinzugs-Gebiet der **Weitau-Seige** und dem **Vorderen Schachten-Bach** in der Waldabteilung **Brandfleck**: Von den Einheimischen *„**Bramfleck**"* genannt. Sie verlief an der südöstlichen und östlichen Berglehne. Die Strecke stieg dann etwas an, verlief der **Klitzlauhäng** entlang und endete 500 m vor der Höhe 835 m **Taferlruck**. An der Brandfleck-Strecke befanden sich zwei Ladestellen: Die erste etwa 250 m vor und unterhalb dem Brandfleck. Der zweite Lagerplatz mit Lade- und Rangiergleisen befand sich unmittelbar nach der Brücke über den Vorderen Schachtenbach. Die Streckenlänge sowie die Länge der Ladegleise konnten von Sliwinski, 1991, 32, aus den vorhandenen Akten nicht mehr gefunden werden. Die vorbildliche Dokumentation der Strecken der Waldbahn, wurde nach der Zeit von Fellmeth als Forstmeister in Spiegelau, nach 1933, nicht mehr weitergeführt. Die Streckenlänge und die Orte der Ladegleise wurden den recht genauen Karten des Forstamtes Spiegelau aus den fünfziger Jahren entnommen.

Streckenlänge: Fahrstrecke 2.600 m; Lade- und Rangiergleise: ca. 200 m (aus der Karte entnommen). Zusammen: 2.800 m.

Standorte: Lade-, Rangiergleise: Nordwestlich Brandfleck, ca. 100 m; Brücke: Vorderer Schachtenbach, ca. 100 m.

6.29 Strecke Föhraubach

Baujahr: um 1935 (21, 22, Nr. 29). Die Föhraubach-Strecke im Bereich des Forstamtes Klingenbrunn wurde um 1935 von der Strecke Schwarzachebene (Kapitel 6.2) an der Mündung des **Föhrau-Baches** abgezweigt. Sie ist eine direkte Verlängerung der Strecke Schwarzachebene von 1923/24 nach Osten. An der gleichen Stelle wurde hier auch 1925/27 nach Westen die **Rachelstrecke** (Kapitel 6.3) weitergeführt. Die Föhraubach-Strecke folgte dem Föhrau-Bach nach Osten. Sie verlief an der **Recherau** vorbei bis etwa 50 m vor den **Bocklöchern**. Hier befand sich ein Lagerplatz mit Ausweichgleis. Der Verlauf der Strecke verlief zum größten Teil auf Weich- und Nassboden. Nach dem Abbau der Waldbahn, konnte in diesem morastigen Gelände keine Ersatzstraße für die Holzabfuhr mit dem LKW gebaut werden: Das zeigt die universellen Einsatzmöglichkeiten der Waldbahn. Auch unter den schwierigsten Bodenverhältnissen.

Streckenlänge: Fahrstrecke 1.400 m; Lade- und Rangiergleise: 150 m. Zusammen: 1.550 m.

Standorte: Lade-, Rangiergleise: Bocklöcher, 150 m.

6.30 Gesamtstrecke 1900-1960

Nach den Archivstudien von Sliwinski, 1991, 10, waren in Spiegelau bereits im Jahre 1900 über 2,0 km Gleise mit etlichen Trucks, Muldenkippwagen und anderes Waldbahnmaterial im Einsatz. Diese Gleise stammten aus den Forstämtern Altdorf bei Nürnberg und Ebersberg, wo Forstschädlinge riesige Waldflächen kahl gefressen hatten. Auch in den Jahren nach 1900 wurden die nicht mehr benötigten Gleise und das *„Rollmaterial"* dieser Forstämter nach Spiegelau gebracht. Es ist davon auszugehen, dass auch in dieser Zeit Waldbahnstrecken ausgebaut worden sind. Im Jahre 1908 befanden sich in Spiegelau schon 7,0 km Gleise, 82 Trucks und 2 Mulden-

---

[21] StAA, Oberforstdirektion; Nr. 10029: Forstamtl.Bericht d. FoA Spiegelau Nr. W/329 vom 1. Juni 1953

kipper. Schon 1908 ist die Waldbahn zum Holztransport und zum Wegebau eingesetzt worden. Den Entwicklungsstand und Ausbau des Streckennetzes der Spiegelauer Waldbahn in den Jahren 1925, 1928, 1936 und 1940 mit den Grenzen der Forstämter (F.A.) Klingenbrunn, Spiegelau, St. Oswald, Mauth-West und Mauth-Ost zeigen die Abb. 35, 36, 37.

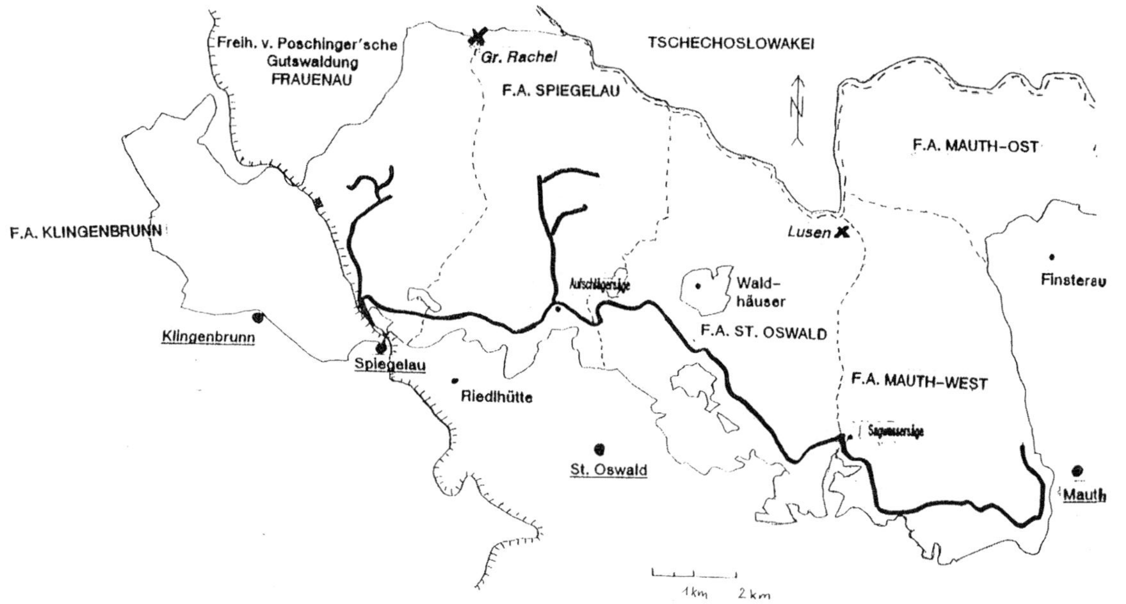

Stand 1925

Abb. 35: Die ersten Erweiterungen der Basisstrecke der Spiegelauer Waldbahn in den Revieren Klingenbrunn (Schwarzachebene, Klingenbrunn-Bahnhof, Rachel) und Spiegelau (Rachel-Diensthütte, Schachtenbach) im Jahre 1925.

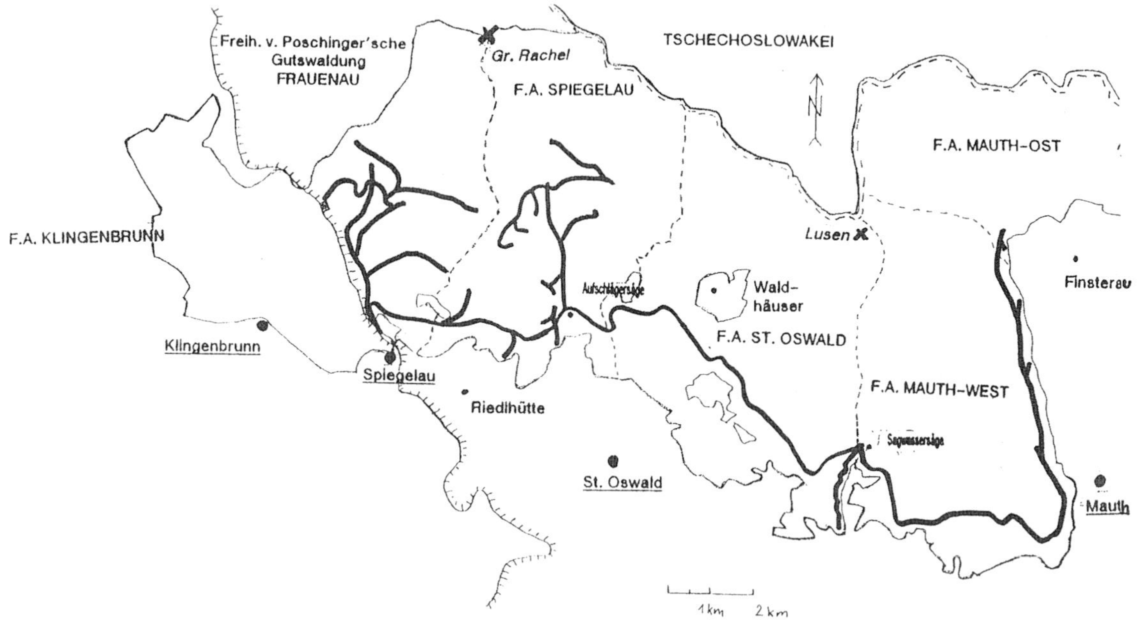

Stand 1928

Abb. 36: Streckennetz der Spiegelauer Waldbahn im Jahre 1928.

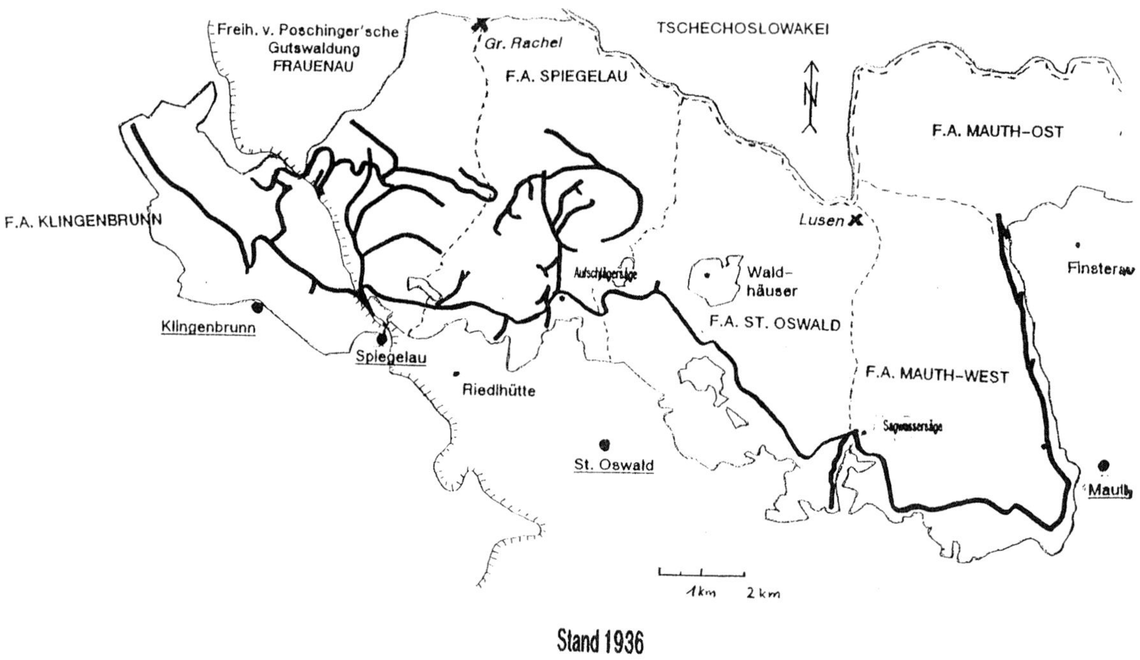

Abb. 37: Streckennetz der Spiegelauer Waldbahn im Jahr 1938.

Von Interesse ist auch, in welchen **Höhenlagen** am Rachel und Lusen sich die 95 km Streckennetz bewegten und wie es an die Staatsbahn von Zwiesel nach Grafenau angebunden war. Da die Abbildung den Stand von 1940 zeigt, ist der höchste Punkt des Ausbaus bei einer Höhe von 1.000 m an der Scheerhütte noch nicht eingezeichnet (Abb. 38).

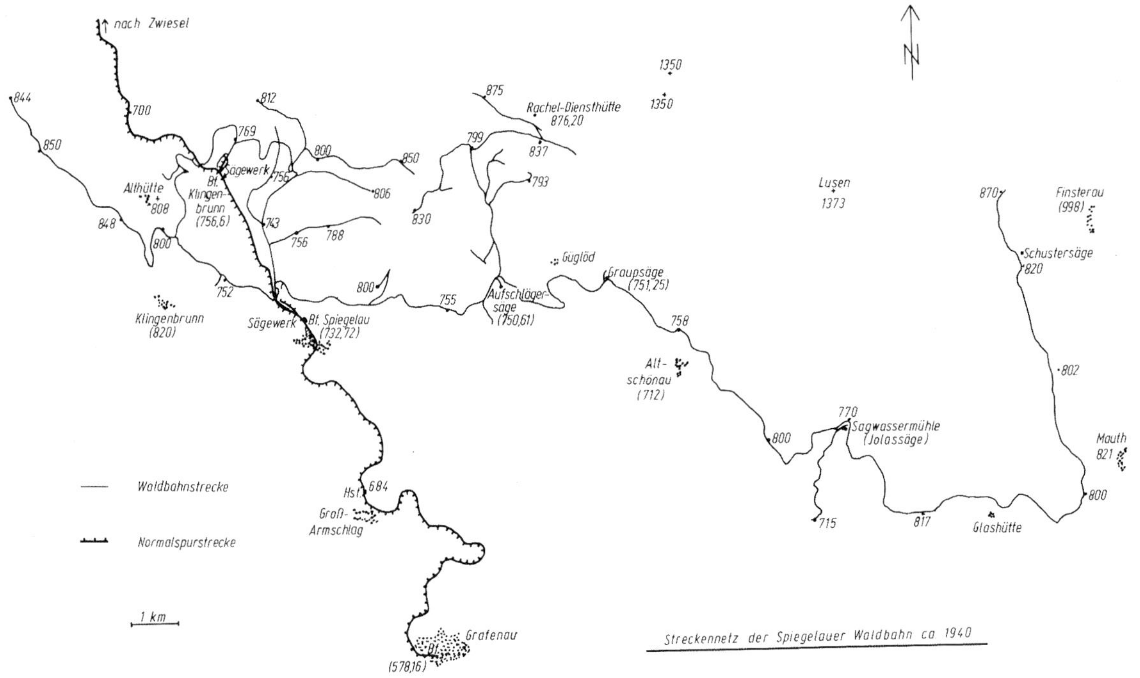

Abb. 38: Streckennetz der Spiegelauer Waldbahn im Jahre 1944 mit den Angaben der Höhen über NN und der Anbindung an die Staatsbahn.

Entwicklung der Streckenlänge: Nach der Beschreibung der einzelnen Streckenabschnitte soll die Entwicklung der Gesamtstrecke von 1908 bis zum Ende der Waldbahn 1960 in einer Übersicht gezeigt werden. Die Daten für diese Übersicht entstammen der Archivstudie von Sliwinski, 1991. Leider konnten nicht für alle Jahre Angaben gefunden werden (Abb. 39).

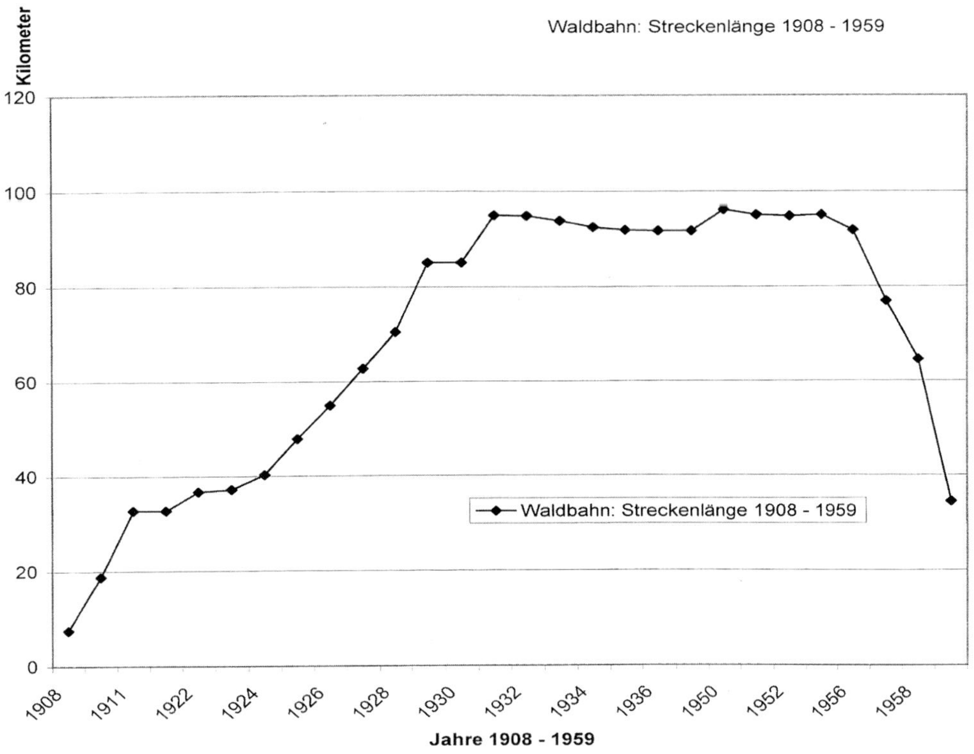

Abb. 39: Streckenlänge: Die Entwicklung der Strecke der Spiegelauer Waldbahn von 1908 bis zum Abbau 1959.

Der Übersicht ist zu entnehmen, dass von 1908 mit 7,5 km Streckenlänge bis 1911 mit 33,0 km ein sehr steiler Anstieg erfolgte. Dieser Anstieg wurde durch die schwere Wirtschaftskrise von 1914 bis 1923 dann jäh unterbrochen: Nur wenige Kilometer Streckenlänge kamen in dieser Zeit dazu. Nach der Einführung der Rentenmark Mitte November 1923 ging es dann bei der Spiegelauer Waldbahn wieder aufwärts. Nach dieser Währungsreform folgten insgesamt 28 sehr erfolgreiche, „*goldene Jahre*“ für diese wichtige Waldeisenbahn und ihre „*Waldbahnerer*“: Bis 1931 erreichte der Ausbau bereits 95 km. Das war die Zeit, in der Fellmeth (1919-1932) am Forstamt in Spiegelau das Sagen hatte und von seinen Kollegen anerkennend „*Eisenbahnforstmeister*“ genannt wurde. In diesen 23 Jahren seit 1908 wurde das Streckennetz jedes Jahr im Mittel um 3,8 km ausgebaut.

In den 22 Jahren von 1931 (95 km) bis 1953 (95 km) veränderte sich dann die Gesamtstrecke der Waldbahn kaum noch. Der letzte große Ausbau nach dem 2. Weltkrieg war die Scheerhüttenstrecke im Klingenbrunner Revier bis auf eine Höhe von 1.000 m unterhalb des Rachel. Es kam in dieser Zeit aber auch immer wieder vor, dass Nebenstrecken nicht mehr gebraucht und abgebaut worden sind. Deshalb gab es keine Veränderungen bei der gesamten Strecke mehr. Ein Gutachten der Bahnaufsicht der Bundesbahn in Regensburg stellte dann 1956 erhebliche Mängel am Streckennetz fest. Deshalb wurde in einem Schreiben von der Oberforstdirektion Regensburg 1957 bestimmt, die Spiegelauer Waldbahn bis 1960 abzubauen und durch Forststraßen zu ersetzen.

6.31 Zwieselauer Waldbahn

Zwischen der Zwieselauer Waldbahn gab es nie eine Verbindung zur Spiegelauer Waldbahn. Sie soll trotzdem hier kurz erwähnt werden, weil die Gründe, sie zu errichten, vergleichbar waren (Zeitler, 2003, 36ff): Der Orkan, der am 4. Juli 1929 über das Rachel-Lusengebiet raste, hatte in Zwieselau große Schäden verursacht: Auch zwei Tote waren zu beklagen: Ein Häusler war gerade dabei, sein Heu heimzufahren. Von der Gewalt des Sturmes wurde die „*Fasserin*“ hoch oben vom Heuwagen herunter geschleudert und war sofort tot. Eine andere Frau erstickte auf freiem Feld. Durch diesen Windwurf von 1929 wurde auch die Spiegelauer Waldbahn weiter ausgebaut: Wie wollte man sonst die riesigen Holzmassen aus dem Wald bringen.

Besonders schwer hat es damals auch die Gutsverwaltung Oberzwieselau getroffen, den größten Waldbesitzer zwischen Falkenstein und Rachel. Nachdem man mit der Spiegelauer Waldbahn beste Erfahrungen gemacht hatte, entschied die Graf Melin'sche Gutsverwaltung in Oberzwieselau, ebenfalls eine Holztransportbahn, eine Waldbahn, zu bauen. Dabei war beabsichtigt, den Staatsbahnhof **Zwieselau** an der Strecke Grafenau-Zwiesel zum Umladen des Holzes von der Waldbahn auf die Waggons der Staatsbahn zu nutzen. Deshalb war von der Deutschen Reichsbahn-Gesellschaft als Aufsichtsbehörde eine Genehmigung einzuholen, die auch erteilt wurde.

Der Bahnhof wurde als Holzverladehof mit Abstell- und Umladegleisen in Normalspur und mit 6 Waldbahngleisen, Umfahr- und Ausweichgleisen mit 600 mm Spurweite, ausgebaut.

Der Bau der Waldbahnstrecke war in Zwieselau wegen der zu überwindenden Steigungen äußerst schwierig. Zwischen Zwieselau mit 594 m Höhe waren bis zum Weiler **Hirschbach** auf 764 m Höhe insgesamt auf 9 Kilometer 170 Höhenmeter zu überwinden. Dieser Weiler stand da, wo heute der Trinkwasserspeicher Oberzwieselau zu finden ist. Von diesem Hauptstrang zweigten 3 Stichbahnen ab: In die **Kiesau** mit 3 km, zum **Ziegenstall** mit 1,5 km und nach **Buchenau** mit 1 km. Die Zwieselauer Waldbahn hatte eine Streckenlänge von insgesamt 14,5 km.

Nach der Genehmigung wurde umgehend mit dem Bau begonnen. Da bei der Gutsverwaltung keine eigenen Erfahrungen vorlagen, ist die Bauausführung der **Firma Walter Weiß** in München übergeben worden. Mit dieser Firma bestanden auch enge Geschäftsverbindungen mit den Spiegelauer Betreibern der Waldbahn. Für die umfangreichen Erdarbeiten sind auch Häftlinge des Zuchthauses Straubing eingesetzt worden.

Im Jahre 1930 schon, konnte die Waldbahn in Betrieb gehen. Der Fuhrpark bestand aus einer Dampflok (Fa. Orenstein & Koppel) und zwei Dieselloks (Fa Deutz), 30 Trucks für Meterholz und 30 für Langholz sowie vier Materialwagen. War ein Radreifen an einer Lokomotive abgefahren, was oft der Fall war, zog der geschickte Lokführer **Ludwig Gilg** in der Schmiede einen neuen glühenden Radreifen auf.

Die Bummerl-Kehre: Wegen dem steilen Gelände, konnten bei der Zwieselauer Waldbahn keine Kurven mit weiten Kurven-Radien ausgeführt werden. Diese Aufgabe der Kurven konnte hier nur von **Kehren** übernommen werden: Am **Pommer-Bach** stieg die Strecke in einem engen Tal und an steilen Hängen entlang in einem Abschnitt von wenigen hundert Metern um 142 m von 625 m auf 767 m Höhe an: Das war nur mit zwei eng miteinander gekoppelten **Spitzkehren** zu bewältigen, die *„Bummerl-Kehre"*. Nach Aussagen alter Waldbahnerer, arbeitete diese aufwendige Kehre reibungslos.

Als das Windwurfholz aufgearbeitet war, wurde diese Waldbahn weiter betrieben. Auch die Staatsforstverwaltung nutzte diese Waldbahn: Das Forstamt Buchenau verlud 1951 noch 9.000 Ster Meterholz und 2.000 Ster Rundholz. Nach 1954 wurde sie jedoch nur noch von der Gutsverwaltung Oberzwieselau genutzt. Josef Gilg, wohl der Sohn von Ludwig Gilg, fuhr bis 1958 als Lokführer. Dann wurde auch die Zwieselauer Waldbahn nach 28 Jahren abgebaut: Etwa zur selben Zeit, wie die Spiegelauer Waldbahn. Die alte Dampflok kaufte ein Amerikaner für einen Freizeitpark. Die Amerikaner waren damals schon der Zeit weit voraus: Als Denkmal einer 28jährigen Waldbahn-Geschichte sollte sie eigentlich in Zwieselau stehen. Noch schlechter sieht diese *„Bilanz"* jedoch in Spiegelau aus: Von den einst hier vorhandenen 4 Dampfloks und 7 Dieselloks hat keine einzige als Denkmal die Zeiten überdauert: Und das in einer Gemeinde, die heute überwiegend vom Fremdenverkehr lebt.

7 Streckenbau: Planung, Abstecken

Der Bau des Streckennetzes der Waldbahn wurde damals ohne schweres Gerät, vornehmlich mit der Hände Arbeit ausgeführt. Er bot in einer Gegend mit wenig Möglichkeiten eine Arbeit zu finden, Hunderten von Menschen von Spiegelau und Umgebung eine willkommene Beschäftigung. Wenig wissen wir über diese Arbeiten bei der Waldbahn und über die Menschen, die sie ausführten. Wir werden über diese Tätigkeiten und Hantierungen berichten, weil wir davon ausgehen, dass viele Menschen auch heute noch daran interessiert sind zu erfahren, wie ihr Vater und Großvater als Waldbahnerer ihr Brot verdient haben. Aus den vielen Lohnabrechungen konnten wir neben der ausgeführten Tätigkeit, oft auch den Familiennamen erfahren: Für Familiengeschichten finden sich hier gute Anhaltspunkte. Welche Tätigkeiten sind beim Bau der Waldbahnstrecken von 1900 bis 1953 angefallen?

Zunächst haben Arbeiter in Handarbeit auf den ausgesteckten Trassen die Bäume umgesägt, die Stöcke ausgegraben und Steine und Felsen entfernt. Im moorigen Gelände musste das Erdreich bis zum Mineralboden ausgegraben werden. Im unwegsamen Gelände haben sie dann *„fliegende Gleise"* verlegt und Schotter und Erdreich angefahren. Mit Pickel und Schaufel wurde so der Bahndamm errichtet. Beim Bau der Neubaustrecken von 1925 bis 1930 kostete der Kilometer Waldbahn zwischen 15.251.- und 36.450.- Reichsmark. Ein großer Teil dieses Betrages dürfte an die Strecken- und Gleisbauarbeiter ausbezahlt worden sein. Im Folgenden wollen wir den Strecken- und Gleisbau näher betrachten und die ausgeführten Tätigkeiten beschreiben.

Planung: Die ersten Planungen des Streckennetzes gehen sicher auf Forstmeister Ludwig Leythäuser zurück, der von 1883 bis 1890 in Spiegelau und anschließend an der Regierung von Niederbayern in Landshut wirkte. Durch die zunehmende Nachfrage nach Nutzholz, hatte er schon 1889 angeregt, das Rachel-Lusen-Gebiet durch eine Waldbahn zu erschließen, die in Spiegelau an die Staatsbahn anzubinden sei. Wir können davon ausgehen, dass der *„Hauptstrang"* von Spiegelau bis Mauth am Fuße von Rachel und Lusen bereits auf seine Idee zurückgeht. Die Planung sah weiterhin vor, dass vom Hauptstrang zwei große Abzweigungen in die Forstämter Klingenbrunn (Strecke Schwarzachebene) und Spiegelau (Seebachstrecke zur Racheldiensthütte) gehen sollten. Die weiteren Planungen von Strecken richteten sich nach dem Holzanfall und den Windwurf-Katastrophen.

Der Bau des alten Hauptstranges von Spiegelau bis zum Sagwasser wurde von der Firma Orenstein & Koppel, München, ausgeführt. Zu diesem Zeitpunkt lagen an den Forstämtern noch keine eigenen Erfahrungen vor. Mit dieser Bauausführung war man damals nicht zufrieden. Man hatte zu geringe Geldmittel und ging von der Überlegung aus, dass nur ein unbedeutender Fahrbetrieb auf diesen Gleisen stattfinden sollte. Deshalb wurden die Gleise einfach seitlich auf dem vorhandenen Fahrweg von Spiegelau in Richtung Mauth verlegt. Das brachte erhebliche Nachteile: Die zahlreichen Fuhrwerke nutzten diese verlegten Gleise zum Ausweichen auf dem zu engen Fahrweg. Schienen und Schwellen wurden dadurch stark beschädigt: Das Wasser blieb auf der Fahrbahn und den Gleisen stehen. Der Untergrund weichte auf. Die Schwellen trockneten nicht mehr und sackten ab. Im Winter wurden die Gleise als Fahrbahn benutzt und vereisten. Verwerfungen der Gleise waren nicht zu vermeiden. Ein sicheres Befahren der Gleise durch die Waldbahn war kaum mehr möglich.

Im Jahre 1919 wurde Oberforstmeister Fellmeth Leiter am Forstamt in Spiegelau Er konnte als junger Forstassessor in **Eglharting** am Ebersberger Forst, Erfahrungen mit den Waldbahnen im oberbayerischen und Münchner Raum sammeln und brachte die notwendigen Kenntnisse mit: Die Neubauten der Strecken wurden nun alle in Eigenregie der Forstämter Klingenbrunn, Spiegelau, St. Oswald und Mauth- West und Mauth-Ost durchgeführt. Die Arbeiten der Planung, Vermessung, das Abstecken, die Bauarbeiten und die Verlegung der Gleise, verrichteten nun die Forstämter. Fertige Strecken wurden dann von der Betriebsleitung der Waldbahn beim Forstamt in Spiegelau übernommen. Die Unterhaltung der Strecken lag wieder in den Händen der Betriebsleitung in Spiegelau.

Abstecken, Steigungen, Kurven: Viele Waldbahnstrecken waren schon seit Jahren geplant. Oft war der Bau nicht gleich möglich, weil die notwendigen Geldmittel fehlten. Hat man sich für den Bau einer Waldbahnstrecke entschieden, wurde im Gelände zunächst eine Linie ausgesteckt. Beim Abmessen waren vor allem zwei Bedingungen zu erfüllen: Die **Neigung** der Strecke und ein weiter **Halbmesser** der Kurven. Als höchste Steigung einer Hauptstrecke durften dabei 3% nicht überschritten werden (auf 100 m 3m Steigung). Auf fliegenden Gleisen wurden jedoch sehr viel höhere Neigungen erreicht: So bei der Lotzerbach-Strecke (Kapitel 6.9) annähernd 10%. Zur Ermittlung der Neigung war ein **Nivelliergerät** vorhanden. Dieses Gerät hat ein Mitarbeiter der Forstämter bedient, der in die notwendige Handhabung eingewiesen wurde (Abb. 40, 41).

Abb. 40: Drei Arbeiter sind damit beschäftigt, in einem Auwald den Verlauf einer Trasse der Waldbahn mit Fluchtstäben und Maßband abzustecken.

Ein ebenfalls anspruchsvolles Problem war die Vermessung der Kurven. Im alten Hauptstrang war der Mindesthalbmesser (Radius) einer Kurve 27 m. Das behinderte jedoch den Transport von Langholz ganz erheblich. Bei den Neubauten wurde deshalb ein **Mindestradius** von 80 m festgelegt. Die neueren „benzin-elektrischen“, leichteren Lokomotiven, konnten engere Kurven gut befahren. Auf der Strecke wollte man jedoch auch noch die alten Dampflokomotiven einsetzen.

Wie bei der Vermessung von Kurven vorgegangen wurde, erfahren wir von Fellmeth, 1926, 550: „*Bei der Aussteckung der Kurven leistet der **Kurvenmesser** von R. Reiß, Liebenwerda, (Bauart Dr. Heubach) in seiner Bearbeitung für Kleinbahnen – mit 5 m Sehne – gute Dienste*“. Er empfiehlt auch die Verwendung einer Tafel, welche die Tangentenlängen (Gerade, die eine Kurve in einem Punkt berührt) für die verschiedenen Winkel und Radien (Halbmesser der Kurven) enthält. In diesen Tafeln wurde bei dem gewünschten Halbmesser der anzulegenden Kurve (z. B. 80 m), die **Tangentenlänge** abgelesen. Mit dieser Länge, auf eine Schnur übertragen, konnte durch einen Bogenschlag der genaue Verlauf der Kurve er-

Abb. 41: Dieses Nivelliergerät mit Stativ (rechts rotweiß gefächerte Visierlatte) war nach dem Krieg beim Streckenbau noch im Einsatz. (Waldbahn-Ausstellung, Rei)

mittelt und abgesteckt werden. Diese Tafeln befinden sich nach seinen Angaben im Buch „*Bau und Betrieb der Waldeisenbahnen*“ (Angerholzer, 1913). Ein Bild aus der Zeit um 1930 zeigt diese Arbeiten des Absteckens mit Fluchtstäben und Maßband. Im Bild dürfte ein Kurvenradius ausgemessen werden. Es ist davon auszugehen, dass beim Abstecken einer Strecke und der Kurven immer auch einige Hilfskräfte beteiligt waren.

8 Waldbahnstrecken: Unterbau

Der Bahnkörper einer Waldbahntrasse besteht aus dem **Unterbau** und dem **Oberbau**. Für einen weitgehend ebenen Verlauf eines Gleises im Gelände, waren erhebliche Erdbewegungen notwendig: Entweder musste der Erdkörper für den Unterbau abgetragen oder aufgetragen werden. Der Übergang des Unterbaues zum Oberbau der Gleisanlage war die **Krone** oder das **Planum**. Beim Bau der Waldbahn war Geld zu allen Zeiten immer knapp. Die Betreiber mussten mit den zur Verfügung gestellten Geldmitteln immer sehr wirtschaftlich umgehen. Deshalb hatte dieses Planum nur eine Breite von 2,40 m. Für die schweren Lasten, die später transportiert worden sind, war das die untere Grenze des Zulässigen: Später stellte sich im Fahrbetrieb heraus, dass ein Planum von 2,90 m wesentlich vorteilhafter gewesen wäre.

Nachdem die Linie der Strecke festgelegt war, wurden auf beiden Seiten dieser Linie dann in einer Schneise auf je 5 m die Bäume gefällt und der Boden aufgehauen. Auf mehr als der Breite des Planums, etwa 3 m, sind dann alle Stöcke, Wurzeln, Sträucher und der organische Boden entfernt worden. Diese Stöcke wurden in Handarbeit angegraben, die Wurzeln freigelegt und abgehackt. Um die menschliche Arbeitskraft zu steigern, bediente man sich langer Stangen als Hebel. Bei diesen Arbeiten waren die eingesetzten Arbeiter besonders geschickt: Bei der Entsteinung ihrer eigenen Gründe konnten sie langjährige Erfahrungen sammeln. Mit der Hebelkraft dieser Stangen hat man die Stöcke dann in schweißtreibender Arbeit aus dem Boden gewuchtet und die Wurzeln entfernt. Da alle Holzreste und organische Materialien im Bereich des Planums in wenigen Jahren in Fäulnis übergingen, mussten sie sorgfältig entfernt werden. Später wurden dann diese Stöcke mit Sprengstoff gesprengt und beseitigt. Es wird berichtet, dass zur Sprengung von Felsen und schweren Stöcken damals täglich 50 kg **Sprengstoff** benötigt worden sind.

Bauausführung: War die Strecke dann frei von Stöcken und Felsen, konnte an die Ausführung des Unterbaues gegangen werden. Die Strecken wurden im **Vorschubbetrieb** gebaut: Nach diesem bewährten Prinzip, wurde jeweils ein Stück der Strecke fertig gestellt. Auf diesem neuen Planum sind dann die Gleisjoche eines vorläufigen, „*fliegenden*“ Gleises verlegt worden. Auf diesem **Baugleis** konnte der ausgehobene Humus der Trasse in Muldenkippern abtransportiert und der benötigte Mineralboden und Gesteinschotter für den Unterbau angefahren werden. Besonders aufwendig war es, mit Pickel und Schaufel die gesamte schwarze Humusschicht dieser organischen Torfböden bis zum gewachsenen Mineralboden auszuheben und mit Mineralboden oder Schotter zu füllen. Nur so konnte das Auffrieren im Winter verhindert werden: Organische Böden entwässern nicht und bleiben immer feucht. Die ständige auftretenden **Nassgallen** und **Quellen** hat man durch aufwendige Kies- und Schotterfüllungen drainiert und zum Abfließen gebracht.

Warum dieser große Aufwand? Beim Bau des Alten Hauptstranges zwischen Kilometer 6, Diensthüttenstraße, und der Aufschläger-Säge hat man viel Lehrgeld bezahlt: Man hat damals diese kurze Strecke zur Überbrückung des Moores im Uferbereich der **Großen Ohe** wegen geringerer Kosten zunächst auf **Pfahlroste** gesetzt. Durch den ständig schwankenden Grundwasserspiegel verfaulten diese Roste jedoch nach kurzer Zeit. Die Züge konnten auf den schwankenden Gleisen dieser Hauptstrecke kaum mehr verkehren. Um den Schaden dauerhaft zu beheben, hat man schließlich die 3-4 m dicke Torfschicht ausgehoben und mit Steinen und Kies aufgefüllt.[22]

Diese Baumängel, die den Fahrbetrieb empfindlich störten, wollte man nicht wieder begehen: Deshalb wurde dieser Unterbau des Planums auch sehr sorgfältig verdichtet. Ganz besonders dann, wenn hohe Erdschüttungen auf dem gewachsenen Boden nötig waren oder alte Straßenkörper und vorhandene alte Dämme mit benutzt wurden. Einseitige Senkungen des Bahnkörpers wegen schlechtem Unterbau, sollten so verhindert werden. In der Anfangszeit war es keine Seltenheit, dass Lokomotiven umgestürzt sind. Umgestürzte Lokomotiven wieder aufzurichten und „*aufzugleisen*“, auf das Gleis zu bringen, war besonders mühsam und zeitaufwendig (Abb. 42).

Oberforstmeister Fellmeth vom Forstamt in Spiegelau schreibt zum Unterbau: „... *Fehler oder falsch angewandte Sparsamkeit beim Unterbau rächen sich durch immer wieder kehrende Schäden, die nicht nur den Betrieb gefährden, sondern auch das rollende Material stark abnützen und schließlich doch gründliche Behebungsarbeiten, meist Betriebs störend und doppelt teuer, veranlassen*“. Bei den Neubauten wurde auch möglichst eine gestreckte Linienführung der Trasse versucht. Die Aufwendungen für Erdarbeiten und Sprengungen waren zwar höher, doch bei der Verlegung der Gleise und bei der Instandhaltung konnten wieder Kosten gespart werden.

---

[22] StAL, 168/2, Nr. 4521

Für diese Bauarbeiten neuer Strecken standen der Waldbahn Spezialfahrzeuge zur Verfügung. Hier eine Auflistung nach dem Stand von 1930, als der Neubau von Strecken noch große Bedeutung hatte: Bei diesen Bauarbeiten sind 13 **Muldenseitenkipper (Feldbahnloren)** und 7 **Schnabelrundkipper (Frontkipper)** eingesetzt worden. Für den Transport von Steinen aus den beiden Steinbrüchen zum Steinbrecher und dem Schotter vom Steinbrecher zur Baustelle standen 6 **Kastenwagen**-Gestelle und 12 kleine Kastenwagen-Aufsätze zur Verfügung. In der Zeit von 1909 bis 1958 waren folgende Spezialwagen vorhanden (Anzahl in Klammern): 1909, 1913 (je 4), 1922 (21), 1926 (18), 1932 (22), 1938 (20), 1946 (4), 1958 (7). Deutlich sind an diesen Zahlen die Zeiten des größten Ausbaues der Strecken von 1922 bis 1938 zu erkennen. War auf einem Teilstück der Strecke das Planum wieder fertig gestellt, wurde wieder ein fliegendes Gleis verlegt. Mit diesem rationellen Verfahren konnten gute Erfolge erzielt werden. Die mit Aushub oder Schotter beladenen Rollwägen, wurden entweder von einer leichten Lokomotive oder von den Arbeitern an die Einsatzorte geschoben

Abb. 42: Die umgestürzte Lokomotive Nr. 3 bei der verschneiten Ladestelle am Platzl im Jahre 1942.

8.1 Kompressorführer

Bei der Streckenführung durch das Gelände, war es oft notwendig, Felsen und große Steine mit einer Sprengung zu beseitigen: Sie störten den geraden Verlauf der Trasse. Der hohe tägliche Bedarf an Sprengstoff von 50 kg ist in der Bevölkerung in Erinnerung geblieben. Vor diesen Sprengungen mussten aber in die Felsen mit dem **Kompressor Bohrlöcher** für den Sprengstoff gebohrt werden. In der Lohnliste vom 23. März 1950 werden mit einem Stundenlohn von 0.84 DM die **Kompressorfahrer Friedl Josef I**. und **Schönberger Ludwig** erwähnt, beide aus Oberkreuzberg. Das Druckluft erzeugende Gerät, der Kompressor, wurde auf Rollwägen aufgebockt und mit einer Lok an die Baustelle geschoben. Auch im **Waldstraßenbau** haben die beiden Taglöhner nach 1960 den Kompressor gefahren. Zum Zerkleinern von großen Steinen sind auch pressluftbetriebene **Schlagwerkzeuge** eingesetzt worden (Abb. 43).

8.2 Streckenarbeiter

Über die Anzahl der beim Bau von Waldbahnstrecken beschäftigten Personen haben wir in den einzelnen Jahren nur sehr lückenhafte Hinweise. Der größte Ausbau der Stecke erfolgte nach der großen Wirtschaftskrise (1914-1923) in den Jahren von 1925 bis 1931. In diesen Jahren waren zwischen 60 und 600 Personen beschäftigt. Der Höhepunkt mit 600 Personen wurde 1929 und 1930 erreicht (Abb. 44).

8.3 Stampfer, Rüttler, Walzenführer

In der Anfangszeit des Trassenbaues der Waldbahn ist der Unterbau in mühevoller Handarbeit gestampft und verdichtet worden. Die **Stampfer** haben diese Arbeit mit etwa 20 cm starken Rundlingen erledigt, die mit zwei Handhaben versehen waren. Diese aufwendige Handarbeit ist dann später von **Pressluft-Rüttlern** abgelöst worden. Im kleinen Waldbahnmuseum im Verkehrsamt Spiegelau ist so ein Rüttler, rechts neben einem Pressluft-Hammer zu sehen. In der Lohnliste vom 23. März 1950 werden mit einem Stundenlohn von 0.84 DM auch der **Walzenführer Friedl Josef II**. aus Spiegelau erwähnt. Er wird jedoch beim Bau von Forststraßen eingesetzt gewesen sein.

Abb. 43: links: Pressluft-Schlagwerkzeug, rechts: Rüttler. (Waldbahn-Ausstellung, Rei)

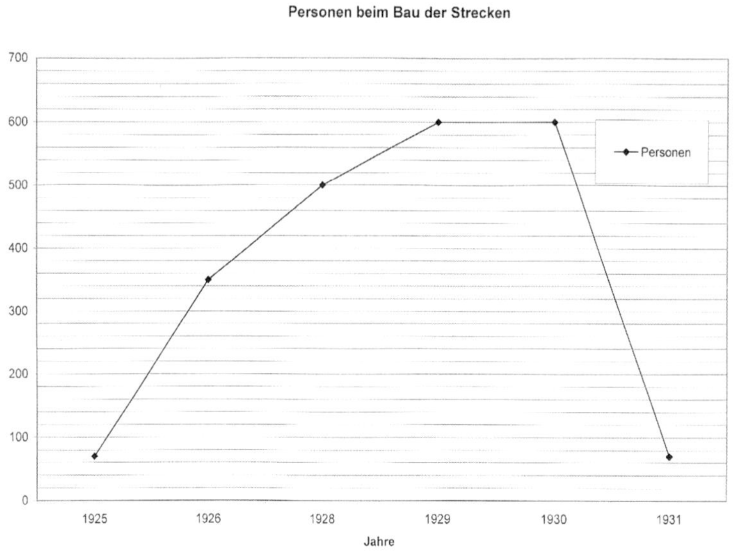

Abb. 44: Die Anzahl der beim Bau der Waldbahnstrecke von 1925 bis 1931 beschäftigten Personen.

9 Waldbahnstrecken: Oberbau

Unter Oberbau als Teil des Bahnkörpers werden die verlegten Gleise und die Bettung dieser Gleise verstanden (Wökel, 1963). Ober- und Unterbau sind durch das Planum, die „Unterbaukrone" voneinander abgegrenzt. Der Oberbau ist die Fahrbahn der Waldbahnfahrzeuge. Er hat die Aufgabe, diese sicher zu tragen und zu führen. Auch müssen die bei einer Lastfahrt auftretenden, großen Krafteinwirkungen gleichmäßig auf den Unterbau abgeleitet werden. Bestandteile eines Oberbaues sind: Bettung, Schwellen, Befestigung der Schienen mit den Schwellen und die Schienen.

Bettung: Sie hat die vom Gleis übertragenen, senkrechten und waagrechten Kräfte auf eine genügend große Fläche des weniger tragfähigen Planums zu übertragen. Auch muss sie dem Gleis eine elastische Unterlage geben. Nur so können die Stoß- und Schlagwirkungen der rollenden Lasten gemildert werden. Die Bettung muss fest gegen mechanische Einwirkungen (Zerreiben, Zerschlagen) und auch wasserdurchlässig sein. Nur trocken gelagerte Gleise verändern ihre Lage nicht. Bei den Neubauten der Strecken betrug die Höhe der Bettung bis Schwellenunterkante 100 mm. Zur Bettung wurde Schotter verwendet. Für die Waldbahn sind die Steine für den Schotter aus den eigenen Steinbrüchen am Lagerplatz Filzwald (Gneis) und an der Kohlstatthäng (schwarzer Kies, Serpentinit) an der Straße zur Rachel-Diensthütte gebrochen worden. Neben dem **Handschlag** wurden mit dem betriebseigenen **Autosteinbrecher**, dem **Steinbeißer**, die durch eine Sprengung aus dem anstehenden Fels heraus gebrochenen Steine zu Schotter zerkleinert. Von großer Bedeutung war, dass der Raum zwischen zwei Schwellen, das **Schwellenfach**, zur Erhöhung der Lagesicherheit der Gleise mit Schotter bis zur Oberkante der Schwelle ausgefüllt war. Von Hand wurde dann dieser Schotter bis zur Unterkante wieder verdichtet. Der Bedarf an Schotter für den laufenden Meter Gleis betrug 0,4 m^3.

Den Gesamtbedarf an Schotter je Meter Gleis für den gesamten Bahndamm gibt Fellmeth, 1926, in einer Kalkulation jedoch mit 2,5 m^3 an. Insgesamt wurden aus diesen beiden Steinbrüchen für die Gleisanlagen mit etwa 95 km Länge 237.500 m^3 Schotter abgebaut, gebrochen und verbaut. Für diese Bettung sind im Steinbruch und auf der Trasse viele fleißige Hände gebraucht worden.

Schwellen: Die Schwellen sollten die von den Schienen aufgenommenen Kräfte der Fahrzeuge auf die Bettung übertragen und verteilen. Deshalb mussten sie genügend stark sein und eine große Auflagefläche besitzen. Beim Bau des Alten Hauptstranges 1908/09 sind von der Firma Himmelreich (Freiburg/Regensburg) 40.000 imprägnierte Kiefern- und Tannenschwellen geliefert worden.[23] Diese alten Schwellen, besonders die Tannenschwellen, waren nach 20 Jahren um 1930 so verfault, dass sie alle ausgetauscht werden mussten.[24] Die Technik der **Schwellentränkung** war damals noch nicht erfunden: Zur Konservierung und zum Schutz gegen Fäulnis und Witterung, wurden die **Schwellen** später mit **Steinkohlenteer-Öl** getränkt.

---

[23] StAL, 168/2, Nr 4511.

[24] StAL, 168/2, Nr. 4523: Geschäftsberichte 1927-1930.

In der Technik der Konservierung der Schwellen liegt auch der Grund, warum die Schwellen damals und auch später, zugekauft und nicht selbst hergestellt worden sind. Bei den Neubauten anfangs der zwanziger Jahre wurden nur noch imprägnierte Schwellen aus Kiefern- und Lärchenholz verwendet. Ausmaße: 1.200-1.300 mm Länge; 140 mm Höhe, 230 mm Breite, obere Auflagebreite mindestens 140 mm. Unter den alten Schwellen waren auch Rundlinge mit zu geringer Auflagefläche. Zum Unterstopfen der Gleise und Verdichten der Bettung unter den Schwellen im Bereich der Schienenauflage für eine stabile Lage der Gleise, müssen die Schwellen flach sein. Bei Rundlingen kann sich der kantige Schotter mit der Schwelle nicht verzahnen: Der Schotter entweicht auf der anderen Seite. Bei diesem wichtigen Arbeitsablauf überrascht der große Bedarf an Handarbeit.

Ab 1925 wurden dann aus Gründen der Kosten und der Qualität von der Deutschen Reichsbahn nur „*Vollbahnschwellen III. Klasse*" bezogen. Diese Schwellen hatten eine Länge von 2.400-2.500 mm. Für den Betrieb der Waldbahn wurden sie auf die Länge von 1.200-1.250 mm halbiert. Bei der Verlegung der Gleise ist ein Abstand zwischen zwei Schwellen von der Schwellenmitte aus gemessen von 700 mm eingehalten worden. Auf den insgesamt gebauten 95 Kilometer Gleisanlagen hat man 135.700 Schwellen verbaut (Abb.45).

Befestigung der Schienen mit Schwelle: Die Befestigung soll die senkrechten, die horizontalen, die längs und quer auftretenden Kräfte von den Schienen aufnehmen und auf die Schwellen übertragen. Mit der Befestigung müssen Schiene und Schwelle zu einem Gleisrahmen verspannt werden. Die Teile zur Befestigung werden im Gleisbau als „*Kleineisenteile*" bezeichnet. Die Schienen der ersten Waldbahn 1908/09 wurden lediglich mit **Hakennägeln** direkt auf die Schwellen genagelt. Diese Art der Befestigung war sehr einfach. Die Nägel waren jedoch sehr anfällig, im Fahrbetrieb langsam herausgezogen zu werden: Diese Befestigung war nicht elastisch. Die Schienennägel und auch die Auflagefläche verschleißen schnell. Der Schienenfuß grub sich in die Schwellen ein. Die Schienenägel nutzten sich durch die Stöße einseitig ab, verbogen oder lockerten sich (Abb. 46).

Um diese Mängel zu beheben, wurden dann **Unterlagsplatten** aus Stahl zwischen Schienenfuß und Schwelle benutzt. Der Schienendruck kann sich so auf eine größere Fläche verteilen. Die Einhaltung der Spurweite verbesserte sich und die Belastung auf die Nägel wurde gleichmäßiger. Das alles war wohl der erfahrenen Firma Orenstein & Koppel bekannt. Trotzdem verzichtete sie wohl aus Kostengründen und der angenommenen geringen Belastung der Waldbahn beim Bau des Alten Hauptstranges auf die Unterlagsplatten.

Überhöhung der Schienen in Kurven: Im Alten Hauptstrang war der geringste Halbmesser (Radius) in den Kurven 27 m. Dieser behinderte vor allem den Transport von Langholz. Bei den Neubauten sollten dann nur noch Kurven mit einem Mindestradius von 80 m angelegt werden. Um die Fliehkräfte in den Kurven zu mindern, wurde in der Kurve die äußere Schiene überhöht. Diese Überhöhung der Bettung schwankte zwischen vier und zwei cm bei 60 m bis über 100 m Halbmesser (Radius). So konnte ein „*Wandern*" der äußeren Schiene nach außen verhindert werden.

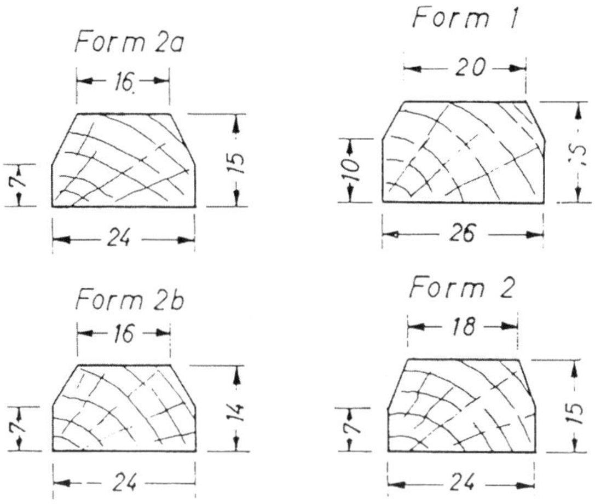

Abb. 45: Verschiedene Formen und Maße (in cm) der beim Bau der Waldbahn eingesetzten Schwellen. Verbaut wurde die Form 2b. (Sli)

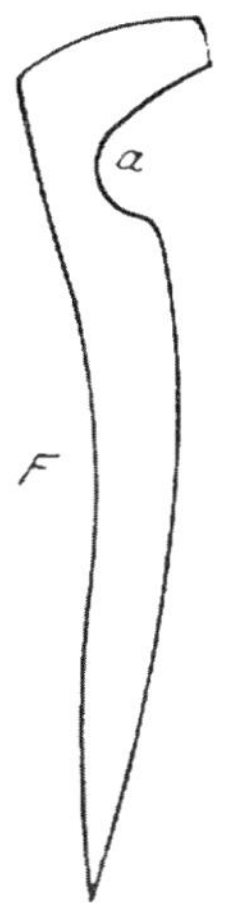

Abb. 46: Ein verbogener Hakennagel, mit denen die Schienen 1908/09 unelastisch auf die Schwellen genagelt worden sind. (Sli)

Neigung der Schienen: Die zweite Möglichkeit bestand in der Schienenneigung. Es war üblich, den Schienen nach innen eine Neigung von 1: 20 bzw. 1: 40 zu geben. Dadurch wurde ein wichtiger Effekt erreicht: Die Räder mit ihren kegelförmigen Radreifen belasteten nicht nur die innere Schienenkante. Sie berührten den ganzen Schienenkopf und nutzten ihn auch gleichmäßig ab. Durch diese Neigung der Schienen konnte die Gefahr des Umkippens von Zügen und das Ausbiegen der Schienen erheblich vermindert werden. Diese Schienenneigung wurde bei der Waldbahn in den Kurven mit einer Stahlplatte erzielt (Abb. 47, 48).

9.1 „Dechsler“

Die Neigung der Schiene auf der Schwelle wurde durch eine keilförmige Stahlplatte erreicht. Vor dem Einsatz von Stahlplatten, musste ein „*Dechsler*“ diesen Keil mit dem Stemmeisen aus beiden Enden der Schwelle heraus arbeiten. In diese Vertiefung kam der Schienenfuß zu liegen. Das **Dechseln** war nicht nur teuer, sondern hatte auch noch andere Nachteile: An den Vertiefungen kam es trotz des Schutzanstrich mit Karbolineum durch stehen gebliebenes Wasser, zur Bildung von Fäulnis. Auch der Fuß der Schienen hat sich an diesen Stellen um mehr als 1 cm in die Schwelle eingefressen. Die Spurhaltung war so nicht mehr gewährleistet. Mitte der zwanziger Jahre mussten alle Kurven am gesamten Hauptstrang mit den keilförmigen, nach innen geneigten Unterlagplatten, versehen werden. Durch diese Neuerung ist die Hantierung des „*Dechslers*“ wieder ausgestorben.

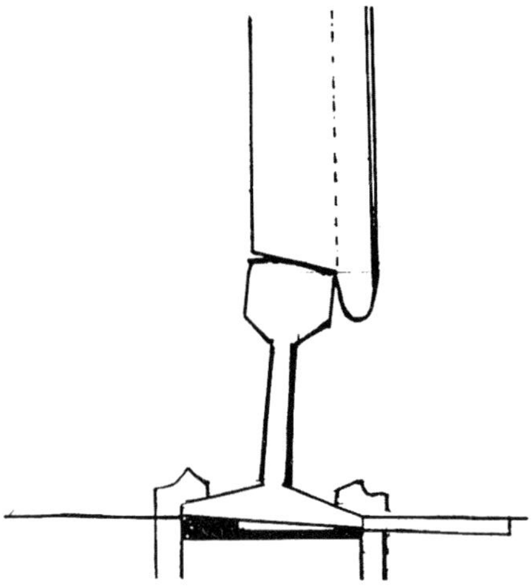

Abb. 47: Das Rad eines Waldbahnzuges steht auf geneigter Schiene. Die Neigung wurde mit einer Stahlplatte erzielt. (Sli)

Pendeln beladener Züge: Durch die Unterlagplatten wurde die Schienenneigung gleichmäßiger. Das gefährliche Pendeln und Aufschaukeln langer Züge in den Kurven konnte dadurch erheblich vermindert werden. Diese **Pendelbewegungen** waren aber bei vollbeladenen Zügen auch auf gerader Strecke ein großes Problem. Sie entstanden durch Unebenheiten des Gleiskörpers und durch Längs- und Querzuckungen des Zuges: Ausgelöst durch den mangelhaften Massenausgleich der Dampfmaschine und der ungefederten, beladenen Rollwägen. Besonders stark traten sie bei der Ein- und Ausfahrt von Kurven, beim plötzlichen Bremsen und bei seitlichen Überhängen der Lasten der beladenen Rollwägen auf. Eine umsichtige Arbeitsweise der Lokführer und der Holzverlader war hier besonders gefragt.

Durch diese Pendelbewegungen wurde der Schienenfuß an den Auflageflächen der Schwellen vertieft. Das führte zur Erweiterung der Spur, zu Schienenbrüchen und auch zu **Entgleisungen**. Daher wurden auch auf geraden Strecken, aus Gründen der Kosten, die erste, mittlere und letzte Schwelle eines Schienenstranges mit geraden Unterlagplatten versehen.

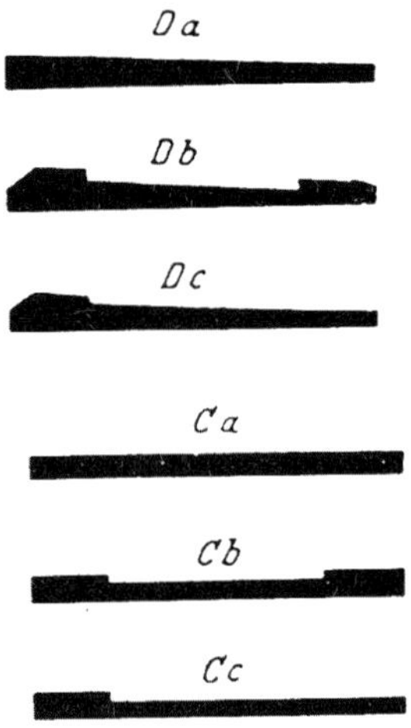

Abb. 48: An der Verbindungsstelle zwischen Schiene und Schwelle hatten unterschiedliche Unterlagplatten eine wichtige Funktion. Erklärung im Text. (Sli)

Verschraubung der Schienen: Schienenschrauben wurden, wohl aus Kostengründen, nur auf Brücken und da auch nur an den Außenseiten der Schienen verwendet. Hier war eine sichere Spurhaltung besonders wichtig. Auch hier musste man Lehrgeld bezahlen. Werden die Schienenschrauben auf den geneigten Schienenfuß geschraubt, wird der Schraubenkopf schief nach außen gedrückt. Bei starken Stößen kann es zur Erweiterung der Spur und zum Abreißen des Schraubenkopfes kommen. Durch die Verwendung besonders geformter Klemmplatten, konnte die Schraube gerade festgezogen werden (Abb. 49).

Schienen: Die heute übliche Breitfußschiene ist bereits 1832 von Stevens bei den amerikanischen Eisenbahnen eingeführt worden. Sie fand auch in Europa Verbreitung. Die Schiene ist zugleich Fahrbahn, Element der Spurführung und Tragkörper für die darüber rollenden Fahrzeuge. Deshalb hat sie einen gedrungenen Kopf mit abgerundeter Lauffläche, einen biegesteifen Steg und einen breiten Fuß. So ergeben sich eine günstige Übertragung des Druckes und Standsicherheit bei horizontalen Querkräften (Abb. 50).

Bei der Anlage der ersten Waldbahnstrecken am Hauptstrang wurden Breitfußschienen mit 80 mm Höhe, 7 m oder 9 m Länge (der Stoß) und einem Gewicht von 12 kg je laufenden Meter aus Walzstahl verlegt. Diese Schienen erwiesen sich als zu schwach. Mitte der dreißiger Jahre hat man sie ausgetauscht. Die Strecke Spiegelau-Aufschläger-Säge, über die der meiste Verkehr lief, wurde auf die Schienenprofile mit 93, 100 und 115 mm Höhe umgestellt, „*umgenagelt*“. Besonders nachteilig waren die kurzen **Schienenstöße** von nur 7 m Länge: Vor allem die Dampflokomotiven wurden durch die kurz hintereinander folgenden Stöße stark belastet: Hoher Verschleiß war die Folge. In den Geschäftsberichten und Akten dieser Jahre häufen sich die Berichte über Schäden. An den Lokomotiven traten vor allem Brüche der Kurbelzapfen und ausgeschlagene Lager auf. nach Spiegelau gebracht worden.[25]

---

[25] StAL, 168/2, Nr. 4513.

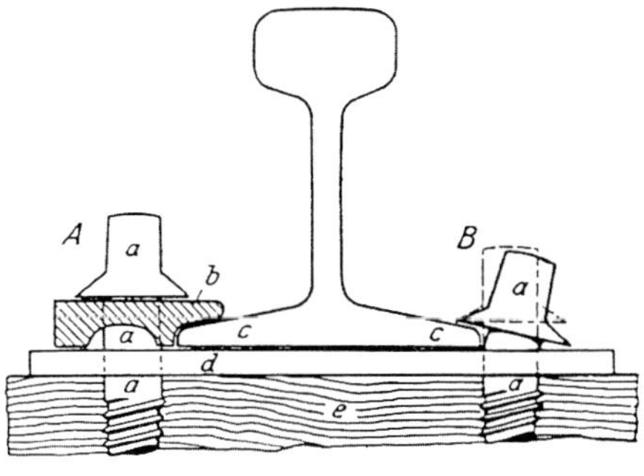

Abb. 49 Die Verschraubung der Schienen: Rechts ohne und links mit einer speziell geformten Klemmplatte (Knaggen-Klemmplatte). (Sli. S. 47)

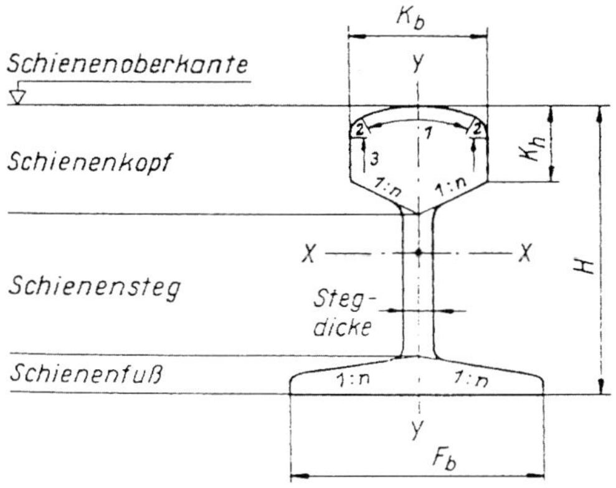

Abb. 50 Das Profil einer Eisenbahnschiene. (Sli. S. 48)

Material der Spitzing-Bahn und aus Ruhpolding: Verbesserungen traten ein, als 1922 die Gleise der abgebrochenen Waldbahn über den Spitzingsattel bei Schliersee mit 93 mm Höhe und einem Metergewicht von 15 kg (3 kg mehr) erworben werden konnten. Insgesamt sind etwa 12 km Gleise, sechs Lokomotiven und einige Gebäude nach Spiegelau gebracht worden. Die **Spitzing-Waldbahn** wurde nach verheerenden Orkan-Schäden eingerichtet. Um diese Windbrüche aufzuarbeiten waren zeitweise dort bis zu 1.000 Waldarbeiter beschäftigt.Bei Neubauten sind dann nur noch diese schweren Gleise mit 12 m Stoßlänge verwendet worden (Fellmeth, 1926, 555). 1940 konnten auch von der stillgelegten Waldbahn **Ruhpoldung-Reit im Winkel** noch stärkere Gleise mit Steghöhen von 100, 110 und 115 mm und etwa 20 kg Metergewicht (8 kg mehr) angekauft werden.[26] Der viel befahrene alte Hauptstrang wurde damit belegt. Diese Beispiele zeigen, dass durch die Geldknappheit und Sparsamkeit der Anfangsjahre, später viel zusätzliche Handarbeit notwendig geworden ist. Durch die schwereren Gleise mit langen Stößen (Längen) wurde die Laufruhe für das gesamte fahrbare Material und die Betriebssicherheit ganz wesentlich verbessert.

Verbindung der Schienen: Die Verbindung der Schienen erfolgte im *„ruhenden Stoß“* oder *„schwebenden Stoß“*. Damit wird die Lage der Stoßstelle zu den Stoßschwellen bezeichnet (Abb. 51).

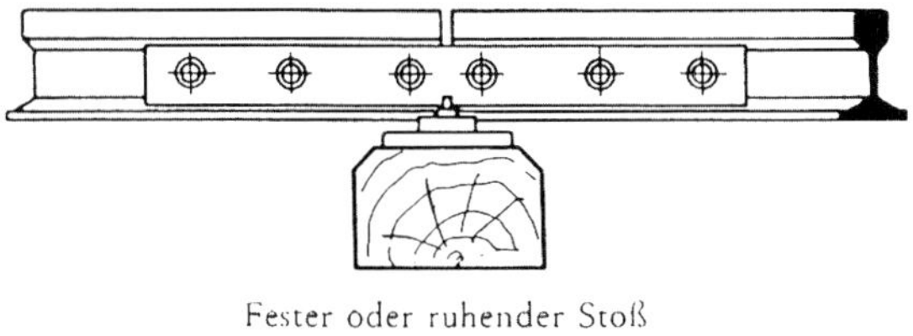

Fester oder ruhender Stoß

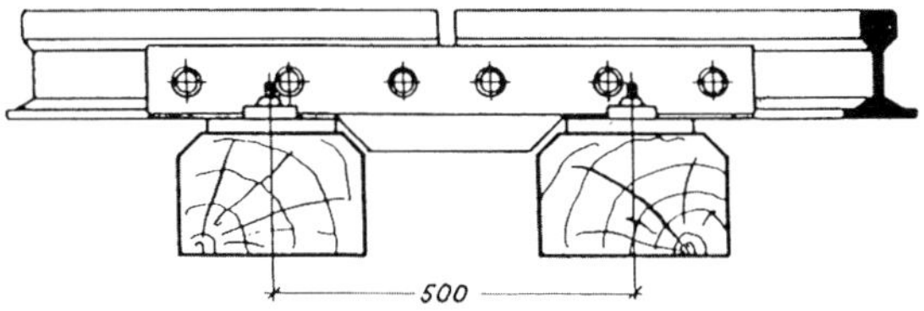

Schwebender Stoß mit Z-Lasche

Abb. 51: Die Verbindung der Schienen untereinander im „ruhenden Stoß“ (oben) oder „schwebenden Stoß“ (unten). Erklärung im Text. (Sli. S. 49)

Der **ruhende Stoß** wirkt unelastisch. Die Stoßschwellen werden durch die Ablauf- und Auflaufschläge der Räder bald auf der einen und bald auf der anderen Seite belastet. Die **Stoßschwelle** liegt unruhig. Beim **schwebenden Stoß** biegen sich die Enden der Schienen durch. Die Schläge werden elastisch aufgenommen. Die Stoßschwellen müssen allerdings so weit auseinander liegen, dass sie noch mit Schotter von Hand unterstopft werden können. Dadurch werden allerdings die Schienenüberhänge, die **Kragarme**, sehr lang. Nun müssen die Schienen, bei denen die Tragkraft am Schienenstoß unterbunden ist, noch fest verbunden werden. Dazu ist eine stabile und Richtung bewahrende Überbrückungsverbindung notwendig: Die Verbindungslasche in verschiedenen Ausführungen soll die Stetigkeit der Fahrkante und Lauffläche der Schiene vertikal und horizontal gewährleisten und das Biegemoment übertragen.

Fliegende Gleise: Fellmeth, 1926, bezeichnete sie als *„halbtransportable“* Gleise. Fliegende Gleise wurden an ein festes Gleis angeschlossen. Sie waren eine Anlage auf Zeit mit fest montierten Gleisrahmen von 9 m Länge. Diese bestanden aus 13 Schwellen mit Stahlrillen auf denen 70 mm hohe Schienen (9 kg/laufenden m) montiert waren. Die Verbindung der Gleisrahmen untereinander, erfolgte durch Winkellaschen. Auf diesen Gleisen war nur ein leichter Maschinenbetrieb vorgesehen (Abb. 52, 53).

[26] StAA, Oberforstdirektion Regensburg Nr. 8665

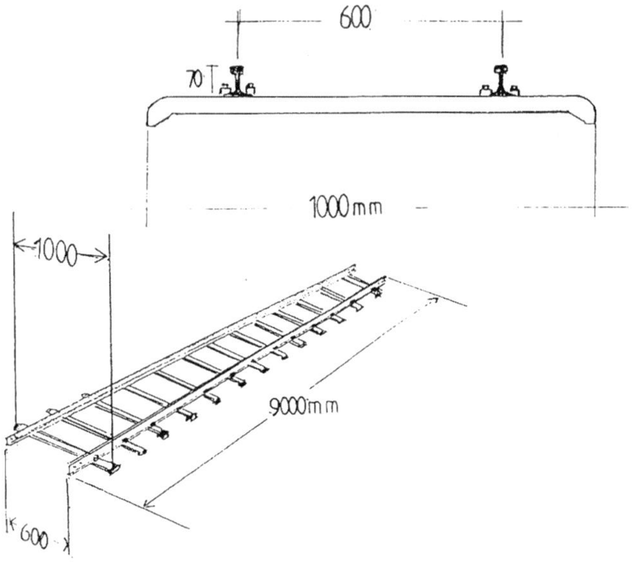

Abb. 52: Ein festverschraubter Gleisrahmen als „fliegendes Gleis“. Eine Gleisanlage auf Zeit für den leichten Maschinenbetrieb. (Sli S.52)

Abb. 53: Ein mit Eisenschwellen fest verschraubtes, „fliegendes Gleis“. (Waldbahn-Ausstellung, Rei)

9.2 Maschinist Steinbrecher

Das Streckennetz der Spiegelauer Waldbahn wurde seit 1900 bis in die Hochlagen um 1.000 m mit einer Länge von insgesamt 95 km ausgebaut. Für diese Strecken lieferte ein **Steinbrecher**, Steinquetsche oder „Stoabeißer“, zur Zerkleinerung von Bruchsteinen, den notwendigen Schotter zum Aufbau der Dämme für die Einbettung der Gleise.

Der *„Stoabeißer“* wurde von einem starken Dieselmotor mit zwei gewaltigen Schwungrädern angetriebenen. Über einen großen Einfülltrichter gelangten die Steinbrocken auf zwei, sich zur Mitte hin gegenläufig sich drehende, durch grobe Rillen griffige Eisenrollen aus massivem Stahl mit einem Durchmesser von etwa 25 cm. Die über einen Trichter eingebrachten Bruchsteine wurden so zu Schotter zerkleinert, gequetscht. Die schwere Steinquetsche konnte sich auf den Straßen mit eigener Motorkraft und Führerstand mit Lenkrad selbst fortbewegen. Diese neuartige, eigene Fortbewegung, wird der Grund gewesen sein, warum sie in den Aufzeichnungen als *„Autosteinquetsche“*, selbstfahrende Steinquetsche, erscheint. Zum Transport des Autosteinbrechers auf den Gleisen der Waldbahn an die Baustellen der Strecke waren zwei Spezial-Trucks vorhanden. Auf diese zweiachsigen Trucks wurde er verladen und mit einer Lokomotive an die Steinbrüche geschoben. Dem Jahrbuch von 1933 entnehmen wir, dass der Steinbrecher in diesem Jahr 70 Tage im Einsatz war. Er lieferte 2.200 Raummeter Schotter. Der Gestehungspreis war 2,65 Reichsmark (RM) je Raummeter. Die Kosten insgesamt waren 5.880.- RM. Wäre die gleiche Schottermenge von Hand, *„durch Handschlag“* gewonnen worden, die übliche Methode damals, wären 11.539.- RM, Mehrkosten um den Faktor 2, angefallen (Abb. 54, 55, 56, 57).

Abb. 54: Der selbstfahrende Steinbrecher mit Führerstand und angehängtem Bauwagen für den Forststraßenbau .

Abb. 55: Der Steinbrecher wurde zum Transport auf den Gleisen auf zwei Trucks verladen.

Abb. 56: Die große Gebus-Lok (rechts), schiebt den Gerätewagen (Mitte) und den Autosteinbrecher (links) auf eine Streckenbaustelle.

Abb. 57: Der Autosteinbrecher, verladen auf zwei Spezial-Trucks, wird von der Großen Gebus-Lok durch den Winterwald geschoben.

Einer der beiden Steinbrüche lag 750 m westlich von der Aufschlägersäge an der alten Hauptstrecke. Ein weiterer 500 m nördlich von der Abzweigung der Straße zur Rachel-Diensthütte von der Nationalparkstraße an der **Kohlstatthäng**. Wegen der schwarzgrünen Farbe der seltenen Gesteinsart **Serpentinit**, war er bei den Einheimischen als *„schwarzer Stoabruch"* bekannt. Heute erinnert eine Informationstafel an das am Rachel und Lusen seltene Gestein. Beide Steinbrüche sind nur 650 m voneinander entfernt. Über Abzweigungen von der Hauptstrecke und von der Diensthütten-Strecke, waren Gleisverbindungen zu den Steinbrüchen vorhanden. Der Steinbrecher wurde hier mit Hilfe schwerer Winden von den Trucks entladen und aufgestellt. Die aus dem Felsen gesprengten Steine sind an Ort und Stelle zu Schotter verarbeitet worden. Der Schotter konnte am Steinbrecher auf die Kastenwägen verladen und an die Neubaustrecken gefahren werden.

An diesen Steinbrüchen arbeitete der Führer des Steinbrechers während der schneefreien Zeit mit seiner Partie. Im anstehenden Fels mussten mit dem Kompressor Sprenglöcher gebohrt werden. Sprengmeister haben sie mit Dynamit gefüllt und die Sprengungen vorgenommen. Nun waren wieder genug Felsbrocken vorhanden, die in der Steinquetsche zu Schotter zerkleinert werden konnten. Wenn sie noch zu groß für den Einfülltrichter waren, mussten sie mit dem schweren Schlegel von Hand weiter zerkleinert werden. Die Arbeit am Steinbeißer war staubig. Ähnlich wie die Pochermänner am Quarzpocher an den Glashütten, waren die Arbeiter hier der Gefahr ausgesetzt, an **Staublunge**, der **Silikose**, zu erkranken: Ein Atemschutz war damals unbekannt. Am Stoabeißer waren mindestens 8 Arbeiter beschäftigt: Zwei haben Steine in ein Förderband gelegt. Zwei haben die Bruchsteine mit einer Radkarre, der *„Radltrag'n"* an das Förderband gebracht. Zwei haben oben am Einfülltrichter diese Steine abgenommen und in die Quetschwalzen geworfen. Mit ohrenbetäubendem Geräusch haben sich die scharfkantigen Bruchsteine in den Rillen der Walzen verkantet, sind erfasst und zerkleinert worden. Oft erfasste die ganze Maschine ein gewaltiges Zittern und Beben, wenn wieder ein besonders großer Stein von den beiden gegenläufigen Walzen zerquetscht worden ist. Zwei weitere Arbeiter haben die Sortiersiebe überwacht und den Schotter nach Größe in die bereitstehenden Kippwagen geschaufelt. In einem Bild sind einige dieser Tätigkeiten zu sehen (Abb. 58, 59, 60, 61).

Abb. 58: Der Einsatz des Steinbrechers in einem der beiden Steinbrüche (Erklärung im Text).

Abb. 59: Eine Dampflok bringt Schotter im Muldenkipper von den Steinbrüchen an die Gleisbaustellen (links: Michael Graup, Foto: Gusti Rosenbauer, Neuschönau).

Abb. 60: Mit leeren Muldenkippern fährt die Dampflok zurück zum Steinbruch (Foto: Gusti Rosenthaler, Neuschönau)

Beim Streckenneubau mussten viele Felsen mit Dynamit gesprengt werden. Um auch diese Bruchsteine zu Schotter zu brechen wurde der Steinbrecher auch hier eingesetzt. Im Bild werden auf einem Gleis die Bruchsteine herangebracht und im Steinbrecher zu Schotter verarbeitet. Dieser Schotter wurde gleich in die Kastenwagen am anderen Gleis verladen und zum Aufschütten der Bahndämme verwendet. Bei dieser Arbeitsweise waren 9 -10 Arbeitskräfte beschäftigt (Abb. 62).

Abb. 61: Rechts wird der Steinbrecher mit großen Steinen gefüttert. Der Schotter wird links von Hand auf Kastenwägen verladen.

In der Lohnliste vom 23. März 1950 werden mit einem Stundenlohn von 0,84 DM die Fahrer des Steinbrechers im Straßenbau **Biebl Ludwig,** Reichenberg und **Biebl Xaver**, St. Oswald, erwähnt. Wie uns **Hans Schrödinger**, Riedlhütte (über 75 Jahre, 2004 verstorben) berichtete, haben sie nach 1945 den Stoabeißer betreut.

9.3 Schotter-Stampfer

Nachdem der Unterbau bis zur Krone, dem Planum, fertiggestellt, der Schotter an die Baustelle angefahren war, wurde das *„fliegende Gleis"* entfernt. Dann konnte der Schotter zur groben Bettung auf die Krone des Unterbaues, das Planum, aufgebracht werden. Der nächste Arbeitsgang war für den sicheren Betrieb der Waldbahn mit ihren schweren Lasten bedeutsam. Der **Schotterstampfer** hat damit begonnen, mit dem Pressluft-Rüttler (Abb. 62) das Schotterbett gründlich zu verdichten. Für die Pressluft sorgte ein Kompressor. Das Stampfen und Rütteln des Unterbaues und des nun darauf liegenden Schotters war ein wichtiger Arbeitsgang. Dieses Verdichten musste lange und ausdauernd erfolgen. Vor der Einführung des Stampfgerätes ist diese Verdichtung mit einem Holzstampfer von Hand ausgeführt worden.

Abb. 62: Pressluft-Rüttler (Rei)

Schon Tage vorher wurden die Schwellen an die Baustelle gebracht und seitlich am Damm abgelegt. Sie sind nun auf die frisch verdichtete „*Bettung*" gelegt und eingerichtet worden. Nun konnten die Schienen auf den Schwellen verlegt werden. Die benötigten Schienen sind als gerade 12 m-Stöße (früher 7 oder 9 m) an die Baustelle geliefert worden. Bei geraden Bahnstrecken war es nicht schwierig, die Schienen mit den Laschen zu verbinden: Die Bohrungen für die Laschenbolzen waren werkseitig bereits vorhanden.

9.4 Schienen-Säger

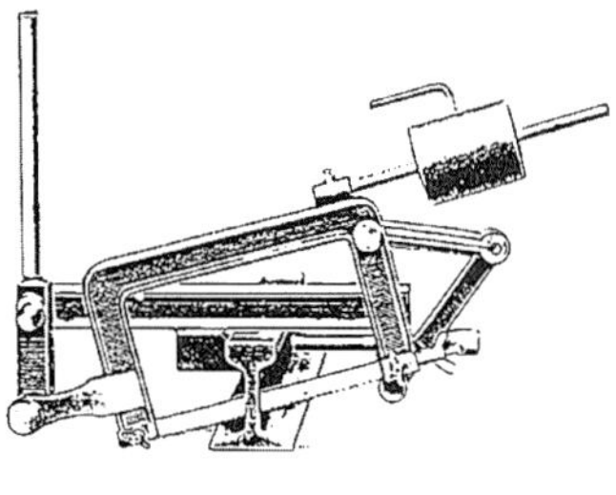

Abb. 63: Mit der „Schienen-Kalt-Säge", einer an der Schiene verschraubten Eisensäge, wurden in den Kurven die inneren Schienen von Hand gekürzt. (Sli S. 57)

Sehr arbeitsaufwendig war das Biegen der in einer Kurve im Bogen verlaufenden Schienen. Nach den Vorschriften der Reichsbahn, denen die Waldbahn unterworfen war, musste auch in Kurven ein „***Gleichstoß*** " erzielt werden. Davon spricht man, wenn die Enden (Stöße) der beiden Schienen im Gleis der Kurve, im rechten Winkel, „*winkelrecht*", gegenüber liegen. In jeder Kurve war aber jede innere Schiene im Vergleich zur Äußeren zu lang und musste gekürzt werden. Um den genauen Betrag der Verkürzung der Innenschiene nach dem Halbmesser der Kurve genau zu errechnen, haben findige Eisenbahn-Ingenieure eine Formel entwickelt (Wöckel, 1963). Auch hier ist zu sehen, dass beim Bau der Waldbahn erhebliche Ingenieurleistungen vom Personal des Forstamtes erbracht werden mussten. Die Verkürzung der Schiene wurde an der Baustelle vom **Schienen-Säger** mit einer transportablen „***Schienen-Kaltsäge***" ausgeführt. Heute kann man sich kaum mehr vorstellen, eine 93–115 mm hohe Waldbahnschiene aus massivem Eisen von Hand abzutrennen: Nur mit dem Sägeblatt einer einfachen Handsäge und vielleicht ein paar Tropfen Öl. Die „*Schienen-Kaltsäge*" entsprach einer Eisen-Handsäge mit einer an der Schiene verschraubbaren Führungsmechanik. Ein einstellbares Gewicht am Sägebogen sorgte für gleichmäßigen Druck. Fellmeth, 1926, 549, teilt noch mit, dass die Säge von der Firma Fritz Westermeyer, Bergzabern, zum Preis von 60.- Mark bezogen wurde und von einem Mann zu bedienen war. In der Werkstatt wurde sie auch am Schraubstock eingesetzt (Abb. 63).

9.5 Schienen-Bieger

Auf der Baustelle war zum Biegen der Schienen für die Kurve ein **Schienenbiegegerät** vorhanden. Es ermöglichte, die im Bogen laufenden Schienen genau dem Kurvenradius entsprechend zu biegen und anzupassen. Mit diesem „*Rollenwalzgerät*" konnte ein beliebiger Kurvenradius eingestellt werden. Der Vorgang war jedoch sehr zeitaufwendig: Die Schienen mussten das Biegegerät mehrmals durchlaufen, bis sie „*bogenhaltig*" blieben und die Biegung ohne Spannung behalten haben. Der Unterschied in der Qualität zum bisher üblichen Handverfahren ohne Gerät war auch beträchtlich. Fellmeth, 1926, 549, warnte deshalb davor eindringlich, dieses Biegegerät nicht zu verwenden: „*Beim Neubau, wie auch bei Reparaturen, wird häufig versucht, das unbequeme Arbeiten mit dem Schienenbieger dadurch zu umgehen, dass durch Hebelkraft die Mitte des Stoßes* (Schienenmitte) *nach außen und gleichzeitig die beiden Stoßenden nach innen gedrückt werden. Selbst wenn zur Feststellung der Schwellen Pflöcke eingeschlagen werden, und wenn bei der an sich beträchtlichen Biegsamkeit der Schienen nach solcher Arbeit die Kurve zunächst gut aussehen mag, so wohnt doch der nicht mit dem Schienenbieger bearbeiteten Schiene solch elastisches Streben nach gerader Linie inne, dass unter dem Einfluss des Temperaturwechsels und der Spurkranzschläge* (der Fahrzeuge) *in kürzester Zeit die Pflöcke beiseite geschoben sind und die Kurve wegen Spurerweiterung und Eckenbildung wieder neue Arbeit erfordert ...* ".

9.6 Schienen-Bohrer

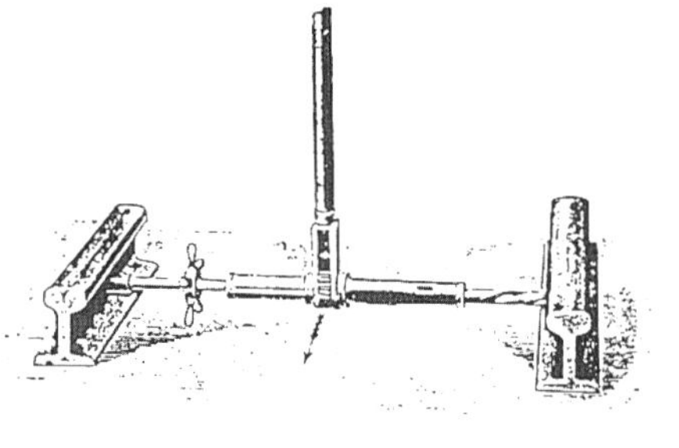

Abb. 64: Schienen-Bohrmaschine: Über eine Ratsche (Bildmitte) wurde der Bohrer (rechts) von Hand betätigt. Mit dem Rad, links, konnte der Vortrieb eingestellt werden. (Sli S. 57)

Bei den geraden Schienen für die Waldbahn, wurden die Bohrungen für die Verbindung mit den Verbindungs-Laschen bereits im Walzwerk vorgenommen. Durch das Ablängen der inneren Schienen in den Kurven, wurde es jedoch notwendig, neue Bohrungen für die Bolzen der Verbindungs-Laschen anzufertigen. Werkseitig befanden sich nur zwei oder drei Bohrungen direkt am Ende der Schienen. Die inneren Schienen in den Kurven mussten also nicht nur gekürzt, sondern auch mit neuen, passgenauen Bohrungen versehen werden. Zu diesem Zweck war eine transportable, von Hand betriebene, **Schienen-Bohrmaschine** der oben genannten Firma vorhanden. Auch sie wurde von einem Mann bedient. Dazu hat man zunächst die Schienen an den Schwellen befestigt. Dann wurde die Bohrmaschine zwischen zwei Schienen eingespannt, verschraubt und der Bohrer auf einer Seite positioniert. Über eine Handhabe mit einer Ratsche wurde der Bohrer gedreht. Auch der Vortrieb konnte über ein Rad eingestellt werden. Es dauerte gewiss eine Zeit und einen frisch geschärften Bohrer, in den etwa 30 mm starken Schienensteg von Hand ein Loch mit etwa 8 mm zu bohren (Abb. 64).

9.7 *Gleisverleger-Partie*

Abb. 65: Mit diesen Greifzangen mit Handhaben wurde eine 12 m lange und 5 Zentner schwere Schiene hochgehoben, getragen und auf die Schwellen gelegt. (Waldbahn-Ausstellung)

Leider haben wir keinen Bericht, aus dem genau hervorgeht, wie die Gleise verlegt worden sind. Aus den vorhandenen Bildern und den verwendeten Materialien sind die Arbeitsverläufe jedoch gut zu verfolgen. Zunächst haben die **Gleisverleger** die neben dem Damm liegenden Schwellen auf das gestampfte Schotter-Bett im Abstand von 70 cm gelegt. Um die Abstände zwischen den Schwellen einzuhalten, sind **Abstandslehren** eingesetzt worden. Dann mussten die Unterlagsplatten auf die ersten, mittleren und letzten Schwellen der Schiene (Stoß) aufgelegt worden. Die Schienen sind zunächst provisorisch auf die Schwellen gesetzt worden. Sie hatten mit einer Stoßlänge von 12 m und einem Metergewicht von 20 kg ein Gewicht von 240 kg, knapp 5 Zentner. Diese 5 Zentner verteilten sich sehr ungünstig auf die Länge von 12 Meter. Eine **Gleisverleger-Partie** erscheint auf den alten Bildern mit 14 bis 18 Mann. Der Vorarbeiter gab das Kommando: Mit einem kräftigen „*hau-ruck*" wurde die Schiene in einem Moment hochgehoben. Um dieses Gewicht besser zu fassen, sind in der späteren Zeit **Greifzangen** mit einem Scheren-Teleskop verwendet worden: Die Krallen haben sich beim Anheben fest um das Gleisprofil gelegt. Eine rückenschonende Greifzange konnte an den Handhaben von 2 Mann bedient werden (Abb. 65).

Spurlehren: Die Spurlehre war ein wichtiges und rationelles Hilfsmittel. Mit ihrer Hilfe konnten die Schwellen im rechten Winkel zur Schiene ausgerichtet werden. Mit ihr dürfte auch der Abstand der Schwellen von Schwellenmitte zu Schwellenmitte von 70 cm ohne Metermaß schnell überprüft worden sein.

Den alten Bildern von 1913/14 ist zu entnehmen, das mindestens 3 solcher **Spurlehren** von den 14 bis 18 **Gleisverlegern** eingesetzt worden sind: Keine hat die Zeiten überdauert: Sie hatten einen längeren und im rechten Winkel zwei kürzere Schenkel. Leider haben wir keine genauen Abmessungen, der auf Bildern dargestellten Spurlehren und können deshalb auch nicht genau sagen, wie dieses Spurlehren an den Schienen und Schwellen angelegt worden sind. Mit den Eisenstangen wurden die Schwellen und Gleise genau eingepasst. Die Schlegel dienten zum Festnageln der Gleise an den Schwellen (Abb. 66, 67).

Abb. 66: Eine Gleisverleger-Partie mit Spurlehre (rechts) Eisensäge (Bildmitte) und Schienen-Bohrmaschine (links unten). Vorne sitzend mit Hut Josef Mandl; 2. von rechts Heinrich Meininger, St. Oswald. Foto: Josef Stadler, Neuschönau.

Abb. 67: Eine Gleisverleger-Partie im Einsatz. Jugendliche (links) zeigen 2 Spurlehren.
Foto: Therese Eder, geb. Vogl, Neuschönau.

Die Gleisverleger sind mit Stangen, Fluchtstäben, Eisenstangen und schweren Schlegeln ausgerüstet. Auch eine Schienensäge und eine Schienen-Bohrmaschine sind im Gleis eingespannt. Leider ist das Gerät zum Schienen-Biegen für die Kurven nicht zu sehen. Man beachte auch die minderjährigen Buben in der Gleisverleger-Partie. Sie mussten das Einkommen der Familien verbessern. Damit die Kurven von den Zügen ohne Abrieb befahren werden konnten, wurden die Spuren der beiden Schienen in der Kurve um 10 mm erweitert. Die Schienen sind dann mit Nägeln vorläufig fixiert oder mit Schrauben leicht angezogen worden.

9.8 Gleis-Stopfer

Nun waren die Gleise an den Schwellen vorläufig befestigt. Mit den Muldenfrontkippern wurde nun Schotter einer bestimmten Körnung angefahren um den Raum zwischen den Schwellen bis zur Oberkante zu füllen. Nun war genug loser Schotter vorhanden, damit die Schwellen *„gestopft“* werden konnten. Darunter verstand man das sorgfältige Verdichten der Unterseite der Schwellen mit Schotter: Besonders sorgfältig musste das an den beiden Enden der Schwellen geschehen. Die Schwellen durften deshalb unten nicht rund sein. Sie mussten eine breite Auflagefläche von 14 cm haben: Nur so konnte sich beim Stopfen der scharfkantige Schotter dort verzahnen. Die **Gleis-Stopfer** arbeiteten in Gruppen bis zu 13 Personen mit den ***„Kramperl-Stöcken“***, den **Stopfhacken**, mit Stielen von einem Meter Länge. Mit gezielten Schlägen drückten sie den Schotter in aufwendiger Handarbeit unter die Schwellen. Die meisten kamen mit ihren hölzernen Böhmschuhen oder den Holzschuhen von Neuschönau nach Guglöd zur Arbeit (Abb. 68, 69, 70).

Abb. 68: Die Gleis-Stopfer mit ihren „Kramperl-Stöcken“ 1936 bei Guglöd im Einsatz.
Von links: Ernst Blöchinger, Johann Boxleitner, Mathias Vogl, Alois Vogl, Hermann Ranzinger, Josef Donnerbauer, Anton Griebl, alle Neuschönau und Umgebung.
Foto: Ernst Blöchinger, Neuschönau.

Abb. 69: Die Gleis-Stopfer stellen sich dem Fotografen: Im Vordergrund, links unten, liegt ein „Kramperl-Stock". Von links: 4. Anton Griebl, 5. Ludwig Burghart, 7. Heinrich Boxleitner, 8. Hermann Hödl, 9. Johann Boxleitner, 10. Mathias Vogl, 11. Alois Vogl, 12. Hansl Boxleitner. Foto: Anton Griebl, Neuschönau.

Abb. 70: Ein „Kramperl-Stock" mit zweizähniger Ausführung der Spitze zum Unterstopfen der Schwellen mit Schotter. (Waldbahn-Ausstellung).

Die „*Kramperl-Stöcke*" waren an den Übergängen zum Stiel mit Bandeisen und Laschen verstärkt. Mit der zahnartigen Aussparung konnte der scharfkantige Schotter besonders gut unter die Schwellen gestopft werden. Anschließend wurde bis zur Oberkante der Schwellen noch einmal aufgeschottert. Zwischen den Schwellen und an den Enden der Schwellen, den Schwellenköpfen, wurde der Schotter nochmals verdichtet. Anschließend wurde das Gleis mit den Spurlehren noch einmal vermessen und bei Bedarf mit den Handschlegeln ausgerichtet. Befand sich das Gleis nach diesen aufwendigen Arbeiten nun in der endgültigen Lage, wurden die Schienen fest vernagelt oder verschraubt. Nachdem der erste Zug über diese neue Gleisanlage gefahren war, musste es erneut nachgesehen und mit der Spurlehre überprüft werden. Auch die Gleis-Stopfer wurden noch einmal tätig und haben mit ihren „*Kramperl-Stöcken*" den Schotter zwischen den Schwellen und an den Schwellenköpfen verdichtet.

9.9 Bauaufsicht

An den Baustellen auf Waldbahn-Strecken waren oft bis zu hundert Menschen beschäftigt: So zum Beispiel auf der steilen und felsigen Strecke zur Klingenbrunner Scher bis zu einer Höhe von 1.000 m im Forstamt Klingenbrunn. Der Baufortschritt war dabei besonders stark von der Logistik und der Beaufsichtigung abhängig. In einer Zeit ohne Funk und Handy, konnte die notwendige Benachrichtigung nur durch „Einsagen" erfolgen. An den bis zu drei Gehstunden entfernten Baustellen war es besonders schwierig, dass die notwendigen Materialien zur richtigen Zeit auf der Baustelle waren: Erst dann konnten die Tagwerker zügig weiter arbeiten. Im Bild ist ein Beamter (siehe Krawatte) des Forstamtes mit seiner Gleisbaupartie zu sehen (Abb. 71).

Abb. 71: Eine Gleisbau-Partie um 1935 mit Aufsicht (vorne rechts). 2. von rechts: Michael Graup. Vorne links: Andreas Rosenthaler. Hinten 5. von links: Ernst Blöchinger. Foto: Gusti Rosenthaler, Neuschönau.

Auf die Beaufsichtigung weist auch Fellmeth, 1926, 551, hin: „*Ganz besonders möchte ich hier die Notwendigkeit ständiger Bauaufsicht durch einen verlässigen Beamten betonen. Jeder, der mit Arbeitern zu tun hat, weiß, dass bei mangelhafter Aufsicht im Tagelohn kaum 2/3 dessen gearbeitet wird, was der Arbeiter unter Aufsicht leistet. Wird die Aufsicht mit einer Tagesausgabe von 8-9 Mark „eingespart", so gehen dem Bauherrn z. B. bei 100 Arbeitern täglich mindestens 30 bezahlte Tagschichten verloren (also 240 – 270 Mark)! Dazu kommen noch die Kosten für Korrekturen von falsch oder nachlässig geleisteter Arbeit. Wie der private Unternehmer von jeher schon zu 5-6 Arbeitern seinen Polier, bei größerer Arbeiterzahl aber einen Ingenieur oder wenigstens einen technisch vorgebildeten Bauführer beistellt, so ist auch beim Staate ständige Beaufsichtigung und Anweisung durch einen Beamten, wenigstens bei größerer Arbeiterzahl, unbedingt nötig. Die Aufsicht durch einen Vorarbeiter ist nicht zu hoch anzuschlagen: Der Vorarbeiter wird sich nur in den seltensten Fällen bei seinen Kameraden oder gar bei einer zusammen gewürfelten Schar fremder Taglohnsarbeiter durchzusetzen versuchen. Er kann daher nur als Qualitätsarbeiter gewertet werden, nicht aber als Aufsichtsorgan*".

Baukosten je Kilometer: Von 1925 stammt ein Kostenvoranschlag in Mark für den Bau von 1.000 m Neubaustrecke (Fellmeth, 1926, 559, Tabelle 1):

Tabelle 1: Kostenvoranschlag (Mark) für den Bau von 1.000 m Neubaustrecke von 1925.

Ankauf Schienen (93 mm), Kleineisenzeug, loko Spiegelau, Transport Baustelle, Verlegen Gleis je m 7.- Mark, 1.000 m Gleis 7.000.-

Ankauf Schwellen, Transport Baustelle, Stück 2,70 Mark, 1.000 m Gleis, 1.400 Schwellen,

Abstand 71cm 3.780.-

Beschaffung Schotter (Steinbruch, Autosteinquetsche) Antransport je m³ 10.- Mark, 1.000 m (400 m³) 4.000.-

Heben, Unterstopfen, Ausrichten des Gleises je Meter 0,50 Mark, für 1.000 m …………… 500.-

Sonstiges (Aufsicht, Werkzeuge, geneigte Unterlagplatten für Kurven, Versicherung, usw.) ………… 720.- *Mark.*

Summe: Kostenvoranschlag für 1.000 m Gleis…16.000 Mark.

In dieser Übersicht stehen die Kosten für die Beschaffung von Schotter nach dem Ankauf der Schienen an zweiter Stelle. Daran ist zu erkennen, dass hier die Kosten für die Arbeitskräfte besonders hoch waren.

Einer weiteren Übersicht ist zu entnehmen, dass im vergleichbaren Zeitabschnitt zwischen 1925 und 1930 je Kilometer zwischen 15.251.- Mark (1926) und 36.450.- Mark (1928) ausgegeben worden sind. Die hohen Kosten im Jahre 1928 sind jedoch auf die besonders erschwerten Bedingungen beim größten Bauvorhaben dieses Jahres, der Scherhütten-Strecke bis zur Höhe um 900 m bedingt. Aus dem gleichen Grund verteuerten sich die Baukosten des Jahres 1951 gegenüber den Vorjahren: In diesem Jahr wurde das letzte Teilstück der Scherhütten-Strecke bis zur Höhe von 1.000 m gebaut. Die tatsächlichen Kosten dieser Strecke lagen jedoch wesentlich höher: Ein Großteil der Arbeiten sind aus Bundesmitteln, der so genannten „*Notstandarbeiten*", finanziert worden.

10 Brücken

Bei der Streckenführug der Waldbahn war oft die Überschreitung von Bächen und Wasserläufen notwendig. Beim Bau des Alten Hauptstranges wurden die Brücken noch durch die ausführende Firma Orenstein & Koppel, München, erstellt. Die Firma lieferte Musterzeichnungen für „gerade und schiefe" Brückenkonstruktionen: Ob der Bach rechtwinklig oder schiefwinklig überquert werden sollte. Der Zeit entsprechend waren sie als Stahlfachwerk geplant.[27] Die Brücken wurden allerdings nicht in dieser Art gebaut, sondern in „Eisenbetonweise mit Vollwandträgern" und oben liegender Fahrbahn. Bei den Hauptstrecken sind jedoch nur Brücken aus Stein oder Eisenbeton gebaut worden. Bei größeren Spannweiten wurde auch versucht, die Fahrbahn nur mit zwei Eisen-T-Trägern zu erstellen. Diese Bauweise ist aber eingestellt worden: Die federnden T-Träger führten zu unzulässigen Schwankungen bei einer Überfahrt. Die sind durch Maschinenschläge und die Bewegung des Tenderwassers im Wassertank der Dampflokomotiven noch verstärk worden (Fellmeth, 1926, 554).

Die Brücken sind grundsätzlich von Spezialfirmen gebaut worden. Der Bau in Eigenregie oder durch ortsansässige Maurermeister, hat sich aus Gründen der Kosten und der Qualität nicht bewährt. Kürzere Brücken und solche auf Nebenstrecken, wurden mit T-Trägern, kurzfristig sogar mit Hölzern überspannt. Allgemein war man jedoch der Meinung, dass Holzbrücken dem dauernd schweren Maschinenbetrieb nicht standhalten können. Die Lager der Eisenbetonbrücken wurden aus Stampfbeton erstellt oder gemauert. Die Flügelmauern und die an-

[27] StAL, 168/2, Nr. 4511: Musterzeichnungen für Brücken, Gebäude etc. der Fa. Orenstein & Koppel.

schließende Böschung, waren gemauert oder mit Bruchstücken belegt. Zum Schutz vor Unterspülungen wurden vor und nach den Brückenköpfen kleinere Spundwände an der Böschungskante in das Bachbett eingelassen. Die Lager und Brückenköpfe der T-Träger-Brücken bestanden aus einfach übereinander gelegten, länglichen Steinquadern oder Betonstürzen. Auf den Nebenstrecken reichten diese Bauten auch aus (Abb. 72, 73, 74).

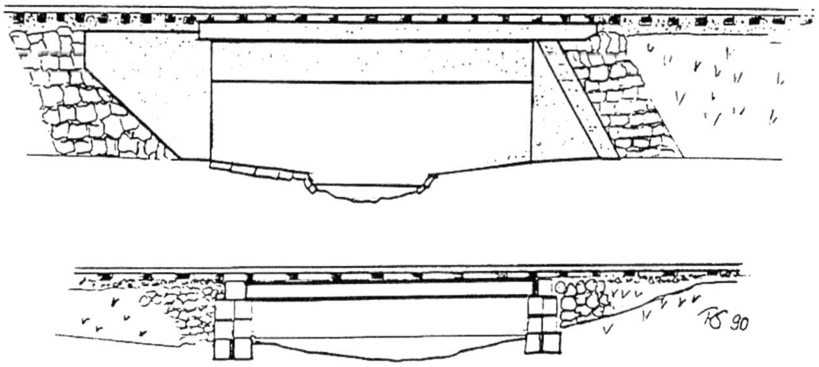

Abb. 72: Brücken über Bäche und Wasserläufe auf den Waldbahnstrecken: Oben: Ausführung in Eisenbeton. Unten: Ausführung mit Eisen-T-Trägern.

Abb. 73: Mit einem Seiten- und Frontkipper wird gerade das Lager einer Brücke aufgeschüttet

Abb. 74: Eine Beton-Brücke auf der Strecke Spiegelau-Mauth. Hintergrund, rechts, die Sagwasser-Säge. Postkarte, Orenstein & Koppel.

11 Holzlagerplätze, Ladegleise

Zu den wichtigsten Einrichtungen der Waldbahn gehörten die Holzlagerplätze mit den dazugehörigen Ladegleisen. Am 95 km langen Streckennetz mit insgesamt 29 Hauptstrecken, Teilstrecken und Stichgleisen, wurden 56 Holzlagerplätze errichtet. Der Betriebsleiter der Waldbahn musste den ständigen Überblick haben, welche Holzmengen auf jedem dieser Plätze noch lagerten und was bereits abgefahren war. Ein **Holzlagerplatz** musste mehrere Bedingungen erfüllen: Zunächst sollten in dem Gebiet bislang ungenutzte Holzbestände erschlossen werden. Eine wichtige Bedingung war, dass hier mehrere **Ziehbahnen** endeten. Das Holz sollte im Winter aus den Hochlagen mit dem Schlitten zu Tal gebracht und auf die Waldbahn verladen werden. Es gelang aber nur in den seltensten Fällen, mit dem Schlittenzug das Holz bis an den Lagerplatz zu bringen. Meist endete der Schlittenzug in der Nähe des Lagerplatzes. Mit Pferden wurde es dann an den Lagerplatz *„gerückt"*: Diese **Rücke-Entfernung** mit den Pferden sollte aber möglichst kurz sein. Die Kosten für den Winterzug und das Rücken mit den Pferden sollten in Grenzen bleiben. Ferner war es noch notwendig, dass eine große, ebene Lagerfläche für das Scheit- und Stammholz vorhanden war. Ferner sollten die Ladegleise am Lagerplatz nicht in zu starkem Gefälle liegen. Die Gefahr, dass sich in den Hochlagen ein beladener Wagen oder sogar ein ganzer Zug selbstständig machte, *„durchging"*, war sehr groß: Diese Gefahr, die immer wieder einmal auftrat, war der Alptraum jedes Holzverladers. Gerne hat man die Lagerplätze auch an Bächen angelegt, damit der Übergang von der Trift zur Waldbahn gewährleistet war. Das war z. B. am Reschwasser bei Mauth der Fall.

Die Auswahl der Orte für die Lagerplätze und der Ausbau erfolgte durch das zuständige Forstamt. Besonders wichtig war dabei in späterer Zeit, dass der Lagerplatz, wo es das Gelände zuließ, in einem leichten Gefälle zum Ladegleis hin angelegt wurde. So konnten die Ladearbeiten der Holzverlader entscheidend erleichtert werden. Bei dauerhaft angelegten Lagerplätzen wurde am Ladegleis auch eine Verladerampe errichtet. Die Ladekante war aus Bruchsteinen gemauert und lag etwas höher als der Drehschemel der Trucks. Die verschiedenen Möglichkeiten der Anordnung von Ladegleisen am Hauptgleis soll die Skizze erläutern (Abb. 75).

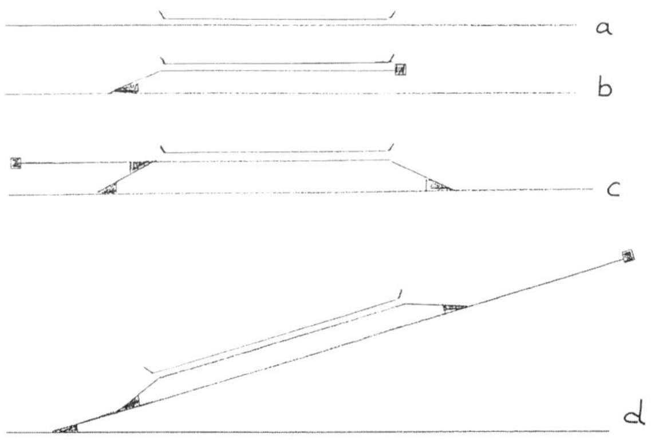

Abb. 75: Verschiedene Anordnungen von Ladegleisen und Ausweichstellen an Holzlagerplätzen. Erklärung a-d im Text. (Sli S. 66)

Zu a): Die schlechteste Ausführung aus der Anfangszeit der Waldbahn, war die Ladestelle direkt am Durchgangsgleis. Nachteil: Die Strecke war während des Verladens blockiert. An der Hauptstrecke wurden diese Ladestellen aufgelassen und durch ein abzweigendes Ladegleis erweitert.

Zu b): Das Ladegleis war als Blindstutzen nur mit einer Weiche an das Durchgangsgleis angeschlossen. Nachteil: Rangierbewegungen waren nur in einer Richtung möglich. Das gleichzeitige Bereitstellen von Leergarnituren und Abholen von beladenen Wagen war nur mit umständlichen Rangierarbeiten möglich.

Zu d): Geschlossene Ausweichen. Vorteil: Kein umständliches Rangieren. Für die Lok bestand die Möglichkeit des Umsetzens. Die Kreuzung von Zügen ohne Zurückdrücken eines Zuges in das Ausweichgleis war möglich. Lagen diese Ausweichen im Gefälle, wurden sie zum Gefälle hin mit einer Schutzweiche versehen. So konnte ein unbeabsichtigtes *„Durchgehen"* von Wagen oder ganzen Garnituren in das Fahrgleis verhindert werden.

12 Fahrzeuge: Lokomotiven, Trucks

Der Fahrbetrieb und die Tätigkeit der beschäftigten Menschen sind erst zu verstehen, wenn der Fuhrpark vorgestellt wird. Wir folgen der Diplomarbeit von Richard Sliwinski, Fachhochschule Weihenstephan, Fachbereich Forst, Betreuer Prof. Th. Klotz (Sliwinski, 1991, 90ff). Dabei wird deutlich, dass alle Tätigkeiten und Ausgaben bei der bayerischen Forstverwaltung unter dem Grundsatz absoluter Sparsamkeit stattfanden. Deshalb war es auch verständlich, dass in Spiegelau in der Anfangszeit zunächst nur die an anderen Forstämtern nicht mehr gebrauchten Waldbahnen übernommen worden sind. Diese wurden einst an den Forstämtern Ebersberg in Oberbayern und im Nürnberger Reichsforst eingesetzt, um die durch die Schädlinge Nonne und Spanner vernichteten Bestände aus den Waldungen zu bringen. Diese Waldbahnen sind nur im Flachland eingesetzt worden und waren entsprechend leicht gebaut. Bei der Übernahme dieser Bestände in Spiegelau, stellte sich jedoch schon bald heraus, dass sie für den Einsatz am Rachel und Lusen nur bedingt brauchbar, oft sogar völlig unbrauchbar waren.

Das betraf vor allem die Trucks. Durch die teilweise völlig abgefahrenen Fahrzeuge kam es oft zu Betriebsstörungen, aber auch zu Entgleisungen.[28] Dadurch wurden die Arbeitszeiten in der Werkstatt zur Instandsetzung des gebrauchten Materials sehr hoch. Ein Kosten deckender Betrieb war kaum noch möglich.

Als Oberforstmeister Fellmeth 1919 die Leitung des Forstamtes in Spiegelau übernahm, hat er sehr schnell diese Mängel erkannt. Er bemühte sich ganz besonders um die Anschaffung von neuem Material. Diese neuen Fahrzeuge sind dann auch oft nach eigenen Erfahrungen gebaut worden. Dabei sind besonders zu erwähnen, die benzin-elektrischen Lokomotiven des Systems Gebus und die von Orenstein & Koppel gelieferten „***Spiegelauer Trucks***".

Die Leistung der Spiegelauer Waldbahn wurde seit den Anfängen 1909 an den Festmetern Holz gemessen, das aus den Wäldern zwischen Rachel und Lusen auf 95 km langen Gleisen zum Bahnhof der Reichsbahn nach Spiegelau und Klingenbrunn transportiert worden ist. Diese Leistungsfähigkeit hing ganz entscheidend von den Triebfahrzeugen ab, die zum Einsatz gekommen sind. Bei der Spiegelauer Waldbahn waren seit 1909 zwei, 1922 sogar sieben Dampf-Lokomotiven im Betrieb. Ab 1925 kam dann die Zeit der Motor-Lokomotiven, von denen 1946 sieben eingesetzt waren (Abb. 76).

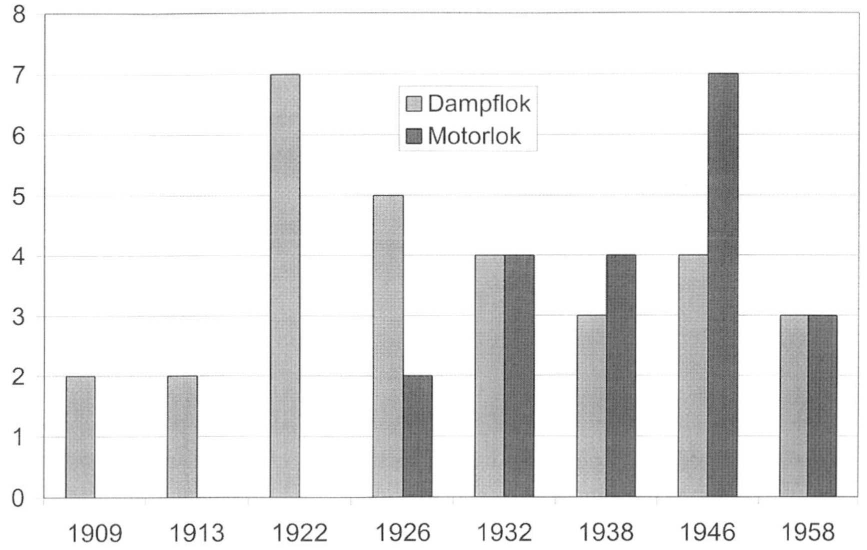

Abb. 76: Der Bestand an Dampf- und Motorlokomotiven bei der Spiegelauer Waldbahn von 1909 bis 1958.

Besonders schwierig war es, in der Zeit des Zweiten Weltkriegs und in der Nachkriegszeit, den Betrieb der Waldbahn aufrecht zu erhalten. Dabei sind in Spiegelau Loks eingesetzt worden, die, der Kriegszeit entsprechend, ein ganz besonderes Schicksal hinter sich hatten. Diese Loks geben also auch einen Einblick in die deutsche Wirtschaftgeschichte der Kriegs- und Nachkriegszeit. Wegen ihrer ganz besonderen Leistungsfähigkeit erlangten einige dieser Loks bei der Waldbahn eine legendäre Bedeutung.

12.1 Dampf-Lokomotiven

Abb. 77:Die Spiegelauer Waldbahn mit den Loks 1 und 2 sowie dem kleinen Personenwagen, vermutlich kurz nach der Lieferung der beiden Maschinen im Juli 1909 (Allgemeine Forst Zeitung, übermittlet von R. Sliwinski))

Die Dampf-Lokomotiven haben seit 1909 über die Jahrzehnte die Hauptlast der Holzförderung getragen. Erst Mitte der fünfziger Jahre haben die Diesellloks sie dann endgültig verdrängt. Für die älteren Einheimischen war es das Bild eines von einer fauchenden Dampflokomotive über eine Steigung gezogenen vollbeladenen Waldbahnzuges, das in ihrer Erinnerung aus der Kindheit haften blieb: Diese 11 bei der Waldbahn eingesetzten Dampflokomotiven sollen hier kurz beschrieben werden.

[28] StAL, 168/2, Nr. 4511: Oberinspektion vom 31. 3. 1910.

Dampf-Lokomotiven Nr. 1 (alt), Nr. 2 (alt): Am 10. Juli 1909 wurden bei der Waldbahn zwei kleine Maschinen von der Firma **Orenstein & Koppel** geliefert (Abb. 77). Diese Loks hatten zwei Achsen, waren leicht, aber robust gebaut und einfach zu bedienen. Die Rahmen waren als **Wasserkästen** ausgebildet: Sie enthielten den Wasservorrat für den Dampfantrieb. Verwendet wurde **Nassdampf**, ein Gemisch aus Flüssigkeit (Wassertröpfchen) und Dampf, bei dem beide Teile Sättigungs-Temperatur hatten. Die Steuerung war eine mechanische Einrichtung zur Regelung dieser Dampfzufuhr zu den Zylindern. Sie diente der Regelung der Umwandlung der Druckenergie des Dampfes in die mechanische Arbeit der **Kolbendampfmaschine**: So konnte auch die Fahrtrichtung gewechselt werden. Die Maschinen wurden mit Holz gefeuert. Die Brennstoffvorräte sind in kleinen Kästen vor dem Führerhaus und im Rüstwagen mitgeführt worden. Als Besonderheit besaßen die Loks eine **Öl-Zusatzfeuerung**. Dafür waren sie mit einem Öltank auf dem Vorratsbehälter der Heizerseite ausgestattet. Das Öl wurde durch Düsen in der Feuerbüchse direkt auf das Feuerbett gespritzt: Durch diese bessere Verbrennung des Holzes konnte der **Funkenflug** weitgehend vermieden werden. Während einer Fahrt musste immer Wasser nachgefüllt werden. Zum Wasserfassen aus den Bächen waren die Loks mit **Elevatoren**, Dampf betriebene Saugpumpen und 6 bzw. 8 m langen Schläuchen ausgerüstet.

Zur Vermeidung von Funkenflug hatten die Schornsteine einen **Kobelaufsatz**, einen „*amerikanischen Funkenfänger*“. Weiter besaßen die Loks einen Öltropf-Apparat zur zentralen Versorgung einiger Dauerschmierstellen, eine Luftpumpe sowie Dampfpfeife und Dampfläutwerk. Erwähnenswert sind noch die **Sandstreuer** für die Vorwärts- und Rückwärtsfahrt. Bei der Anfahrt und beim Bremsen konnte mit einem **Spezialsand** die Reibung zwischen Schienen und Rädern wesentlich verbessert werden (Abb. 78, 79).

Abb. 78: Im Führerhaus einer kleinen Gebus-Lok befindet sich der trockene Bremssand in einem Kasten. Ist der Hebel (Bildmitte mit Rohr) geöffnet, fließt der Sand über das Rohr zum Gleis. (Rei)

Abb. 79: Das Rohr des Sandstreuers endet kurz über dem Gleis vor dem Antriebsrad der Lock (rechts) und verbessert die Reibung zwischen Rädern und Schienen.

Die Loks mit dieser Ausstattung, genügten zunächst den Anforderungen des Betriebes. Durch den kurzen Radstand der Achsen sind beim Befahren der damals noch recht engen Gleisbögen auch kaum Probleme aufgetreten. Das größte Hindernis war die mit nur 50 PS zu geringe Leistung. Bei längeren, beladenen Zügen, war vor großen Steigungen die Teilung des Zuges oder ein Vorspannen mit einer zusätzlichen Lok notwendig. Diesen Umstand bemängelte auch Reg.-Forstrat von Kirschbaum bei seiner Inspektion der Waldbahn am 31. März 1910. [29] „*...die Steigung zwischen Sagwasser (Ladestelle X) und Ladestelle IX* (altes Informationshaus Nationalpark) *kann von den 50 PS-Lokomotiven mit voll beladenem Zuge nicht genommen werden, sodass Zugtrennung nötig wird. Eine 50 PS-Lok sollte gegen die bestellte 70 PS getauscht werden, da 2 Lokomotiven dem Betriebe genügen*“. Von diesen ersten Loks Nr 1 (alt) und Nr. 2 (alt) ist kein Bild erhalten. Eine ähnliche Lok dieses Typs der Firma Orenstein & Koppel steht im Feldbahnmuseum in Frankfurt/M (Abb. 80).

Abb. 80: Lok wie Lok (50 PS) Nr. 1 (alt) und Nr. 2 (alt) im Feldbahnmuseum in Frankfurt/M.

Dampflokomotiven Nr. 1 (580), Nr. 2 (581): Die mit 50 PS zu geringe Leistung der beiden vorhandenen Loks war der Grund, bei der Firma Orenstein & Koppel (O&K) eine Lok mit 70 PS (Nr. 1, 580) mit Holz- und Ölzusatz-Feuerung zum Preis von 13.250.- Mark zu bestellen. Sie wurde am 16. Juni 1910 nach Spiegelau geliefert. Lok Nr. 1 (alt) wurde zum Preis von 6.100.- Mark von O&K in Zahlung genommen. Diese erste Lok Nr. 1 (580) mit 70 PS hat sich im praktischen

[29] StAL, 168/2, Nr. 4511.

Fahrbetrieb ausgezeichnet bewährt. Deshalb wurde ein Jahr später, 1911, eine weitere Lok (Nr. 2, 581) des gleichen Typs, allerdings mit Kohlefeuerung, bei Orenstein & Koppel bestellt und am 30. November 1911 auch geliefert: Auch die Lok Nr. 2 (alt) ist um 5.750.- Mark von O&K in Zahlung genommen worden. Diese beiden Dampflokomotiven mit 70 PS wurden nach der Erweiterung des Streckennetzes vor allem im entfernteren Teil um Mauth eingesetzt. Sie waren bis 1922, 11 Jahre lang, im Fahrbetrieb ununterbrochen im Einsatz. Um 1911 wurde die Holz- und Ölzusatz-Feuerung der Lok Nr. 1 (580) durch eine Kohlefeuerung ausgetauscht. Zur Feuerung sind **Steinkohlebriketts** eingesetzt worden. Die Lok Nr. 1 (580) hatte 1935 einen Achsbruch und erhielt 1952 neue Radreifen bei Krauss-Maffei in München. Nach dem 2. Weltkrieg sind beide Loks wegen Kohlemangel zeitweise abgestellt worden. Auch später waren diese beiden Dampfloks nur wenig im Einsatz: Vorzugsweise aber im Winter zum Schneeräumen. Im Winter fielen die Dieselloks aus, da sich ihre Antriebsketten mit Schnee und Eis zusetzten. Die Loks besaßen einen Außenrahmen und waren zur Verbesserung der Kurvengängigkeit mit **Klien-Lindner-Hohlachsen** auf der ersten und vierten Achse ausgerüstet. Diese beweglichen Achsen haben sich sehr gut bewährt. Sie verhinderten, dass die Lokomotiven beim Befahren zu enger Kurven zwängten (Abb. 81).

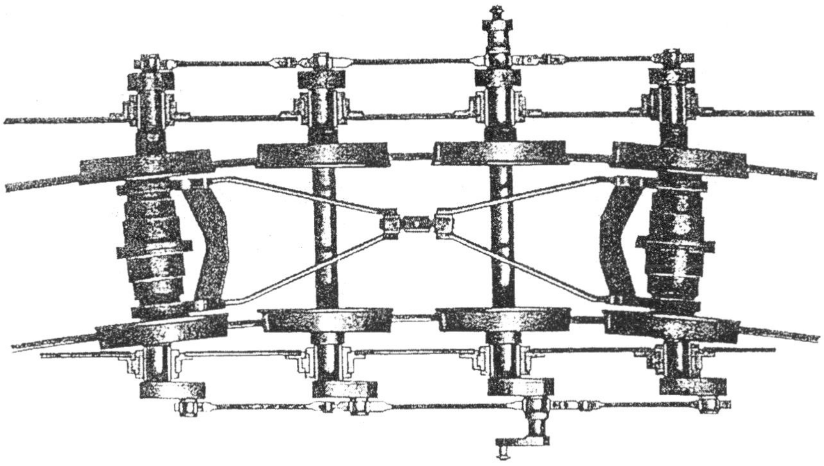

Abb. 81: Mit der beweglichen 1. und 4. Achse konnte die Kurvengängigkeit der Loks wesentlich verbessert werden. (Sli S. 94)

Die Bremse der Lok war eine **Wurfhebelbremse**. Eine durchgehende Bremse für alle angehängten Trucks gab es bei der Waldbahn nicht. Die Züge wurden mit **Handbremsen** der Trucks durch die mitfahrenden **Bremser** abgebremst. Die Räder der Loks waren mit 80 mm breiten Radreifen ausgerüstet. Dadurch konnten auch Strecken befahren werden, bei denen sich die Spur im Laufe der Zeit erweitert hat, vor allem aber auch fliegende Gleise.

Es war schon ein farbenprächtiges Bild, als die olivgrün gestrichenen Loks mit ihren gelben Zierstreifen nach 1911 durch die Wälder dampften: Diese Farbgebung war der Königlich Bayerischen Staatsbahn angelehnt. Die Loks besaßen für Fahrten in der Dämmerung und Nacht eine **Gasbeleuchtung** mit Acetylengas, **Sandstreuer**, Dampfpfeife und eine **Handglocke**. Die Vorräte für Wasser und Kohlen waren in seitlichen Wasserkästen und im **Kohle-Tender** (Vorratsraum) untergebracht. Der Kobelrauchfang wurde in der Werkstatt gegen einen geraden Schlot mit eingebautem Funkenfänger ausgetauscht. Insgesamt 47 und 48 Jahre seit 1910 und 1911 sorgten diese beiden Dampflokomotiven für einen reibungslosen Waldbahnbetrieb. Erst im Jahre 1958 sind sie nach der Betriebseinstellung verschrottet worden (Abb. 82, 83, 84).

Abb. 82: Die Lok 1 (580) vor dem Lokschuppen in Spiegelau.

Abb. 83: P407: Lok 1 (580) auf der Drehscheibe in Spiegelau Ende der zwanziger Jahre. Im Führerhaus Lokführer Lorenz Moser sen.

Abb. 84: Die Lok 2 (581) in Volldampf beim Blöcherfahren.

Abb. 85: Eine „Brigadelok" aus dem 1. Weltkrieg, Werkfoto Fa. Maffai.

Heeresfeldbahnlok Nr. 3 bzw. 582: Im Jahre 1922 ist die Waldbahn **Neuhaus-Spitzingsee** stillgelegt worden. Bei einer Dienstfahrt haben Oberforstmeister Fellmeth und sein Lokführer Moser sen. diese aufgelassene Spitzingbahn besichtigt und untersucht, ob sie in Spiegelau eingesetzt werden kann. Zusammen mit vier anderen Lokomotiven und sonstigem Material ist diese ehemalige Heeresfeldbahn-Lok aus dem 1. Weltkrieg (1914-18) dann auch angekauft worden.[30] Diese **Heeresfeldbahnen** (HFB) oder auch **„Brigadelokomotiven"** (Abb. 85) wurden ab 1914 nach einheitlichen Plänen von allen namhaften deutschen Lokomotivfabriken gebaut. Insgesamt sind bis 1918 etwa 2.500 Stück gebaut worden. Sie dienten während des 1. Weltkrieges und später dann auch im 2. Weltkrieg zur Materialversorgung der Truppen an der Front. Für diesen Zweck wurden an

[30] StAL, 168/2, Nr. 4513.

bestimmten Abschnitten der Front transportable Feldeisenbahnen gebaut. Um Frontverluste auszugleichen, sind auch zivile Kleinbahnen eingesetzt worden. Deshalb mussten die Betreiber dieser zivilen Bahnen sämtliches Rollmaterial dem Innenministerium melden.

Leider haben Fellmeth und sein Lokführer Moser bei diesen Loks ganz entscheidende Mängel übersehen: Nach einer Notiz des Forstamtes Spiegelau vom Januar 1926 haben sich diese Loks als ungeeignet erwiesen,[31] „*...da sie zu schmale **Radreifenbandagen** besitzen und in den Kurven zum Durchfallen neigen. Die Spurweite beträgt wohl nur für 590 mm...*“. Das war für die 600 mm Bahn in Spiegelau zu wenig. Diese angekaufte Lok diente wegen dieser Mängel vorerst nur als Reservemaschine für die Loks Nr. 1 und 2. Alle Bemühungen, diese Lok zu einem günstigen Preis zu verkaufen mussten scheitern: Die **Heeresverwaltung** hatte noch mehrere Maschinen auf Halde und sie zu einem sehr niedrigen Preis zum Verkauf angeboten. Diese Lok wurde dann im Jahre 1930 nach großen Sturmschäden mit breiteren Radreifen versehen und stand noch bis 1952 im Einsatz (Abb. 86).

Abb. 86: Lok Nr. 3 vor der Werkstatt in Spiegelau um 1930.

Dampflokomotive, Maffei, Nr. 4881: Diese Lok wurde ebenfalls 1922 von der Spitzingbahn übernommen. Leider hatte auch sie nur eine Spurweite von 590 mm und neigte auf den 600 mm Gleisen zum „*Durchfallen*“. Deshalb war sie nur versuchsweise im Einsatz. Beim Ankauf neuer Loks wurde sie 1925 von der Firma Gebus, Salzburg, in Zahlung genommen.

Dampflokomotive, Borsig Nr. 10295: Bauartgleich mit Lok Nr. 3 und Maffei 4881. Auch sie wurde 1925 an die Firma Gebus verkauft.

Dampflokomotive Krauss, Nr. 7656: Auch diese Lok ist 1922 von der Spitzingbahn erworben worden. Sie fand für Rangierdienste und zum **Vorspannen** Verwendung: So zum Beispiel über die Anhöhe von der Sagwassersäge zur Böhmstraße (heute altes Informationshaus Nationalpark). Durch den hohen Achsdruck von 4,8 t konnte sie kaum auf fliegenden Gleisen eingesetzt worden: Der Einsatz war sehr beschränkt. Nach der Lieferung der kleinen Gebus-Lok fand sich für die 55 PS Maschine kein Einsatzgebiet mehr. Deshalb wurde sie über die Vermittlung der Fa. Weiß, München, an die benachbarte, private Waldbahn der Gutsverwaltung Oberzwieselau verkauft (Abb. 87).

Abb. 87: Die Dampflokomotive Krauss Nr. 7656, die zum Rangieren und Vorspannen eingesetzt wurde. Werkfoto Krauss. (Sli S. 99)

[31] StAL, 168/2, Nr. 4513., Notiz: Forstamt Spiegelau vom Jan. 1926.

Abb. 88: Die Dampflok Maffei Nr. 4102 wurde vornehmlich beim Neubau von Gleisanlagen eingesetzt. (Sli S. 100)

Dampflokomotive Maffei, Nr. 4102: Auch diese fünfte Lok wurde von der Spitzingbahn übernommen. Es war eine leichte Maschine mit dem geringen Achsdruck von nur 3,5 t für den Einsatz auf fliegenden Gleisen. Bevorzugt wurde sie auch beim Neubau von Gleisanlagen eingesetzt. Nach dem Ankauf einer kleinen Gebus-Lok für den gleichen Einsatz, wurde sie 1928 an die Baufirma Weiß in Burglengenfeld verkauft (Abb. 88).

Dampflokomotive Krauss, Nr. 7637: Im Jahre 1931 übernahm die Waldbahn diese Lok von der Torfbahn Jägerau-Rott a. Inn des Forstamtes Wasserburg. Durch die geringe Leistung von nur 24 PS, war sie nicht in der Lage, zwei mit Stammholz beladene Wagen in der Ebene zu ziehen. Die Maschine wurde 1935 an die Fa. Weiß in München verkauft.

Kriegsdampflokomotive (KDL) Nr. 583: Mit der KDL Nr. 583 trat die letzte Dampflokomotive bei der Waldbahn in Spiegelau kurz vor dem Ende des Zweiten Weltkriegs im Winter 1944/45 ihren Dienst an. Mit diesen „***Kriegsdampflokomotiven***" ist im 2. Weltkrieg wegen der zentralen Materialbewirtschaftung der Bau vereinheitlicht worden: Diese Vorschrift war für alle Lokomotivfabriken im Reich bindend. Bei der Fertigung der KDL durften nur einheimische Rohstoffe, „***Heimwerkstoffe***", verwendet werden. „***Buntmetalle***", z. B. Bronze für die **Lagerschalen** der Räder, waren für die Rüstungsindustrie reserviert. Die Lokomotiven waren nur für eine Lebensdauer von 10 Jahren gebaut: Soweit ging die Planung der Nationalsozialisten bei dieser Produktion unter Kriegsbedingungen. Nach dem Krieg gab es jedoch einen großen Mangel an **Triebfahrzeugen**. Deshalb waren sie viel länger im Einsatz. Heute sind diese Lokomotiven sogar noch bei der **polnischen Staatsbahn** im täglichen Einsatz. Bei der KDL Nr. 583 in Spiegelau handelte es sich um einen Nachbau des Typs „*Riesa*" der **Firma Henschel**. Sie wurde von der **Lok-Fabrik Budich** mitten im Krieg 1941 in Breslau gefertigt. Da sie sehr zugkräftig war, wurde sie bei der Waldbahn in Spiegelau vorzugsweise zum Rangieren und Schneeräumen, aber auch im normalen Fahrdienst eingesetzt. Die Lok erhielt 1949 für die Kohlevorräte einen Zusatz-Tender.

Abb. 89: Nr. 583: Die letzte Dampflok bei der Waldbahn in Spiegelau, die „Kriegsdampflokomotive" Nr. 583 wurde 1959 verschrottet.

Im gleichen Jahr wurde noch eine gebrochene Achse ausgebaut und im Ausbesserugs-Werk Augsburg repariert. 1952 sind noch neue Roststäbe eingebaut worden. Diese letzte Dampflok der Spiegelauer Waldbahn wurde bis zum Ende des Betriebes, meist zum **Schneeräumen** eingesetzt und ist 1959 verschrottet worden. Was geblieben ist, sind zwei Bilder dieser ehemaligen „*Kriegsdampflokomotive*" (Abb. 89, 90).

Abb. 90: Die „Kriegsdampflokomotive" Nr. 583, 1941 in Breslau gefertigt, im Querschnitt. (Sli S. 102)

Bei etwas Weitsicht und Sinn für die Geschichte bei den damaligen Verantwortlichen, könnte sie heute z.B. im Kurpark von Spiegelau stehen: Ein einzigartiges Denkmal aus der Dampflokzeit der Spiegelauer Waldbahn aber auch der Industriefertigung im Zweiten Weltkrieg wurde verschrottet. Ob der dadurch erzielte Erlös in einem vertretbaren Verhältnis zum ideellen Verlust steht, darf bezweifelt werden. Vermutlich scheute man sich schon damals (wie heute immer noch) aus Angst vor den „Nachfolgekosten" vor der Bewahrung geschichtlich interessanter Objekte.

12.2 Motor-Lokomotiven

Neben den 11 Dampf-Lokomotiven waren bei der Spiegelauer Waldbahn insgesamt auch sechs **Motor-Lokomotiven** im Einsatz. Die Zeit der Lokomotiven mit Verbrennungsmotor hat bei der Spiegelauer Waldbahn um 1925 begonnen. Damals sind zwei benzin-elektrische Lokomotiven von der **Firma Gebus** in Salzburg angeschafft worden. Diese Art des Antriebs war damals noch neu: Der Gründer der Fa. Gebus in Salzburg, **Ing. Gelinek**, besaß die Patente auf diese spezielle Technik des Antriebs. Schon um 1900 gab es aber Lokomotiven mit Benzin- oder **Benzolmotoren**. Bereits 1897 hatte die Gasöl-Motorenfabrik in Köln-Deutz die erste **Benzol-Lokomotive** ausgeliefert. Wegen zu geringer Leistung und dem nicht ausgereiften mechanischen Getriebe, waren sie jedoch für den schweren Zugbetrieb bei der Waldbahn in Spiegelau nicht geeignet. Das war der Grund, warum für den schweren Fahrbetrieb die Dampflokomotive lange Zeit noch ohne Konkurrenz blieb.

Große Gebus, Nr. 584: Um 1925 hat dann die Firma Gebus die neuen **benzin-elektrischen Lokomotiven** auf den Markt gebracht. Dieses System Gebus nutzte die Elastizität und den gleichmäßigen Drehmomentverlauf des Elektromotors. Dieser bezog seine Energie aus einem Benzin getriebenen Hauptgenerator. Gebus konnte so die Nachteile des mechanischen Getriebes ausschalten. Das neue Antriebsystem hatte sich bei einigen **österreichischen Waldbahnen** schon bestens bewährt. Deshalb hat die Fa. Gebus im Jahre 1924 der Regierung von Niederbayern ihre Lokomotive angeboten.[32] Gebus verwies dabei auf die Bay. Landestorfwerke in **Schönram**, wo eine Lok auf benzin-elektrischen Antrieb umgebaut worden ist. Dieses Torfwerk hat dann auch für den **Kendlmühlfilz** eine neue Gebus-Lok angekauft.

Der Spiegelauer Amtsleiter Fellmeth besichtigte 1924 diese Lokomotive bei einer Dienstreise und untersuchte, ob sie für die Waldbahn tauglich ist.[33] Die Lok im Torfwerk entsprach aber aufgrund zu geringer Leistung nicht den Erwartungen. Gleichzeitig besuchte er auch noch **Ruhpolding**: Dort wurde gerade eine Waldbahn abgebaut. Fellmeth konnte 5,5 km Gleismaterial (80 mm und 93 mm Höhe) für die Spiegelauer Waldbahn erwerben. Schon 1925 konnte sich Fellmeth durch Probefahrten im Gebus-Werk Salzburg, der Salzburger Lokalbahn und auf der Waldbahn **Frohnleiten-Gamsgraben** der Mayer-Melnhof'schen Domänenverwaltung von der Tauglichkeit der weit stärkeren Gebus-Lokomotiven überzeugen. Unter dem Eindruck dieser Leistungsbeweise beantragte Fellmeth den Ankauf einer 70 PS-Maschine für Spiegelau. Dieser Kauf wurde noch 1925 durch das Finanzministerium genehmigt.[34] Schon im Frühjahr 1926 traf die „*Große Gebus*" in Spiegelau ein.

Vergleichs-Probefahrten 1926: Im Frühjahr 1926 haben dann in Spiegelau die denkwürdigen und legendären **Vergleichs-Probefahrten** stattgefunden: Die Große und Kleine Gebus-Lok und die alte gleichstarke Dampflok von Orenstein & Koppel lieferten sich einen harten Wettbewerb. Die Ingenieure des Lieferwerkes aus Salzburg waren mit anwesend. Lorenz Moser jun., der damalige Lokführer erinnerte sich: Die Aufgabe war nicht leicht zu bewältigen: Mit jeder Lok sollte ein, wie üblich, voll beladener Zug mit 10 Wagenladungen zu je 9 Festmeter Lang- und Schichtholz (insgesamt 90 Festmeter) in einer Kurve mit einer Steigung von 3,5 % angehalten und aus dem Stand wieder in Fahrt gebracht werden. Diese Probefahrten fanden am Alten Hauptstrang, westlich vom Bahnhof Spiegelau statt: Kurz bevor bei der Schwarzach-Brücke die Strecke dann in der weiten Kurve mit 3,5 % Steigung in die Hänge des Jägerriegels nach Osten ansteigt. Bei diesem Vergleich konnte nur die Große Gebus-Lok die Aufgabe befriedigend erfüllen: Die Probefahrten im Vergleich mit einer gleichstarken Dampflok von Orenstein & Koppel gingen eindeutig zugunsten der Großen Gebus-Lok aus. Die Zufriedenheit mit diesem Wettbewerb kommt auch darin zum Ausdruck, dass 1926 die kleine, 35 PS Gebus-Lok, die „*Kleine Gebus*", angeschafft wurde.

Die Große Gebus war eine mit je zwei Achsen gekuppelte **Drehgestell-Lok**. Sie hatte einen 100 PS Benzinmotor, Generator und vier **Elektro-Fahrmotoren** zum Antrieb der 4 Achsen mit je 17,5 PS. Der Benzinmotor diente zum Antrieb des Hauptgenerators, des „*Dynamo*". Dieser hat die elektrische Energie für die vier Fahrmotoren geliefert. Der Benzinmotor hatte damals schon einen Elektro-Starter von Bosch. Die elektrische Ausrüstung stammte von der Firma BBC. Weiter war die Lok mit Sandstreuer, Handglocke und einer **elektrischen Beleuchtung** ausgestattet. Der Antrieb der Achsen erfolgte über **Gliederschub-Ketten** von den Elektromotoren (Abb. 91, 92).

---

[32] StAL, 168/2, Nr. 4513, Briefwechsel d. Fa. Gebus mit d. Reg. von Niederbayern.

[33] StAL, 168/2, Nr. 4513, Dienstreise Fellmeth 1924 in das Kendmühlfilz und Ruhpoldung.

[34] StAL, 168/2, Nr. 4513, Entschließ. Fin. Minist. Nr. 44463 vom 21. 11. 1925.

Abb. 91: Die „Große Gebus" (100 PS) auf der Schwarzachstrecke, kurz vor der Abzweigung zur Lotzerbachstrecke.

Abb. 92: Die Lokomotiven „Große Gebus" und die Dampflok Nr. 1.

Im täglichen Fahrbetrieb zeigten sich schon bald die besonderen Vorteile: Mit keiner anderen Lok konnte unter Last so sanft und gleichmäßig angefahren werden. Sie zeichnete sich auch durch eine ausgezeichnete Laufruhe der Maschine aus. Die Zugleistung der Lok lag höher als bei den gleichstarken Dampflokomotiven. Die Große Gebus musste schon im ersten Betriebsjahr ihre Leistungsfähigkeit unter Beweis stellen: Im Sommer 1926 fegte wieder einmal ein schwerer Orkan über die Wälder am Rachel und Lusen. In der Zeit von August bis September war das Windwurfholz auszufahren: Insgesamt 58.000 Festmeter (Fm) Großnutzholz und 25.000 Ster Schichtholz. Voll Stolz informierte die Betriebsleitung die Regierung, dass sich die beiden Gebus-Loks ohne Zweifel wohl schon im ersten Betriebsjahr abbezahlt haben.

Winterbetrieb: Obwohl die Große Gebus in der Fahrleistung alle Erwartungen übertroffen hat, war sie für den **Winterbetrieb** völlig untauglich. Der Antrieb von den Elektromotoren auf die Achsen erfolgte über **Gliederketten**. Diese setzten sich mit Schnee und Eis zu: Sie glitten dann wirkungslos über die Zahnräder von Motor und Achsen. Die Lok war nicht mehr zu bewegen. Bedingt durch den mit hoher Drehzahl laufenden Benzinmotor, wurden die Betriebskosten immer höher. Ende der dreißiger Jahre war es dann zunehmend schwierig, Benzin zu beschaffen. Deshalb ist in dieser Zeit ein Umbau auf **Holzgasbetrieb** überlegt worden, der jedoch unterblieben ist. Wegen des hohen Verbrauchs an Kraftstoff wurde die Lok aber kaum mehr eingesetzt. Nach dem Krieg wurde in die Maschine ein Dieselmotor der Fa. Vomag in Plauen eingebaut. Nach dieser Umrüstung bewährte sich die Große Gebus bis zum Abbau der Waldbahn 1960.

Gebus Nr 585: Auch die zweiachsige Gebus Nr 585 hatte ein Schicksal hinter sich, das eng mit den Verhältnissen im Zweiten Weltkrieg zusammen hing. Im 2. Weltkrieg wurde der damalige Amtsleiter vom Forstamt in Spiegelau, **Forstmeister Bauer**, nach Oberschlesien, heute Polen, *„abkommandiert"*. Diese Versetzung hing sicher mit seinen Erfahrungen mit Schmalspurbahnen zusammen. Noch kurz vor Kriegsende hat er aus dem von den Deutschen besetzten „*General-Gouverment Polen*“ einige Lokomotiven mit etlichen Trucks nach Spiegelau „*verlagert*“.[35] Diese Gebus-Lok war ursprünglich mit einem Holzgasmotor der **Fa. Vomag, Plauen**, ausgerüstet. Sie erhielt 1952 einen Dieselmotor der **Fa. Henschel** mit 95 PS. Ausgestattet war sie mit einem elektrischen Starter mit 24-Volt-Batterie, einer 12-Volt-Lichtmaschine und 2 Sandstreuer für die Vorwärts- und Rückwärtsfahrt. 1957 ist sie dann an einen Schrotthändler in Zwiesel verkauft worden.

Kleine Gebus, Nr. 586: Nachdem die Betriebsleitung in Spiegelau mit der Großen Gebus (100 PS) sehr zufrieden war, ist am 10. Mai 1926 auch eine Kleine Gebus mit 35 PS angekauft und nach Spiegelau geliefert worden. Die offizielle Abnahmefahrt fand am 14. August 1926 statt. Mit ihren 35 PS Leistung, war sie vornehmlich für den Einsatz auf den kurzen Stich-Strecken mit den leichten, fliegenden Gleisen bestimmt. Im Gegensatz zur Großen Gebus mit 4 Achsen besaß die 35 PS-Maschine für die zwei Achsen nur je einen 17,5 PS-Elektromotor je Drehgestell. Auch hier sind die Achsen mit Gliederschubketten angetrieben worden. Für den Winterbetrieb war sie ungeeignet. Im Dezember 1926 stand für die Kleine Gebus eine größere Reparatur an: Bei dieser Untersuchung stellte sich heraus, dass nicht nur ein gebrauchter Motor, sondern ein nur „*notdürftig geflickter*“ Motor in der fabrikneuen Lok eingebaut war. Nach verschiedenen Gutachten und Rechtsstreitigkeiten mit Gebus in Salzburg, wurde die Lok dann im Jahre 1927 auf Kosten des Herstellers wieder instand gesetzt (Abb. 93).

Abb. 93: Die Kleine Gebus bei den Vergleichs-Probefahrten 1926 am Alten Hauptstrang auf der Schwarzach-Brücke.

Ruhrtaler Maschinenfabrik, Nr. 587: Diese Lokomotive gelangte im Winter 1944/45 auf Betreiben von Forstmeister Bauer aus Polen nach Spiegelau. Wo sie dort im Einsatz war, ist nicht bekannt: In den Unterlagen findet sich immer der Hinweis „*aus Reichsbeständen*“. Die Lok war mit einem 70 PS Holzgasmotor von **Mercedes** ausgestattet und hatte einen **Blindwellenantrieb**. Zusammen mit der Kleinen Gebus wurde sie 1957 an einen Schrotthändler verkauft (Abb. 94).

Abb. 94: Die Lok Nr. 587 im Jahre 1948. Der Gasgenerator befand sich an der Rückseite des Führerhauses.

Glöckner-Humboldt-Deutz Nr. 588: Auch die 1941 von **Glöckner-Humboldt-Deutz** gebaute Lok wurde vom Spiegelauer Forstmeister Bauer kurz vor Kriegsende nach Spiegelau „*verlagert*“. Sie besaß einen 75 PS Dieselmotor und bewährte sich im Fahrbetrieb sehr gut. 1960 wurde sie an die **Westdeutschen Quarzwerke** in Dorsten für 5.200.- DM verkauft (Abb. 95).

Abb. 95: Die Lok 588 in den fünfziger Jahren beim Transport von Blöchern. Links: Lokführer Moser, rechts: ein Bremser.

---

[35] StAA, 10029, Forstamtl.. Ber. d. FoA Spiegelau, Nr. 188 M 200b vom 8. 4. 1952 an Reg. FA Regensburg.

Abb. 96: Die Montania-Lok, 38 PS Dieselmotor, mit dem geschlossen Personenwagen vor dem Diesellok-Schuppen in Spiegelau in den 30er Jahren.

Montania, Nr. 589: Die Lokomotive **Montania**, Nr. 589 wurde von MBA (Orenstein & Koppel) gebaut. Sie ist 1931 für den stark zunehmenden Verkehr im Nahbereich von Spiegelau angeschafft worden. In den Jahren 1930/31 war noch leihweise eine weitere Montania-Lok bei der Waldbahn zur Bewältigung des Fahrverkehrs im Einsatz. Die Montania, Nr. 589 war zunächst mit einem **Rohölmotor** mit 20 PS Leistung ausgerüstet. 1952 wurde dieser gegen einen 38 PS-Dieselmotor aus einem LKW ausgetauscht. Der alte Motor konnte wegen eines Bruchs der Kurbelwelle nicht mehr geschweißt werden. Die Lok bewährte sich vor allem ausgezeichnet im Rangierdienst und für kurze Fahrten zum Überstellen leerer Zuggarnituren an die Holzlagerplätze. Der Motor wurde mit einer Handkurbel gestartet und war auch noch bei tiefen Betriebs-Temperaturen stets einsatzbereit. Die Bedienung der Lok war denkbar einfach: Das Getriebe mit 3 Gängen wurde mit einem Handrad geschaltet. Der Wechsel der Fahrtrichtung erfolgte durch einen Handhebel. Diese sehr nützliche, immer einsatzbereite Lok, war bis zur Betriebseinstellung der Waldbahn 1960 in Spiegelau. Sie wurde dann an das Torfwerk der Strafanstalt **Bernau** abgegeben. Noch im Jahre 1987 war die Lok im Einsatz beim **Torfwerk Maier in Rottau** (Sliwinski, 1991, 110). Sie dürfte die letzte, heute noch existierende Lok der Waldeisenbahn Spiegelau sein. Es wäre an der Zeit, zu erkunden ob sie noch existiert und ob ein Ankauf möglich ist (Abb. 96).

Deutz, Nr. 590: Die Lok Deutz Nr. 590 mit nur 8 PS Leistung wurde schon 1920 von Deutz gebaut. Sie war zunächst auf der Waldbahn **Neuhaus-Spitzingsee** im Einsatz. Danach verkehrte sie auf der Waldbahn **Jägerau, Rott a. Inn**. 1931 gelangte sie dann, zusammen mit der Krauss Dampflok Nr. 7637, nach Spiegelau. Wegen der geringen Motorleistung von nur 8 PS war die Lok den schweren Anforderungen in Spiegelau nicht gewachsen und häufig defekt. Schon 1938 wurde sie wegen nicht mehr zu behebender Schäden aus dem Verkehr genommen. Sie tauchte aber nach 1945 immer noch in der Inventarliste der Waldbahn auf. Der weitere Verbleib ist nicht bekannt.

12.3 Trucks, „Rollwagl"

Begriffe: Der Begriff Truck kommt aus der englischen Sprache und bedeutet einen Güterwagen der Eisenbahn. In unserem Zusammenhang versteht man unter Truck in der Fachsprache einen **Drehschemel-Wagen** für den Transport von Holz. Bei den Einheimischen war dieses Fahrzeug unter „***Rollwagl***" bekannt (Abb. 97).

1 Mittelpufferkupplung
2 Bremskurbel
3 Bremsgestänge
4 Rahmen
5 Kuppelhaken mit Kette
6 Qerträger
7 Rungen

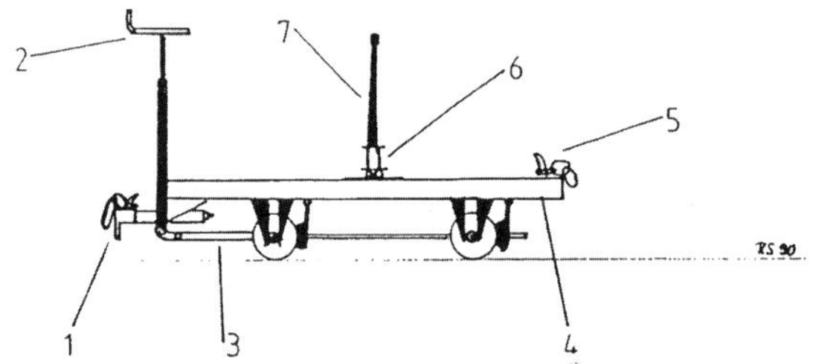

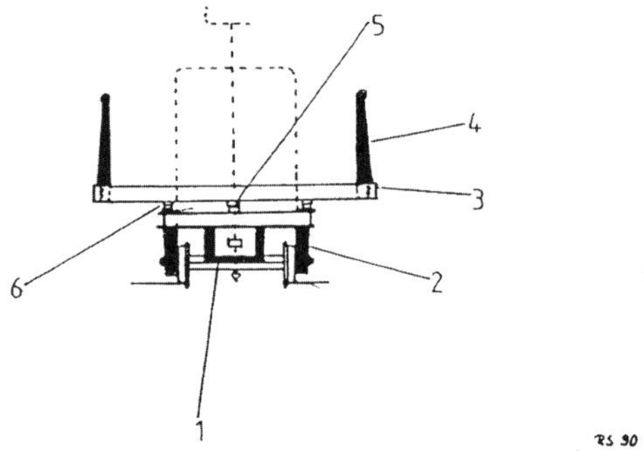

1 Kupplungskasten
2 Achslager
3 Stecksicherung für Rungen
4 Rungen
5 Drehpfanne mit Zapfen
6 Laufräder für Querträger

Abb. 97: Ein Truck („Rollwagl") im Längsschnitt (oben) und im Querschnitt (unten); Brems-Truck, 1-7 Erklärungen. (Sli S. 112)

Ein Drehschemel-Wagen ist ein einfacher Flachwagen mit 2 Achsen ohne Stirn- und Seitenwände, der meist paarweise eingesetzt wird. In der Wagenmitte befindet sich in der Drehpfanne ein Drehschemel (unten, Nr. 5). Dieser besteht aus einem stählernen Querträger (oben, Nr. 6), der umklappbare **Rungen** mit der Stecksicherung (unten Nr. 4, 3) aufnimmt. Durch seitliche Laufräder werden die Querträger (unten, Nr. 6) gestützt. Die beiden Rungen werden in aufrechter Stellung bei beladenem Fahrzeug miteinander durch Ketten verbunden und gespannt. Die Ketten können durch Einschlagkeile am Ladegut befestigt sowie durch eine Stecksicherung am Querträger festgemacht werden.

Lauf- und Brems-Trucks: Je nach der Ausstattung ohne oder mit Bremse unterscheidet man **Lauf-Trucks** und **Brems-Trucks**. Bei der Zusammenstellung eines Zuges wurden jeweils 2 Lauf-Trucks und 2 Brems-Trucks miteinander gekuppelt. Bei den Brems-Trucks sind dabei die beiden Stirnseiten mit den Bremskurbeln gekuppelt worden. Das hatte den Vorteil, dass zwei Brems-Trucks von einem einzigen Bremser gleichzeitig bedient werden konnten. Die Verbindung der Trucks untereinander erfolgte durch **Mittelpuffer-Hakenkupplungen**. Bei der Lastfahrt mit Langhölzer ist die Verbindung der beiden Trucks durch das Ladegut hergestellt worden. Bei einer Leerfahrt dann durch die Kupplungen. Beim Transport von Schichtholz oder Scheiter sind zwei Trucks mit Langhölzer mit einem Aufbau miteinander verbunden worden. Das Schichtholz wurde dann auf diese Langhölzer quer zur Fahrtrichtung aufgesetzt. Für diesen Zweck sind von der Industrie auch fertige Aufbauten angeboten worden, die auf die Trucks aufzusetzen waren. (Abb. 98, 99)

Abb. 98: Brems-Truck (rechts), gekuppelt mit Lauf-Truck (links) mit gekippter Runge.

Zu leicht gebaute Trucks: Die ersten in Spiegelau eingesetzten Trucks, stammten von den oberbayerischen Waldbahnen in Ebersberg und aus dem Nürnberger Reichswald. Für die hohen Anforderungen der Abfuhr von Holz aus den Hochlagen, waren diese viel zu leicht gebaut. Wir lesen in einem Inspektionsbericht aus dem Jahre 1910: *„...Besonders häufig entgleisen die völlig abgefahrenen Nürnberger Trucks ...“*. Oder: *„... Nürnberger Trucks sind baldmöglichst durch neue zu ersetzen ...“*.[36] Einem forstamtlichen Bericht von 1911 ist zu entnehmen, dass bei der Waldbahn in Spiegelau von insgesamt 203 Trucks, 172 (also 85 %) nicht brauchbar sind.[37] Deshalb wurden diese alten, abgenutzten Trucks nach und nach ausgemustert, an Interessenten weitergegeben und durch neue Trucks ersetzt. Diese alten Trucks wurden von **Krupp in Essen** gebaut und hatten eine Tragfähigkeit von nur 1.200 kg je Truck. Für einen wirtschaftlichen Transport von Langholz, das Ziel der Waldbahn, waren die **Krupp-Trucks** zu leicht gebaut und nicht geeignet. Besonders gut bewährten sich dagegen die 31 Trucks, die schon im September 1908 von der Fa. Orenstein & Koppel geliefert worden sind. Die hatten eine Traglast von 2.000 kg (60 % mehr) und wogen 350 kg ohne Bremsen (Abb. 100).

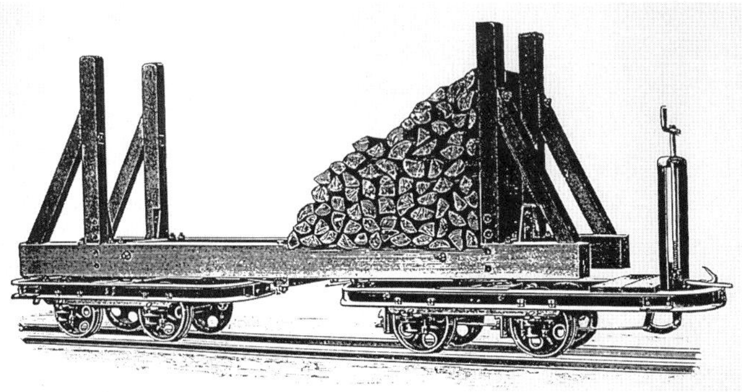

Abb. 99: Beim Transport von Schichtholz wurden 2 Trucks mit einem Aufbau verbunden (Werkbild: Orenstein & Koppel).

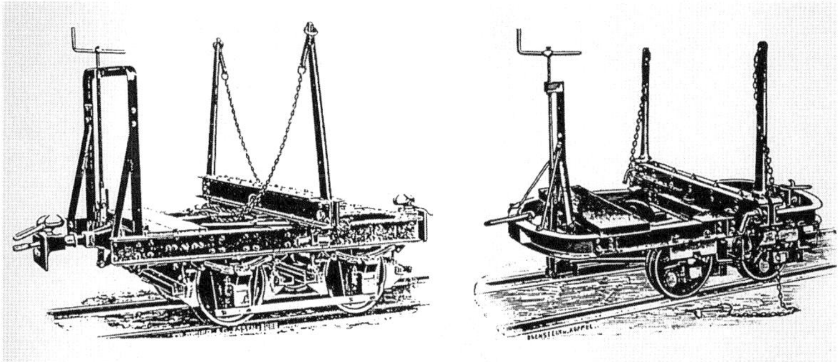

Abb. 100: Vergleich: Truck der Fa. Krupp mit 1.200 kg Traglast (links) und der Fa. Orenstein & Koppel mit 2.000 kg Traglast, jedoch ohne die in Spiegelau übliche Mittelpufferkupplung.

[36] StAL, 168/2, Nr. 4510, Inspektionsbericht vom 31. März 1910.

[37] StAL, 168/2, Nr. 4510: Forstamtl. Bericht des Forstamtes Spiegelau vom 24. 1. 1911

Durch die guten Erfahrungen mit den Trucks der Fa. Orenstein & Koppel sind dann im Jahre 1911 weitere 119 Trucks gekauft worden. Von entscheidender Bedeutung für die spätere Leistungsfähigkeit der Spiegelauer Waldbahn war, dass O&K auf die praktischen Erfahrungen und Wünsche der Betriebsleitung in Spiegelau einging und diese Trucks in verschiedenen Bauteilen weiter verstärkt hat. So erreichten sie eine Traglast von 2.500 kg je Truck: Auch einen Raddurchmesser von 350 mm, Außenachslager mit Evolut-Federn, gefederte Mittelpufferkupplung, Drehstuhl aus Stahlguss, klappbare Rungen mit patentierter Sicherheitsauslösung und Rungen mit 500 oder 1.000 mm Länge mit Ketten und Einschlagkeilen. Diese Lauf-Trucks hatten nun ein Gewicht von 510 kg und kosteten 210.- Mark: Brems-Trucks, Gewicht 615 kg, Preis 250.- Mark. Mitte der 20er Jahre wurden wieder Trucks dieses Typs geliefert, die im Vergleich zu 1911 noch weiter verstärkt worden sind.

Spiegelauer Trucks: Im Jahre 1930 sind die Trucks noch einmal nach den Wünschen der Betriebsleitung verstärkt und mit 5.000 kg Traglast ausgeliefert worden: Inzwischen sind die Erfahrungen von 19 Jahren Waldbahnbetrieb unter schwersten Bedingungen in den Bau von ganz besonders robusten Trucks in die Entwicklung geflossen. Von der Firma Orenstein & Koppel wurde dieses Baumuster 1930 als *„**Spiegelauer Truck**“* angeboten. Durch die Mithilfe und ständige Beobachtung der Spiegelauer Waldbahnerer wurde dieses „**Rollwagl**“ zum Qualitätsbegriff: Es zeichnete sich vor allem durch die ganz besondere Laufgüte und Sicherheit beim Transport von schwersten Lasten aus. Durch diese guten Eigenschaften ist dieser Truck auch von anderen Firmen und in anderen Spurweiten in großer Zahl nachgebaut worden.

Mit diesen neuen *„Spiegelauer Trucks“* konnten nun bis zu 10 Festmeter Buchenholz je Wagen gefahren werden. Die neuen Trucks hatten nun ein Gewicht von 11,00 kg und waren mit einer neu entwickelten 4-klötzigen **Spindelbremse** ausgerüstet. Mit der vorher verwendeten 8-klötzigen Bremse hatte man wegen des ungleichmäßigen Löseverhaltens keine guten Erfahrungen gemacht (Abb. 101).

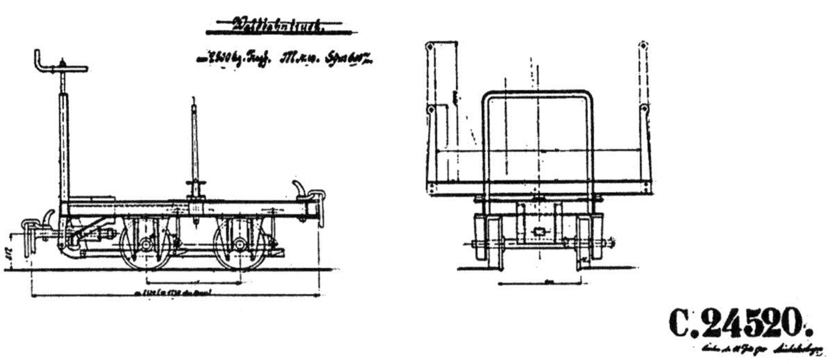

Abb. 101: Technische Zeichnung des „Waldbahn-Truck“ von 1911, dem Urahn des späteren, legendären „Spiegelauer Truck“ von 1930 (Sli S. 115).

Die Übersicht zeigt die Anzahl aller vorhandenen Trucks bei der Spiegelauer Waldbahn in den 60 Jahren von 1898 bis 1958. Von der Fa. Orenstein & Koppel, München, wurden ständig neue, verstärkte Trucks entwickelt und geliefert (Abb. 102).

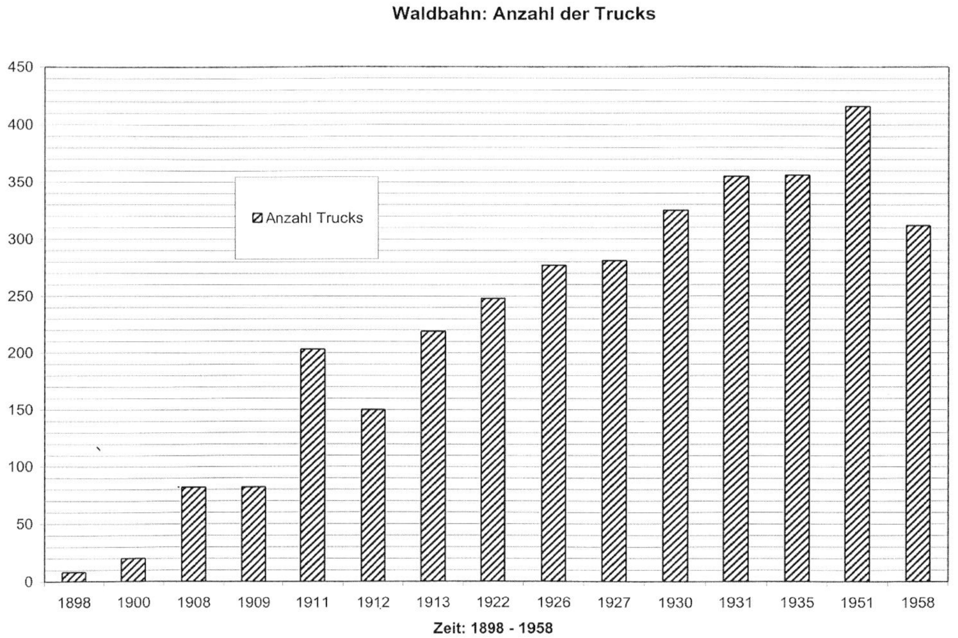

Abb. 102: Trucks: Übersicht über die Anzahl aller vorhandenen Trucks bei der Spiegelauer Waldbahn in den 60 Jahren von 1898-1958. 1951 waren 415 Trucks im Einsatz.

Mit den Lokomotiven gelangten auch am Ende des Zweiten Weltkrieges im Winter 1944/45 Trucks aus Polen nach Spiegelau: So 30 Garnituren von sogenannten „***Elevator-Trucks***“ und 20 Truck-Pärchen des Typs „Friedensbahn“. Diese Trucks waren Nachbauten der Spiegelauer Trucks. Leider hatten sie eine Spurweite von 750 mm und konnten nicht eingesetzt werden. Dank der guten persönlichen Beziehungen von Forstmeister Bauer zum Leiter der Forstverwaltung des Bundesforstamtes in **Reichraming**, Oberösterreich, konnten 60 Trucks gegen ein **Raupen-Rückefahrzeug** eingetauscht werden: Ein Beweis, dass die damals übliche Tauschwirtschaft auch für den Betrieb der Waldbahn wichtig war. Nach der Auflösung des Betriebes der Waldbahn in Spiegelau 1960 wurden die nicht mehr benötigten Trucks an Sägewerke und an Schrotthändler verkauft. Von dort gelangten sie auch nach Oberösterreich und in südosteuropäische Länder. Etwa 70 noch verbliebene Trucks wurden an das **Alpentorf-Werk Ainring** bei **Teisendorf** abgegeben. Hier müssten sie als Untergestelle für die Torfwagen auch heute noch im Einsatz sein.

13 Fahrbetrieb

Die Spiegelauer Waldbahn war ein Unternehmen mit einem bedeutenden Fuhrpark: Zeitweise waren 7 Dampflokomotiven, 7 Motorlokomotiven und bis zu 415 Spezialfahrzeuge des Typs „*Spiegelauer Trucks*“ auf einer Streckenlänge von 95 km unterwegs. Welche Berufe und Tätigkeiten hielten diesen Fahrbetrieb aufrecht?

13.1 Werkmeister

Ein vielbeschäftigter Beamter: Der wichtigste Beamte für den Fahrbetrieb der Waldbahn war der **Werkmeister** oder **Betriebsleiter**. Seine Aufgabe war die Planung und Einteilung des gesamten Fahrgeschäftes in den fünf Forstämtern Klingenbrunn, Spiegelau, St. Oswald, Mauth West und Mauth Ost (Fellmeth, 1926, 614). Ferner war er für den Unterhalt der Gleise auf dem über 95 km langen **Streckennetz** zuständig. Die verschiedenen Partien der **Holzverlader** an den fünf Forstämtern wurden von ihm und seinen Mitarbeitern an insgesamt 56 Einsatzorten der Lagerplätze eingeteilt. Heute ist kaum mehr vorstellbar, wie ohne Funk, Telefon und Handy, nur durch Boten und „***Einsagen***“, die Logistik in einem Gebiet das sich über 16 km erstreckte, bewältigt werden konnte.

Zu seinem Aufgabenbereich gehörte auch, zusammen mit den Mitarbeitern im „***Kontor***“, den Kontoristen, die Fertigung der **Lohnlisten** und der Rechnungsbelege. Er führte auch die **Einnahmebücher**. Der Werkmeister stellte die Rechnungen an die Auftraggeber aus über alle Frachten und die **Standgebühren** für die Lagerplätze. Er hat auch die vielen **Reparaturarbeiten** in den **Werkstätten** eingeteilt und überwacht. In einem **Lagerbuch** wurden alle vorhandenen Vorräte eingetragen. Bei diesen vielfältigen Aufgaben wurde er auch von den **Maschinenmeistern** und den Lokomotivführern unterstützt.

Logistik Holztransport: Der Transport dieser großen Holzmengen auf der Waldbahn, vor allem nach den Windwürfen von 1929, war eine eindrucksvolle logistische Leistung: Zu jeder Zeit musste jede Verladerpartie genau wissen, was und wo auf den 56 Lagerplätzen der 95 km langen Gleisstrecke gerade verladen werden musste. Wie war dieser Holztransport bei der Waldbahn organisiert? Für diese Logistik spielte ein **Formblatt** des örtlich zuständigen Forstamtes eine wichtige Rolle. Darauf wurde dem Werkmeister in Spiegelau die abzufahrende Holzmenge, die Art des Holzes ob Langholz oder Scheiter, die **Losnummer** sowie der Name des Lagerplatzes zum Einladen und der vorgesehene Lagerplatz zum Ausladen in Spiegelau oder Klingenbrunn mitgeteilt. Dieses Formblatt ist durch Boten zugestellt worden. Mit diesem Formblatt hat jedes der 5 zuständigen Forstämter das abzufahrende Holz dem Werkmeister der Waldbahn an der Einladestelle übergeben, „*überwiesen*“, wie es hieß. Auf diese Weise hatte der Werkmeister immer den vollständigen Überblick, auf welchem der 56 Lagerplätze, welche Art des Holzes abzufahren war. Diese Kenntnis war für einen rationellen Betrieb ohne viel Leerlauf auch notwendig: Besonders wichtig waren für den Werkmeister die Arbeitsanweisungen und die Einteilung seiner Lokführer.

Holzabfuhr: In der Hochsaison waren täglich immer mehrere Züge unterwegs. Bei einer Hinfahrt, der „***Leerfahrt***“, musste auch eine der abzufahrenden Holzart Langholz oder Scheitholz entsprechend zusammengestellte **Leer-Garnitur** an Rollwagen an einen Lagerplatz gebracht werden. Bei der Rückfahrt wurde dann dieser beladene Zug an die **Überladestellen** der Bahnhöfe der Reichsbahn in Spiegelau oder Klingenbrunn gefahren. Wurde die Leer-Garnitur an den Lagerplatz gebracht, hatte der Werkmeister vorher schon die für diesen Lagerplatz zuständige **Verlader-Partie** beim Forstamt angefordert. Besonders ärgerlich war für die im Akkord arbeitenden Holzverlade-Partien, wenn sie den Lagerplatz nach langen Fußmärschen erreichten und es stand noch keine Leergarnitur zum Beladen bereit: In dieser Zeit konnten sie kein Geld verdienen, auch wenn die Schuld manchmal beim Werkmeister lag. Gleichzeitig durften aber die Leergarnituren auch nicht zu lange auf den Holzlagerplätzen herumstehen. Wie **Leo Hawalik**, Riedlhütte-Häuser, erzählte, waren die Leergarnituren mit insgesamt vorhandenen 415 Trucks im laufenden Fahrbetrieb in der Hochsaison immer knapp. In diesem eng aufeinander abgestimmten Räderwerk sind auch Engpässe aufgetreten. Vor allem dann, wenn das von der Waldbahn in Spiegelau abzuladende Holz nicht auf die **Waggons der Reichsbahn** überladen werden konnten, weil diese nicht rechtzeitig bereit standen. In diesen Fällen musste das Holz auf die Lagerfläche in Spiegelau abgeladen werden. Oft reichte aber die in Spiegelau vorhandene Lagerfläche nicht mehr aus: Die mit der Waldbahn einlaufenden Frachten konnten dann nicht mehr entladen werden: Der gesamte Fahrbetrieb war empfindlich gestört. Bei der Leerfahrt zu den Lagerplätzen standen dann auch nicht genug entladene Rollwägen zur Verfügung. Die Holzverlader konnten an den Lagerplätzen im Hochwald in diesen Fällen nicht zügig weiterarbeiten: Oft mussten sie schon mittags den Heimweg antreten. Das bedeutete aber bei ihren geringen Akkord-Tarifen immer einen empfindlichen Lohnverlust.

In diesen Fällen der Störung des laufenden Fahrbetriebs war der Werkmeister besonders gefragt: Wenn in Spiegelau „nichts mehr ging", musste er den gesamten Fahrbetrieb und die Holzverlader auf den Holzhof und die Lagerplätze in Klingenbrunn umlenken. Diese hier geschilderte Aufgabe des Werkmeisters wurde etwas erleichtert, wenn die Holzverlader meist mehrere Tage am selben Holzlagerplatz beschäftigt waren: Solange bis dieser abgeräumt war. In diesen Fällen konnten sich die Holzverlader mit den Lokführern austauschen und dem Werkmeister in Spiegelau für den Fahrbetrieb wichtige Nachrichten übermitteln.

Der Werkmeister verständigte auch den **Käufer des Holzes** über den Beginn und das Ende des Holztransportes. Der Käufer wollte über den Beginn der Verladung informiert sein. Damit konnte er, wenn notwendig, eine besondere Behandlung seines Holzes beim Verladen sicherstellen: So durften die Holzverlader beim Aufladen der schweren Blöcher bei den wertvollen Hölzern für den Bau der **Musikinstrumente** nicht mit dem **Sapie** arbeiten. Das Einschlagen des Sapies beim Aufwärtsrollen hat tiefe Löcher in das Bloch gerissen. Dieses „***Geigenholz***", wie es auch genannt wurde, ist ohne Hilfsmittel von Werkzeugen nur mit Körperkraft auf die Wagen gerollt worden. Auch das sonst übliche Einschlagen der **Kettenhaken** zur Sicherung und Verspannung der Rungen der beladenen Wagen bei der **Lastfahrt**, musste vermieden werden.

Namen der Werkmeister: Den Betrieb der Waldbahn am Bahnhof in Spiegelau leiteten von 1909 bis 1960 nach den Aussagen des Holzverladers **Sammer, Georg**, jun., folgende Werkmeister oder Betriebsleiter:

Schmeller: Von 1909 bis zum Ende des 1. Weltkrieges 1918. **Obermeier**: Tätig von 1918 bis um 1936.

Zinkl und **Grimm**: Tätig von 1936 bis 1947. **Döringer**: Tätig von 1947 bis 1960.

Der Fahrbetrieb der Waldbahn war durch die **Waldbahn-Ordnung** geregelt. Sie wurde von der Regierung von Niederbayern erlassen und enthielt die Bestimmungen über die Leitung, den Betrieb und die Benutzung. Gleichzeitig war sie auch die **Dienstanweisung** für die Lokomotivführer, Heizer, Bremser und die Streckengeher. Es gibt leider keine Zahlen, wie viele Personen diese Berufe ausübten. In der Statistik wurde in den Jahren 1922 bis 1929 auch der Fahr- und Verladedienst gemeinsam erfasst: Erste Zahl: Zahl der Beschäftigten; zweite Zahl: Dauer der Beschäftigung in Monaten im jeweiligen Jahr. 1922: 25 Personen/7Monate; 1923: 23/7; 1924: 26/8; 1925: 26/7,5; 1926: 40/5; 1928: 32/8; 1929: 45/8. Ab 1930 erfassen die Zahlen nur die im Fahrdienst beschäftigten Personen: Lokomotivführer, Heizer, Bremser (Abb. 103).

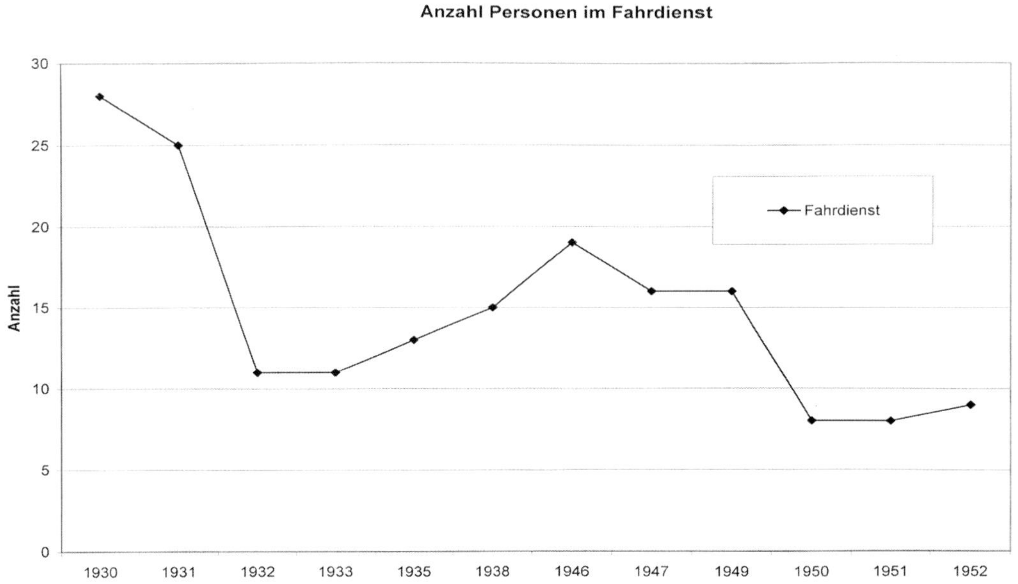

Abb. 103: Die im Fahrdienst als Lokomotivführer, Heizer und Bremser beschäftigten Personen von 1930 bis 1952.

In den Jahren 1930 und 1931 wirkte das Windwurfjahr von 1929 noch nach: Das Windwurfholz musste aufgearbeitet und abgefahren werden. Die Statistik weist auch aus, wie viele Monate der Fahrdienst in dieser Zeit beschäftigt war. Bei dieser wechselnden Arbeitszeit zwischen 7 und 12 Monaten war neben dem Schneefall auch der Arbeitsanfall maßgebend. Wenn, wie 1932, noch viel Holz im Wald stand und **Abfuhrverträge** noch zu erfüllen waren, wurden die tiefer gelegenen Strecken mit dem **Schneepflug** schneefrei gehalten und Holz auch im Winter abgefahren. Abfuhrzeiten in den einzelnen Jahren: 1930: 9 Monate; 1931: 8; 1932: 12; 1933: 10; 1935: 7; 1938: 7; 1946: 8; 1947: 10; 1949: 8; 1950: 8; 1952: 9 Monate.

13.2 Lokomotivführer

Die Bedienung der Lokomotiven als **Lokomotivführer** war die technisch anspruchsvollste Tätigkeit bei der Waldbahn. Entsprechend hoch stand diese Tätigkeit auch im Ansehen bei der Bevölkerung. Mit großer Hochachtung wurden an den langen Winterabenden kleine Begebenheiten über die Waldbahn und ihre **Lokführer** erzählt. Wie hat die Arbeitswelt der Lokführer ausgesehen? Welche Familiennamen lassen sich heute noch, 45 Jahre nach dem Abbau der Waldbahn 1960 erfragen?

„*Zur Bedienung der Dampfmaschinen sind 2 Lokomotivführer vorhanden*", schreibt Fellmeth, 1926, 614. Einer war ein beamteter Maschinenmeister, der als Berufs-Lokomotivführer eine Dampflokomotive führte. Ein weiterer Dampflokführer, „*ein Vertragsangestellter*", hatte als Qualifikation eine Führerprüfung für **Industrie-Kleinbahnen** mit staatlichem Zeugnis. Als Führer der damals „*neuen benzin-elektrischen Lokomotiven*" vom Typ Gebus konnten noch zwei Schlossergehilfen „*nach Anlernung durch die Lieferfirma*" in Salzburg verwendet werden. Die geprüften Lokführer waren Moser Lorenz und Hötzendorfer. Die angelernten Lokführer Rotkopf, Kaufmann, Friedl Paul, Graup Max und Grimm Max.

Arbeitswelt der Lokführer: Beim Arbeitstag des Lokführers müssen wir unterscheiden, ob er bei den Herstellern auf einer Dampflok oder einer Diesellok ausgebildet wurde.

Dampflokführer: An einem normalen Arbeitstag bei der Waldbahn begann die Tätigkeit des Dampflokführers um 7 Uhr morgens. Er wusste, dass sein Heizer schon viel früher auf den Beinen war und seine Dampflok bereits für einen langen Arbeitstag vorbereitet hat. Zur Sicherheit kontrollierte er noch einmal alle Schmierstellen, die Vorräte an Wasser und ob die **Tender** mit Steinkohle gefüllt waren. Seine nächste Aufmerksamkeit galt dem **Rüstwagen**, den er bei jeder Leerfahrt zwischen Lok und Zug angekoppelt hatte. Bei einer Lastfahrt wurde der Rüstwagen war der Lok hergeschoben. Er bestand aus zwei Trucks mit dem Aufsatz einer Plattform. Auf dem Rüstwagen befanden sich alle Gerätschaften, auf die bei einem nicht vorhersehbaren Ereignis im Hochwald nicht verzichtet werden konnte: Werkzeuge wie Äxte, Haken, Ketten verschiedener Stärke, Seile, Sapien, **Hebe- und Schlittenwinden**, Bohlen „*zum **Aufgleisen***", **Hemmschuhe** und auch Betriebsstoffe. Das „*Aufgleisen*" wurde notwendig, wenn ein Wagen in einer engen Kurve aus den Gleisen sprang. Für diese Ausrüstung für Notfälle war der Lok-Führer verantwortlich. Auf diesem Rüstwagen wurden aber auch oft die Werkzeuge und Arbeitsgeräte der Holzverlader und Holzhauer mitgeführt, damit diese sie nicht bis an die oft stundenweit entfernten 56 Holzlagerplätze und Hieb-Orte tragen mussten. Man kannte sich untereinander und hat sich, soweit es ging, gegenseitig „*ausgeholfen*". Bei der Spiegelauer Waldbahn waren insgesamt 4 solcher Rüstwagen vorhanden.

Nun war die Dampflok betriebsbereit. Je nachdem, wie viel Holz an den Lagerplätzen zur Abfuhr bereitstand, dauerte der Fahrdienst unterschiedlich lang. An einem normalen Arbeitstag war der Fahrdienst um 18 Uhr beendet. Ein **Dampf-Lokführer** und sein Heizer konnten aber da noch nicht nach Hause gehen. Seine Dampflok musste noch „*abgerüstet*" werden. Dabei war die **Flugasche** aus der **Rauchkammer** zu entfernen und der **Feuerrost** von Schlacke zu befreien. Erst danach konnte das **Ruhefeuer** angelegt und die Maschine abgestellt werden. So vorbereitet stand sie für den Einsatz am nächsten Tag bereit.

Diesellokführer: Viel einfacher hatte es da der Lokführer auf den Diesel- und Gebus-Lokomotiven. Er wurde meist im **Gebus-Lokomotivenwerk** in Salzburg, Österreich, über mehrere Wochen ausgebildet und mit allen Handgriffen vertraut gemacht. Bei den Dieselloks waren weit weniger Vorarbeiten notwendig. Durch die Einsparung des Heizers war ihr Betrieb auch wirtschaftlicher. Bei diesen Loks waren nur das Auffüllen von Kraftstoff, Motoröl und Kühlwasser notwendig. Der Kraftstofftank fasste bei den unterschiedlichen Typen zwischen 40 und 120 Liter Dieselkraftstoff. Als während des Zweiten Weltkrieges die Versorgung mit Dieselkraftstoff immer schwieriger und teuerer wurde, sind dann einige der Dieselloks auch mit **Holzvergaser-Motoren** umgebaut worden. Bei diesen Holzvergaser-Loks während der Kriegszeit war wieder ein Heizer notwendig. Er hatte dafür zu sorgen, dass im Vorratsbehälter genügend sorgfältig luftgetrocknete, etwa 30 cm lange „***Stöckeln***" aus Buchenholz mitgeführt wurden. Der Behälter für Motoröl fasste zwischen 15 und 30 Liter. Der an Kühlwasser zwischen 18 und 65 Liter. Als nächstes waren noch alle beweglichen Gelenke und Wellen über die Schmier-Nippel zu schmieren. Bei einem letzten Rundgang vergewisserte er sich, dass alle vorbereitenden Arbeiten gründlich ausgeführt und nichts vergessen wurde.

Ein genauer Fahrplan existierte bei der Waldbahn nicht. Waren mehrere Züge auf der eingleisigen Strecke unterwegs, wurden sie so an die einzelnen Verladestellen geschickt, dass es zu keinen unbeabsichtigten Zugbegegnungen auf der freien Strecke kam. Die Eingleisigkeit erwies sich in Stoßzeiten immer als Nachteil: Es wäre aber viel zu aufwendig geworden, die Waldbahn zweigleisig auszubauen. **Zugkreuzungen** wurden vom Fahrpersonal schon vor der Fahrt abgesprochen. Dabei musste an bestimmten Ausweichstellen oft der Gegenzug abgewartet werden. Der beladene Zug, der **Lastzug**, aus den höheren Lagen, hatte dabei immer den Vorrang vor den Leerzügen aus den tieferen Lagen.

Für die Kontrolle der Strecken waren die Streckengeher zuständig. Es war aber auch immer eine wichtige Aufgabe der Lokführer und ihrer Zugbegleiter, der Heizer und Bremser, während der Fahrten, sorgfältig auf den Zustand der Gleise zu achten. Sie konnten bei einer Fahrt mit einem voll beladenen Zug, die Stellen mit schlechtem Zustand und Schäden an den Gleisen meist besser und früher erkennen als der Streckengeher. Vor allem sahen sie bei einer Lastfahrt viel eher, an welchen Stellen in den Kurven, die Schwellen mit **Dechsel** und Schotter nachgebessert und „*unterfuttert*“ werden mussten. Waren Schäden an den Gleisen vorhanden, die von den Streckengehern nicht sofort an Ort und Stelle behoben werden konnten, wurden sie in einer verkehrsärmeren Zeit ausgeführt. Diese Arbeiten fanden meist unter der Aufsicht eines Lokomotivführers statt. Seine Erfahrungen waren bei diesen Reparaturarbeiten an den Gleisen stets gefragt.

Namen der Lokführer: Jedes Jahr im zeitigen Frühjahr vor der „*Wiederaufnahme des Waldbahnbetriebes*“ wurden die bei der Waldbahn in verschiedenen Tätigkeiten beschäftigten Personen mit ihren Stundenlöhnen in Listen zusammengestellt: Dieses Schreiben vom 23. März 1950 liegt uns mit dem Hinweis vor: „*Am Montag, den 3. April, früh um 7 Uhr wird der Waldbahnbetrieb bis zur Eröffnung des Fahrbetriebes in beschränktem Umfange wieder aufgenommen*“.[38] Der Hinweis, „*in beschränktem Umfange*“, bedeutete, dass vor der Aufnahme des Holztransportes nach der Schneeschmelze im zeitigen Frühjahr, die in den Höhen von 800 bis 1.000 m auf den Waldbahnstrecken verbliebenen Schneereste vom letzten Winter mit dem Schneepflug zunächst „*durchgerissen*“ werden mussten. Auch die Schäden an den Gleisen während des Winters durch Starkregen und Überschwemmungen der Bäche und Gräben, mussten ausgebessert werden. Dieser Quelle entnehmen wir neben den Namen vieler „*Waldbahnerer*“, auch die „*geprüften Lokführer*“ **Hötzendorfer Josef**, Spiegelau und **Moser Lorenz jun.**, Spiegelau, mit einem Stundenlohn von 1,10 DM. Als „*angelernte Lokführer*“ waren 1950 mit einem Stundenlohn von 0,95 DM tätig: **Rothkopf Josef**, Spiegelau; **Kaufmann Xaver**, Spiegelau; **Friedl Paul**, Oberkreuzberg; **Graup Max, jun.**, Spiegelau. Bei dem anspruchsvollen Beruf des Lokführers können wir auch die Weitergabe des Berufes an den Sohn feststellen: So war der Vater von Moser Lorenz (**Moser Lorenz sen.**) und Graup Max (**Graup Max sen.**) ebenfalls schon Lokführer bei der Waldbahn. Von einigen dieser Lokführer sind Abbildungen erhalten (Abb. 104, 105, 106, 107, 108, 109, 110, 111, 112).

Abb. 104: Lokführer Lorenz Moser (rechts) steht mit zwei Bremsern vor einer Dampflok mit einem beladenen Zug.

[38] Forstamt Spiegelau: Schreiben vom 23. 3. 1950; Unterlagen von Josef Goldmann, Spiegelau.

Abb. 105: Lokführer Lorenz Moser (Mitte) vor der Großen Gebus-Lok. Links: Holzaufkäufer, rechts: Bremser

Abb. 106: Lokführer Lorenz Moser im Führerhaus einer Diesellok am Bahnhof in Spiegelau.

Abb. 107: Lorenz Moser, geprüfter Lokführer steht vor einer Diesel-Lok.

Abb. 108: Die Lokführer Rothkopf (3. v. links) und Josef Hötzendorfer (4. v. links) vor einer kleinen Diesellok am Bahnhof Spiegelau. Erster von links der Bremser Burgstaller.

Abb. 109: Lokführer Michael Graup, Spiegelau, vor der Dampflok; rechts drei Bremser, im Führerhaus ein Heizer, mit einem Zug Schleifholz.

Abb. 110: Der Lokführer Michael Graup, Spiegelau (rechts) vor einer kleinen Dampflok (Foto: Gusti Rosenthaler, Neuschönau).

Abb. 111: Lokführer vor seiner Dampflok.

Abb. 112: Leere Wägen, eine „Leergarnitur", auf der Fahrt zum Lagerplatz.

Lokführer Moser Lorenz, jun., ein Lebensbild: Für **Lorenz Moser** muss es schwer gewesen sein, bei der Beendigung des Waldbahnbetriebes 1960, mit ansehen zu müssen, wie seine Lokomotiven, so nach und nach verkauft und verschrottet wurden. Sein ganzes Arbeitsleben lang war sein Arbeitsplatz im Führerstand dieser Lokomotiven. Während des Abbaus 1960 hat Lorenz Moser mit einem Waldbahnzug, über die nicht mehr gewarteten, schadhaften und holprigen Gleise, die letzten Gleisreste eingesammelt. Über 25 Jahre hat er schwere Baumstämme, Blöcher, und Scheitholz nach Spiegelau und Klingenbrunn zum Bahnhof gefahren. Dabei hatte er meistens mit den 10 vollbeladenen Wägen, mit je 10 Festmeter (100 Festmeter) etwa 1.550 Zentner (77,5 Tonnen) Gewicht am Haken seiner Lok.Oft waren bedrohliche Situationen an den Steigungen und abschüssigen Stellen zu meistern. Nach der Auflösung der Waldbahn hat er das ehemalige **Bürogebäude**, das Kontor, mitten im früheren Waldbahnhof an der Neuhütter Straße in Spiegelau, käuflich erworben und blieb so der ehemaligen Waldbahn auch im Ruhestand sehr nahe.

Zeitler, (um 1985), hat dem *„letzten Lokführer der Spiegelauer Waldbahn"*, Lorenz Moser jun., im Grafenauer Anzeiger ein Lebensbild gewidmet: Hier erfahren wir, wie schwierig es um 1920 in dieser Gegend war, für eine gehobene Tätigkeit einen Lehrplatz zu finden. Sein Vater, **Lorenz Moser sen**., war zunächst Lokführer bei der **Regentalbahn** in **Viechtach** gewesen. 1909 wurde dann eine Lokführerstelle bei der Spiegelauer Waldbahn ausgeschrieben und er bekam sie. Sein Sohn Lorenz (*1905) ging in Spiegelau zur Schule. Als er, mit noch nicht 15 Jahren, 1920 aus der Volksschule und Feiertagsschule entlassen wurde, stand sein Berufswunsch schon fest: Ich werde auch Lokführer. Sein Vater hatte ihn in diesen Beruf gründlich eingeführt: Er war auf Fahrten mit der Waldbahn oft mit dabei. Hinter der Dienstwohnung im Kontorgebäude schaute er jeden Tag nach der Schule zu, wie mit den kleinen Lokomotiven den ganzen Tag rangiert und neue Züge zusammengestellt worden sind. Am Bahnhof in Spiegelau wurden die Waldbahnzüge abgeladen und das Holz auf die Waggons der Reichsbahn wieder aufgeladen. Es herrschte reges Treiben auf diesem wichtigsten Umschlagplatz für Holz im Bayerischen Wald.

Lehrzeit als Schlosser: Um Lokführer zu werden, musste er eine Schlosserlehre antreten. Für diesen damals neuartigen Beruf, gab es aber in der Umgebung von Spiegelau weit und breit keine Lehrstelle. Schließlich fand sein Vater einen Lehrbetrieb im weit entfernten **Parsberg** in der Oberpfalz. Diese Lehre dauerte damals dreieinhalb Jahre und kostete seinem Vater insgesamt 350 Rentenmark: Für eine Lehre musste der Lehrherr bezahlt werden. Dem Vater ist es damals sicher schwer gefallen, dieses Geld aufzubringen.

Diese Lehre war eine harte Zeit und der Arbeitstag sehr lang: Oft waren die Lehrlinge schon um 5 Uhr früh auf den Beinen und kamen erst um 22 Uhr aus der Werkstatt. Urlaub gab es nur jedes Jahr 3 Tage zu Weihnachten. Berichten wir aus einem Lehrvertrag dieser Zeit: (Handwerkskammer Oberbayern, 1909): „... *Der Lehrherr verpflichtet sich, den Lehrling durch eine dem Zwecke der Ausbildung entsprechende Anleitung, durch Beschäftigung mit allen in seinem Betriebe vorkommenden Arbeiten und auch mit anderen allgemein gebräuchlichen Handgriffen des zu erlernenden Handwerks zu einem tüchtigen Gesellen heranzubilden, ihn zur Aufmerksamkeit und zu guten Sitten anzuhalten und nach Kräften vor Lastern und Ausschweifungen zu bewahren"*.... Der Lehrling hatte dagegen folgende Pflichten:

„ ... Der Lehrling verpflichtet sich, alle Obliegenheiten, welche ihm der Vertrag und das Lehrverhältnis überhaupt auferlegen zu erfüllen, sowie allen berechtigten Anforderungen, die der Lehrherr an ihn stellt, nachzukommen. Der Lehrling unterwirft sich den Bestimmungen der für den Betrieb geltenden Werkstatt-Ordnung ... Der Lehrling ist der väterlichen Zucht des Lehrherrn unterworfen und dem Lehrherrn zur Folgsamkeit und Treue, zu Fleiß und anständigem Betragen verpflichtet. Der Lehrling hat folgendes Werkzeug sich selbst anzuschaffen und während der Lehrzeit instand zu halten (Aufzählung des Werkzeugs). Der Lehrling hat die Werkstatt aufzuräumen. Außerdem verpflichtet sich der gesetzliche Vertreter (der Vater), Schäden, die der Lehrling durch nachweislich grobes Verschulden dem Lehrherrn zufügt, dem Letzteren zu ersetzen und verbürgt wegen aller dieser Leistungen als Selbstschuldner...". Unter diesen Bedingungen waren „Lehrjahre keine Herrenjahre". So brachte es der Volksmund knapp und treffend zum Ausdruck. Heute sind diese Bedingungen einer Schlosserlehre für einen 15 bis 17jährigen kaum mehr vorstellbar.

Lorenz Moser wird Lokführer: Die Geldentwertung und die schwere Wirtschaftskrise strebte gerade ihrem Höhepunkt zu, als er 1923 ausgelernt hatte. Mit der Spiegelauer Waldbahn ging es nach 1923 wieder aufwärts als ihn sein Vater heimholte. 1924 konnte er bei der Waldbahn anfangen. Ein Jahr war er in der Werkstatt beschäftigt und wurde dann **Aushilfsheizer** bei den Fahrten mit den Dampflokomotiven. 1926 kaufte die Waldbahn von der Salzburger Lokomotivenfabrik Gebus Motorloks. Zusammen mit einem Arbeitskollegen schickte ihn das Forstamt Spiegelau nach Salzburg. Drei Monate lang ist er hier als Lokführer gründlich ausgebildet worden. Fast wäre er auch in Salzburg geblieben. Doch die Lokfabrik durfte wegen der noch immer schlechten Wirtschaftslage keine Ausländer einstellen. Lorenz Moser kam nach Spiegelau zurück und war nun der Lokführer für die Gebus-Lokomotiven. Er blieb bis zum Abbau der Waldbahn 1960 und dann noch bis 1967 beim Staatl. **Forst-Maschinenbetrieb Spiegelau.**.

Ein einmaliges Dokument sind seine Schilderungen über seine Erlebnisse als Lokführer in den weiten Wäldern am Rachel und Lusen. Zeitler, um 1985, beschreibt sie so: „*... Ja, und dann erzählt der alte Lokführer von früheren Zeiten. Wenn sie im Sommer durch die tiefen Wälder zuckelten und es so heiß war, dass die Luft flimmerte. Manchmal trafen sie auch einen* ***Wilderer*** *mit geschwärztem Gesicht, der gerade zur ‚Arbeit' ging. Und* ***Schwammerl*** *gab es über und über. Oft zog er seine blaue Jacke aus, legte sie auf den Waldboden und warf die Pilze ringsherum hinein: Dobernigl, Rotkappen, Stockschwammerl und andere".*

Lorenz Moser kam dann auf seinen täglichen Arbeitsalltag zu sprechen:„*Gefahren wurde so lange es ging. So lange es also nicht zuviel Schnee gab. Die Fahrt nach Mauth dauerte zwei Stunden. Da wurde (täglich) meist nur eine Fahrt gemacht. Doch wenn man nur zehn Kilometer weit fahren musste, so waren drei Touren pro Arbeitstag schon die Norm. Ein normaler Zug hatte bis zu 30 (Roll)-Wagen (je 2 Rollwagen gekoppelt, 15 Wagen, wurden mit Blöchern oder Scheitholz beladen). Vor der Lok lief der* ***Gerätewagen*** *mit Winden, Seilen und Werkzeug. Dahinter die Trucks, die zwei zweiachsige Rollböcke hatten. Für die* ***Graupsäge*** *machten sie auch Lohnfuhren und beförderten Bretter zum Staatsbahnhof Spiegelau. Die Gleise waren weit bis zum Rachel hinauf (Scheerhüttenstrecke, 1.000 m über NN: Kap. 6.6) und bis zum* ***Poschinger'schen Revier*** *(Strecke Hochstraße: Kap. 6.8) verlegt. Damals gab es auch noch sehr viel mehr Wild zu sehen. Hirsche waren recht häufig neben der Strecke auszumachen. Einmal setzte eine Rehgeiß ihr Kitz direkt zwischen die Gleise der Bahn".*

Besonders prägten sich im Gedächtnis von Lorenz Moser jun. die **tödlichen Unfälle** ein, die er erlebt hat. Er erwähnt zwei tödliche Unfälle, obwohl wir von drei Kenntnis haben: *„Es gab* (auch) *trübe Tage auf der Waldbahn: Zweimal kam es zu Unfällen, bei denen jeweils ein Toter zu beklagen war. Doch der Zusammenhalt war groß und die Arbeit im Wald zwar schwer, doch für einen echten Waldler auch schön".*

Die Lokführer mussten sehr vielseitig sein und die verschiedenen Lokomotiven fahren: „Natürlich mussten die Männer Meister der Improvisation sein. Sie fuhren nicht nur mit kleinen Dampfloks, auf denen sie ausgebildet wurden, sondern auch mit den Benzin-elektrischen Gebus-Loks und später mit den Diesellokomotiven. Jede Lok hatte andere Besonderheiten. Manchmal gab es unterwegs Reparaturen auszuführen, denn die schweren Züge beanspruchten die kleinen Lokomotiven ganz erheblich".

Oft hatten sie auch **Holzaufkäufer**, aus dem In- und Ausland angereiste Forstleute und **Forststudenten** zu befördern. Auch an eine Fahrt bei stockdunkler Nacht erinnert er sich: *„Für höhere Gäste gab es auch einen* ***Ausflugswagen*** *mit Vorhängen gegen Regen und Wind. Die Waldbahnangestellten mussten übrigens für ihr Holz, wenn sie dies über die Waldbahn nach Hause fuhren, auch den Transport bezahlen: So streng waren da die Bräuche. ...Einmal veranstalteten die Forstbeamten ein Waldfest in* ***Altschönau****. Um 17 Uhr sollte er sie mit dem Zug nach Spiegelau zurückfahren. Doch es wurde 22 Uhr, bis er endlich losfahren konnte. Und so rollte Lorenz Moser halt in völliger Dunkelheit mit seinem Zug nach Spiegelau. Denn Beleuchtung hatte die* ***Budig-Lok*** *keine. Dass es verhältnismäßig wenige Fotos von der Waldbahn gibt, hängt wohl auch damit zusammen, dass Oberforstmeister* ***Gustav Fellmeth*** *die Devise aufgestellt hatte: ‚Fotografieren tun unsere Bahn nur wir selbst'".*

13.3 Heizer der Dampflok

Bei der Spiegelauer Waldbahn hat man auf die Dampfloks bis zu ihrem Ende 1960 nie verzichtet. Deshalb waren für ihren Betrieb auch die **Heizer** notwendig. Wie sah die Arbeitswelt des Heizers einer Dampflok aus. Er war besonders früh auf den Beinen. Schon um 5 Uhr früh stand er an seiner Lok. Seine Aufgabe war es, die Dampflok auf einen langen Arbeitstag vorzubereiten. Dabei waren zunächst die Vorratsbehälter für Wasser der verschiedenen Loks mit 0.8 bis 1,1 Kubikmeter Wasser aufzufüllen. Da die Dampflok bei der Erzeugung von **hochgespannter Dampf** über den Kamin auch ständig Dampf (Wasser) verloren hat, musste dieses Wasser wieder nachgefüllt werden. Der Heizer wusste, dass ohne genügend Wasser im Wasserkessel dieser explodieren würde. Er kannte bei jeder Fahrt die Stellen genau, an denen ein Nachfüllen notwendig und auch möglich war. Zum Nachfüllen von Wasser wurden die auf der Strecke zu überquerenden Bäche genutzt. Über eine **Hebevorrichtung** (den **Elevator**) gelangte das Wasser in die großen Wasserbehälter auf beiden Seiten der Lok. Eine wichtige Stelle zum Wasserfassen bei einer Fahrt nach Mauth, war die Brücke über das Sagwasser bei der **Sagwassersäge** (Abb. 113).

Abb. 113: Die Dampflokomotive Nr 581 steht zum Wasser fassen vor einer Brücke an der Rachelstrecke. Über einen Wasserschlauch werden aus dem Bach (rechts unten) mit dem Elevator die Wasserbehälter auf beiden Seiten der Lok gefüllt.

Der Heizer musste sich auch vergewissern, ob für die lange Fahrt im Vorratsraum genug Kohle „*gebunkert*" war. Die Dampfloks konnten 3,0 bis 4,8 Doppelzentner Kohle aufnehmen. Die Dampflok wurde über Nacht mit einem „*Ruhefeuer*" abgestellt. Dadurch ist der **Dampfdruck** abgesunken. Frühmorgens musste der Heizer durch Anlegen eines neuen **Grundfeuers** den Dampfdruck bis zur Abfahrt wieder bis zur Betriebsspannung erhöhen. Während der Fahrt hatte er das Schürloch aus dem Vorratsbunker gleichmäßig mit Kohlen zu versorgen. Auch alle Schmierstellen mussten während des Tages öfter sorgfältig mit Fett und Öl versehen werden (Abb. 114).

Abb. 114: Der Heizer einer Dampflok bringt mit einer Ölkanne Öl an die Schmierstellen

Die Heizer waren meist ehemalige **Waldarbeiter**, die „angelernt" wurden: Sie sind „aus der Reihe der Taglöhner ausgewählt" worden. Dabei erhielten sie „*... aber mit Rücksicht auf ihre verantwortungsvollere Tätigkeit einen etwas höheren Stundenlohn als die übrigen **Zeitlohnarbeiter***". Die ehemaligen Holzhauer werden diese neue Tätigkeit besonders gern verrichtet haben: Sie war körperlich viel weniger anstrengend. Gleichzeitig konnten sie etwas mehr Geld verdienen.

13.4 Bremser

Die Trucks konnten nicht zentral von Fahrerstand der Lok gebremst werden. An den Trucks waren **Spindelbremsen** vorhanden. Diese mussten von Hand betätigt werden. So gehörten auch **Bremser** zur Partie des Fahrbetriebes. Wie hat ihre Arbeitswelt ausgesehen?

Nach der Zahl der zu beladenden Wagen, hat der Lockführer entschieden, welche Anzahl Bremser er mitnehmen musste. Bei einer Leerfahrt zum Holzlagerplatz, um die beladenen Wagen abzuholen, wurde immer auch eine Leergarnitur mitgenommen. Auch leere **Stückgutwagen** wurden angehängt, wenn die Sägewerke an der Hauptstrecke Bretter und geschnittene Balken zu transportieren hatten.

Die Normalbeladung eines Wagens mit zwei Trucks und vier Achsen waren in der Anfangszeit 4-6 Festmeter Langholz oder 10 Ster Scheitholz. Später konnten mit den verstärkten Trucks auch 10 Festmeter und mehr je Wagen geladen werden. Die normale Zuglänge waren 10 Wagen (20 Rollwagen) mit 40 Achsen. Lokführer Lorenz Moser jun. erwähnt aber auch, dass oft 15 Wagen an der Lok hingen. Auch während der Windwurfjahre wurden meist 15 Wagen, also 30 Rollwägen, mitgenommen.

Gewicht einer Ladung: Versuchen wir zu ermitteln, welches Gewicht bei einer Normalfahrt mit 10 Wagen mit je 10 Festmeter (fm) Ladung, bei einer abschüssigen Fahrt von 3,0 % Gefälle am Haken einer Lok abzubremsen war. Das Frischgewicht von Nadelholz beträgt zwischen 600–950 (Mittel: 775) kg/fm, das von Laubholz 650-1250 (Mittel 950) kg/fm (König, 1962). Wir unterstellen zunächst mittlere Werte von Nadelholz: Ein beladener Wagen mit 10 fm Nadelholz hatte das Gewicht von 7.750 kg, 7,75 Tonnen oder 77,5 Doppelzentner: 10 beladene Wagen 77,5 Tonnen oder 775 Doppelzentner. Es wurde aber auch viel Laubholz, vor allem Buche, geladen und abgefahren: Ein beladener Wagen mit 10 fm Buchenholz hatte das Gewicht von 9.500 kg, 9,5 Tonnen oder 95,0 Doppelzentner: 10 beladene Wagen 95,0 Tonnen oder 950 Doppelzentner. Auf den schmalen 600 mm Gleisen sind ungeheure Gewichte von Nutzholz transportiert worden.

Anzahl Bremser je Zug: Die Anzahl der Züge mit Bremswagen und Bremsern war in der Waldbahnordnung genau geregelt. Für die Züge der Dampflok und der Diesellok war sie unterschiedlich: Die Motorlokomotiven hatten gegenüber der Dampflok ein höheres **Bremsgewicht** und konnten deshalb mit weniger Bremsern besetzt werden. Dabei waren die Züge immer so zusammengestellt, dass jeweils zwei **Brems-Trucks** mit den **Bremsbühnen** zueinander zu einem *„Pärchen"* gekuppelt waren. Durch diese Anordnung konnte ein Bremser die zwei Bremsspindel von zwei Trucks gleichzeitig bedienen. Nur so wird die folgende Zusammenstellung aus der Waldbahnordnung verständlich:

Züge mit der Dampflok: 6-Wagenzug: 4 Bremswagen mit zwei Bremsern; 10- Wagenzug: 6 Bremswagen mit vier Bremsern.

Züge mit Diesel- oder Gebus- Lok: 6-Wagenzug: 4 Bremswagen mit zwei Bremsern; 10- Wagenzug: 6 Bremswagen mit drei Bremsern; 15- Wagenzug: 8-9 Bremswagen mit vier Bremsern.

Ein 15-Wagenzug konnte also nur mit den Dieselloks oder der schweren Gebus-Lok gefahren werden. Die Höchstgeschwindigkeit der Züge war auf 10 km je Stunde begrenzt. Ein Bremstruck und ein Lauftruck ohne Bremse waren bei der Lastfahrt nur durch die Ladung von Langholz miteinander verbunden: Bei einer Leerfahrt mit der Ketten-Kupplung. Bei einer Ladung mit Scheitholz waren die beiden Trucks durch ein besonderes **Ladegestell** verbunden. Die Scheiter wurden quer zur Fahrtrichtung geladen.

Tätigkeit der Bremser: Der Lockführer kannte aus seiner der Erfahrung, der Anzahl der angehängten Wagen und dem geladenen Gewicht an frischem Nadelholz oder Laubholz, an welchen Stellen auf der Strecke die Bremser tätig werden mussten. Er gab den Bremsern durch abgesprochene Pfeifsignale bekannt, wann sie die **Spindelbremse** zudrehen mussten. Die unterschiedlichen Signale waren: Achtung, Bremse anziehen, Bremse lösen und **Beharrungsfahrt**. Die Arbeit des Bremsers war körperlich eine sehr leichte Beschäftigung. Sie war jedoch nicht ungefährlich. Unfälle durch eine verrutschende Ladung oder entgleiste Trucks mit schweren Verletzungen oder Todesfolge sind vorgekommen. Besonders gefährlich war es, wenn bei Steigungen, die 10 Wagen geteilt und oben wieder zusammengekuppelt werden mussten. Insgesamt blieb aber die Waldbahn während der gesamten Betriebszeit von 60 Jahren doch eine recht sichere Einrichtung. Trotzdem lasten einige Todesfälle von Bremsern als Schatten auf der Spiegelauer Waldbahn.

In der Lohnliste vom 23. März 1950 wurden drei Bremser aus Spiegelau mit ihrem Stundenlohn von 0,84 DM aufgeführt: **Schreiner Johann**, **Döringer Josef** und **Schwiewagner Alois**. Schwiewagner Alois war auch als LKW-Fahrer eingesetzt. Er ist als Bremser am Parkplatz, heute altes Informationshaus Nationalpark in Neuschönau, tödlich verunglückt. Ein Marterl weist auf diesen Unglücksfall hin.

Der Holzverlader Leo Hawalik, Riedlhütte-Häuser, erzählt über die Tätigkeit der Bremser: *„Auf einem Zug mit 10 beladenen Wagen waren drei Bremser dabei".* Auf die Frage, wie sich der Lokführer mit seinen Bremsern auf einer abschüssigen Strecke und beladenem Zug verständigt hat, berichtet Leo Hawalik: *„Oft ist es dem Maschinenführer* (Lokführer) *zu schnell geworden. Er hat gespürt, dass der Zug mit der Ladung zu schnell ‚nachdruckt'. Dann hat er im Führerhaus gehupt. Die Bremser haben das Signal gehört und haben die Bremsspindel besser angedreht. Die Lokführer kannten alle diese gefährlichen Stellen auf der Strecke".*

Der Lokführer hatte in seiner Kabine auch einen Behälter mit Bremssand. Über ein schmales Rohr mit Hahn konnte er diesen gesiebten, trockenen *„Bremssand"* einer bestimmten Körnung vor die Räder auf das Gleis rieseln lassen. Die Verbindung zwischen den glatten Rädern und der Lauffläche des Gleises wurde dadurch griffiger. So konnte er auch mit der Lok bremsen: *„Wenn der Lokführer bei zu großem Schub mit dem Sand gebremst hat, is' dös viel gefährlicher gewesen. Der große Schub von hinten hat die Lok einfach über das Gleis geschoben. Am wichtigsten war es, das beim Bremssignal die hinteren Bremser zuerst gebremst haben. Dann nach und nach auch die zwei Vorderen. Nur so konnte man verhindern, dass die schwer beladenen Wagen ‚nicht auflaufen' konnten: Es ist oft passiert, dass die hinteren Wagen auf die Vorderen ‚aufgestiegen' sind. Der hintere, schwer beladene Wagen hat sich dann über den vorderen Wagen geschoben. Wenn es geregnet hat und es naß gewesen ist, war es ganz besonders gefährlich: Der Bremser hat dann auch sehr flink sein müssen. Er musste genau wissen, wann es (lebens)gefährlich wird, damit er abspringen konnte. Wenn er zu schnell abgesprungen ist, war dös schlecht für den Lokführer. Der Bremser hat zuerst die Bremse voll eindrehen müssen, erst dann* *durfte er abspringen. Die Bremser haben in der Stunde 52 Pfennig verdient. Nach dem Ende der Waldbahn 1957, sind die jungen Bremser alle ‚furt'. Alles ist weg(gezogen) und hat g'schaut, dass a Arbeit krieg'n":* Sie wurden Pendler oder sind ganz weggezogen.

Der Bremser Hans Schwankl erinnert sich: Ein wichtiger Gewährsmann über die Tätigkeit der Bremser ist auch Hans Schwankl, Elektromeister und Inhaber von Elektro-Schwankl in Riedlhütte. Nach dem Krieg 1945 war es für einen Schulabgänger aussichtslos eine Arbeit zu finden. Leider war auch der Bezug der Lebensmittelkarte an eine geregelte Beschäftigung gebunden. Zum Glück war er mit dem Sohn von Forstmeister Bauer befreundet. So wurde er ausnahmsweise als 18jähriger bei der Waldbahn beschäftigt. Zunächst arbeitete er *„auf der Strecke"*, beim Streckenbau, und dann 1 ½ Jahre als Bremser. Als Jüngster der drei Bremser, die einen Zug begleitet haben, musste er die Arbeiten verrichten, die weniger beliebt waren. So gehörte zu seinen Aufgaben, bei Abzweigungen in die Nebengleise, die Weichen zu stellen. War eine Weiche in Sicht, musste er dem Zug vorauslaufen und schnell die Weiche umstellen: Der Zug war mit 10 km in der Stunde unterwegs.

Die Bremser mussten gut aufeinander eingespielt sein: Wenn die 10 mit Blöchern beladenen Wägen (Gewicht 775 Doppelzentner) auf einer abschüssigen Strecke zu schieben begannen, merkten das die Bremser lange vor dem Lokführer. Dabei übte vor allem der 1. Bremser gleich hinter der Lok die gefährlichste Arbeit aus. Haben der hintere 3. und der mittlere 2. Bremser ihre Spindelbremse zu spät eingedreht, musste der 1. Bremser vorne verstärkt bremsen. Durch den großen Schub von hinten bestand dann die große Gefahr, dass die vollbeladenen vorderen Wägen *„aufgestiegen"* sind: Sie sind über die Vorderwagen geglitten und dabei aus den Gleisen gesprungen. Solche gefährlichen Situationen hat jeder Bremser öfter erlebt: Er musste dabei zusehen, dass er sich mit einem gewagten Sprung aus dem Bremsstand retten konnte.

So eine gefahrvolle Fahrt erlebte Hans Schwankl als Bremser bei einer Abfahrt vom **Lotzerbach** (Kapitel 6.9). Auf dieser 3 km langen, sehr abschüssigen Strecke, war ein *„fliegendes Gleis"*, ein Behelfsgleis verlegt. An einem Herbsttag mit sehr viel Tau sollte ein vollbeladener Zug in das Tal gebracht werden. Dabei passierte es den Bremsern beim Anziehen der Bremsspindel, dass die Räder vollkommen still standen. Der Zug wurde von den hinteren Wagen auf den Gleisen geschoben: Es ist die Kunst so gefühlvoll zu bremsen, dass die Räder nicht blockieren. Der Lokführer **Hötzendorfer** merkte die Gefahr frühzeitig und hat sofort **Bremssand** zwischen Lokräder und Gleis rieseln lassen: Leider zeigte dieser Bremsvorgang keinen Effekt mehr: Fünf der 6 beladenen Wägen sind aus dem Gleis gesprungen und in den Lotzerbach gefallen. Nur die Lok und 1 Wagen sind noch auf dem Gleis stehen geblieben. Die Bremser konnten rechtzeitig in das Gebüsch springen.

Mit einigen Bildern soll die Arbeit der Bremser bei der Waldbahn dokumentiert werden. Immer dann, wenn in den Bildern im Führerhaus einer Dampflok ein Lokführer und vor der Lok ein Heizer und drei bis vier Bremser zu sehen sind, handelt es sich um die Partie des Fahrbetriebs. Bei den Diesellokomotiven fehlt der Heizer. Leider konnten nicht alle Personen identifiziert werden. Trotzdem möchten wir sie hier als historisches Dokument mitteilen: In der Hoffnung, dass einige dieser Personen von den Lesern noch erkannt werden können (Abb. 115 - 128).

Abb. 115: Die neun im Bild beladenen, sichtbaren Blöcherwägen werden von vier Bremsern gebremst. Sie befinden sich nach dem 2., dem 4., dem 5. und nach dem 7. Wagen. Quelle: Gusti Rosenthaler, um 1935.

Abb. 116: Bremser der Waldbahn um 1935 im Einsatz. Die Bremser entbieten der hübschen jungen Dame am Steuer (mit Gipsarm) des Wagens mit Münchner Nummer ihren (Hitler-?) Gruß. Quelle: Gusti Rosenthaler, Neuschönau.

Abb. 117: Eine gemütliche Brotzeit im Gras: Lokführer, Heizer und drei Bremser.

Abb. 118: Drei Bremser mit Heizer und dem Lokführer im Führerstand mit einem beladenen Zug mit Schleifholz.

Abb. 119: Vor einer Dampflok stehen Lokführer, Heizer und die Bremser. V. l. n. r. Wagner, Moser (Lokführer), Graup, Weny Wenzel, Spitzenberger Anton.

Abb. 120: Die drei Bremser (v.l.n.r.) Weny Wenzel, Schreiner Johann, Burgstaller Christian, und Lokführer Kaufmann Xaver.

Abb. 121: Lokführer Moser sen. im Fahrerstand, Heizer Graup sen. und die Bremser Boxleitner Heinrich (tödlich verunglückt), Weber, Blöchinger und Süß.

Abb. 122: Lokführer mit Heizer und drei Bremsern.

Abb. 123: Lokführer mit Heizer und drei Bremsern.

Abb. 124: Lokführer im Fahrerstand, zwei Bremser und Heizer mit Dampflok und Rüstwagen.

Abb. 125: Dampflok beim Blöcherfahren mit Bremsern.

Abb. 126: Lokführer und Heizer im Führerstand und vier Bremser.

Abb. 127: Lokführer und drei Bremser vor der "Großen Gebus".

Abb. 128: Zwei Dieselloks mit Lokführern und Bremsern auf einem Holzlagerplatz.

13.5 Strecken-Partie, Strecken-Geher

Der Bau der Waldbahnstrecken wurde von den Forstämtern in Klingenbrunn, Spiegelau, St. Oswald, Mauth West und Mauth Ost mit eigenen Leuten ausgeführt. Die laufende Unterhaltung der Gleise lag jedoch in der Verantwortung der Betriebsleitung und des Fahrbetriebs in Spiegelau. So konnten Schäden schnell aufgedeckt, behoben und die Sicherheit des Fahrverkehrs verbessert werden. Die technische Oberaufsicht der Spiegelauer Waldbahn lag bis 1918 bei der Königlichen **Eisenbahndirektion**, ab 1918 bei der **Reichsbahn** und ab 1949 bei der **Bundesbahn-Direktion** in Regensburg. Nach den Vorschriften dieser Behörde wurden strenge Maßstäbe an die Unterhaltung der Gleisanlagen gelegt. Für die Waldbahn wurden sie nur in wenigen Punkten etwas abgeschwächt. In diesen Vorschriften war genau festgelegt, auf was bei der Begehung besonders zu achten ist.

Streckengeher: Zur laufenden Kontrolle der Gleisanlagen wurden von den einzelnen Forstämtern auf ihren Gleisabschnitten **Streckengeher** eingesetzt. Das Streckengehen war im Vergleich zum Holzhauen und Holzverladen eine körperlich leichte Tätigkeit und recht begehrt. Sie wurde meist von älteren Männern ausgeübt, die als Holzhauer oder Holzverlader der schweren Arbeit nicht mehr gewachsen waren. Oft waren es auch Arbeiter, die bereits bei ihrer früheren Tätigkeit einen Unfall erlitten hatten, aber noch gut laufen konnten. Ganz besonders waren sie im zeitigen Frühjahr bei Beginn der Holzabfuhr gefordert. Durch die schneereichen Winter mit starken **Frostaufbrüchen** und dem ständigen Fahrbetrieb mit oft einseitig beladenen Lasten auf den 600 mm Schmalspurgleisen, wurde die Strecke stark in Mitleidenschaft gezogen. Die Streckengeher haben alle Gleisstrecken alle zwei Wochen abgeschritten. Sie achteten dabei besonders auf die Betriebssicherheit der Gleise, die Weichen an den Holzlagerplätzen, an den Spitzkehren sowie auf die Brücken über die Bäche und Gräben. Bezahlt wurden sie wegen ihrer besonders verantwortungsvollen Tätigkeit nach dem Tarif der Vorarbeiter. Auch sonst hatten sie Status und Ansehen: Ihnen unterstanden jeweils 4 bis 6 Arbeiter. Sie führten also die **Strecken-Partie** an.

Die Streckengeher hatten die Aufgabe, kleinere **Reparaturarbeiten** unverzüglich gleich an Ort und Stelle auszuführen: So zum Beispiel das Nachziehen der Schrauben und Bolzen, das Auswechseln von Laschen und anderen kleinen Tätigkeiten: Der Fahrbetrieb sollte dabei unter keinen Umständen beeinträchtigt werden. Die Streckengeher waren besonders geschult, auf die vielen Kurven zu achten. Sie mussten Überhöhungen und eine unerwünschte Spurerweiterung überprüfen. Das Ergebnis der Begehung musste nach den Vorschriften schriftlich niedergelegt werden. Auch mussten sie größere Schäden umgehend der Betriebsleitung melden. Waren Schäden vorhanden, die von den Streckengehern nicht sofort behoben werden konnten, wurden sie in der verkehrsärmeren Zeit unter Aufsicht meist eines Lokomotivführers ausgeführt. Er war technischer Beamter und hatte den notwendigen Sachverstand. Bei größeren Schäden mussten oft auch andere Arbeitskräfte herangezogen werden, um sie schnell zu beheben. Über die Anzahl der Personen, die beim Unterhalt der Strecke von 1922 bis 1952 beschäftigt waren, werden wir in einer Übersicht informiert (Abb. 129).

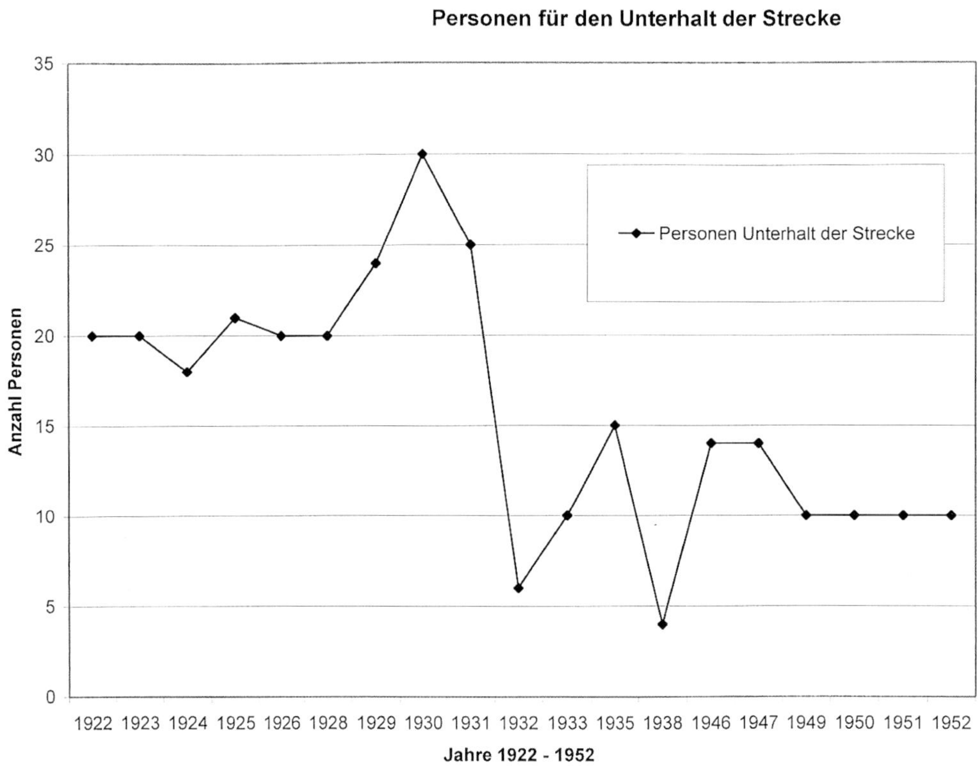

Abb. 129: Anzahl der Personen, die von 1922 bis 1952 für den Unterhalt des 95 km langen Streckennetzes sorgten.

Auch beim Unterhalt der Strecke macht sich die Spitze von 1930 mit 30 Personen bemerkbar. Sie ist auf das Windwurfjahr von 1929 und die verstärkte Holzabfuhr in den beiden Folgejahren zurückzuführen. Nach 1932 bis 1952 waren im Mittel etwa 10 Personen beim Unterhalt der Strecke beschäftigt.

Kosten der Strecke: Die Kosten des laufenden Unterhalts der Strecken je Kilometer in den 10 Jahren von 1927 bis 1937 lagen zwischen 87.- Rentenmark (1933) und 411.- Mark (1930). Der erhöhte Wert 1930 ist auf die „*Durcharbeitung*" des Alten Hauptstranges von Spiegelau bis Mauth mit der Auswechslung fast aller Schwellen zurückzuführen.[39]

Leo Hawalik erinnert sich: Über die **Strecken-Geher**, Streckenarbeiter oder die „*Strecken-Partie*" hat der Holzverlader **Hawalik Leo** folgendes erzählt: „*Die Leute der **Strecken-Partie** haben nur auf der Strecke gearbeitet. Sie war verschieden groß, je nach Notwendigkeit. Wer als Holzverlader zu alt war oder ‚im Akkord nicht mehr so können hat', hat dann im Zeitlohn auf der Strecke gearbeitet. Sie waren aber fleißig, die Leute. Wenn viel zu reparieren war, wurden aber auch die Leute von der Werkstätte eingesetzt. Auch Holzhauer und wir als Holzverlader haben mitarbeiten müssen: Dass der Betrieb nicht aufgehalten wurde. Wenn im Frühjahr in den Hochlagen der Schnee wegging, das war Ende April, haben alle zusammengeholfen. Mit einer Lokomotive und dem angebautem Schneepflug, sind dann die letzten, verharschten Schneereste ‚durchgerissen' worden. Dann musste die Waldbahnstrecke auf der gesamten Länge auf schadhafte Stellen untersucht und ausgebessert werden: Um den Fahrbetrieb wieder schnell in Gang zu bringen.*

[39] StAL, 168/2, Nr. 4523, Geschäftsbericht der Waldbahn.von 1930.

In der Stunde haben wir damals bis zur Währungsreform 1948 als Zeitlohn auf der Strecke 50 Pfennig verdient: Verheiratete 52 und Ledige 49 Pfennig. Wir Holzverlader haben im Zeitlohn auf der Strecke nicht so gerne gearbeitet. Im Akkord-Lohn haben wir viel mehr verdient. Die Gleise waren im Frühjahr oft in einem schlechten Zustand. Durch die vielen Regenfälle im Herbst waren sie an vielen Stellen unterspült. Auch durch den Frost ist viel kaputt gegangen. Bei den ‚fliegenden Gleisen' war es oft ganz schlimm. Der Untergrund war recht schlecht und aufgefroren. Bei der Reparatur der Gleise ist eine Lok mit dem Rüstwagen an diese Stelle gefahren. Auch das Schweißgerät und beladene Schotterwagen waren immer mit dabei. Wenn mehr Schotter gebraucht wurde, sind 2-3 Wagen geholt worden. Die Streckenarbeiter waren meistens ältere Leute. Die haben aber sehr fleißig gearbeitet. Sie haben eine Freude daran gehabt, dass sie gebraucht wurden und noch arbeiten durften. Jeder hat damals nach der Währungsreform das Geld gebraucht".

Durch den großen Mangel an Arbeitskräften während und kurz nach dem Zweiten Weltkrieg, konnten die Bahnanlagen nicht mehr im gewohnten Umfang unterhalten werden. Die dadurch entstandenen Mängel an der Bahnanlage und der Wandel hin zum Bau von Forststraßen und der Holzabfuhr mit dem LKW, erzwangen um 1960 dann die Einstellung des Betriebes der Waldbahn.

Unkrautjäter (Graszupfer): Die Strecken-Partie war auch verantwortlich, die Gleisanlagen frei von Unkraut und Grasbewuchs zu halten. Bei zuviel Grasbewuchs verrottete es zwischen den Gleisen. Dadurch konnten die Gleise im Winter auffrieren und instabil werden. Nach einer Aktennotiz von 1950 hat man für das „*Unkrautzupfen*" anstelle erwachsener Personen, auch Kinder und Jugendliche im Alter von 14 bis 16 Jahren eingestellt: Bei der Waldbahn war also Kinderarbeit durchaus üblich. Der Grund war, dass Kinder diese Arbeit wesentlich billiger erledigten (Koenner, 1976). Meist werden es, genauso wie in den Glashütten, die Kinder und Jugendlichen der Waldbahnerer gewesen sein, die hier tätig geworden sind. Die Eltern werden es als Vorteil angesehen haben, ihr karges Familieneinkommen aufzubessern. So manche „*Karriere*" bei der Spiegelauer Waldbahn wird als „*Graszupfer*" angefangen haben.

13.6 Schneeräumer

Bei der Waldbahn in Spiegelau auf den Höhen von 733 m am Bahnhof in Spiegelau bis 1.000 m über NN (Normal Null) war die Holzabfuhr wegen den Schneehöhen nicht über den gesamten Winter möglich. Trotzdem hat man immer versucht, den Fahrbetrieb möglichst lange aufrecht zu erhalten. In einem Winter jedoch hat die Betriebsleitung falsch kalkulieret: Sie schloss einen Vertrag mit einem Sägewerk, ohne die Winterruhe vertraglich abzusichern. Deshalb musste auf Verlangen des Kunden mitten im Winter der Fahrbetrieb aufrechterhalten werden. Die Strecke wurde freigeschaufelt und das Holz mit großem Aufwand verladen: Dadurch entstand ein größerer Verlust. Aus diesen Erfahrungen hat man jedoch gelernt. Der Winter wurde zukünftig einkalkuliert. Auch im zeitigen Frühjahr sollten die Gleise bald wieder schneefrei sein, damit der Fahrbetrieb möglichst früh beginnen konnte. Um im frühen Winter und im zeitigen Frühjahr den Fahrbetrieb aufrecht zu erhalten oder zu beginnen, waren Geräte zum Schneeräumen unbedingt notwendig.

In den Anfangsjahren hat man die Schneepflüge an die Vorderseite der Dampfloks angebaut. Sie sollten den Schnee auf den Gleisen zur Seite schieben. In der Pionierzeit der Eisenbahn in den USA, sind diese Räumvorrichtungen zum Wegräumen von Steinen eingesetzt worden.

Nach dem Zweiten Weltkrieg wurden aber auch schon Schneefräsen eingesetzt. Damit konnten die Schneehöhen auf den Gleisen wesentlich wirkungsvoller beseitigt werden. Eine leistungsfähige Schneefräse wurde mit Hilfe der Frontzapfwelle an einem Unimog betrieben. Dieser Unimog der Fa. Mercedes-Benz ist auf zwei Spezial-Trucks aufgebaut und von der Lok Nr. 583 geschoben worden. Im Bild ist zu erkennen, dass mit dieser Schneefräse auch höhere Schneetiefen von den Gleisen entfernt werden konnten (Abb. 130, 131).

Abb. 130: Schneefräse, angebaut an der Front-Zapfwelle eines Unimog, transportiert auf zwei Spezial-Trucks und geschoben von der Lok Nr. 583 um 1950.

Abb. 131: Die Unimog-Schneefräse wird von zwei Loks geschoben.

13.7 Gasholz-Macher, Bremssand-Brenner

Als es im Zweiten Weltkrieg immer schwieriger wurde, für den Betrieb der Lokomotiven Benzin und Diesel zu beschaffen, wurden einige Loks technisch auf den Holzgasbetrieb umgestellt. In einigen Bildern ist hinter der Lokomotive der Kessel für den Holzgas-Generator angebracht. Die Mächtigkeit des runden Kessels gibt eine Vorstellung, wie kurz die Holzstöckel sein mussten, die hier verheizt werden sollten.

Wegen des zu hohen Benzinverbrauchs wurde die Kleine Gebus Lok Anfang 1936 bei der **Fa. Preißer** in Landshut auf den **Holzgasbetrieb** umgebaut. An Stelle eines 35 PS-Benzinmotors wurde ein 100 PS-Holzgasmotor der Marke **Büssing** eingesetzt. Durch diesen Anbau des Holzgas-Generators, wurde es notwendig, den Lokrahmen um 1,5 m zu verlängern. Gleichzeitig sind auch die Antriebsketten und die Räder erneuert worden. Am 27. Juli 1936 kam die auf Holzgas-Betrieb umgebaute Kleine Gebus-Lok wieder in Spiegelau an (Abb.132).

Abb. 132: Die Kleine Gebus-Lok mit dem Holzgas-Generator (rechts hinten) auf der Drehscheibe am Lokschuppen in Spiegelau. Rechts vorn: Trockene Holzstöckel.

Nach dem Umbau waren die Verbrauchswerte so günstig, dass sie bis zum Eintreffen der neuen Diesel-Loks, neben der Dampflok Nr. 1, die am häufigsten eingesetzte Maschine war. Wichtig war, dass gut abgelagertes, völlig trockenes Holz verwendet wurde, da man sonst mit unerwünschter Teerbildung zu kämpfen hatte. Interessant ist eine „*Betriebskosten-Analyse*" von 1937 (Tabelle 2):

Tabelle 2: . Betriebskosten-Analyse der Kleinen Gebus von 1937 nach Einbau des Holzgas-Generators.

Einsatz-Zeitraum: 14. 4. bis 11.12. 1937

Laufleistung: ....5.207 km

Beförderte Holzmenge: ....11.658 Festmeter (Fm)

Tagesleistung, Mittel: .... 35 km + 75 Fm Frachtförderung

Tagesverbrauch, Mittel: .... ½ Ster Gasholz

Betriebskosten/Tag:

Holzwert je Ster: .... 4,00 Reichsmark (RM)

Eigene Anfuhr je Ster: .... 0,50 RM

Kreissäge je Ster, Betriebskosten: .... 1,50 RM

Schneiden, Zubringen je Ster: .... 3,08 RM

Spalten je Ster: 1,91 RM

Aufziehen, Ausbreiten auf Trockenboden je Ster: 1,21 RM

Sa. Kosten Gasholz je Ster: .... 12,20 RM

Kosten d. Tagesverbrauchs je Ster: .... 6,10 RM

Kosten je beförderten Festmeter: .... 0,13 RM

Betriebskosten je km: ....0,06 RM

Der teuere Einbau des Holzgas-Generators in die Kleine Gebus Lok hat sich gelohnt: Mit ihren Betriebskosten je km von 6 Pfennigen und den Kosten je beförderten Festmeter Holz von 13 Pfennigen war sie unerreicht billig. Das war auch der Grund, warum später ein Umbau auf einen Dieselmotor unterblieben ist. So lief die Kleine Gebus bis zu ihrem Verkauf am 15. September 1957 an einen Schrotthändler mit einem damals nicht mehr zeitgemäßen Holzgas-Generator.

Der mittlere Tagesverbrauch einer Lokomotive war ein halber Ster **Gasholz**. Die 15 cm kurzen Stöckel sind, regensicher in einer Kiste verstaut, auf dem Rüstwagen mitgeführt worden. Ein **Stöckel-Heizer** hat den Holzgaskessel mit Stöckel versorgt. Das Gasholz ist vom **Stöckel-Macher** oder **Gasholz-Macher** hergestellt worden. Welche Arbeitsschritte waren notwendig? Verwendet wurde nur Buchenholz. Am liebsten hat man dazu dürre Buchen verarbeitet. Am Holzlagerplatz im Wald standen die Scheiter längere Zeit zum Austrocknen. An der Kreissäge sind diese Buchenscheiter dann zu knapp 15 cm langen Stöckeln geschnitten worden: Ein 1 m Scheit ergab 7 Stöckel. Nach dem Ablängen wurden die Stöckel zu kleinen *„Holzscheiteln"* gespalten: Über eine Rolle sind sie dann mit einem Korb auf einen luftigen Trockenboden *„aufgezogen"* und zum Trocknen ausgebreitet worden. Offensichtlich musste dieses Gasholz dort längere Zeit lagern. Bei der Verwendung musste es ganz besonders trocken sein: Nach Aussagen von Hans Schwankl wird nicht ganz trockenes Holz im Kessel „soin" (sieden): In der Hitze des Kessels wird nicht erwünschtes Wasser austreten, die Vergasung erschweren und den Kessel verunreinigen. Zieht man in Betracht, dass während des Krieges Benzin und Diesel-Kraftstoffe nicht in der erforderlichen Menge zu beschaffen waren, war der Holzgasbetrieb eine sinnvolle Einrichtung. Der Stöckel-Macher erfüllte dabei trotz des hohen Aufwandes an Handarbeit in dieser Zeit bei der Waldbahn eine wichtige Aufgabe.

Bremssand-Brenner: Bei der Anfahrt eines Zuges mit 10 beladenen Wägen (etwa 7 Tonnen), musste eine Waldbahnlok die höchste Leistung auf die Schiene bringen. Um die Verbindung der Antriebsräder mit der Schiene griffiger zu machen, ist Bremssand eingesetzt worden: Durch den ständigen Abrieb waren die Oberflächen der Antriebsräder und des Gleises immer glatt. Bremssand war im Fahrbetrieb nicht nur beim Anfahren der Züge, sondern auch zum Bremsen der Lokomotiven bei Talfahrten unverzichtbar. In einer gutschließenden, wasserdichten Kiste wurde er bei jeder Fahrt im Rüstwagen mitgeführt. Im Führerstand des Lokführers befanden sich zwei Vorratsbehälter für diesen **Bremssand**. Über ein Rohr mit der Innenstärke von etwa 1,5 cm konnte der stets trockene Sand kurz vor den Antriebsrädern über die beiden Gleise gebracht werden. An der Dosiervorrichtung war ein Hebel mit Skala angebracht, der eine genaue Dosierung des Sandes auf dem Gleis ermöglichte.

Leider können wir Lorenz Moser jun., den letzten Lokführer nicht mehr fragen, wie dieser Bremssand aufbereitet worden ist. Fest steht, dass er selbst hergerichtet worden ist. Der Arbeitsplatz des **Bremssand-Brenners** war die **Sandhütte**. Hier wurde der Bremssand aufbereitet und auch gelagert. Gerne hätten wir auch gewusst, aus welcher Sandgrube der **Rohsand** stammte und welche Beschaffenheit und Körnung er haben musste. Es könnte sein, dass als Bremssand nur zu Sand zerkleinerter Quarz verwendet wurde. Er dürfte wesentlich griffiger gewesen sein, als stark verwitterter Granit oder Gneis. In der Sandhütte befand sich ein Ofen. Hier wurde der Rohsand in Pfannen gebrannt und so zum Bremssand. Wir wissen nicht genau, welchen Effekt man durch das Brennen erwartet hat: Die wichtigste Aufgabe dürfte jedoch gewesen sein, den Rohsand durch das Brennen wasserfrei zu machen. Das bestätigt uns auch Leo Hawalik: *„Der Bremssand muss ganz trocken sein, sonst rieselt er nicht"*. Er rieselt nicht, fein dosierbar, über das Rohr auf die Gleisoberfläche. Durch das Brennen sind sicherlich auch noch alle organischen Bestandteile verbrannt, die in dem Rohsand enthalten waren. Nach dem Brennen wird mit einem Sieb einer bestimmten Größe auch noch der feine Staub entfernt worden sein. Vielleicht hat man aber auch festgestellt, dass Sand, dem die Feuchtigkeit entzogen war, beim Bremsen griffiger die Verbindung zwischen Gleis und Rad herstellte. Man wusste, dass bei den hohen Luftfeuchtigkeiten in Regenperioden, die Bremswirkung erheblich nachließ. Die Entgleisung von mehreren Wagen bei einer Talfahrt auf der Strecke Lotzerbach, führte der Berichterstatter und frühere Bremser Hans Schwankl, Riedlhütte, auch auf die hohe Tauwirkung zurück.

13.8 Tödliche und lebensbedrohliche Unfälle

Beim Betrieb der Waldbahn wurden jedes Jahr 30.000 bis 40.000 Festmeter Langholz und Scheiterholz befördert. 1925 stieg diese Menge durch Windwürfe auf über 100.000 Festmeter an. Diese ungeheuren Lasten, waren immer über abschüssige Strecken und viele Kurven zu bringen. Lokführer und Bremser mussten gut aufeinander abgestimmt sein, um diese schweren Lasten aus den Hochlagen sicher in das Tal zu bringen. Leider gab es beim Fahrbetrieb der Waldbahn auch einige tödliche Unfälle. Hier waren vor allem die Bremser betroffen. Überraschenderweise passierten diese Unfälle jedoch auf ebenen Strecken. Wesentlich häufiger waren aber solche Unfälle, die im letzten Moment noch einen glücklichen Ausgang nahmen: Hier soll zusammenfassend darüber berichtet werden.

Tödlicher Unfall von Sepp Blöchinger: Der erste tödliche Unfall, über den wir Kenntnis haben, ist der des Bremsers **Blöchinger Sepp** aus Riedlhütte-Windschnur im Jahre 1938. Er ereignete sich nahe dem Waldbahnhof in Spiegelau: Ein leerer Waldbahnzug war auf dem Wege von Spiegelau nach Mauth. Es war damals üblich, dass die Bremser bei den Leerfahrten auf dem Rüstwagen mitfuhren. Kurz nach der großen Kurve unterhalb der Hüttenhäng, nur wenige Meter vom heutigen Wohngebiet an der Forststraße entfernt, kam es zum Unglück: Blöchinger saß mit den anderen Bremsern auf einem Baumabschnitt auf dem Rüstwagen, der jeden Waldbahnzug begleitete. Bei einer Leerfahrt war er zwischen der Lok und den Trucks angehängt. Bei einer Lastfahrt dagegen hat ihn die Lok vor sich hergeschoben. Beim Rüstwagen waren zwei Trucks durch eine flache Brücke miteinander verbunden. Auf dieser Brücke befanden sich große Kisten mit dem notwendigen Werkzeug. Bei dieser Leerfahrt kam es plötzlich zu einem scharfen Ruck des Zuges. Sepp Blöchinger hat sich in dem Moment nicht festgehalten: Er kippte rückwärts zwischen dem Rüstwagen und der Lok zwischen die Gleise. Bei dem lauten Fahrgeräusch der Lok und der ratternden Wägen, konnte der Lokführer im Führerhaus die Schreie nicht rechtzeitig hören und anhalten: Blöchinger Sepp geriet unter die nachfolgenden zwei Trucks des Rüstwagens und wurde überrollt: Er war sofort tot. Der Abstand zwischen den Achsen der Trucks und den Schwellen war zu gering. Von diesem Unfall ist ein Bild erhalten geblieben. Um ihn zu bergen, wurden die zwei Trucks des Rüstwagens mit der flachen Brücke aus den Gleisen gehoben. Rechts oben im Bild die Lok (Abb. 133)[40]. Besonders tragisch bei diesem tödlichen Unfall war, dass der erfahrene Verlader und Bremser Blöchinger Sepp bei den Talfahrten mit beladenen Zügen, sicher mehrmals lebensgefährliche Situationen erlebt hat. Durch ein Missgeschick ist er um sein Leben gekommen. Von den hier mitgeteilten tödlichen Unfällen bei der Waldbahn wurden an der Unfallstelle für Boxleitner Heinrich und Schwiewagner Marterl aufgestellt. Deshalb soll hier angeregt werden, an der Unfallstelle nahe der Forststraße in Spiegelau, mit einem schlichten Marterl, auch auf diesen tragischen Unglücksfall hinzuweisen.

Abb. 133: Sepp Blöchinger ist 1929 bei der Waldbahn tödlich verunglückt. Er fiel bei einer Leerfahrt rückwärts zwischen Rüstwagen und Lok auf die Gleise und wurde überrollt.

[40]Das Foto verdanken wir Erwin Vogl, Spiegelau, einem Verwandten der Familie Blöchinger, Riedlhütte.

Abb. 134: Marterl für den Bremser Heinrich Boxleitner aus Unterkatzberg bei Neuschönau, der am 21. Juni 1939 an der Reschbach-Strecke unterhalb von Mauth tödlich verunglückt ist.

Tödlicher Unfall von Heinrich Boxleitner: Nur ein Jahr später, 1939, ereignete sich ein weiterer tödlicher Unfall auf der Reschbach-Strecke. Betroffen war der Waldbahnarbeiter **Boxleitner Heinrich** aus **Unterkatzberg** bei Neuschönau. Die Reschbach-Strecke verlief 6 km nördlich entlang dem Resch-Bach bis zur Hackl-Reibm, unterhalb des Freilichtmuseums Finsterau (heute ein Parkplatz). Auf dieser Strecke weist ein Marterl auf diesen tödlichen Unfall hin. Es befindet sich unterhalb von Mauth in nördlicher Richtung auf der linken Seite der Straße. Das Marterl ist ein schlichtes Holzkreuz, das auf einem Granitsockel ruht. Es trägt folgende Inschrift:[41] *„Zum Gedenken an Heinrich Boxleitner, Waldbahnarbeiter aus Unterkatzberg, welcher am 21. Juni 1939 im Alter von 57 Jahren mit der Waldbahn verunglückte. O Herr, gib' ihm die ewige Ruhe!"*. Boxleitner Heinrich ist auf einem der Bilder als Bremser zu sehen: Zusammen mit dem Lokführer Moser sen., dem Heizer Graup sen. und den Bremsern Weber, Blöchinger und Süß. Die näheren Umstände dieses tödlichen Unfalles auf dieser ebenen Strecke kennen wir leider nicht (Abb. 134).

Tödlicher Unfall von Schwiewagner: An der ehemaligen Waldbahn-Trasse von Spiegelau nach Mauth, beim heutigen Parkplatz am alten Informationshaus des Nationalparks, ereignete sich in den 50er Jahren ein besonders tragischer Unfall. An dieser Stelle zweigt die Böhm-Straße in Richtung Lusen-Parkplatz ab. Hier ist der Bremser **Schwiewagner** aus Spiegelau tödlich verunglückt ist. **Schrödinger Hans**, Riedlhütte, nach dem Krieg um 1950 am Stoabeißer der Waldbahn beschäftigt und Leo Hawalik, Riedlhütte-Häuser, Holzverlader, erzählen den Ablauf so: Über die Anhöhe von der Sagwasser-Säge zur Böhm-Straße (1.500 m lang) musste ein mit Blöchern voll beladener Zug immer geteilt werden um über die Anhöhe zu kommen. Nur mit den zwei Fahrten schaffte die Lok die schwere Fracht über diesen Buckel. An der Böhmstraße wurden diese zwei Teile des Zuges dann wieder zusammen gekuppelt. Beim Zusammenkuppeln der beiden Zugteile geschah dieser Unfall: Die Lok drückte den ersten Zugteil rückwärts an den zweiten Teil des Zuges auf dem Abstellgleis. Die Aufgabe des Bremsers Schwiewagner war es, die Glieder der Kuppellasche vom geschobenen Zug in den Haken des stehenden zweiten Teil des Zuges zu legen. Er beugte sich dabei mit dem Kopf in den etwa 50 cm engen Zwischenraum der beiden Blöcher-Enden, damit er die Lasche einlegen konnte. Beim langsamen Zurückstoßen und Bremsen der Lok, schoss ein frisch von der Rinde befreites, seifenglattes Bloch aus dem geschobenen Zug plötzlich nach hinten. Der Bremser war mit dem Kopf in dem engen Zwischenraum zwischen den zwei Wagen um die Lasche besser fassen zu können. Das Bloch quetschte dem Bremser den Kopf zusammen: Schwiewagner war sofort tot. Dem erfahrenen Bremser Schwiewagner ist ein verhängnisvoller Fehler unterlaufen: Er hätte von Außen mit zurückgelegtem Kopf, von der Seite aus, die Lasche mit der Hand ergreifen müssen, um die beiden Züge zusammenzukuppeln. Tödliche Unfälle bei der Waldbahn wurden von der Bevölkerung immer mit großer Anteilnahme aufgenommen. Nur zu leicht konnte es geschehen, dass auch ein Familienmitglied betroffen war. So konnte man in den Wirtshäusern der Gegend über Lokführer, die besonders ruppig gefahren sind, oft hören: „*...der hat a paar Bremser auf'm Gwissen*". An dieser Stelle am Parkplatz, nur wenige Meter an der Böhmstraße zum Lusen, erinnert heute ein Marterl an diesen tragischen Unglücksfall, der den Tod des Bremsers Schwiewagner aus Spiegelau zur Folge hatte (Abb.135).

Abb. 135: Der Bremser Schwiewagner, Spiegelau, verunglückte an dieser Stelle in den 50er Jahren beim Zuammenkuppeln von zwei Waldbahnzügen tödlich.

[41] Das Foto verdanken wir Herrn Dipl. Ing. Günter Schubert, Gartenstraße 17, Großarmschlag, welcher dieses Marterl auf seinen Radwanderungen entdeckt hat.

Lebensgefährliche Unfälle: Neben diesen Ereignissen mit tödlichem Ausgang, waren Unfälle mit lebensgefährlichem Hergang und oft schweren Verletzungen an der Tagesordnung: Die Holzverlader und die Bremser hatten täglich ungeheuere Lasten zu bewegen, die nur zu leicht aus der Kontrolle geraten konnten. Hier sollen einige dieser Unfälle nach den Berichten von Hawalik Leo und Schwankl Hans mitgeteilt werden.

Auflader Schwemmer; Glück im Unglück: Der Holzauflader Hawalik Leo erinnert sich an einen Unfall, um 1947, bei dem der ledige Verlader **Schwemmer Hans** von der Windschnur noch einmal viel Glück hatte. Der Unfall ist beim *„Aufbullern"* passiert: Der Buller war der große, über zwei Mann hohe und oft bis zu 40 m lange Langholzstoß. Um auf einem Lagerplatz viel Holz lagern zu können, wurde auf den Buller das Langholz auf Hölzern, den Gantern oder Tremeln, mit dem Sapie hinaufgerollt:

„Wir waren gerade beim Aufbullern. Da is auf einmal der große Buller ‚gehert worden', ist in Bewegung geraten. Der Schwemmer war mitten drin und wollte noch schnell wegspringen: Er hat sich aber ‚verfangt', ist gestolpert und ist hingefallen. Mit einem Fuß is er aber unter einem Bloch ‚dringeblieben', stecken geblieben: Er konnte nicht wegspringen. Zum Glück haben aber dann die vom großen Buller herunterrollenden starken Blöcher auch andere Blöcher bewegt und haben den Fuß ‚herausgeschoben', wieder freigegeben. Nun konnte er schnell wegspringen. Sonst wäre der Schwemmer Hans ‚hin', tot, g'wesen. Die Blöcher wären über ihn hinweggerollt. Diesem Zufall verdankt der Schwemmer Hans sein Leben: Er ist noch einmal mit dem Schrecken davon gekommen. Sein Fuß war aber richtig verknaxt. Dann ist er ein paar Tag daheimgeblieben. Holzverladen konnte er nicht mehr, weil er nicht mehr so ‚gangig war', nicht mehr gehen konnte. Wenn's gefährlich wird, musst schnell wegspringen! Das war beim Verladen das Wichtigste. Er ist dann zu den Holzhauern gegangen".

Verlader Wilhelm Strohmeier hat's den Fuß gequetscht: Diesen Unfall erwähnt ebenfalls Leo Hawalik: Beim Blöcher Aufbullern ist es passiert: Eines der beiden Lager, auf denen das dicke Bloch nach oben gerollt wurde, verrutschte plötzlich. Das Bloch rollte nach unten. Der Lader Wilhelm Strohmeier springt schnell auf die Seite. Doch das dicke Bloch hat seinen Fuß noch erwischt und stark gequetscht. Es hat lange gedauert, bis er wieder gehen konnte.

Bremser Weni Wenzl hats „erwischt": Der Holzverlader Hawalik Leo erzählt: *„An der Hirschlacken-Strecke is g'wesen, bei da Föhrauer Schwelln. Da is „a floigats (fliegendes) Gleis", ein verlegbares Gleis, bis an die Grenze der Forstämter Klingenbrunn und Spiegelau gangen. Dös Gleis geht da hübsch steil herunter. Die Bremswirkung is schlechter bei dö floigatn Gleis. Da is einmal ein ganzer Zug entgleist. Der war richtig voll beladen. Normal waren immer 10 Wagen an der Lok. Weils so steil herunter ging, ist der Lokführer nur mit 8 Wagen herunter g'fahren. Die beladenen Wagen haben beim Herunterfahren stark geschoben und der Lokführer hat gehupt: Das war das Zeichen für die dreiBremser, die Bremsen fest anzudrehen. Dabei musste der hintere und mittlere Bremser besonders stark bremsen. Da Weni Wenzl hat vorne gebremst. Die hinteren Wagen haben aber weiter wie verruckt geschoben. Da sind die Wagen aufeinander geschoben worden, ‚aufgestiegen' und aus dem Gleis gesprungen. Die hinteren Bremser sind schnell abgesprungen. Besonders gefährlich war es für den vorderen Bremser. Der Weni Wenzl konnte aber nimmer so flink herunter springen: Es hat ihn ‚eingezwickt'. Den hat's damals schwaar erwischt. Es ist ihm schlecht ergangen. Er war lange Zeit im Krankenhaus. Dö Bremser waren schlecht aufeinander abgestimmt und es ist passiert".*

Verlader Leo Hawalik hat's den Fuß *„einzwickt"*: Auch der Holzverlader Leo Hawalik, insgesamt 11 Jahre im Geschäft, hatte einmal großes Glück im Unglück: *„I hab mich gewundert, dass damals nicht mehr passiert ist: Mich hats auch mal erwischt und hat mir den Fuß einzwickt. Da steh i einmal in einem fahrenden, beladenen Zug an der Bremse. Es hat geregnet und war glitschig naß. Da bin i bin i plötzlich wegg'rutscht und vom laufenden Zug runtergefallen. Mit dö Füß war i schon fast unten bei den Rädern der Rollwagen. Dann hab i aber mit dö Händ die Bremse erwischt. Am Bremsgestänge habe ich mich wieder aufizogen. Wenn i da ganz abifall, dann hätt'n mi die Räder von die Rollwagen erwischt und hätten mich einizogn. Da wär i ‚hin' (tot) g'wesen. I bin aber wieder rauf g'kommen. Das war mein Glück: Aber den Fuß hats mir stark einzwickt und verdreht. Ich habe nicht mehr gehen können. Dann bin i ein paar Tage daheimgeblieben mit einem geschwollen Fuß. Hab aber nicht krank g'macht und hab Gott sei Dank auch wieder Holzverladen können"*.

13.9 Besichtigungsfahrten: Holzaufkäufer, Besucher

Personenverkehr gab es bei der Spiegelauer Waldbahn nicht. Die Anlagen waren nicht dafür gebaut und zugelassen. Trotzdem sind schon seit den Anfängen der Waldbahn 1908 Wägen eingesetzt worden, die eine Beförderung von Personen erlaubten: Diese Beförderung war notwenig für die Streckenarbeiter zu den entfernten Baustellen der Waldbahn, der Holzhauer zu den Hieborten, der Holzverlader zu den Holzlagerplätzen. Auch das Forstpersonal und die Holzaufkäufer waren mit der Waldbahn unterwegs, um ihr gekauftes Holz zu besichtigen. Auch für die laufenden Inspektionsfahrten der Reichsbahnbehörde in Regensburg wurden diese Wägen gebraucht. Für diese Beförderung sind um 1908 mit der Erstausstattung auch ein offener und ein geschlossener Personenwagen von der Firma Orenstein & Koppel geliefert worden.

Die Spiegelauer Waldbahn war schon in dieser Zeit eine Attraktion nicht nur im Bayerischen Wald: Auch in München interessierte man sich für den Betrieb dieser Schmalspurbahn, als eine Meisterleistung der damaligen Technik. So ist es nicht verwunderlich, wenn schon im Jahre 1916 der Finanzminister der königlich Bayerischen Regierung die Waldbahn besichtigte. Er musste schließlich die Ausgaben für den erweiterten Ausbau verantworten. Am 28 Juli 1916 stand über diesen Besuch folgendes in der Grafenauer Zeitung: *„Spiegelau, 26. Juli. Heute Vormittag traf Finanzminister von Breunig zur Besichtigung des Waldbahnbetriebes hier ein. In seiner Begleitung befanden sich Ministerialrat Mantel und Regierungsdirektor von Kirschbaum. Vom k. Forstmeister Steinkirchner auf dem Bauhofe empfangen, besichtigte Se. Excellenz zunächst die Waldbahnbetriebsgebäude und Lagerplätze und begab sich dann mit einem Waldbahnsonderzug nach Graupsäge, um von dort den Aufstieg zum Lusengipfel zu unternehmen. Die Besichtigungsreise geht über Mauth nach dem Dreisesselgebiete."*

Mit dem zunehmenden Personenverkehr reichten diese vorhandenen Wägen nicht mehr aus. Im Jahre 1930 ist deshalb in der eigenen Werkstatt in Spiegelau im Selbstbau noch ein großer, geschlossener Personenwagen gebaut worden. Dieser wurde auf zwei Laufgestelle mit je 2 Achsen aufgebaut. Nach dem 2. Weltkrieg wurden diese geschlossenen Personenwagen oft an die Holzzüge angehängt, um die Arbeiter zu befördern. Die Einheimischen nannten den großen Wagen *„Häusl"* und den kleinen Wagen (siehe Abb. 96) *„Zeiserlwagen"*. Gegen Ende der 50er Jahre gab es schließlich sogar einen beschränkten *„Touristenverkehr"* (Koenner, 1976). Mehr aus Gefälligkeit hat man an Samstagen Besucher des Rachel- Lusengebietes gefahren (Abb. 136, 137).

Abb. 136: Der große, geschlossene Personenwagen, der 1930 in der Werkstatt auf 2 Laufgestelle aufgebaut wurde.

Der damalige Bremser Hans Schwankl erzählt eine Geschichte mit dem Zeiserlwagen: Eines Tages blieb am Holzlagerplatz Spitzkehr, östlich von Diensthütte ein Zeiserlwagen stehen. Die Versuchung war für die Bremser groß, damit zum Taferlruck abzufahren. So stiegen sie in den Wagen und öffneten die Bremse. Der „Zeiserlwagen" wurde immer schneller. Bald merkten sie, dass die Bremse nur eine schwache Wirkung zeigte. In einer engen Kurve am Taferlruck ist der Wagen dann herausgeflogen: Einen körperlichen Schaden haben sie nicht davon getragen, doch der Zeiserlwagen war beschädigt. Diese nicht erlaubte Abfahrt beschäftigte auch den Forstmeister Bauer: Er ordnete an, dass die Bremser den Schaden am Zeiserlwagen bezahlen sollten. Nach einigen Auseinandersetzungen, ist die Angelegenheit aber dann doch im Sande verlaufen.

Abb. 137: Eine Fahrt mit der Waldbahn, offensichtlich für die „Waldbahnerer" mit Frauen und Kindern, anlässlich der Stilllegung 1960.

Waren noch mehr Personen zu befördern, wurden für diese Gelegenheitsfahrten auch die Schichtholz-Wagen verwendet (Abb. 138). Für den Transport von Schichtholz wurden zwei Laufwagen mit einem Balkengestell verbunden. Auf dieses Gestell hat man auf beiden Seiten lange Bänke angebracht und die Wägen durch Haltestangen gesichert. In den einzelnen Jahren waren bei der Waldbahn folgende Personenwagen vorhanden (Anzahl in Klammern): 1909 (1), 1913, 1922, 1926 (je 2), 1932, 1938,1946, 1958 (je 3). Die Personenwagen waren bei der Einstellung des Betriebes der Waldbahn noch vorhanden und wurden für andere Zwecke weiterbenutzt. So wird berichtet, dass einer noch viele Jahre am alten Fußballplatz in Spiegelau stand.

Abb. 138: Eine Fahrt mit der Waldbahn im offenen Personenwagen, anlässlich der Stilllegung 1960.

14 Holzverlader

Mit zu den wichtigsten Tätigkeiten bei der Waldbahn gehörte der Beruf der **Holzverlader**. Diese Holzverlader waren aber auch schon vor dem Bau der Waldbahn tätig: 1890 ist die Reichsbahnstrecke von Zwiesel nach Grafenau fertig gestellt worden. Kleinstlandwirte mit ihren Ochsen- und Pferdegespannen haben das Holz aus den höheren Lagen am Rachel und Lusen an den Bahnhof in Spiegelau gebracht (Abb. 139).

Abb. 139: Vor der Zeit der Waldbahn 1908, haben Kleinstlandwirte mit ihren Ochsen- und Pferdegespannen die Blöcher aus den höheren Lagen an den Bahnhof in Spiegelau gebracht.

Dieses Holz wurde dann von den Holzverladern auf die Waggons der Reichsbahn umgeladen. Die Arbeitswelt dieser Holzverlader, seit 1890 bei der Reichsbahn, dann bis 1960 bei der Waldbahn, wollen wir genauer betrachten: Bei dieser Verladearbeit ging es um das Aufladen und das Abladen von **Schleifholz**, **Blöcher**, **Langholz**, **Grubenholz** und auch **Brennholz**. Ihre Einsatzorte waren zum Beladen die beim Bau der Waldbahnstrecke angelegten **Holzlagerplätze**. Beim Abladen waren sie am **Spiegelauer Waldbahnhof** und am **Klingenbrunner Holzhof** beschäftigt.

Holzhauer als Holzverlader: In der Anfangszeit der Waldbahn von 1909 bis etwa 1920 wurde diese Verladearbeit noch von den Holzhauern der Forstämter ausgeführt: Die transportierte Holzmenge auf der Waldbahn war in der Anfangszeit noch nicht so bedeutend. Die Holzhauer haben neben dem Einschlagen von Holz in der schneefreien Zeit auch noch die Verladearbeiten verrichtet. Das erwies sich aber arbeitszeitmäßig als recht ungünstig. In dieser Zeit war es ihre Haupttätigkeit, die Bäume zu fällen und für den **Schlittenzug** im Winter aufzubereiten. Durch das Holzverladen im Sommer wurden nicht mehr genug Bäume gefällt. Die wichtige Arbeit der Holzhauer für ihren Verdienst im Winter, das **Holzziehen**, war durch die Verladearbeiten im Sommer erheblich beeinträchtigt. Diese neue „*Hantierung*" Holzverladen bei der Waldbahn, musste erst in den Gesamtablauf aller anfallenden Arbeiten eingepasst werden. Hinzuweisen ist noch, dass die gefällten Bäume auch entrindet, geschält worden sind. So waren jedes Jahr auch bis zu 40 Leute zum **Schälen** oder **Schepsen** der Bäume beschäftigt.

Drei Verladepartien: Wegen dieser Schwierigkeiten bildete sich schon in den Jahren nach 1920 der selbstständige Beruf des Holzverladers heraus. Der steigende Bedarf an Verladearbeiten bei der Waldbahn, vor allem nach Windwürfen, hat diese Entwicklung erheblich begünstigt. Insgesamt arbeiteten dann drei Verladepartien. Sie wurden von jeweils einem **Partieführer** geleitet. Diese Partieführer waren **Kurz Joseph** für das Forstamt Klingenbrunn, **Sammer Georg** für das Forstamt Spiegelau und **Boxleitner** für die Forstämter St. Oswald, Mauth-West und Mauth-Ost.

14.1 „Verakkordierung“

Die Holzverlader führten ihre schwere und gefahrvolle Arbeit im **Akkord** aus. Dieser Akkord wurde jedes Jahr vor Beginn des Betriebes der Waldbahn im zeitigen Frühjahr neu ausgehandelt. Die **Laderlöhne** waren für die Betriebsleitung ein bedeutender Kostenfaktor: Von den Gesamtkosten der Holzabfuhr, lagen die Laderlöhne mit 23,4 % (Beispielsjahr 1931) an zweiter Stelle hinter den Kosten für die Unterhaltung der gesamten Strecke mit 24 %. Der Forstmeister von Spiegelau hat immer versucht, die Waldbahn mit den geringsten Kosten fahren zu lassen und jedes Jahr mit Gewinn abzuschließen. Die größte Konkurrenz waren für ihn die vielen bäuerlichen Fuhrleute im Einzugsgebiet mit ihren Gespannen: Sie haben die Holzabfuhr oft recht billig angeboten. Diese Preise musste er unterbieten. Wie vollzogen sich die Verhandlungen bei diesem **Leistungslohn**? Sie erinnern an die heutigen Tarifverhandlungen der Gewerkschaften mit den Arbeitgebern: Verhandlungsführer waren der Spiegelauer Forstmeister und die drei Partieführer für die genannten Forstämter. Der Forstmeister war von seinen Vorgesetzten an der Regierung in Niederbayern in Landshut und München angehalten, den Waldbahnbetrieb mit Gewinn zu führen: Deshalb zogen sich diese Lohnverhandlungen oft mehrere Tage hin. Die Holzverlader waren sich dabei ihrer herausgehobenen Stellung bewusst und sind auch selbstbewusst aufgetreten. letzte verladepartie

Verlader-Streik 1938: Bei der Sammer-Partie in Spiegelau kam es 1938 sogar einmal zu einer **Arbeitsniederlegung**, einem Streik von drei Tagen. Die Partieführer haben bei den Verhandlungen immer versucht, den höchsten Lohn für die schwere Arbeit ihrer Lader und für sich herauszuhandeln. Der Vorwurf ihrer Lader, sie haben zu nachgiebig verhandelt, hätte sie schwer getroffen. In den Jahren 1936-1940 war zu viel Holz auf dem Markt und die Holzwirtschaft deshalb in einer schwierigen, wirtschaftlichen Lage. Entsprechend gering war auch der Lohn für die Holzverlader. Einen guten Einblick in die Verladearbeiten bei verschiedenen Holzarten und dem Akkordlohn je Festmeter (m^3) und Ster (Raummeter 1x1x1m) gibt folgende Übersicht:

Tabelle 3: Verladearbeiten, verschiedene Holzarten, Akkordlohn je Festmeter Langholz und Ster, in den Jahren 1938-1940 (Währung: Reichsmark).

Verladearbeit nach Holzart: Tarif je Ster in Pfennig:

Aufladen Meterholz: 18; Abladen Meterholz: 9;

Aufladen Blöcher: Weichholz 3-12 m Länge: 28; Abladen Blöcher; Weichholz 3-12 m Länge: 6;

Aufladen Blöcher: Hartholz 3-12 m Länge: 45; Abladen Blöcher Hartholz/Buche 3-12 m Länge;*

Aufladen Langholz 12-28 m Länge: 42; Abladen Langholz 12-28 m Länge: 23;

Aufladen Schleifholz: 16; Abladen Schleifholz: 9;

Werkhölzer-Weichholz: 45.

Blochholz Länge 3-4,5 m, wie Tarif „Blöcher/Buche“

* = Entladung durch Arbeiter der Spiegelauer Sägewerke

Ein sauer verdientes Geld: Die Übersicht zeigt, dass je nach der Schwierigkeit und dem Zeitaufwand für die Verladung, der Akkordlohn genau abgestimmt war. Insgesamt waren die Laderlöhne aber sehr niedrig: Der Grund war, dass die Fuhrleute der Kleinstlandwirte mit ihren Gespannen den Holztransport sehr billig angeboten haben. Die beste Vorstellung hat ein Laie noch, wenn 1 Ster Meterholz der Fichte um 18 Reichspfennige zu verladen waren. Stand die Holzreihe erhöht auf einer Rampe, hat ein Verlader die Scheiter auf den Scheiterwagen geworfen. Ein zweiter Verlader stand auf dem Scheiterwagen und hat dann die Scheiter ordentlich aufgeschichtet. Waren die Holzreihen aber weiter entfernt, musste ein dritter oder vierter Verlader durch Werfen der Scheiter diese Strecke überwinden. Dieser Ster Meterholz der Fichte hatte ein Gewicht von etwa 640 kg, 6,4 Doppelzentner oder fast 13 Zentner, die zu bewegen waren (König, 1962, 243). In diesem Fall hat bei vier Ladern an diesem Ster Scheitholz jeder nur 4,5 Pfennige verdient: Ein besonders sauer verdientes Geld. Diese oft weiter entfernten Strecken zwischen Holzreihe und Scheiterwagen wurden nach den Aussagen des Holzverladers Leo Hawalik immer durch Werfen und nicht durch Hintragen oder Hinfahren mit einer Schubkarre überwunden. Mit dem Werfen waren sie viel schneller. Das Werfen war aber auch wesentlich anstrengender. Besonders mühsam aber war es, wenn der Lagerplatz im Niveau unterhalb des Verladegleises lag. Wollten die Holzverlader mit diesen geringen Tarifen zu einem guten Stundenlohn kommen, mussten sie sich sehr anstrengen.

Das Schleifholz, heute als Faserholz bezeichnet, lieferte durch den Holzschliff den Rohstoff für die Papier- und Pappenfabrikation. Blochholz, Blöcher sind Stammabschnitte (Sägeholz) mit 4-5 m Länge. (König, 1962, 210). Das in der Liste genannte Werkholz-Weichholz war ein spezielles Feinholz für den Bau von Musikinstrumenten.

Als „*Geigenholz*" wurde es besonders für den Geigenbau verwendet. Der hohe Lohn von 45 Pfennig war durch die schwierigen und zeitaufwändigen Verladearbeiten gerechtfertigt: Bei diesem Spezialholz durfte das wichtigste Werkzeug der Holzverlader, der Sapie, nicht verwendet werden. Um den Stamm zu rollen, wurde der Sapie gewöhnlich etwa 1-2 cm in den Stamm geschlagen und kräftig gezogen. Da diese Holzverletzungen vermieden werden sollten, mussten die 3-4,5 m langen Blöcher von Hand und mit der Kraft der Schultern auf die Rollwägen gerollt werden.

14.2 Verladearbeiten

Auf der 93 km langen Waldbahnstrecke gab es insgesamt 56 Holzlagerplätze. Die wichtigsten im Bereich des Forstamtes Spiegelau (Höhe über NN in Klammer) waren an der alten Diensthütte (856 m), auf der Spitzkehr (837 m), der Kanallagerplatz (856 m), der Brandfleck (850 m), die Jägerau, der Hüttenriegel (879 m), die Föhrauer Schwelle (842 m) und die Tiefe Seige. An der Guglöder Kreuzstraße befand sich noch der Lagerplatz für das Brennholz der Holzhauer.

Ob das Verladen leicht von der Hand ging oder eine schweißtreibende Schinderei wurde, war sehr stark von der örtlichen Lage der Lagerplätze abhängig. Die Lagerplätze entlang der Waldbahn wurden immer so angelegt, dass die vorhandenen **Ziehbahnen** aus den Hochlagen beim **Schlittenzug** hier enden konnten. War das nicht möglich, musste das Langholz oder die Blöcher vom Endpunkt der Ziehbahn mit Pferden an den Lagerplatz gezogen, „*gerissen*" werden. Wichtig war bei einem Lagerplatz noch, dass genügend Lagerfläche für das Scheiterholz und das Stammholz vorhanden waren. Diese Lagerplätze waren für das Beladen von Holz unterschiedlich ausgebaut.

Verladerampe: Am liebsten hatten es die Holzverlader, wenn am Lagerplatz das Ladegleis ein leichtes Gefälle zum Gleis hatte. Beim späteren Ausbau der Waldbahn wurde am Verladegleis, wo das Gelände es zuließ, auch eine **Verladerampe** gebaut. Diese hatte eine aus Bruchsteinen gemauerte, etwa 60 cm hohe **Ladekante**. Sie war etwas höher als die **Drehschemel** der Trucks. Beim Beladen wurden die Stämme, die Blöcher, über **Verladestangen** als Unterlage auf die Trucks gerollt. Die **Rungen** der Trucks, die „***Kipfen***", waren dabei an der Verladeseite herunter geklappt. Ab einer bestimmten Ladehöhe mussten die Blöcher dann allerdings auch mit dem Sapie gezogen oder mit der Schulter geschoben werden. Der Verladeberuf war nichts für Männer, die der Arbeit aus dem Weg gingen. Die Körperkraft allein genügte oft nicht: Bei den routiniert arbeitenden Holzverladern, war die Erfahrung, die Vorausschau gefährlicher Situationen und der Mannschaftsgeist unentbehrlich. Jeder musste sich auf den Anderen verlassen können. Wurde ein tonnenschweres Bloch auf den **Verladestangen** auf einen Truck gerollt, mussten diese Verladestangen stets gut beobachtet werden. Nach der Vorschrift sollten die zwei Verladestangen oder **Gleithölzer** mit Ketten in einer Kerbe am Stamm oder an den Rungen so befestigt werden, dass sie nicht weggleiten konnten. Leider hat aus Zeitgründen diese Unfallvorschrift niemand beachtet: Verrutschte ein Gleitholz, kam es zum **Quergleiten** des schweren Stammes und zu größten Gefahren für Leib und Leben. Dann konnten sich die Verlader nur noch mit einem gewagten Sprung zur Seite retten. So ist beim „*Aufpollern*" von Langholz in der Waldabteilung **Sammerkreuz** im November 1893 ein tödlicher Unfall passiert, der in der Bevölkerung viel Betroffenheit auslöste (Atzinger u.a. 1994).

Millionen von riesigen Baumstämmen sind am Rachel und Lusen auf die Waldbahntrucks verladen worden. Leider gibt es nur wenige Ansichten, die uns die Einzelheiten beim Verladen von Blöchern vermitteln. Eine Abbildung an einem Lagerplatz ohne eine bequeme **Verladerampe**, zeigt die Verladung von bis zu 28 m langen Langholzstämmen (Abb.140).

Die Rungen an den beiden Trucks auf der Ladeseite sind heruntergeklappt. Drei dicke Stämme haben die vier Holzverlader bereits als erste Schicht auf den beiden Drehschemeln der Trucks liegen. Durch das Gewicht dieser Stämme sind die beiden Trucks miteinander verbunden. Die beiden Verladestangen, Gleithölzer oder **Riegel**, liegen auf dieser ersten Schicht. Man sieht, wie sich die Holzverlader mit der Kraft ihres Körpers „*einspreizen*" müssen, um den Stamm als zweite Schicht auf die Trucks zu rollen.

Abb. 140: Vier Holzverlader rollen auf einem Lagerplatz ohne gemauerte Rampe mit großer Kraftanstrengung auf Verladestangen bis zu 28 m langes Langholz auf die Trucks.

Es fällt auf, dass sie den Stamm an den äußersten Enden rollen. Keiner der vier Verlader ist in der Mitte des Stammes zu sehen. Der Grund dieser Arbeitsweise war, dass sie bei einer Gefahr, wenn der Stamm plötzlich aus der Kontrolle geriet, noch schnell rettend zur Seite springen konnten. Der Winkel der Riegel, der bei der nächsten Schicht zu überwinden war, wurde immer steiler. Welche Anstrengung bedeutete es, die drei letzten Stämme, bei noch steilerem Winkel der Riegel, auf die zweite und dritte Schicht zu rollen?

Das Bild zeigt einen Holzlagerplatz ohne Verladerampe. Die Mehrzahl der älteren Lagerplätze dürfte so ausgesehen haben. Es gab aber auch Lagerplätze im abschüssigen Gelände, die noch unterhalb des Niveaus der Waldbahngleise lagen. Die Ladestangen mussten da besonders steil angelegt werden. Oft kam es hier bei sehr starken Hartholz-Blöchern vor, dass die Körperkräfte der Holzverlader nicht mehr ausreichten, die Blöcher auf die Trucks zu rollen. In diesen Fällen wurde mit Hilfe von **Seilwinden** aufgeladen. Diese Seilwinden wurden von den Verladern nur im äußersten Notfall eingesetzt. Der Einsatz war durch das häufige Umhängen der Blöcher recht umständlich und zeitraubend. Die sonst gewohnte Ladeleistung konnte beim Einsatz der Seilwinde nicht erreicht werden. Dadurch minderte sich ihr Verdienst erheblich. Für ihre Arbeit im Akkord bei den geringen Tarifen war Zeit Geld. Die typischen Werkzeuge des Holzverladers waren der Sapie und die Axt (Abb. 141).

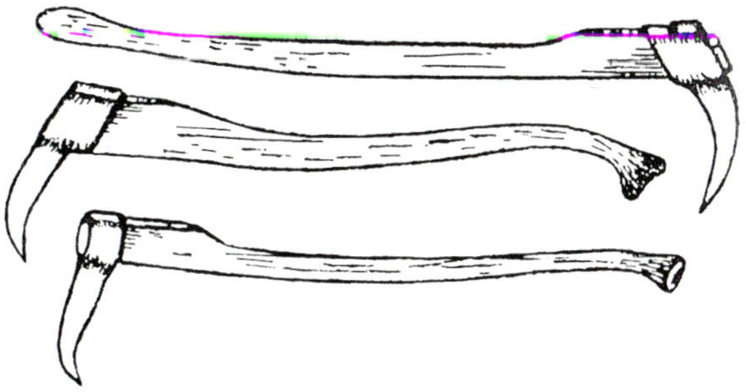

Abb. 141: Das wichtigste Werkzeug des Holzverladers war der Sapie. Mit ihm wurden die schweren Blöcher umgedreht, gerollt oder fortgezogen.

Bei ihrer Arbeit an den oft im Hochwald gelegenen, stundenweit entfernten Lagerplätzen, waren sie allen Unbilden des Wetters im Freien ausgeliefert. Aufgeladen wurde bei jedem Wetter: Auch bei strömendem Regen. Der Wanderer hörte schon von weitem, wo die Holzverlader tätig waren: Die mächtigen Blöcher rumpelten auf den Lagerstangen, bis sie ihren richtigen Platz auf dem *„Rollwagen"* der Waldbahn gefunden hatten. Das war dann der Fall, wenn das Beladen von einer zum Rollwagen hin geneigten Verladerampe aus möglich war. Meist ließ aber das Gelände diese leichte Verladearbeit nicht zu: Dann hörte man schon von weitem in rhythmischen Abständen das laute Kommando *„Hau Ruck"* des Partieführers. Das 4,5 m Bloch eines Urwaldriesen musste mit Hebelstangen und Sapie, Zentimeter um Zentimeter auf den Rollwagen gerollt werden. Aber auch auf den Lager-Umladeplätzen in Spiegelau und Klingenbrunn war die Arbeit kaum leichter. Die folgende Foto-Reihe (Abb 142 bis 161)[42] zeigt die Holzverlader bei Ihrer harten Tätigkeit am Holzhof in Klingenbrunn-Bahnhof.

Abb. 142: Holzhof Klingenbrunn um 1935: Eine „Bildermappe" mit 20 Bildern aus dem Forstamt Klingenbrunn von F.A. Ulrich zeigt sehr anschaulich die Verladearbeiten. Hier wird auf dem Reichsbahngleis Langholz verladen.

[42] Diese 20 Fotos stammen aus einer wohl zu Schulungszwecken vom Forstamt Klingenbrunn ca. 1935 angelegten Bildermappe, die uns von Herrn Fritsch zur Verfügung gestellt wurde. Die Fotos sind von F.A. Ulrich.

Abb. 143: Holzhof Klingenbrunn um 1935: Ein waldbahnzug kurz vor dem Abladen.

Abb. 144: Holzhof Klingenbrunn um 1935: Von einem Waldbahntruck werden gerade Blöcher abgeladen. Foto: F.A. Ulrich.

Abb. 145: Holzhof Klingenbrunn um 1935: Die Holzverlader sind gerade dabei Langholz zu stapeln. Foto: F.A. Ulrich.

Abb. 146: Holzhof Klingenbrunn um 1935: Übersicht über den Stapelplatz. Eine Verladepartie mit 10 Mann stapelt Langholz. Foto: F.A. Ulrich.

Abb. 147: Holzhof Klingenbrunn um 1935: 6 Holzverlader beim „Aufbullern" von Langholz. Foto: F.A. Ulrich.

Abb. 148: Holzhof Klingenbrunn um 1935: In mehreren Etagen wurde das Langholz auf den Prügeln bis zu 5 m aufgestapelt. Man beachte die Sicherungsmaßnahmen mit den Keilen. Foto: F.A. Ulrich.

Abb. 149: Holzhof Klingenbrunn um 1935: Die „Buller“ erreichten eine Höhe bis zu 5 m. Foto: F.A. Ulrich.

Abb. 150: Holzaufkäufer besichtigen vor dem Kauf das Langholz. Es wird genau nach Stärke und Länge vermessen. Foto: F.A. Ulrich.

Abb. 151: Holzhof Klingenbrunn um 1935: Von einem erhöhten Lagerplatz geht das Verladen von Langholz über Gleithölzer auf den Reichsbahnwaggon leicht von der Hand. Foto: F.A. Ulrich.

Abb. 152: Holzhof Klingenbrunn um 1935: Schwieriger ist das Verladen von Langholz auf einen Reichsbahnwaggon, wenn der Lagerplatz 1 m unter dem Niveau der Gleise liegt. Foto: F.A. Ulrich.

Abb. 153: Holzhof Klingenbrunn um 1935: Auf Trittbrettern wird das letzte Bloch mit Hilfe von starken Triftstangen, Sapie und Sicherungskeilen auf den Reichsbahnwaggon gerollt. Foto: F.A. Ulrich.

Abb. 154: Holzhof Klingenbrunn um 1935: Beim Verladen von sehr langem Langholz auf den Waggon, ziehen 8 Mann mit starken Hanfseilen die letzten Stämme auf den Reichsbahnwaggon. Foto: F.A. Ulrich.

Abb. 155: Holzhof Klingenbrunn um 1935: Das Verladen mit den Seilen auf der Verladeseite. Da noch keine Rungen angelegt sind, sichern starke Eisenklammern die bereits aufgeladenen Blöcher. Foto: F.A. Ulrich.

Abb. 156: Holzhof Klingenbrunn um 1935: Ein Detail der Verladung mit Seilen auf einen Waggon bei aufgestellten Rungen.Foto: F.A. Ulrich.

Abb. 157: Holzhof Klingenbrunn um 1935: Ein beladener Reichsbahnwaggon wird mit Stahlseilen gesichert. Foto: F.A. Ulrich.

Abb. 158: Holzhof Klingenbrunn um 1935: Das Verladen von 1 m langen Scheitern in einen Waggon mit Hilfe einer Rutsche. Foto: F.A. Ulrich.

Abb. 159: Holzhof Klingenbrunn um 1935: Das Verladen von 2 m langem „gerindeltem“ Schleifholz. Foto: F.A. Ulrich.

Abb. 160: Holzhof Klingenbrunn um 1935: Zum Ablängen von Langholz ist hier eine der frühesten Motorsägen im Einsatz. Foto: F.A. Ulrich.

Abb. 161: Holzhof Klingenbrunn um 1935: Der Holzhof gab vielen Menschen von Klingenbrunn und Umgebung Arbeit. Hier stellten sich 47 Holzverlader dem Fotographen. Foto: F.A. Ulrich.

Aus der Zeit von 1930 bis 1952 haben wir eine Übersicht über die Anzahl der Holzverlader, die am Forstamt in Spiegelau tätig waren: Es fällt auf, dass in den Jahren nach dem starken Windwurf von 1929 bis zu 300 Holzverlader ihre Arbeit verrichtet haben. Diese Anzahl nahm bis 1932 stark ab. 1935 erreichte die Anzahl der Holzverlader noch einmal 40 Mann, um dann bis 1952 bis unter 10 ständig abzunehmen (Abb. 162).

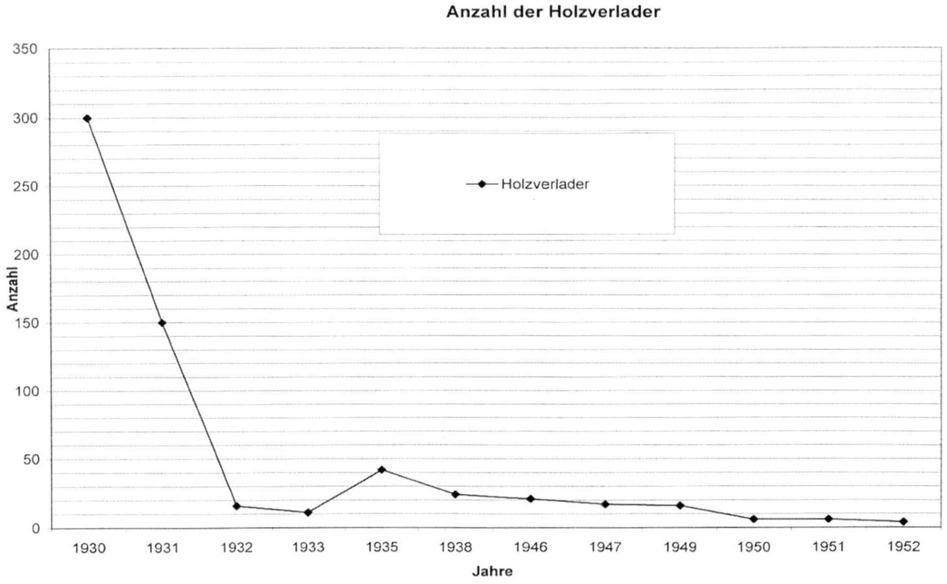

Abb. 162: Anzahl der Holzverlader, die am Forstamt Spiegelau von 1930 bis 1952 tätig waren.

14.3 Holzverladerpartie Sammer

Die Familie Sammer in Riedlhütte-Häuser hat den Holzverladerberuf am Forstamt Spiegelau über drei Generationen am längsten ausgeübt. Über diese Verladerpartie sind wir gut unterrichtet: **Sammer Wenzl**, Oberstudiendirektor i.R. in Würzburg, hat in seiner Familienchronik (Sammer, W., 1994), seinen Bruder **Sammer Georg** ausführlich über das Arbeitsleben der Holzverlader befragt. Im Kapitel „*Die Verladerpartie der Sammers*" erfahren wir viele Einzelheiten.

Die Sammer zählen zu den ältesten Familien in Riedlhütte. Die Vorfahren haben noch mit dem Säumen von Salz von Vilshofen über Grafenau und die **Blauen Säulen** unter dem Lusen nach Böhmen ihren Lebensunterhalt verdient. Nach dem Familiennamen zu schließen, waren die Sammer mehrere Generationen **Salzsäumer**. Ein **Johann Georg Sammer** kaufte 1835 nach dem Verkauf des Glashüttengutes durch Anton Hilz an den Staat in Riedlhütte-Häuser etwa 10 Tagwerk Grund und baute sich ein Sach'l. Hier ist auch **Johann Paul Sammer** (* 1819, + 1856) aufgewachsen, dessen Sohn gleichen Namens (* 1852, + 1938) uns als Begründer der Holzverlader-Partie Sammer begegnet.

Holzverlader Sammer, Generation 1: Wie kam dieser Johann Paul Sammer (*1852, +1938) zum Holzverladen? Nach dem Bau der Nebenstrecke der Reichsbahn von Zwiesel nach Grafenau verkehrten ab 1890 die ersten Züge. In dieser abgeschiedenen Gegend, in der nur wenige Glashütten eine lohnende Arbeit boten, kehrte sofort ein wirtschaftlicher Aufschwung ein. Das wichtigste Transportgut im Güterverkehr der Reichsbahn war ab 1890 das Holz. Die Kleinstbauern und Bauern der Umgebung von Spiegelau erkannten damals die günstige Gelegenheit sich als Holzfuhrleute zu betätigen. Mit ihren langsam dahintrottenden Ochsengespannen, wurde Langholz und Brennholz zum Bahnhof der Reichsbahn nach Spiegelau gebracht. Dieser Holztransport war auch eine wichtige Winterarbeit: Die im Sommer mit den Pferden auf die Lagerplätze zusammengezogenen, „*gerissenen*" Stämme, wurden im Winter bei den hohen Schneelagen mit den schweren Zugschlitten nach Spiegelau gebracht. Zu diesen Holzfuhrleuten gehörten die Kleinstbauern **Fuchs**, **Weß** (Hausname Gloser), **Weny**, **Schopf** und andere in Riedlhütte-Häuser: Familien, die auch heute noch auf ihren Anwesen leben. Für die Bauern war das ein einträgliches Geschäft: Sie hatten ein Monopol auf den Holztransport und konnten bei manchen Verhandlungen mit dem Forstmeister in Spiegelau die Preise bestimmen. Diese sehr starke Stellung der Holzfuhrleute wurde 19 Jahre später, 1909, als wichtiges Argument genutzt, eine Schmalspurbahn, die Waldbahn zu bauen.

Sammer; Holzverlader der Reichsbahn: Die Waldfuhrleute brachten in diesen Jahren große Mengen Holz an den Bahnhof in Spiegelau. Dieses angefahrene Holz musste, getrennt nach Nutzungsart, von den Fuhrwerken entladen und in hohen Stapeln auf dem Pollerplatz oder Ganterplatz „*aufgepollert*" werden. Von hier konnte es auf die Waggons der Reichsbahn verladen werden. Die Sammer-Familie hatte damals schon um 1895 die gesamte Ladetätigkeit im Güterverkehr im Auftrag der Reichsbahn auf dem Bahnhof in Spiegelau übernommen und erledigt.

Der erste Holzverlader war Johann Paul Sammer, erst 38 Jahre alt. Er wurde damals schon von seinen gerade schulentlassenen Söhnen Georg (* 3. 6. 1879, + 19. 5. 1949) und Johann (* 8. 12. 1881, + 22. 7. 1972) tatkräftig unterstützt. Der älteste Sohn Georg war damals gerade 15 Jahre alt. Er stand zeitweilig auch vertretungsweise im Dienste der Reichsbahn: Am Bahnhof in Spiegelau hat er Billetts verkauft und Züge abgefertigt. Es sollte nach der Eröffnung der Reichsbahnstrecke von Zwiesel nach Grafenau, 1890, noch 10 Jahre dauern, bis 1900 die ersten Versuche und dann ab 1909 verstärkt die Spiegelauer Waldbahn zum Transport des geschlagenen Holzes zum Bahnhof in Spiegelau eingesetzt werden konnte. 1909 wurde die Spiegelauer Waldbahn eröffnet und kontinuierlich ausgebaut. Der Holztransport nahm bald große Ausmaße an.

Sammer; Holzverlader der Reichs- und Waldbahn: Die Zuverlässigkeit von Johann Paul Sammer als Holzverlader der Reichsbahn mit seiner bewährten Sammer-Partie war auch dem Forstmeister Fellmeth aufgefallen. Er kam 1919 nach Spiegelau. Deshalb war es nicht verwunderlich, als er der Sammer-Partie auch das Holzverladen im Staatswald für die Waldbahn übertragen hat: Die Sammer waren um 1920 nun die wichtigsten Holzverlader am Rachel und Lusen für die Reichsbahn und die Waldbahn. Der Mythos der Sammer als Holzverlader über drei Generationen hatte hier seinen Ursprung: Der Beruf des Holzverladers wurde in der Familie Sammer immer an die nachwachsenden Söhne weitergegeben und „*vererbt*".

Verfolgen wir nun die Tätigkeit der Sammer-Partie als Holzverlader. Wir erleben einen einzigartigen Einblick in die Arbeitswelt, die Organisation und Logistik, die Herkunft und die Familiennamen der Mitglieder der Partie und die dürftigen Arbeitsmöglichkeiten der Menschen in der Gegend: Die Sozialgeschichte eines heute längst vergangenen Berufes. Johann Paul Sammer (1. Verlade-Generation) hat auch viele Verladeaufträge für die neu entstandenen Sägewerke in Spiegelau und Umgebung, für die Glashütten und für Private ausgeführt. Er war etwa bis Ende des 1. Weltkrieges 1918, bis zu seinem 66. Lebensjahr, im Verladeberuf aktiv tätig. Nach ihm führten seine beiden Söhne Georg und Johann Sammer (2. Verlade-Generation) das Holzverladen erfolgreich weiter.

Ein verheerender Windwurf: Die Holzverlader Sammer waren besonders gefordert, als am 4. Juli 1929 am Rachel und Lusen ein verheerender Orkan wütete. Er verursachte einen katastrophalen Windbruch. Die umgestürzten Bäume mussten möglichst schnell aufgearbeitet werden, um die Ausbreitung des Borkenkäfers zu mindern. In diesen drei Jahren von 1929 bis 1931 leisteten die Holzhauer, die Holzverlader und der Fahrbetrieb der Waldbahn fast Unmögliches. Viele Hundert Holzhauer aus anderen Gegenden Bayerns kamen und arbeiteten mit den Einheimischen Schulter an Schulter. Diese aufgearbeiteten Holzmengen mussten im Winter dann mit dem Schlittenzug an die Lagerplätze gebracht und auf die Waldbahn verladen werden. Die Verladerpartie Sammer zählte ab dem Windwurf von 1929 fast 30 Mann.

Familiennamen, Wohnorte der Holzverlader: Für die Familiengeschichte sicher interessant, sind die Familiennamen dieser Holzverlader und ihre Heimatorte. Wie wichtig die Waldbahn damals als Arbeitsplatz war, ist daraus zu ersehen, dass sich der Verladerberuf in einigen Familien besonders konzentrierte: So haben insgesamt sieben Friedl-Brüder aus Beiwald und Palmberg in der Sammerpartie gearbeitet: Max, Sepp, Ludwig, Hans, Bertl, Georg und Anton Friedl. Das ermöglicht einen Einblick in die eingeschränkten Wahlmöglichkeiten für die damaligen Schulabgänger in der Gegend: Der Wald oder die Glashütte. Nach der Entlassung aus der Volksschule hatten die älteren Friedlbrüder einen nach dem anderen ihrer Brüder zum Holzverladen mitgebracht. Dass man in der Familie zusammenhalten muss, haben sie von ihren Eltern vorgelebt bekommen.

In Hochreuth wohnten die Holzverlader aus der Sammer-Partie **Scholz Max und Heinrich**. Aus Palmberg sind **Schönbrunner Otto und Sepp** und **Hobelsberger Sepp** (der Wirt-Sepp) zu nennen. Von der Spiegelauer-List kamen die Lader **Wolf Albert** und der ehemalige Hüttenschürer **Franz Sepp**. In Pronfelden bei Spiegelau war **Schuster Georg** beheimatet. Von der Windschnur, heute Reichenberger-Siedlung, kamen **Penn Girgl**, **Blöchinger Sepp** und **Schopf Michael**. Für Sepp Blöchinger und seine Angehörigen meinte es das Schicksal besonders hart: Er ist am 16. September 1929 auf der Waldbahn tödlich verunglückt. Auch **Eisch Hermann** hat in der Sammer-Partie gearbeitet, ohne dass wir seinen Heimatort kennen.

Einen guten Einblick in die weiten Anmarschwege von ihrem Heimatort bis zu den Lagerplätzen in den Hochlagen, gibt uns **Bucher Anton** aus **Grafenhütt** (Höhe 630 m), nahe Grafenau. Bevor er frühmorgens mit den anderen Ladern den ersten Truck am Lagerplatz in der Stiegenhütte (Höhe um 900 m) unter dem Rachelsee beladen hatte, war er bereits mit dem Fahrrad und zu Fuß 12 Kilometer, 1 ½ Stunden, unterwegs: Das war etwa der zweifache Anmarschweg, den ein Lader aus Spiegelau und Umgebung zurückzulegen hatte. Sie kamen bereits verschwitzt an ihrem Einsatzort an und verrichteten nun eine schweißtreibende, gefahrvolle Arbeit. Welche Anstrengung diese Menschen auf sich genommen haben, um ihre meist große Familie zu ernähren, ist heute unvorstellbar. Viele Holzverlader hielten es bei der Waldbahn auch nicht lange aus: Wegen der schweren und gefahrvollen Arbeit, der langen Arbeitszeit und der Akkordarbeit, pendelten viele Verlader in die Städte München und Nürnberg.

Rekordleistungen 1929-1932: Die etwa 30 Verlader der Sammerpartie arbeiteten an zwei verschiedenen Verladestellen: Eine Gruppe war im Wald an den Lagerplätzen unter der Leitung von Johann Sammer beschäftigt. Die zweite Gruppe arbeitete auf dem großen Holz- und Verladeplatz am Bahnhof in Spiegelau. Sie wurde von Georg Sammer geleitet. Er war auch der Verlademeister der Gesamtpartie. Es herrschte ein reger Verladebetrieb am Bahnhof in Spiegelau. Der Bahnhof wurde ein wichtiger Umschlagplatz für Holz: Täglich verließen zwei voll beladene Güterzüge der Reichsbahn den aufstrebenden Ort.

Die 30 Holzverlader hatten einen langen Arbeitstag: Nicht selten dauerte er von 5 Uhr früh bis um 21 Uhr abends. Zwei Sommer lang waren auch 8 Oberbayern beim Holzverladen im Einsatz. Die Waldler nannten sie einfach die *„Oberlandler"*. Die vier Jahre von 1929 nach dem Windwurf bis 1932 herrschte im Holzverladen Hochbetrieb. Es wurden Förderleistungen erzielt, die bisher niemand für möglich gehalten hatte. Diese Leistung hat auch die Regierung von Niederbayern lobend gewürdigt: Dr. **Wirschinger** sprach am 17. Juli 1932 in einem Schreiben allen Beamten und Arbeiter der Spiegelauer Waldbahn seine Anerkennung aus. Er betonte, dass im vergangenen Jahr 1931 fast ohne Mehrung des Personals auf der Waldbahn eine dreifache Beförderung erbracht worden ist. Die Waldbahn hatte im Jahre 1930 transportiert: 118.119 Festmeter Grubenholz, 40.491 Festmeter Schichtholz (Scheiter) und 2.127 Tonnen Stückgut (Bretter). Durch den Bau der Nebenstrecke der Reichsbahn von Zwiesel bis Grafenau siedelten sich in Bahnhofnähe mehrere Sägewerke an. Den Spiegelauer Sägewerken wurde ihr Holz über die eigenen Gleisanschlüsse mit der Waldbahn in das Betriebsgelände gebracht. Das Entladen haben Arbeiter dieser Sägewerke übernommen.

Holzkrise von 1933: Durch diesen Massenanfall von Holz in Verbindung mit der Weltwirtschaftskrise, wurde es unverkäuflich: Der Waldbahnforstmeister Fellmeth hat das so geschildert: *„Gewaltige Schäden richtete am 4. Juli 1929 ein über Schwaben, Oberbayern und Niederbayern stürmender Südwest-Orkan an. Dieser hinterließ in der kurzen Zeit seines Wirkens und Wütens allein zwischen Deggendorf und Landesgrenze etwa 1,1 Millionen Festmeter. Nicht ganz die Hälfte davon lag im Einzugsgebiet der Waldeisenbahn.*

Gerade in diese Zeit von 1929 bis 1931 nach den Sturmschäden fiel der große Bankkrach in Amerika, von dem eine schwere Wirtschaftskrise für die Welt ausging. Die riesigen Holzmassen lagen unverkäuflich da. In dieser Notlage entschloss sich die Forstverwaltung, an anderen, verkaufsgünstigeren Orten, einen Teil des Nadelstammholzes zu lagern und anzubieten. Es wurden zwei große Holzhöfe, einer in Regensburg und einer in Ochsenfurt geschaffen. Außerdem wurde mit zwei großen Sägewerken in Plattling, Lohnschnitt zugunsten des Forstamtes Spiegelau vertraglich vereinbart. Der Verkauf der Schnittware erfolgte durch einen forstamtlichen Beamten in Plattling. In diesem Lohnschnittbetrieb wurden in den Jahren 1930/31 insgesamt 65.000 Festmeter Laub- und Nadelstammholz –bis zu 300 Festmeter täglich- eingeschnitten. In der gleichen Zeit lief der Waldbahn-Transport auf höchsten Touren. Täglich wurden mit der Kleinbahn 14.000 bis 16.000 Festmeter Stammholz (als Spitzenleistung 18.000 Festmeter) befördert. Diese transportierten Holzmassen wurden an den Bahnhöfen Spiegelau und Klingenbrunn auf bis zu 40 Reichsbahn-Waggons täglich verladen, was zu schweren Störungen im ganzen Güterverkehr der Region führte. In aller Eile mussten an verschiedenen Stationen Verlade- und Hinterstellungsgleise von der Reichsbahnverwaltung gebaut werden. Dennoch war es möglich, dass nach Abklingen der Krisensituation, die enorme Holzmasse bis auf fernere Märkte gebracht werden konnte. Schon in den Jahren 1927 bis 1930 wurde in der äußerst vorsichtig aufgestellten Bilanz der Waldbahn festgestellt, dass das gesamte Anlagekapital der Waldbahn (Bau- und Gleiskosten, Gebäude, das ganze rollende Material, die Werkstätten und deren moderne Maschinen usw.) restlos mit großen Überschüssen abgeschrieben war.

Nach dem Windwurf vom Sommer 1929 musste in sehr kurzer Zeit viel Holz aufgearbeitet und an die Holzhändler verkauft werden. Durch das große Angebot kam es zu einem Verfall der Holzpreise: Der Staatsforst musste den Holzeinkäufern den Ster Holz um 80 Pfennig verkaufen. Schleifholz war pro Ster von den Firmen für eine Reichsmark zu haben: Denkt man an die vielen „*beteiligten Hände*" vom Fällen der Bäume, der Aufarbeitung in Meterware, dem Schlittenzug im Winter, die Holzverlader auf den Verladeplätzen und die Kosten der Waldbahn für die Beförderung, so konnten alle Beteiligten mit diesem Holzabgabepreis kein Geld mehr verdienen. Durch diese günstigen Preise haben die großen Holzhandelsfirmen Holz auf Vorrat gekauft. Sie haben ihre Lagerplätze großzügig erweitert und randvoll gefüllt. Gegen Ende der Aufarbeitung des Windwurfs, 1932, konnten sie ihr gelagertes Holz nicht mehr verkaufen. Der Holzpreis verfiel, der Markt kam fast völlig zum Erliegen.

Um den Markt zu entlasten, hat der Staatsforst das Einschlagen von Holz sehr beschränkt. Holz wurde nur noch auf Anforderung geschlagen. Diese Entwicklung am Holzmarkt und die Folgen nach der Holzschwemme, konnten nicht ohne Auswirkung auf die Holzverlader bleiben: Mit den zu verladenden Holzmengen an den Lagerplätzen ging es stetig bergab: Die Verladepartie Sammer schrumpfte damals von 30 wieder auf 12 Verlader. Für die arbeitslosen Verlader war das eine dramatische Situation. In der Gegend war es aussichtslos, eine neue Betätigung zu finden. Einige der ehemaligen, vor allem die jüngeren, durch Familie nicht gebundenen Holzverlader, zogen weg und verdingten sich fern der Heimat „*im Reich*" beim Bau von Autobahnen und Kasernen. Zum wöchentlichen Pendeln zwischen ihrem Arbeitsplatz und dem Wohnsitz fehlte das Geld. Sie schufen sich dort meist eine neue Existenz und kamen nie wieder zurück: Ein Schicksal, das viele Generationen von Waldlern mit ihnen teilen. Die älteren Holzverlader jedoch, vor allem die Familienväter und die mit einem kleinen landwirtschaftlichen Sach'l, blieben zurück und „*fretteten*" sich ohne Beschäftigung und Einkommen mit ihren Familien durch: Sie hatten ähnliche Zeiten des Niederganges, der Einschränkung und Aussichtslosigkeit schon öfter erlebt.

Holzverlader als „*Rindler*" von Schleifholz: In der Erinnerung bezeichnete Georg Sammer es als großes Glück, dass in diesen „*lausigen*" Jahren um 1932, die aufstrebende Papier- und **Zellstoff-Fabriken Waldhof-Mannheim**, **Pfleiderer** in **Neumarkt**, Oberpfalz sowie einige sächsische Betriebe, das **Schleifholz** stark nachfragten. Das zeitaufwendige **Rindeln** von Schleifholz, wurde damals eine wichtige Tätigkeit für die arbeitsfähige Bevölkerung. Auch die Holzverlader nutzten diese willkommene Gelegenheit und wurden „*Rindler*". „*Gerindelt*" wurde das „*weiche*" Fichtenholz und das „*harte*" Buchenholz. Das Rindeln war eine mühsame Tätigkeit und die „*Rindler*" konnten sich nicht viel Geld verdienen. Bei einem Einheitstarif von 80 Reichspfennigen je Ster, war der Verdienst vor allem für die Holzverlader zu gering. Bei diesem Tarif wurde nicht berücksichtigt, wie stark die Rundlinge waren und ob sie viele oder wenige Aststellen hatten. Diese Rindler von Schleifholz waren um 1932 meist an den Lagerplätzen und Holzhöfen der Reichsbahnhöfe in Spiegelau und Klingenbrunn tätig. Das fertig gerindelte Holz ist dann hier von der Verladepartie Sammer auf die Waggons der Reichsbahn verladen worden.

Ein Kräfte zehrender Arbeitstag: Aus dieser Zeit der Verladung von Schleifholz, der „**Schleifholzzeit**", wie sie von den Zeitzeugen genannt wurde, teilt uns Wenz Sammer eine interessante Episode mit (Sammer, 1994, S. 123). Sie wirft ein Licht auf den Arbeitswillen und die Einstellung zur Arbeit der Holzverlader Sammer in der Zeit um 1932: Auf den Bahnhöfen in Spiegelau und Klingenbrunn lagerten je 48 Ster gerindeltes Schleifholz zur Verladung in die Waggons der Reichsbahn. Bei der Reichsbahn waren für den Transport von Holz Waggons mit unterschiedlichem Fassungsvermögen im Einsatz: R-Wagen mit hölzernen Rungen, Kapazität etwa 15 m^3, S-Wagen mit eisernen Rungen, Kapazität etwa 20 m^3 sowie SS-Wagen mit eisernen Rungen mit einer Kapazität von etwa 30 m^3.

Sammer Georg, jun. und Sammer Johann, jun., verluden zu zweit diese 96 Ster Schleifholz in zwei Waggons. Zunächst in Spiegelau, dann im 3,5 km entfernten Klingenbrunn. Die Arbeit war durch strömenden Regen stark behindert. Der Arbeitsablauf war zweigeteilt: Ein Mann warf diese nassen, glatten, glitschigen Rundlinge in den hohen Waggon. Der Andere schichtete sie dort nach den Vorschriften verladegerecht auf. Die Verladung nahm 10 Arbeitsstunden in Anspruch. Sie hatten ihre Arbeit in Klingenbrunn noch nicht beendet, als der letzte Zug von Zwiesel nach Grafenau fuhr, der sie zurück an ihren Heimatort Riedlhütte-Häuser bringen sollte. Mit diesem Zug konnten sie deshalb nicht mehr nach Spiegelau zurückfahren: Die Arbeit musste beendet werden! Nachdem sie schließlich den Waggon in Klingenbrunn fertig beladen hatten, sind sie dann hundemüde, in stockdunkler Nacht, bei strömenden Regen, zu Fuß auf den Gleisen die 3,5 km zum Bahnhof nach Spiegelau zurückgegangen. Von hier hatten sie noch weitere 2 km nach Riedlhütte-Häuser zu gehen. Keiner der beiden hat nach der anstrengenden Arbeit auf diesem Gewaltmarsch vor Müdigkeit ein Wort gesprochen.

Holzverlader arbeiteten „*auf der Strecke*": Nach den Windwurfschäden von 1929 kam es 1933 zum starken Verfall der Holzpreise. Erst 1936 erholte sich der Preis mit der Folge, dass der Holzeinschlag wieder zunehmen konnte. Beim Forstamt in Spiegelau wurden damals jedes Jahr 22.000 Festmeter eingeschlagen. Für die Holzverlader reichte aber diese Holzmenge nicht aus, um sie den ganzen Sommer über auszulasten. Um sie bei der Waldbahn dennoch zu beschäftigen, arbeiteten sie in diesen Zeiten „*auf der Strecke*". Durch den ständigen Ausbau des Streckennetzes gab es Arbeiten beim Gleisbau, bei der Reparatur der Gleise und beim Entgrasen der

Gleisanlagen. Diese Arbeiten haben die Holzverlader nur ungern ausgeführt: Die Streckenarbeiten wurden nur im Stundenlohn bezahlt. Bei den Streckenarbeiten war der Stundenlohn 47 Reichspfennig. Verheiratete bekamen 4 Pfennig zusätzlich als Familienzulage. Als Wochenlohn bekamen sie netto etwa 20 Reichs Mark auf die Hand. Ein wahrhaft geringer Verdienst für einen Verlader, der gewohnt war, seine Verladearbeiten im Akkord auszuführen.

Verladerstreik von 1938: Nach der Holzkrise von 1933 hielt die ungünstige Lage der Holzwirtschaft auch noch in den Jahren 1936 bis 1940 an. Das hatte zur Folge, dass die Preise zum Aufladen und Abladen von Holz bei den Preisverhandlungen zur Akkordierung entsprechend gering ausfielen. Im Jahre 1938 kaufte eine Firmengruppe aus dem Ruhrgebiet etwa 10.000 m^3 Blöcher der Baumart Buche im Bereich der Forstämter St. Oswald und Mauth. Diese Buchen-Blöcher waren auf dem Bahnhof in Spiegelau aus den Wagen der Waldbahn zu entladen und in die Waggons der Reichsbahn zu verladen. Für das Entladen der Waldbahn war der Forstmeister in Spiegelau zuständig. Als Abladetarif wurden vom Forstamt Spiegelau 6 Reichspfennig je Kubikmeter (m^3) für diese 3-12 m langen Blöcher festgelegt. Um diesen Preis haben jedoch die Holzverlader der Sammer-Partie die Wagen der Waldbahn nicht entladen: Sie verweigerten die Arbeit, streikten und ließen die Waldbahn-Wagen voll beladen stehen. Der ganze Fahrbetrieb der Waldbahn war empfindlich gestört: Die leere Zuggarnitur sollte am nächsten Tag bereits wieder auf einem Lagerplatz in den Hochlagen stehen.

Ein erstes Gespräch mit dem Forstmeister Bauer vom Forstamt Spiegelau brachte keine Einigung und verlief ergebnislos. Die Sammer-Partie war sich recht sicher, dass der Forstmeister auf ihre Tätigkeit nicht verzichten konnte. Sie erhöhten den Druck und riefen daraufhin einen drei Tage dauernden Streik aus. Der gesamte Betrieb der Waldbahn ruhte in dieser Zeit. Es wurde nichts mehr aufgeladen und abgeladen. Schließlich erschien Forstmeister Bauer persönlich am Arbeitsplatz der Sammer-Partie. In zähen Verhandlungen erreichten die Holzverlader einen Abladetarif von 20 Pfennig je m^3 Buchen-Blöcher. Das 3,3-fache des ersten Angebotes: Der Protest hatte sich gelohnt. Auf der Seite der Holzverlader bewährte sich nach den Aussagen von Georg Sammer damals bei den entscheidenden Verhandlungen in ganz besonderer Weise Hans Burghart.[43] Das Beladen der Waggons der Reichsbahn war von den Holzaufkäufern aus dem Ruhrgebiet zu bezahlen: Inzwischen waren sie sehr erfahren in **Tarifverhandlungen**. Mit den Firmenvertretern handelte die Sammer-Partie als Aufladetarif 60 Pfennig je m^3 aus. Sicherlich war das Verladen der großen Buchen-Blöcher ohne eine Rampe auch besonders schwer.

Verladerpartie Sammer, 2. Weltkrieg (1939-1945): Während des Krieges war der Betrieb und die Unterhaltung der Waldbahn durch die vielen Einberufungen zur Wehrmacht stark eingeschränkt. Die Verladerpartie Sammer hatte während des 2. Weltkrieges von 1939 bis 1945 nur noch 4 Holzverlader: Das war Johann Sammer (* 1881, + 1972) als Partieführer. Er war der Bruder des 1936 mit 57 Jahren wegen eines Arbeitsunfalles beim Holzverladen ausgeschiedenen Georg Sammer, senior (* 1879, + 1949). In die Fußstapfen seines Vaters als Holzverlader trat auch sein Sohn Georg Sammer (* 1916, + 1993). Bis zur Einberufung zur Wehrmacht gehörten der Partie Sammer auch Wenzel Weny und Joseph Schreiner an.

Ab 1940 und später nach Beginn des Krieges gegen die Sowjetunion 1941 erhielten die deutschen Holzverlader auch zwei bis drei Kriegsgefangene, Franzosen und Russen, zugeteilt. Die Franzosen waren das, was die Bayern „*g'schickte*" Männer nennen. Sie waren in der Ortsmitte von Riedlhütte im alten Nebengebäude des Wirtshauses Gaschler unter Bewachung einquartiert und nicht schlecht ernährt: Der Metzger Josef Gaschler hat ordentlich für sie gesorgt und ließ sie nicht hungern. Ganz anders jedoch war die Situation der jungen Russen. Sie waren für die schwere, gefahrvolle Tätigkeit in einer sehr schlechten körperlichen Verfassung. Sie waren aber bereit, sich bei der Arbeit willig anzustellen. Russische Kriegsgefangene, von den Einheimischen die „*Russenbub'm*" genannt, waren auch an der Glashütte in Riedlhütte beschäftigt. Bei der Brotzeit und beim Mittagessen auf den Verladeplätzen, teilten die deutschen Holzverlader ihre gewiss nicht sehr reichlichen Verpflegungsrationen mit ihren Kriegsgefangenen: Es war verboten, die Kriegsgefangenen zu verpflegen. Doch keiner der Verlader hat sich an diese Anweisungen gehalten. Für die Erledigung der Arbeiten war die Zuteilung der Kriegsgefangenen sehr wichtig: Durch sie konnte die Verladung von Blöchern in beschränktem Umfang weitergehen.

Verladerpartie Sammer nach dem 2. Weltkrieg: Nach dem 2. Weltkrieg nahmen die Holzverlader im Juli 1945 unter der Führung ihres Seniors **Sammer Johann** sofort die Arbeit wieder auf. Der alte Kern der Mannschaft mit dem Partieführer Sammer Johann, **Sammer Georg**, jun. und **Weny Wenzel** kamen ohne körperlichen Schaden aus dem Krieg zurück. Für den reibungslosen Arbeitsablauf beim Holzverladen fehlte nun nur noch ein vierter Mann: Er stieß in der Person von **Bloier Hans** aus St. Oswald zu den Verladern. In der Verladearbeit zunächst noch ganz unerfahren, sollte er aber später die letzte Holzverlader-Partie der Spiegelauer Waldbahn anführen. Im Laufe der Zeit wuchs die Sammer-Partie dann wieder auf sechs Mann an. Diese Mannschaft erreichte aber nicht mehr die Leistungsstärke der früheren Holzverlader Sammer.

---

[43] Hans Burghart, ein Onkel des Erstautors Ludwig Reiner, war in Riedlhütte-Häuser zu Hause. Die Burghart waren mit den Sammer verwandt und auch die Nachbarn.

Sammer Georg, jun., schied aus eigenem Wunsch am 18. Juli 1947 aus. Er betrieb anschließend ein Holztransport- und **Holzrücke-Geschäft**: Zunächst mit einem Ochsengespann, später dann mit Pferden. Nach 1947 verließen auch der Partieführer Sammer Johann, sen. (mit 66 Jahren) und Weny Wenzel aus Altergründen die Verlader-Partie. Sammer Johann konnte bei seinem Ausscheiden damals auf 50 Berufs- und Arbeitsjahre als Holzverlader zurückblicken. Im jugendlichen Alter von nur 16 Jahren hat er sich in diesen schweren und gefahrvollen Beruf eingearbeitet: Eine ungeheuer schwere, körperliche Arbeitsleistung, die in diesen 50 Jahren erbracht wurde.

Die Verlader-Partie Sammer musste sich neu zusammenstellen: Neuer Partieführer wurde **Sammer Hans**, jun. (* 1912, + 1975), der Sohn von Sammer Johann: Damals 35 Jahre alt. Er leitete die Partie bereits einmal vertretungsweise für seinen Vater. Von der alten Partie war nur noch Bloier Hans übrig geblieben. Als neue Holzverlader kamen nach und nach dann Hawalik Leo[44] (Riedlhütte-Häuser), Schreiner Hans, Viertl Heinz und Schrödinger Hans[45] (Riedlhütte) dazu. Auch diese Mannschaft hatte nicht lange Bestand: Die aufstrebende Wirtschaft bot in diesen Jahren sogar im inneren Bayerischen Wald noch andere und meist bessere Arbeitsmöglichkeiten.

Auf diese Verladerpartie von Sammer Hans folgten dann die letzten Holzverlader am Forstamt in Spiegelau: Unter dem Partieführer Bloier Hans (St. Oswald) arbeiteten mehrere Jahre **Strohmeier Wilhelm**, **Burghart Otto**[46] (Riedlhütte) und **Berndl Sepp** (Riedlhütte-Häuser). Über Burghart Otto erzählt Leo Hawalik: *„Er ist erst nach der Gefangenschaft 1947 heimkommen. War ruhig, hat anpackt und hat a Kraft g'habt. Ist a guater g'wen, gewesen. Dös sag i dir gleich, mit dem hast guat arbeiten kinnt. Red'n hat er net mög'n...".*

Die Aufgabe dieser Verladerpartie war es dann später, im Auftrag von **Forstmeister Lautenbach**, die Gleise der Spiegelauer Waldbahn nach der Einstellung des Fahrbetriebes von 1956 bis 1960 abzubauen.1960 wird, wie die Gedenktafel auf dem alten, ehemaligen Fahrdamm, westlich von Spiegelau beim Kinderspielplatz Trossel vermeldet, der Betrieb der Spiegelauer Waldbahn endgültig eingestellt. Den Abtransport des Holzes übernehmen nun Lastautos und Spezialmaschinen. 1964 schließlich waren dann auch die letzten Schienenwege abgebaut. Mit dem Ende der Spiegelauer Waldbahn (1900 bis 1960) kam auch das Ende des Berufes der Holzverlader. Ein traditionsreicher Beruf, mit dem sich viele Menschen ihren Lebensunterhalt verdienten, hat aufgehört zu bestehen: Er gehört der Geschichte an.

Die **Partieführer** oder **Verlademeister** der Sammer-Partie im Überblick: 1. Sammer, Johann Paul: Ab etwa 1890 bis Ende 1. Weltkrieg 1918. 2. Sammer, Georg: Sohn von 1.): Ab Ende 1. Weltkrieg bis Herbst 1936, ausgeschieden durch Unfall. 3. Sammer, Johann: Sohn von 1.) und Bruder von 2.): Tätig von 1936 bis 1947. 4. Sammer, Johann (Hans): Tätig von 1947 bis etwa 1955. 5. Bloier, Hans: Tätig etwa von 1955 bis zum Ende der Waldbahn 1960. Von den Holzverladern sind einige Aufnahmen erhalten geblieben. Wir teilen sie hier mit, auch wenn wir nicht alle Personen auf den Bildern Namen zuordnen konnten (163 - 167)

Abb. 163: Holzverlader aus der Gemeinde Neuschönau: von links: Anton Griebl, Ludwig Burghart, Heinrich Boxleitner, Hermann Hödl, Johann Boxleitner, Mathias Vogl, Alois Vogl, Johann Boxleitner. Foto von Berta Hödl, Neuschönau, um 1930.

---

[44] Kurz vor seinem Tod 2005, konnten wir Leo Hawalik noch ausführlich befragen.

[45] Kurz vor seinem Tod 2004 konnten wir Hans Schrödinger noch ausführlich befragen.

[46] Otto Burghart , Riedlhütte, war ebenfalls ein Onkel des Erstautors Ludwig Reiner.

Abb. 164: Die Holzverlader der Sammerpartie um 1955: von links: Biebl, Sammer Hans, Schreiner Johann, Viertl, Hawalik Leo, Friedl Paul, Bloier, Burghart Otto, Brenninger.

Abb. 165: Sammerpartie der Holzverlader. v. links: Sammer Hans (Partieführer), Viertl, Hawalik Leo, Bloier, Burghart Otto.

Abb. 166: Die Holzverlader der Sammerpartie um 1955.
v. links: Biebl, Sammer Hans (Partieführer), Schreiner Johann, Friedl Paul.

Abb. 167: Die Holzverlader der Partie Weidinger mit sieben Mann (vorne rechts). Hinten links: Lokführer und Bremser.

Der Lader Hawalik Leo erinnert sich: Kaum einer kann so anschaulich und lebendig über das Holzverladen erzählen, wie Leo Hawalik von Riedlhütte-Häuser. In vielen Gesprächen haben wir von ihm Einzelheiten erfahren, die ohne ihn nie bekannt geworden wären. Im Böhmerwald in der Gegend um Winterberg wuchs er in einem landwirtschaftlichen Sach'l auf. Nach seiner Heimkehr aus dem Zweiten Weltkrieg heiratete er eine Weny-Tochter von Riedlhütte-Häuser und fing 1946 bei der Spiegelauer Waldbahn als Holzverlader an. Von der weitverzweigten Familie Weny waren einige bei der Verlader-Partie Sammer beschäftigt. So war es kein Zufall, dass er auch Holzverlader wurde. Insgesamt 11 lange Jahre von 1946 bis zum Abbau der Waldbahn 1957 sollten es werden. Gleich nach dem Kriege, war es nicht einfach eine Arbeit zu finden. Diese Befragung führte der Erstautor mit dem Hawalik Leo im Herbst 2004. Im Frühjahr 2005 ist er leider verstorben. Wir sind dankbar, dass wir von ihm noch so viel erfahren konnten. In seinen Satzbau haben wir möglichst wenig eingegriffen: Die einfache Sprache seiner Erzählweise sollte unbedingt erhalten werden (Abb. 168):

Abb. 168: Leo Hawalik, Riedlhütte, der letzte Holzverlader, bei unserem Gespräch im Herbst 2004. Er starb im Frühjahr 2005.

Hawalik Leo erzählt: *„Da hat der Weni Wenzl, der Bruder vom Vater meiner Frau zu mir gesagt: Kimm zu uns, wir brauchen Leute! So wurde ich Verlader. Damals nach 1945 wurde viel Brennholz verladen für die Amerikaner in München. Schöne Bäume sind da herg'schnitten worden zu Scheitholz: Alles mit der Hand. Zeitweilig sind täglich 10 Waggons der Bundesbahn von Spiegelau wegg'angen. In der Zeit kurz vor der Währungsreform 1948 konnten wir nicht genug Holz verladen. Die Sägewerke haben damals schon g'wußt, dass die Währungsreform kommt. Sie haben Holz auf Vorrat bestellt: Alle Lagerplätze aufg'füllt und ‚schwar einkauft'. Sie wollten 22 m lange Bäume haben. Diese Längen konnten wir aber mit der Waldbahn nicht fahren. Dann haben wir festgelegt, 12 m lange oder höchstens 16 m lange Stämme mit der Waldbahn zu fahren. Ein normales Bloch war 4,50 m oder 9 m lang, Die waren uns lieber.*

Es gibt keinen Holzlagerplatz (von den 56!) auf dem wir nicht verladen haben. Der Partie-Führer Sammer hat ein strammes Regiment geführt. Alle wollten damals Geld verdienen: Einmal haben wir am Brandfleck unterhalb der Rachel-Diensthütte Langholz für das Sägewerk ***Reinert*** *in Spiegelau verladen. Da haben wir auch 6 junge Burschen vom Sägewerk als Lader mit dabei g'habt. Pünktlich um 7 Uhr haben wir die Arbeit angefangen. Die jungen Burschen waren aber um 7 Uhr noch nicht da. Sie kamen erst eine Stunde später. Der Partieführer Sammer hat geschimpft: Entweder ihr kommt pünktlich oder garnicht. Der Bräu von St. Oswald hat damals das Langholz von der Schlittenzugbahn zum Lagerplatz mit dö Roß', den Pferden, „zurag'rissen". Auch mit den Ochsen hat er Langholz g'rissen. Die Ochsen haben sogar mehr zogen, wie die Roß': Längen von 4.5 m, 9 m, 12 m bis zu 18 m. Der frühere Kanallagerplatz ist heute der Parkplatz an der Rachel-Diensthütte".*

Leo Hawalik erwähnt nun den Ladeplatz Alte Diensthütte, den heute keiner mehr kennt: *„Auch am Ladeplatz ‚Alte Diensthütte' haben wir verladen. Der befindet sich am Waldbahngleis weiter in Richtung Stiegenhütte. Da stand damals noch eine alte Hütte zum Unterstehen. Sie befand sich da, wo der Weg heraufkommt von der Grübenbrücke und die Waldbahn kreuzt. Dort war damals ein großer Lagerplatz. Da haben wir die schweren Sachen, die mächtigen Ahorn-Blöcher verladen. Auf der gachen (steilen) Ziehbahn haben wir sie im Winter vom*

Mühlbuchat (Mühlbuchet) herunter gebracht. Der Vater vom Altbürgermeister Weny Schos (Georg) war damals der Haumeister".

Scheitholzladen auf der Klingenbrunner Scheer: Nun gibt uns Leo Hawalik einen Einblick in einen Arbeitstag an der Klingenbrunner Scheer, dem mit 1.000 m höchstgelegenen Lagerplatz unter dem Rachel. Oft hat er hier Scheitholz verladen. Der Lagerplatz wurde vom Klingenbrunner Bahnhof aus angefahren.

Hawalik Leo erzählt: *„...Auf der Klingenbrunner Scheer haben wir verladen. Da war auf der anderen Seite der Flanitz hier schon der* ***Poschinger Wald****. Da oben ist viel Holz gemacht worden. Durch das Waldbahngleis da hinauf wurde dieser Wald erst zugänglich: Da ham's den Wald richtig abg'räumt."*

Das Scheiterladen ging oft leicht von der Hand: *„Das ganze Gelände auf dieser Höhe war nicht mehr eben, sondern schon recht steil. Den Hang aufwärts sind da die langen Holzscharen mit 1 m Scheitern g'standen. Auch zwischen den Bäumen, dem Gleis entlang, haben die Holzhauer das Holz gestapelt. Der Ladeplatz war steil. Auf der Böschung oben haben wir das Holz g'habt. Da haben wir a Schar gehen't g'macht (die Stütze entfernt): Da ist des Holz auf die Wagen von selber runter gruselt, gerollt. Jeder von den Ladern hat seinen Wagen voll geladen. Aber ‚gupfert', überhöhrt, weil es lauter weiches Holz war und schon ein wenig trocken: Nur Meterware. Da haben wir aufg'legt im Nu. Nach 1 ½ Stunden haben wir pro Mann ein Wagen voll g'habt mit 10 Ster (zusammen 60 Ster). Da hama a Freud g'habt. Da haben wir uns ‚füri g'arbeitet', vorgearbeitet, wenn das Holz nahe am Gleis da war. Das war der Ausgleich für das Holz das weiter von den Wagen weg war. Da hätten wir am Tag auch 30 Wagen (300 Ster) mit dö 6 Mann voll g'laden: Am Tag 5 Wagen je Mann. Dann ist der Lokführer Hötzendorfer kommen mit der Lok und hat den Zug wegg'fahren zum Klingenbrunner Bahnhof. Eine Zug-Garnitur beim Scheitholz hatte 10 Wagen mit 20 Rollwagen oder 40 Achsen: Ein Wagen bestand aus zwei Rollwagen mit dem Aufbau für das Scheitholz. Auf das Seitengleis hat er uns die leeren Wagen hing'stellt. So konnten wir weiterladen und er ist heimgefahren. Anschließend haben wir die nächsten 10 Wagen vollgeladen. Da kannst dir jetzt vorstellen, was wir für einen Arbeitseifer g'habt haben."*

Oft zu wenig leere Wagen: *„Es war dann bereits Mittag. Die Lok kam wieder und hatte aber nur 5 leere Wagen dabei. ‚Ja was sollen denn diese 5 Wagen?' hat der Partieführer Sammer g'fragt. Der Lokführer gab zur Antwort, dass draußen am Klingenbrunner Bahnhof keine Wagen mehr frei waren: Niemand war da zum Entladen. Auch der Lagerplatz am Klingenbrunner Bahnhof war voll. Die Bundesbahn hat nicht ausreichend Waggons hing'stellt. Der gesamte Fahrbetrieb war empfindlich gestört. Wir Lader haben keine Arbeit mehr g'habt. Dann haben wir heimgehen können. Wir haben die gute Zeit (das gute Wetter!) nicht nutzen können, damit wir uns ‚füri-g'arbeit', vorgearbeitet, hätten. Das war unser Schaden. Wir haben kein Geld verdient". Immer wieder berichtet Leo Hawalik: „Dö ham ja die leeren Wagen net gehabt!"*

Die Scheiter waren oft vom Gleis weit entfernt: Das „Füri-arbeiten", Vorarbeiten, erwähnt Leo Hawalik oft. An manchen Tagen war das Wetter so schlecht, dass sie ihre Arbeit frühzeitig unterbrechen mussten. In dieser Zeit haben sie nichts verdient. Für solche Schlechtwetterperioden wollten sie bei gutem Wetter vorarbeiten, um ihren Verdienst nicht zu schmälern: *„Wenn dös Holz aber weit weg war, haben wir je Mann kaum 2 Wagen bis zur Dämmerung, in die Nacht eini, vollg'laden: Wenn wir's hertragen mussten und auflegen auf den Wagen. Bei weitem Abstand mussten wir die Scheite werfen oder tragen: Das Forstamt hat auch 2 Schubkarren g'macht zum Hinradeln. Sie wurden benutzt, wenn's Holz ganz weit weg war. Ich hab nie ein Hemd ang'habt. I war wie ein Bär. Mit den Armen mehrere Prügel tragen! Jeder wollte der Beste sein. Jeder hat g'schaut, dass ebb's geht. Der Burghart Otto war auch kein Schlechter. Er hat ein altes Leinenhemd ang'habt. Der hat sei Arbeit g'macht. Da hat's nichts geben. Der Bloier, der älter war, hat auch sei Arbeit g'macht. Der Otto war ein* 11er, der Bloier a 4er (1911 und 1904 geboren): *Er war schon etwas langsamer. Der Otto aber hat's wissen mög'n. Dös Holzverladen war im nach hinein betrachtet eine Schinderarbeit. Beim Böcherladen recht gefährlich. Aber wir haben sie gerne g'macht. Da hab'n wir an Charakter g'habt. I hab mich g'wundert, dass die Leit (Leute) so herg'halten hab'n. Alle hab'n unleidig (besonders viel) g'arbeit. Am Tag hab'n wir normal 200 Festmeter Scheiterholz g'laden: Vormittag einen und Nachmittag einen. Das waren 2 Waldbahn-Züge: Ein Zug mit 10 Wagen.*

Die Maschine (Lok) hat 2 Leergarnituren bis zur Stiegenhütte (unter dem Rachelsee, 900 m) gebracht. In der Früh' war die leere Garnitur schon da: Mindestens 10 Wagen. Um 9 Uhr sans mit der Maschin kemma. Dann is ausg'wechselt word'n: Die Vollen gegen die Leeren ham wir umg'hängt: Das er heimfahren hat können. Er ist dann Mittag daheim gewesen. Dann is a mit dem Zug wieder kemma. Blöcher hamma oft weniger und oft mehr g'laden, wenn es gut gangen ist. Is ja oft schwierig g'wesen".

Scheitholzfahrt: Ummodeln der Rollwägen: Für die Fahrten von Scheitholz oder Sterholz, wie sie sagten, mussten die Blöcherwagen „*umgemodelt*", mit einem Holzaufbau versehen werden. Dabei wurde auf 2 Rollwagen, 4 Achsen, eine „*Holzschanze*" angebracht: Hawalik Leo erklärt das so: *„...Dös Blöcherwagen ummodeln mit die Holzschanzen fürs Sterholz (Scheiter), das war schon a mords Ding (ein großer Aufwand). Bis 40 Wagen (= 80 Rollwagl) umg'modelt ham, dös hat schon a Zeit dauert. 2 Rollwagl war ein Wagen: Da is a Schanze d'raufkemma. Gleich im Frühjahr, da is des Holz vom Berg aba kemma, da ist zuerst dös Brennholz dran-*

kemma. Am Bahnhof in Spiegelau hams für Brennholz 60 Wagen (120 Rollwagl) mit Holzschanzen ausrüsten können. Die Breite der Schanze war 2 m auf dem 60 cm Gleisabstand. Da ham 2 m-Stöße aufipasst. 2 Stöße Meterscheite (2 Scharen Holz) oder 2 m lange Scheite. Das Schleifholz für die Faserbetriebe ***Elsental*** *war 2 m lang. Auf einen Wagen hat man normal 10 Ster geladen. War es a g'rings Holz, weiches Holz, trocken, hat man auch 12-13 Ster geladen. Der Hetzdendorfer, Lokführer, der hat mit der großen Diesellok* (Große Gebus) *auch 15 Wagen gefahren: Auf jeden Wagen waren 12-13 Ster droben g'wesen (195 Ster).*

Die Logistik der Abfuhr: Es überrascht, wie bei diesem kaum überschaubaren Hochbetrieb im Sommer, die Betriebsleitung die Übersicht bewahren konnte, wie viel Scheitholz oder Blöcher auf den einzelnen Lagerplätzen lagerten. Bei dieser Logistik waren die Lokführer zum Einsagen sehr wichtig: Leo Hawalik berichtet:

„Der erste Lokführer, der nach Spiegelau heimg'fahren ist, der hat Einsagen (Bescheid geben) müssen. Er hat der Betriebsleitung berichtet, wie viel Holz am Lagerplatz noch steht. Wenn viel Holz da war, hama (haben wir) den Maschinenführer (Lokführer) angehalten und g'sagt, sie sollen viel leere Wagen bringen. Er hat dös alles geregelt. Oft haben sie aber nicht mehr abladen können, weil kein Platz mehr da war. Auf dem Lagerplatz am Bahnhof Spiegelau waren oft schon 2000 Festmeter Sterholz. Es war auch kein Mann mehr da, der abgeladen hat. Die Firmen haben zum Teil selbst abgeladen. Dann haben wir mit dem Laden aufg'hört. Wir haben dann wo anders Blöcher laden müssen. „

Verladen von Blöchern: Das Verladen von Scheitholz mit den Längen 2 m und 1 m war anstrengend aber nicht gefährlich. Dagegen konnten beim Verladen von Blöchern mit einem Durchmesser von oft über einem Meter und den Längen 4,50 bis 12,00 m leicht Unfälle passieren. Leo Hawalik erinnert sich, wie er als junger Verlader, auf der Stiegenhütte unter dem Rachelsee, von der Sammer-Partie eingeführt worden ist in das Verladen von Blöchern. Das einzige Hilfsmittel war eine schiefe Ebene, die mit „*Tremeln*", den Auflagehölzern gebildet wurde. Auf diesen wurden die Blöcher mit dem Sapie und den Schultern mühsam nach oben gerollt.

Hawalik Leo erzählt: „*...Zur Stiegenhütte haben wir von der Riedlhütte mit dem Rad eine schwache Stunde gebraucht. Um 6 Uhr bin ich weggefahren. Um 7 früh haben wir das Verladen ang'fangen. Wir haben alles mit dem Radl gefahren. Nähere Strecken sind wir auch zu Fuß gegangen. Vor der Währungsreform 1948 sind viele Blöcher verladen worden. Die Sägewerke* ***Hackinger*** *und das* ***staatliche Sägewerk****, vorher* ***Petzold*** *in* Spiegelau *haben sich vor der Währung große Holzvorräte angelegt. Auch die* ***Grafensäge*** *am Klingenbrunner Bahnhof hat viel Holz gekriegt. Wir haben damals in der Sammer-Partie mit sieben Mann verladen."*

„Der Schwemmer, der Viertl Heinz und ich haben damals frisch bei der Waldbahn ang'fangen. Der Sammer Hans, Schopf Hans war der Hausname, war der Partieführer und hat uns eing'führt: Er hat zuerst eine Rede gehalten: ‚Manner, hört's auf mich, was ich euch sage, ist wichtig. Der Tremel, das Auflageholz, gehört an den Wagen so hin, dass er nicht wegrutschen kann. Tut, was ich euch sage. Er hatte viel Erfahrung, ‚is a guater g'wen'. Wir haben von ihm viel g'lernt. Bei den Blöchern bestand ein Wagen aus zwei Rollwagen: Diese waren nur durch das Langholz verbunden. Da sind schöne Fuhren mit Blöchern von 4,50 m, 9,00 m und 12,00 m geladen worden. Länger haben sie nicht sein dürfen. Die hat man in den Kurven der Strecke nicht mehr fahren können".

Zum Verladen sind zuerst die zwei Rollwagen, die einen Wagen bilden sollten, entsprechend der Länge der Blöcher zusammengeschoben worden. Dann wurden von den zwei Rollwagen die vier Kipfen, die Rungen, nach unten geklappt und zwei Tremel, die Lagerhölzer, auf die Rollwagen gelegt: „*Die Blöcher haben wir dann von den beiden Stiernseiten aus nach oben gerollt. Wenn es einmal gut gelaufen ist, war in der Mitte des Bloches auch einer drin. Das war aber recht gefährlich. Deshalb hat man meistens von den beiden Seiten aus g'arbeitet: Da hat man noch wegspringen können, wenn das Bloch ‚gehert' wird, aus der Kontrolle kam. War das der Fall, hat man sofort den Sapie ‚hing'haut', damit es stehen bleibt. Sonst ist das Bloch heruntergerollt und war dann von ganz unten wieder ‚mannshoch' heraufzurollen: Ist eine Schinderei gewesen. Auf die letzte Schicht am Wagen haben wir vom unteren ‚Tremel', Lager aus, das Bloch hoch gehoben.*"

„Oft war der Holzlagerplatz zum Verladegleis hin auch ‚abschüssig', hatte also ein Gefälle. Dann ist das Bloch von selber g'rollt. Oft hat es den Satt'l mit den Rungen am Rollwagen g'hoben und das Bloch ist auf der andern Seite wieder weit herunter gerollt. Deshalb hat man auf der unteren Seite der Rollwagen vorher ‚unterg'spreizt', gestützt, damit das nicht wieder passieren konnte. Das ist aber auch vorkommen, wenn der Truck halbvoll war. Die schwaren, großen, Blöcher sind ins Rollen kommen. Sie sind mit großer Wucht über die Tremel hinausg'rollt. Sind an die Kipfen, Rungen, geprallt und haben den Truck umgeworfen. Es war eine harte Arbeit, vier oder fünf schwere Bloch ‚vom Berg aufa', vom Berg herauf, wieder auf den Wagen zu bekommen. Da haben wir dann Winden g'habt. Eine Hebe-Vorrichtung, mit der ein Stamm senkrecht zu heben war, haben wir nicht gehabt. Nur die Tremeln und die Lagerhölzer, eine schiefe Ebene. Am Tag haben wir meistens 200 Festmeter Blöcher geladen: Vormittags einen Zug mit 10 Wagen und nachmittags einen Zug. Ein Wagen hatte dann meist 10 Festmeter geladen. Bei drei dicken Blöchern waren diese 10 Festmeter schon beisammen. Da hat es die Gleise schon gebogen, wenn dieser Zug auf der Strecke war" (Abb. 169).

Abb. 169: Von der Verladerpartie Süss Eduard (stehend vor der Lok) ist ein Waldbahnzug mit schweren Buchenblöchern auf zehn Blöcherwagen gerade fertig verladen worden.

„Vor der Währung haben wir 3.000 Festmeter Blöcher verladen für die Grafsäge in Klingenbrunn: 4.50 m Blöcher hauptsächlich, 9 m und 12 m. Vor der Währung hatte die Sammerpartie 7 Mann: Strohmeier Wilhelm, Weny Wenzl waren die Alten. Da Sammer Girgl, da jung, hat dann aufg'hört. Der hat später Roß gehabt. Wir jungen haben dann angefangen. Da Wirt Sepp, hat in der Windschnur g'wohnt. Der ist furt: Weiß net wohin."

„Besonders im Spätherbst haben sie ihre Arbeit oft bei schlechtem Wetter verrichtet: „Oft iss längst scho der Schnee g'fallen. Oft waren wir noch nicht fertig, dann iss weiter g'arbeitet word'n. Oft war'n für die Holzzukäufer Verträge zu erfüllen: Der hat sei Sach' verlangt. Der ***Urmann****, Langdorf, hat immer (Blöcher) g'rissen: Der hat guate Roß g'habt. Auch der Bräu von St. Oswald, da Schreiner, hat nach dem Krieg g'rissen. Hat uns oft auch a Bier bracht. Der war sehr beliebt".*

Auf den Verladerstreik angesprochen: *„Nach dem Krieg haben wir keinen Streik gehabt. Vor dem Krieg haben die alten Lader mit Burghart Hans, Riedlhütte-Siedlung, g'streikt. Der war a Lader: War a narrischer Teifi!"*

„Von 1945 an war i Lader, 11 Jahr bis 1956: Da iss mit der Waldbahn noch nicht ganz gar g'wen. Aber i hab a Arbeit kriegt in der Gloshütt'n. 1956 war die Entscheidung (für das Ende der Waldbahn), da iss nimmer so g'laufen. Da hams ständig Schwierigkeiten g'habt. Da war immer ebbs hin: An der Maschine, an den Gleisen. Die Wartung war schon schlecht."

Verladen von Schwellen und Geigenholz: Die Waggons der Bundesbahn hat die Sammer-Partie im Auftrag und auf Rechnung der Holzaufkäufer, „privat", beladen. Genauso die besonders ausgesuchten Baumstämme für den Bau von Musikinstrumenten, das „Geigenholz". Die Holzaufkäufer haben diese anspruchsvollen Tätigkeiten nur bestimmten Verladern anvertraut. Leo Hawalik fährt fort: *„...Die Eisenbahnwaggons haben wir privat verladen. So zum Beispiel das* ***Schwellenholz****, die Eisenbahnschwellen aus Buche. Die Holzaufkäufer haben das Geld beim Forstamt in Spiegelau eingezahlt. Wir haben uns das Geld da holen können. Genauso war es mit dem ,* ***Geigenholz****'. Das waren wunderbare Hölzer. Die Holzhauer haben dieses Holz mit dem Seil* **(Seilzugbetrieb)** *aus der steilen Rachelseewand herausgeholt. Es waren große Bäume, astfrei mit ganz engen Jahresringen: Dös war den Holzaufkäufern wichtig. Die Geigenmacher haben diese schönen Bäume gekauft. Beim Verladen auf dem Lagerplatz waren die Herren, die Holzaufkäufer, selber mit dabei und haben aufg'passt. Da mussten wir sehr vorsichtig damit umgehen. Das hat meistens unsere Verlader-Partie verladen müssen, weil wir besser aufg'passt haben. Da haben wir einen höheren Verlader-Lohn dafür bekommen: Einen Zuschlag von 50 Pfennig je Festmeter extra. Den Sapie durften wir nicht in den Stamm einschlagen und damit ziehen. Mit dem Sapie haben wir nur untergelegt, damit der Stamm nicht zurückrollt. Wir haben* ***Gaberl*** *gehabt: Mit denen haben wir den*

Stamm geschoben. Draußen am Bahnhof in Spiegelau haben wir das Geigenholz dann verladen und haben auch wieder mehr Geld gekriegt. Diese Arbeiten haben wir gerne gemacht. Das war ein schönes Verladen".

Beladene Züge machten sich selbstständig: „*Ja, ich habe mich oft gewundert, wie schnell das gelaufen ist mit den ‚schwaren', schweren, Hölzern. Aber da ist was gegangen: Da waren auf der ganzen Strecke drei Maschinen, Lokomotiven, unterwegs. Wie wir zum Beispiel am Hüttenriegel g'wesen sind: Da ist viel Holz dag'standen. Im Nu sind da 10 Wagen voll g'wesen. Die eine Maschine hat den Zug wegg'fahren. Die andere Maschine hat in der Jägerau schon auf dem Abstellgleis gewartet. Der eine Lokführer ist nach Spiegelau hinausgefahren. Der andere hat die Leerwagen für uns hereing'schoben. Er ist mit der Maschine beim Aufladen oft dageblieben, wenn das Gleis abschüssig war. Mit der schweren Maschine hat er den Zug ‚herhalten', festhalten, müssen, damit er nicht ‚abhaut', wegrollt. Es ist auch vorgekommen, dass uns ein beladener Zug ‚auskemma is', sich verselbstständigt hat. Wenn er beladen war, ist der Schwung immer größer worden. Deshalb haben wir immer alle Wagen z'samm g'hängt und alle Bremsen fest angezogen, damit er nicht davon kann. Auch einzelne Rollwagel oder ein leerer Zug ist uns manchmal wegg'rollt. Das ist vor'kommen. Die Rollwagel waren dann demoliert. Die Schweißer in der Werkstatt draußen in der Spiegelau haben wieder Arbeit g'habt. Der Werkmeister hat uns g'schimpft. Aber wir haben die Rollwagel nicht zahlen brauchen. Das ist bei der Arbeit passiert*".

Leistung der Dampf- und Dieselloks: „*Der Lokführer Sepp Hötzendorfer von der Spiegelau, hat die schwere Dieselmaschine, die Große Gebus, g'fahren. Er war der Ältere von den Lokführern, Jahrgang 1903. Vom Beruf war er Schlosser und dauernd auf der Waldbahn. Der Lorenz Moser war Jahrgang 1907. Die Diesellok Gebus ist besser gewesen als die Dampfloks. Die Dampfloks sind beim Anfahren ‚gacher', schneller, gangen. Die Diesellok ist aber langsamer gangen. Sie war langsamer übersetzt. Schön ‚staad' (still, langsam) ist die gangen: Sie hat schwerere Fuhren weggebracht, wenn der Hötzendorfer angespannt hat. Wenn er die Fuhre nicht weggebracht hat, dann haben wir eine zweite Maschine gebraucht und vorg'spannt*".

Stolz über die Leistung der Waldbahn: „*Die Waldbahn hat schon was g'leistet. Und ein jeder Waldbahnerer war da mit Leib und Seele dabei. Er hat ‚ein Auge g'habt dafür', hat auf alles aufg'passt*".

Brotzeit: „*Wenn leere Rollwagen am Lagerplatz waren, da is keine Brotzeit g'macht word'n. Oft is so hinaus'gangen, dass der Lokführer keine Leergarnitur da hatte. Die leeren Wagen haben sie oft nicht hergebracht: Ja das ist oft schwierig g'wesen. Wenn wir keine leeren Wagen g'habt haben, dann haben wir Brotzeit g'macht. Das Wasser haben wir uns auf der Stiegenhütte mit dem Hut aus dem Seebach g'holt. Oft haben wir auch eine Quelle g'wußt. Jeder hatte meistens Brot und ‚G'selchts', geräuchertes Fleisch dabei. Die Stiegenhütte war im Sommer zug'sperrt. Auch beim größten Sauwetter haben die Förster die Stiegenhütte zum Unterstellen und zur Brotzeit nicht aufg'sperrt*".

Abb. 170: Um auf den Holzlagerplätzen am Bahnhof in Spiegelau und Klingenbrunn Platz zu schaffen, sind die Blöcher zu 4 m hohen Stapel „aufgebullert" worden.

Das gefahrvolle Aufbullern: Zu den Aufgaben der Holzverlader gehörte auch das Stapeln von Blöchern, das Aufbullern, auf den Holzlagerplätzen in Spiegelau und Klingenbrunn. Um Platz zu sparen waren die Stapel oft bis zu 4 m hoch und das Aufbullern entsprechend gefährlich. Die Lader mussten ein feines Gespür für gefährliche Situationen haben: Oft waren es kaum hörbare Geräusche, oft ein leises Knacksen, auf das sie achten mussten. Es gehörte viel Erfahrung dazu, um in diesem Beruf zu überleben (Abb. 170).

Leo Hawalik erzählt: „*...Die Buller waren oft zwei Mann hoch. Der ist weit hintri gangen. Oft war er 30-40 m lang. Da hama die Blöcher auf die Tremmel draufkugelt, gerollt. Dös war a bluatige (anstrengende) Arbeit. Gefahr kimmt, wenn der Buller gehert wird (in Bewegung gerät): Das passiert durch eine unvorsichtige Berührung mit dem Sapie oder durch eine Prellung. Ein Bloch löst sich und stößt das andere an: Der ganze Buller ist in Bewegung. Die Blöcher werden immer schneller: Die Tremmel, das Auflageholz, die Auflager haut's umeinander. Da muast flink sei: Da kannst nur noch auf d'Seitn springa.*"

Feiern am Zahltag: Die Holzverlader waren berüchtigt für ihre Feiern am Zahltag. Gerne erinnert sich der Hawalik Sepp, wenn sie im Wirtshaus noch eine Maß Bier und oft auch mehrere getrunken haben. Er war im Sommer Holzverlader und im Winter beim Schlittenzug beschäftigt:

*„Wir Verlader sind auf der Waldbahn im Kontor, Büro, aus'zahlt word'n. Die Holzzieher aber wurden meistens in einem Wirtshaus heraussen in da Spiegelau aus'zahlt: Nicht auf der Rachel-Diensthütt'n. Der Förster hat dem Haumeister **Herzog Sepp** das Geld gegeben. Er war zuständig und hat uns aus'zahlt: Zum Beispiel im **Lärchenhof**, Riedlhütte-Häuser, in Klingenbrunn. Auch beim **Sigl**, dem Wirtshaus rechts auf dem Weg zum Bahnhof. Da war es normal, dass wir uns noch eine Maß g'leistet hab'n. Jede Woche am Samstag war Zahltag: Einmal den Schuß (Vorschuß) und dann die Abrechung. Früher sind wir beim Gangerl (**Genosko**, Spiegelau) ein'kehrt. Dös war damals unser Hauptwirtshaus. Der hat eine Knöcherl-Sulz g'macht, so wie es sich g'hört. Reichlich! Nach dem Auszahlen am Zahltag, haben wir auch in der Metzgerei beim Gangerl und auch beim **Schleinkofer** für daheim ein'kauft. Das **Aufschreiben** is auch passiert. Da hab ich oft erleben müssen, dass einer durch ein lediges Kind nimmer zahlen konnte und Schulden g'macht hat. Die sind über das Forstamt g'-gangen: Da ist nichts mehr ausg'zahlt word'n. Das is in unserer Partie auch passiert. Wenn wir in der Diensthütte ein'kehrt sind, haben zwei von uns nix mehr g'kriegt, wegen den hohen Schulden. Diese zwei sind sehr stark ‚gehängt'(haben Schulden gehabt). Denen hab i oft Geld g'liehen, damit sie sich a Maß Bier kaufen konnten. Das Geld habe ich heute noch nicht g'kriegt (bekommen)".*

14.4 Die „Rindler" von Schleifholz

Der Windwurf vom Sommer 1929 brachte ein Überangebot von Holz mit einem Verfall der Preise: Diese Holzkrise hat die Menschen schwer getroffen. Ein Glück, dass in diesen Jahren um 1932 neue Verfahren der Papierherstellung entwickelt wurden. Die aufstrebende Papier- und Zellstoff-Fabriken **Waldhof-Mannheim**, **Pfleiderer in Neumarkt** in der Oberpfalz sowie einige sächsische Betriebe, haben das **Faserholz** oder **Schleifholz** der **Buche** stark nachgefragt. Diese Holzschliff-, Zellstoff-, Papier- und Pappe-Industrie deckte sich mit Rohmaterial bevorzugt im Bayerischen Wald ein. Bei diesem Fabrikationsprozess wurden die Holzfasern herausgeschliffen: Die Rinde störte diesen Vorgang und musste entfernt werden. Am Firmensitz das Faserholz rindeln zu lassen, wäre viel teuerer gewesen. Deshalb konnten sich Hunderte von „*Rindlern*" in den wirtschaftlich schwierigen Jahren vor und nach dem Zweiten Weltkrieg durch das Entfernen der Rinde von 1 m Buchenprügeln mit dem Zugmesser ihr Geld verdienen. Die Leute haben damals in der schneefreien Zeit monatelang gerindelt. Keiner hat damals gefragt, warum dieses „*Rindeln*" notwenig war, und wie dieses Schleifholz weiter verarbeitet wurde: So erging es auch dem Erstautor, der nach der Entlassung aus der Volksschule 1951, insgesamt 4 Monate lang „*Rindler*" auf der Stiegenhütte unter dem Rachelsee war.

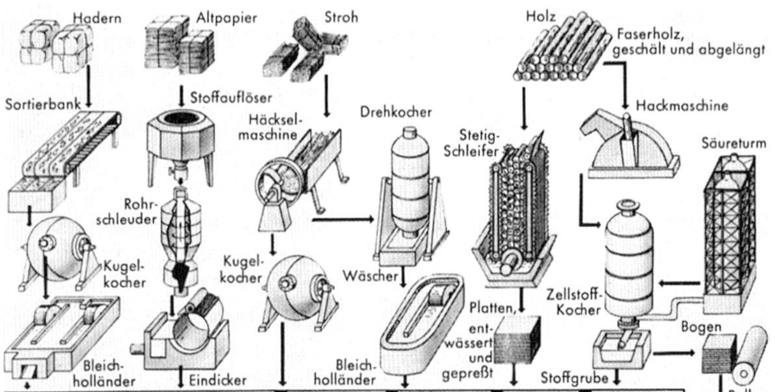

Abb. 171: Die Herstellung von Papier aus dem „gerindelten" Schleifholz oder Faserholz (rechte Seite, Erklärung im Text).

Faserholz oder Schleifholz: Der wichtigste Ausgangsstoff für die Papierindustrie waren auf 1 m abgelängte Buchenprügel. Von der Rinde befreit war es das geschälte Faser- oder Schleifholz, wie es die Einheimischen nannten. In „*Stetigschleifern*" wurden in diesen Fabriken auf mechanischem Wege durch Schliff die **Holzfasern** freigelegt. Deshalb nannte man diese Art des Holzes Schleifholz. Aus diesen so gewonnenen Holzfasern, dem Holzschliff, wurde in der Papiermaschine dann in einem aufwändigen Verfahren das Papier hergestellt (Abb. 170). In einem weiteren Verfahren wurde dieses Faserholz in der Hackmaschine klein gehäckselt. Aus dem Säureturm sind diese Holzhäcksel mit Säure versetzt worden. Im Zellstoff-Kocher entstand dann **Sulfit-Zellstoff** als Ausgangsmaterial für die Papierherstellung. Diese Papier- und Zellstoff-Fabriken hatten ihre eigenen, sehr strengen Qualitätsstandards: Sie ließen „*fein rindeln*", wie es damals genannt wurde. Darunter verstand man das säuberliche und astfreie Entfernen der Holzrinde von Hand mit dem Zugmesser oder „Roafmesser" (Abb. 172).

Die Arbeitsplätze für das Rindeln waren um 1932 die Holzhöfe an der Reichsbahn in Spiegelau und Klingenbrunn. Deshalb haben die Rindler mit den Holzladern immer zusammengearbeitet. Wenn es notwendig wurde, haben die Rindler auch mitgeholfen Waldbahnzüge zu entladen. Als die Lagerplätze dort aber zu eng geworden sind, wurde das Rindeln an die Lagerplätze der Waldbahn in den Hochlagen verlegt. Ein wichtiger Arbeitsplatz der Rindler war dann der Holzlagerplatz an der Stiegenhütte (Höhe 900 m) unter dem Rachelsee. Von der Rachel-Diensthütte aus war er nach 1 ½ km auf dem Gleis der Waldbahn gut zu erreichen.

Die zu *„rindelnden"* Buchen-Prügel sind nach dem Durchmesser und der Menge der Astansätze in die drei Qualitätsklassen I, II, und III eingeteilt worden. Die Rindler, die Geld verdienen wollten, hatten für diese Qualitätsstufen ihre eigene Einteilung: Das starke, fast astfreie, sogenannte I. Klasse-Holz mit über 14 cm Stärke, haben sie mit dem Prädikat „sehr *gut*", das II. Klasse-Holz (10-14 cm) mit *„mittelmäßig"* und das 7-10 cm starke, astreiche III. Klasse-Holz mit *„hundsmiserabel"* eingestuft. Eine gute Tagesleistung der Rindler, von Sonnenaufgang bis Sonnenuntergang, waren im Mittel täglich etwa 4 Ster. Die von der Rinde entfernten Buchenprügel, mussten vom Rindler gemäß der Vorschrift noch *„ohne Löcher"*, ohne Hohlräume, aufgeschichtet werden. Nun war es bei den Rindlern allgemein üblich, dass sich das I. Klasse-Holz meist der Partie-Führer der Rindler gesichert hat. Sie bekamen vom Holzaufkäufer das Schleifholz am Lagerplatz *„angewiesen"*, hatten den Überblick und frühmorgens bereits ihren **Rindler-Bock** vor einer langen Reihe I. Klasse-Holz stehen. Bei dem ohnehin kargen Lohn, konnten sie noch das meiste Geld verdienen. Kam jedoch jemand neu in eine Rindler-Partie, musste er meistens das sehr astreiche und schwache III. Klasse-Holz rindeln. Wegen dem weit höheren Zeitaufwand und der höheren Anzahl von Rundlingen für einen Ster, verdiente er viel weniger Geld.

Der Rindler Ludwig Reiner erinnert sich: Heute wird viel über fehlende Ausbildungsplätze für Schulabgänger im ganzen Land diskutiert. Wie es in der Nachkriegszeit damals im hintersten Bayerischen Wald mit der Ausbildung bestellt war, zeigt folgender Beitrag: Der Erstautor war nach seiner Schulentlassung 1951 über vier Monate von Anfang August bis zum Einbruch des Winters Mitte Dezember an der Stiegenhütte (900 m) unterhalb des Rachelsees als Rindler tätig. Eigentlich sollte er an der Glashütte in Riedlhütte, wie damals für die Schulabgänger allgemein üblich, als *„Einträger"* den Beruf des Glasmachers ergreifen. Das Jahr 1951 kennzeichnete jedoch den ersten wirtschaftlichen Einbruch in der Nachkriegszeit der noch jungen Bundesrepublik. Die Glashütte stellte keine Einträger ein. Zusammen mit den Kameraden der 8. Klasse der Volksschule in Riedlhütte, Alois Driendl und Rudi Strohmeier von Riedlhütte-Häuser, wurden wir Anfang August 1951 mit 14 Jahren, Rindler am großen Holzlagerplatz an der Stiegenhütte: Dort wo der Rachelbach in den Seebach fließt. Als Rindler vermittelt hat uns der Vater von Rudi Strohmeier, Wilhelm Strohmeier. Er war damals Holzverlader bei der Waldbahn in der Sammer-Partie. Beim Partie-Führer der Rindler, Emmerich Meier, Riedlhütte-Häuser, den er gut kannte, hat er für uns Jung-Rindler ein gutes Wort eingelegt.

Die Stiegenhütte war damals ein großes Blockhaus, eine Forstdienststelle nur für Forstmeister und Revierförster. Für die am Lagerplatz tätigen 6 Holzverlader und für uns 10 Rindler blieb sie jedoch auch beim saumäßigsten Wetter als Unterkunftshütte verschlossen: Eine wichtige Erfahrung für einen 14-Jährigen über die feinen Unterschiede zwischen Ober und Unter. Heute ist dieser ehemalige, große Lagerplatz der Waldbahn, mit etwa 900 m hoch gelegen, weitgehend zugewachsen. Aber immer noch ein idyllisches Fleckchen Erde. **Arbeitsablauf:** Täglich bei Sonnenaufgang fuhren wir bei jedem Wetter mit einem alten Fahrrad die 6 km von Riedlhütte (Höhe 720 m) über die Rachel-Diensthütte zur Stiegenhütte (Höhe 900 m). Partieführer der etwa 10 Rindler war **Meier Emmerich** aus Riedlhütte. Er hatte den Auftrag zum Rindeln von einem Holzaufkäufer übernommen und auch die Preise ausgehandelt. An unserem ersten Arbeitstag bekam jeder von uns Buben seinen Rindelbock zugeteilt. Diesen stellten wir an den Anfang einer etwa 40 m langen, mannshohen Holzreihe mit Buchenholz und begannen mit unserer Rindelarbeit. Wir legten die Buchenrundlinge mit einer Stärke von 7 cm bis 15 cm in eine Eisengabel, die etwas erhöht am Rindelbock angebracht war. An der Spitze einer im rechten Winkel gebogenen 20 cm hohen Eisenstange, konnte der Rundling vorne drehbar befestigt werden (Abb. 173).

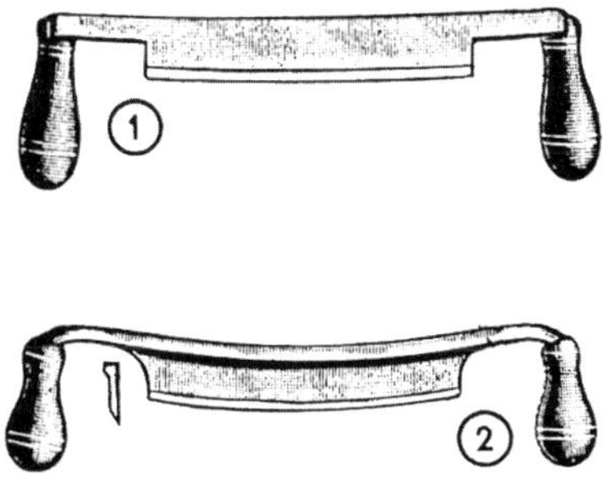

Abb. 172: Das wichtigste Werkzeug des Rindlers war ein stets gut geschliffenes Ziehmesser. 1) gerade, 2) gebogene Form.

Abb. 173: Ein Rindler am Rindelbock mit seinem Ziehmesser. Der Rundling ist drehbar am Rindelbock fixiert.

Abb. 174: Ein Rindlerbock an der alten Graupsäge. (Heute Bauhof des Nationalparks)

Abb. 175: Die Eisengabel (links) in der der Rundling aufliegt. Mit der Eisenstange mit Spitze wird der Rundling, drehbar, vorne befestigt.

Mit der Eisengabel und der Eisenspitze waren die Rundlinge zum Rindeln bestens fixiert. Sie konnten nach Bedarf auch gut gedreht werden. Diese Buchenrundlunge sind im vorhergehenden Sommer 1950 in den Hochlagen von den Holzhauern geschlagen und auf 1 Meter abgelängt worden. Im Winter gelangten sie dann mit dem Schlittenzug auf steilen Ziehbahnen an den Lagerplatz der Stiegenhütte. Von den Holzziehern sind sie in langen Holzreihen aufgeschichtet worden. Bei diesen etwa ein Jahr alten Rundlingen war die Buchenrinde noch nicht am Stamm fest angetrocknet. Sie ließ sich mit dem Roafmesser recht gut entfernen.

Es war schon etwas beängstigend, daran zu denken, dass diese lange Holzreihe nun zu rindeln war. Mehr Sorge bereitete uns jedoch, wenn wir unseren eingearbeiteten Rindler-Kollegen bei ihrer Arbeit zugesehen haben. Fast in geistiger Abwesenheit haben sie mit hoher Geschwindigkeit den neuen Rundling auf ihren Bock gelegt und die erste Hälfte in langen Zügen mit dem Ziehmesser von der Rinde befreit. Dabei war von Vorteil, dass diese langen Züge nicht durch eine Aststelle unterbrochen und behindert waren. War ein Viertel des Rundlings frei von der Rinde, wurde fast wie in Trance eine Viertel-Drehung vorgenommen, bis in vier Drehungen die erste Hälfte des Rundlings frei von der Rinde war. Nun wurde der Rundling auf dem Bock umgedreht und mit der zweiten Hälfte genau so verfahren.

Mit jedem Zug musste eine möglichst breite Bahn auf dem Rundling rindenfrei sein. Eine Einführung in diese Rindelarbeit bekamen wir nicht und war auch nicht notwendig: Jedem von uns war die Arbeit mit dem Roafmesser schon von zu Hause beim Bau eines Hasenstalles oder Taubenkobels bekannt. Noch etwas ungelenk haben wir dann unsere ersten Versuche in diesem neuen Beruf des Rindlers ausgeführt. Die meist gleichen Handgriffe bei dieser Arbeit gingen dann zunehmend immer besser von der Hand. Wir wurden immer schneller. Die fertig gerindelten Buchenrundlinge haben wir dann in derselben Reihe immer auf der nach und nach freigewordenen Fläche in derselben Höhe wieder abgelegt und gestapelt.

An den seltenen, Sonnenschein reichen Spätsommertagen, war diese Tätigkeit recht erholsam. Je weiter jedoch der Spätherbst mit nasskalter, regennasser Witterung und heftigen Windböen sich an die Hänge des Rachel legte, wurde es äußerst unangenehm. Mit einem notdürftig gebauten Rindendach auf vier Stangen, versuchten wir uns etwas zu schützen. Doch mit jedem Vorrücken des Rindelbockes entlang der Holzreihe musste auch dieser Unterstand wieder versetzt werden und wurde undicht.

Bald wurde uns auch bewusst, dass es beim Rindeln nach den Aststellen und der Stärke der Rundlinge drei verschiedene Qualitätsklassen gab. Sie beeinflussten die Arbeitsleistung ganz entscheidend. Wie damals allgemein üblich, wurden wir natürlich als junge, blutige Anfänger nur an die langen Holzreihen mit sehr astreichen und schwachen Rundlingen gestellt. Um einen Ster astreiche und schwache Buchenrundlinge zu rindeln, haben wir die doppelte Zeit gebraucht wie die Rindler mit dem besseren Holz. Wir haben damals in jungen Jahren erstmals erfahren, dass es im Arbeitsleben nicht immer gerecht zuging. Daraus lernten wir für das spätere Leben, möglichst schnell und pfiffig die Bedingungen der jeweiligen Tätigkeit zu durchschauen und ungerechtes Handeln beim Partie-Führer mutig anzusprechen.

Wir haben gerne die Vorschläge und Empfehlungen unserer Mitrindler angenommen: Etwa den Rat, sich von zu Hause einen Wetzstein mitzunehmen, um unser wichtigstes Werkzeug, das Zugmesser, Roafmesser, von Zeit zu Zeit nachzuschärfen: Mit einem frisch geschärften Ziehmesser konnte der Kraftaufwand erheblich vermindert werden. Oder den Rat, täglich mehrere zu Hause geschärfte Roafmesser im Rucksack mitzubringen. So konnte bei Bedarf gewechselt werden. Das hatte noch einen anderen wichtigen Vorteile: Durch die lange Betätigung von 10 und mehr Stunden, blieben wir von schmerzhaften Blasen in der Hand nicht verschont. Meist sind sie zwischen Daumen und Zeigefinger aufgetreten. Nutzten wir ein anderes Roafmesser mit einem etwas anders geformten Griff, konnten wir vielleicht eine bereits wunde Stelle in der Hand schonen.

So entrindeten wir, fast im Trancezustand, Rundling um Rundling. Durch die zunächst ungewohnte, sehr einseitige Tätigkeit, übersäuerten wir jede Muskelfaser im Bereich der Arme, Schulter und am Oberkörper. Als die tägliche Arbeit bei einbrechender Dunkelheit dann allgemein beendet wurde, waren wir sehr erleichtert. Mit einem schmerzhaften Muskelkater am ganzen Körper, schwangen wir uns auf die Fahrräder und strebten hundemüde nach Riedlhütte. Die Zeit der Ruhe war jedoch immer nur recht kurz. Schon frühmorgens am nächsten Tag bei Sonnenaufgang, nahm für den Rindler ein neuer Arbeitstag seinen Anfang.

Jeden Samstag dann, bei einbrechender Dunkelheit, hat der Partie-Führer seine Rindler nach der Anzahl der gerindelten Ster Buchenholz ausbezahlt. Meist gab es einen Vorschuss: Abgerechnet wurde erst, wenn die ganze lange Holzreihe gerindelt war. Nach so einem Zahltag waren wir besonders stolz. Es war unser erstes, recht sauer verdientes Geld. Doch wir waren mit uns sehr zufrieden. Für das spätere Leben war dieses 4 ½ Monate währende Praktikum bei den Rindlern und Holzverladern auf der Stiegenhütte sicher nicht ohne Einfluss: Wir bekamen dabei als 14-Jährige aus nächster Nähe mit, wie mühsam damals in den Nachkriegsjahren, ungelernte Taglöhner mit einem Hungerlohn ihren Lebensunterhalt verdienen mussten. Nach dieser Erfahrung war das Verlangen, aus dieser engen Welt des Taglöhners auszubrechen, nicht mehr zu bremsen.

15 Waldbahnhof in Spiegelau

Mit der Waldbahn verfolgte die Bayerische Forstverwaltung in München das Ziel, Nutzholz aus den Staatswäldern am Rachel und Lusen an der Staatsbahn zum Versand zu bringen. Holz wurde nicht nur als Brennholz, sondern zunehmend auch zur Herstellung von Zellulose für die Papierindustrie nachgefragt. Als Überladestellen boten sich die Bahnhöfe der Staatsbahn in Spiegelau und in Klingenbrunn an. Die Bezeichnung änderte sich öfter: Bis 1920 war es die Königlich Bayerische Staatsbahn. Zwischen 1920 und 1951 die Deutsche Reichsbahn, seit dem 13. 12. 1951 die Deutsche Bundesbahn und seit dem 1.1.1994 Deutsche Bahn AG.

Schon im Jahre 1908 wurde die Anlage eines *„normalspurigen Industriegleises“*, ein Ladegleis, am Staatsbahnhof in Spiegelau genehmigt und gebaut. Diese Normal-Spurweite beträgt in den meisten Industrieländern 1.435 mm (1,435 m): Das 2,4-fache der Waldbahn mit 600 mm. Dieses Ladegleis sollte vom Bahnhof Spiegelau auf den nur 500 m westlich gelegenen Holzlagerplatz führen. Das mit der geplanten Waldbahn transportierte Holz sollte hier verladen werden.[47] An dieser Stelle verlief die Grenze der beiden Forstämter Klingenbrunn im Westen und Spiegelau im Osten. Der Lagerplatz lag bereits im Bereich des Forstamtes Klingenbrunn. (Abb. 176)

Das Ladegleis zweigte nördlich vom Bahnhof Spiegelau ab und verlief entlang der Schwarzach. Der spätere Waldbahnhof entwickelte sich dann zwischen diesem Ladegleis und dem Streckengleis der Staatsbahn in Richtung Zwiesel. Dieses Industriegleis dürfte anfangs etwa 250 m lang gewesen sein. 1922 waren die Industriegleise in Klingenbrunn und Spiegelau 274 m lang. Das Spiegelauer Ladegleis wurde mindestens zwei Mal verlängert (Geschäftsbericht der Waldbahn 1927):[48] *„... wegen begrenzter Lagerkapazität am Reichsbahnhof Spiegelau musste, trotz zügiger Verladung auf die Reichsbahn, das forsteigene Ladegleis um 60 m verlängert werden. Jetzige Länge 417 m“*. Nach diesem Ausbau des Ladegleises in Spiegelau, konnten die großen Holzmengen auf die Staatsbahn verladen werden. Auch das Sägewerk S. Zucker hatte noch ein privates Ladegleis mit 60 m Länge. Für den reibungslosen Betrieb der Waldbahn in Spiegelau waren viele bauliche Einrichtungen und Nebenanlagen notwendig.

Abb. 176: Derniveaugleiche Übergang der Waldbahn mit der Staatsbahn im Bahnhof Spiegelau, aufgenommen am 7.6.1959. Im rechten Hintergrund kann man noch die vollständige Infrastruktur des Waldbahnhofes erkennen sowie die Sägehalle und den Trockenturm der Fa. Bartels.

Auf der linken Seite sieht man schwach neben der Straße die Gleise der Schneiderbachstrecke.

Foto: Ringlstetter in Siegfried Bufe, "Nebenbahnen zwischen Arber und Hallertau", Fachbuchverlag Siegfried Bufe, Egglham.

[47] StAL, 168/2, Nr. 4516; Entschließung d. Finanzministerium Nr. 9947 vom 26. 8.1908.

[48] StAL, 168/2, Nr. 4522, Geschäftsbericht der Waldbahn von 1927.

15.1 Waldbahnanlage 1910, 1926, 1948

Bei der Errichtung des Alten Hauptstranges 1908 durch die Firma Orenstein & Koppel wurden damals auch die notwendigen Gebäude für den Betrieb einer Waldbahn in Auftrag gegeben: Es waren keine eigenen Erfahrungen vorhanden, welche Einrichtungen gebraucht werden. Da die finanziellen Mittel aber damals äußerst knapp waren, sind diese Gebäude in Blockbauweise aus Holz errichtet worden. Auch bestand damals keine ausreichende Sicherheit, ob der Betrieb einer Waldbahn in Spiegelau erfolgreich sein würde. Im Falle eines Misserfolges, sollten diese Gebäude im Bereich des Staatforstes auch anderswo in Bayern noch verwendet werden können (Abb. 177).

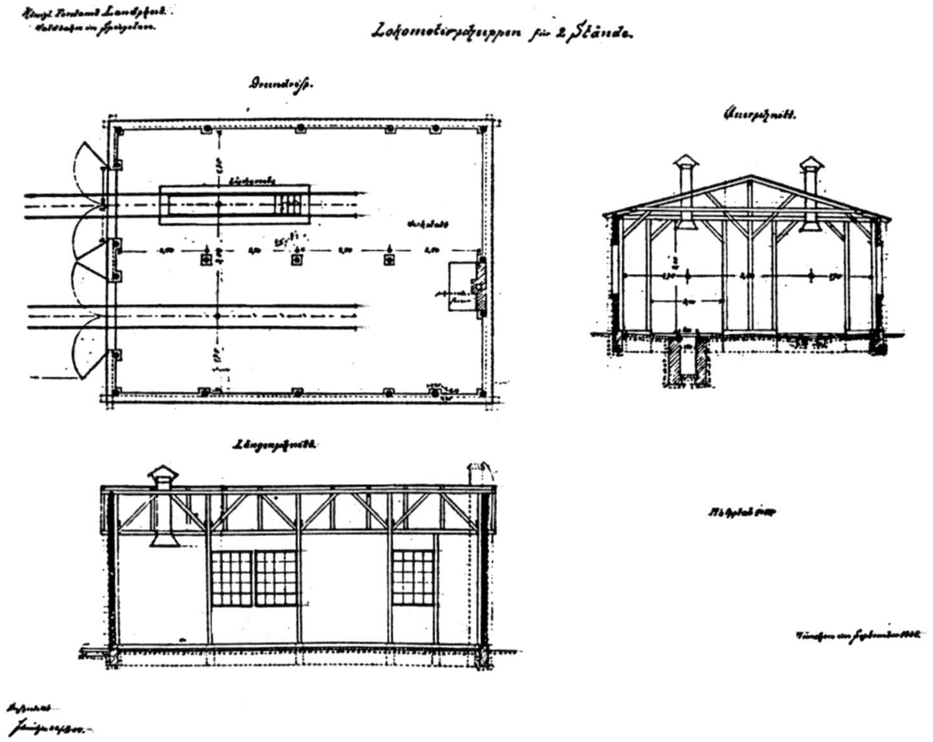

Abb. 177: Der Bauplan der Maschinenhalle, die von der Fa. Orenstein & Koppel gebaut wurde.

Im Jahre 1910 standen dann schon folgende Gebäude: Ein Betriebsgebäude mit der Kanzlei (Büro) und Wohnungen des Werkmeisters und des 1. Lokomotivführers. Westlich davon ein Kohlen-Schuppen. Unter dem gleichen Dach des Gebäudes befand sich auch der Lokschuppen mit einer Drehscheibe vor den Toren. An der nördlichen Rückwand war das Benzinlager angebaut.

Eine Werkstatt mit 88 m^2 entstand damals gegenüber. Im Jahre 1920 ist dann noch jenseits der Gleise südlich der Reichsbahn in Höhe der Kanzlei der Waldbahn ein Wohnhaus in Blockbauweise für den 2. Lokomotivführer errichtet worden. Dieser Neubau sollte die schwierige Beschaffung von Wohnraum entspannen. Als die Betriebsleitung dann aber 1923 die Anstellung eines 3. Lok-Führers forderte, wurde bestimmt, dass dieser wegen der katastrophalen Wohnverhältnisse in Spiegelau ledig sein musste.[49]

Im Jahre 1922 sind dann von der Spitzing-Bahn 5 Lokomotiven, zusammen mit einem Lokschuppen übernommen worden. Später wurde dieser für die Dieselloks genutzt. Dann ist ein Lagerschuppen und eine Baracke für eine Werkstatt aufgestellt worden, die ebenfalls von der Spitzing-Bahn stammten. Als dann 1924 diese Werkstatt im Holzbau den strengen Bestimmungen des Feuerschutzes nicht mehr genügte, wurde eine neue, großzügige Betriebswerkstätte in Massivbauweise errichtet. Sie hatte eine Grundfläche von 12 x 7 m und eine Lokhalle von 15 x 8 m. Die Werkstatt war von der Lokhalle durch eine Zwischenwand mit Flügeltoren getrennt. In diesem Lokschuppen fanden nun 4 Dampflokomotiven Platz. Die „*kalten*" Reservemaschinen waren nun wettergeschützt untergebracht. Beide Gleise in die Schuppen waren für die notwendigen Arbeiten mit Baugruben ausgestattet. Ende der zwanziger Jahre, wurden an der Zufahrt zum Sägewerk Petzold ein weiterer Lokschuppen mit Sozialräumen in Bretterbauweise errichtet.

[49] StAL, 168/2, Nr. 4520, Wohnraum im Jahre 1923.

Übersicht; Waldbahnanlage Spiegelau 1926: Im Jahre 1926 teilte Fellmeth, 1926, 621, eine Übersicht mit den einzelnen Gebäuden und Einrichtungen des Waldbahnhofes Spiegelau mit (Abb. 178).

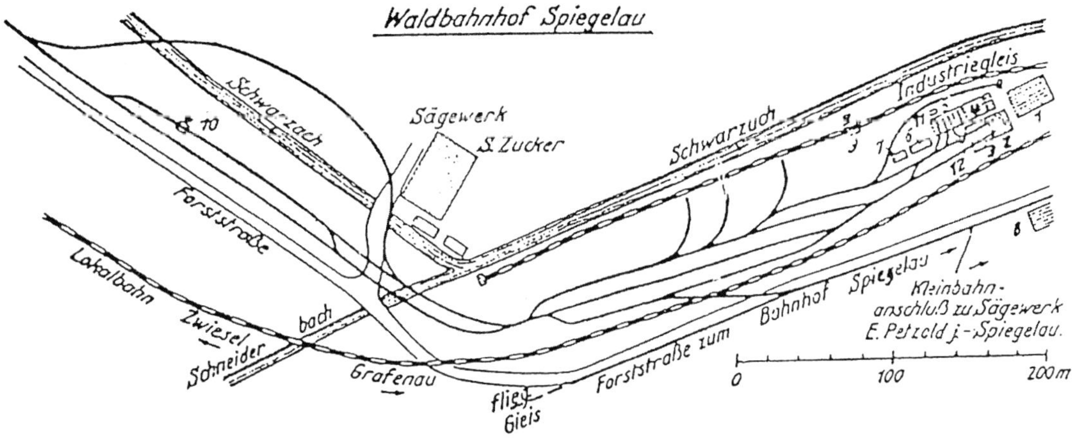

Abb. 178: Übersicht über die Gebäude und Nebenanlagen des Waldbahnhofs in Spiegelau im Jahre 1926.

Erklärung: 1: Betriebsgebäude (Kanzlei, Wohnung des Werkmeisters und des Maschinenmeisters (Lokführer), 2: Werkstätte, 3: Lokomotivhalle, 4: Kohlenschuppen für die Dampfmaschinen, 5: Lokomotivschuppen, 6: Vorratsschuppen: Holz der Stöckelschneider für die Holzvergaser, Ersatzteile, 7: Wagner-Werkstätte, 8: Wohnung des 2. Lokomotiv-Führers, 9: Bahnwaage für Staatsbahnwagen, 10: Kleinbahnwaage westl. der Fa. Zucker für das transportierte Stückgut, 11: Zerknallsicheres Benzin-Lager, 12: Drehscheibe.

Bis 1937 ist dieser Waldbahnhof in Spiegelau weiter ausgebaut worden. Die Bezeichnungen der Einrichtungen werden moderner und der Zeit angepasst. Als neue Anlagen entstanden in diesen 11 Jahren ein Block-Wohnhaus für den *„Amts-Revierförster"* und eine Signalanlage für den Reichsbahn-Übergang. Im Jahre 1937 bestand der Waldbahnhof in Spiegelau aus folgenden Gebäuden und Nebenanlagen: Zum Vergleich mit der Abbildung von 1926 wurden dieselben Nummern beibehalten:

1: Betriebsgebäude mit der Kanzlei und Wohnungen des Werkmeisters und des 1. Lokomotivführers, Holzlege, Waschküche; 2: und 3: Werkstätte mit Lokhalle für die Dampfloks; 4: Kohlen-Schuppen mit Magazin; 5: Lokschuppen für die Diesel- und Gebus-Loks; 6: Vorrats-Baracke für den Betrieb und die Werkstätte; 7: Baracke für die Wagnerei; 8: Wohngebäude für den 2. Lokführer; 9: Bahnwaage für die Wagen der Reichsbahn am Industriegleis; 10: Stationäre Kleinbahn-Waage (bis 15.000 kg); 11: Benzintank (System Martini & Hüneke, Stickstoffsicherung) mit 3.000 l; 12: Drehscheibe für die Loks; 13: Block-Wohnhaus für Amtsförster (östl. vom Wohngebäude für den 2. Lokführer); 14: Signalanlage für den Reichsbahn-Übergang (östl. vom Betriebsgebäude am Schneiderbach); 15: Reserveschuppen mit Wasch- und Mittagsraum. Ein Bild aus der Zeit um 1935 zeigt einige dieser Gebäude (Abb. 179, 180).

Abb. 179: Betriebsgebäude mit Kanzlei und Wohnungen des Werkmeisters und des 1. Lokomotivführers um 1930.

Abb. 180: Der Waldbahnhof um 1935: Rechts: 2 Gleise in die Lokomotivhalle (Nr. 3). Gebäude links daneben: Lokomotivschuppen mit Drehscheibe (Nr. 5), Maschinenhaus

Übersicht; Waldbahnanlage Spiegelau um 1948: Etwa aus der Zeit um 1948 stammt diese Übersicht. Die Zeit schließen wir nach der Konservenfabrik Wölffl, nordwestlich vom Staatsbahnhof. (Abb. 181).

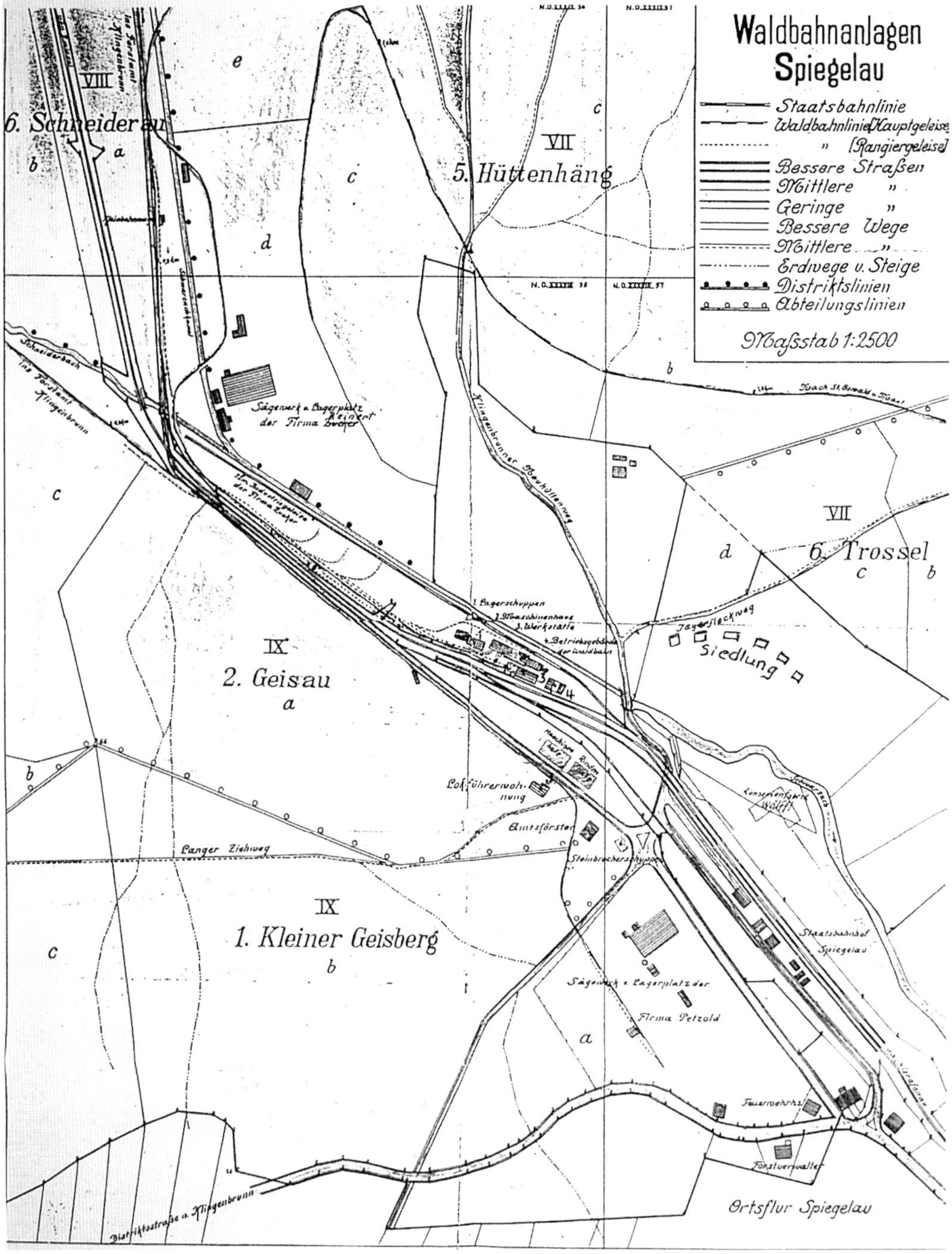

Abb. 181: Übersicht über die Gebäude und Nebenanlagen des Waldbahnhofs in Spiegelau ca. 1948.

Die Übersicht enthält folgende Gebäude: 1: Lagerschuppen, 2: Maschinenhaus (Lokschuppen), 3: Werkstätte, 4: Betriebsgebäude (Büros und Wohnungen) der Waldbahn (Wurde später von Moser Lorenz, Lokführer, käuflich erworben). Auf beiden Seiten der Straße in die Schwarzach-Ebene, südöstlich vom Waldbahnhof und nordwestlich vom Staatsbahnhof, befinden sich noch weitere 5 Gebäude: Nördlich von der Straße eine Maschinenhalle und Rindenhalle. Die Rindenhalle diente zur Aufbewahrung der Lohrinde für die Gerbereien. Auf der südlichen Seite der Straße die Wohnung des 2. Lokführers, das Blockhaus des Amtsförsters und der Schuppen für den Steinbrecher. Südwestlich vom Waldbahnhof war der Staatsbahnhof Spiegelau. Südwestlich davon das Staat-

liche Sägewerk Spiegelau, vorher Petzold (heute aufgelassen). Zwischen Waldbahnhof und Sägewerk Zucker, (später Reinert, danach Bartels) im Nordwesten, befindet sich der große Holzlagerplatz mit den Überladegleisen von der Waldbahn auf die Wagen am Industriegleis der Staatsbahn. Heute Lager- und Abstellplatz der Baufirma Hilz. Sehr gut ist die langgestreckte Kurve der Waldbahn zwischen Schneiderau und Hüttenhäng mit dem

Verlauf des Hauptstranges nach Mauth zu sehen. Der Hauptstrang verlief vom Waldbahnhof, zunächst um Höhe zu gewinnen, nach Norden. Er überquerte dabei den Schneiderbach und zwei Mal den Schwarzachkanal.

15.2 Werkstatt: Schmied, Schlosser, Dreher, Schweißer

Der Fahrbetrieb der Waldbahn mit dem Massentransport von Lang- und Scheiterholz war sehr störanfällig. Deshalb wurde schon früh darauf geachtet, eine Werkstatt mit den notwendigen Maschinen und Werkzeugen einzurichten. Der erfolgreiche Betrieb der Waldbahn in den Zeiten der höchsten Holzförderung nach dem Windwurf von 1929, ist zum großen Teil auch auf diese schlagkräftige Werkstatt zurück zu führen.

Schmied, Schlosser, Dreher, Schweißer: In der neuen, modernen Werkstatt der Waldbahn arbeiteten 1925 je ein „***Feuerschmied***", Schmied, **Schlosser**, **Dreher** und **Schweißer**. Es war damals schon ein Anschluss für Licht- und Starkstrom vorhanden. Das ermöglichte es, die Werkstatt mit den damals neuesten Werkzeugen und Maschinen auszustatten. So standen dem Schmied, Schlosser und Dreher folgende über die damals übliche Transmission, von einem 3,5 PS Elektromotor betriebene Maschinen zur Verfügung: 1 **Drehbank** mit 210 mm Spitzenhöhe und 2.000 mm Spitzenlänge; 1 **Stahlhobel-Maschine** (Shaping-Apparat); 1 **Bohrmaschine**; 1 **Schmirgelscheibe**; 1 **Schleifstein** und 1 **Kreissäge**.

Bei den Schmiedearbeiten nutzte der Schmied für seine 2 Feuerstellen eine elektrisch betriebene Esse mit einem 0.5 PS-Motor zur Anfachung des Saugzuges. Der „*Feuerschmied*", war das ganze Jahr über in der Werkstatt beschäftigt. Während der schneefreien Zeit war der Schmied der Führer der „***Autosteinquetsche***", des „*Stoabeißers*", wie in die Einheimischen nannten. Während des Winters war er dann in der Schmiede tätig. Dem Schweißer stand für seine Arbeiten zum Ausbessern an den Fahrzeugen ein Autogen-Schweißapparat zur Verfügung. Eine große, fest montierte Handbohrmaschine vervollständigte die Ausrüstung. In der Werkstatt arbeiteten ferner noch zwei Schlossergehilfen. Der Chronist (Fellmeth, 1926, 614) vermerkte bei diesem damals noch neuen Beruf stolz „*an der Drehbank ausgebildet*". Er wollte damit ausdrücken, dass modernes Fachwissen in dieser Werkstatt vorhanden war. Diese beiden Schlosser waren auch die Führer der damals „*neuen benzin-elektrischen Lokomotiven*" vom Typ Gebus. Im Jahre 1939 ist dann noch von der stillgelegten Waldbahn Ruhpoldung-Reit im Winkel eine **Radsatz-Drehmaschine** übernommen worden. Mit dieser Ausstattung war es möglich, alle Reparaturen an den Wagen, sowie die Hauptuntersuchungen an den Lokomotiven selbst durchzuführen. Spezielle Arbeiten an den Lokomotiven, wie Achs- oder Radbrüche, sowie Reparaturen an der Feuerbüchse, wurden im Auftrag nach Versendung der ausgebauten Teile erledigt. Diese Aufträge hat dann die Fa. Krauss, später Krauss-Maffei in München auch bei Fremdfabrikaten ausgeführt.

Diese **Facharbeiter** der Waldbahn erhielten denselben Stundenlohn, wie die Facharbeiter „*in den hiesigen Sägewerken*". In der Lohnliste vom 23. März 1950 erhielten die Facharbeiter als Stundenlohn 1,00 DM und die Tagwerker 0,84 DM. Damals war als Facharbeiter in der Werkstatt der Schmied **Eichinger Johann** aus Riedlhütte–Windschnur tätig. Während der Winterruhe waren oft auch die Heizer und Bremser vom Fahrbetrieb in der Werkstatt beschäftigt. Der Holzverlader Leo Hawalik berichtete über die Arbeit in der Werkstatt: „*Zum Schmieren der Rollwagen waren draußen am Bahnhof in Spiegelau die Schlosser und die Schmiede beschäftigt. Oft ist an den Rollwagen auch etwas abgerissen. Dann haben die schweißen müssen. Der erste Schmied war der **Fuchs** von der Windschnur bei Riedlhütte. Der zweite Schmied war der **Eichinger** von Reichenberg. Auch der **Schreindl** von St. Oswald war Schmied bei der Waldbahn. Sie waren alle sehr fleißig: Dös haben die Herren vom Forstamt gar nicht erkannt, wie fleißig die Leute waren. Da war ein Eifer und ein Interesse dabei, dass alles gut läuft*" (Abb. 182).

Abb. 182: Mitarbeiter der Werkstatt. Im Hintergrund rechts die Werkstatt mit Lokschuppen.

Köhler: Dem Schmied stand in der Werkstatt für die Schmiedearbeiten eine Esse mit zwei Feuerstellen zur Verfügung. Diese Esse war mit einem 0,5 PS Elektromotor zur „*Saugzuganfachung*" ausgerüstet. Die Schmiedearbeiten sind das ganze Jahr über angefallen. Deshalb wurden auch große Mengen an Holzkohle verbraucht. Diese Holzkohle ist von der Waldbahn in eigenen **Kohlemeilern** im Krieg und auch noch nach dem Krieg erzeugt worden.

Die Älteren in Riedlhütte und Spiegelau erinnern sich noch sehr gut an diese „***Köhlerei***“, wie sie von den Einheimischen genannt wurde. Dass sie von der Waldbahn betrieben worden ist, kam uns damals nicht in den Sinn. Ein Kohlenmeiler befand sich nur 100 m östlich vom heutigen Parkplatz Martinwiese rechts neben der Straße in die Neuhüttenwiese. Ein zweiter Meiler lag 500 m nordöstlich an den östlichen Hängen des Hammer-Waldes an der gleichen Straße. Nach dem Krieg lebten hier mehrere Jahre einige Familien aus dem Böhmerwald: Auf den freigewordenen Flächen ernährten sie ihre Kuh und ein paar Ziegen. Heute ist von einer Köhlerei und einer Ansiedlung im Gelände nichts mehr zu erkennen.

Schreiner, Wagner: Bei der Waldbahn wurden viele Arbeiten in Eigenleistung ausgeführt. Deshalb war am Waldbahnhof auch eine eigene **Schreinerwerkstatt** und **Wagnerwerkstatt** vorhanden. Welche Arbeiten haben der Schreiner und der Wagner dort ausgeführt? Im Bereich des Waldbahnhofes ist ständig gebaut worden. Bei diesen Neubauten hat der Schreiner Fenster- und Türstöcke sowie Fenster und Türen gefertigt und Fußböden verlegt. Für die große Lokhalle waren Tore herzustellen. In der Schreinerei wurden auch die Aufbauten für die Besucher-Fahrzeuge gefertigt. Bei der Waldbahn ist sehr viel Scheitholz oder Schichtholz transportiert worden. Für dieses Scheitholz waren ganz besondere Aufbauten auf je zwei Trucks mit 4 Achsen notwendig. Diese etwa 70 Aufbauten sind in der Wagnerei gefertigt und schadhafte Aufbauten ständig ausgebessert worden. In der Lohnliste vom 23. März 1950 sind die beiden Schreiner **Eder Johann** und sein Sohn **Eder Theo** aus Langdorf bei Spiegelau aufgeführt. Sie erhielten als Facharbeiter einen Stundenlohn von 1,00 DM

Maurer: Am Waldbahnhof in Spiegelau sind ständig neue Gebäude und Unterstellhallen gebaut und ausgebessert worden. So lesen wir in einem Schreiben vom 25. April 1949:[50] „*Betreff: Neubauten und Umbauten für Waldbahn und Maschinenpark: Das Regierungsforstamt hat für Neu- und Umbauten nachfolgender Hallen und Schuppen Ausgabeermächtigung für 1949 in Höhe von 24.500.- DM erteilt“:* Diese genehmigten Beträge waren für die neue Unterstellhalle, Ausbesserungen an der **Rindenhalle** und die Erneuerung des Schuppens für die Straßenwalze zu verwenden. In der Rindenhalle wurde die **Lohrinde** (Rinde der Fichte) für **Gerbereien** vor dem Versand mit der Bundesbahn trocken zwischengelagert. In der Lohnliste vom 23. März 1950 wird als Facharbeiter mit einem Stundenlohn von 1,00 DM der Maurer **Wagner Ignaz** aus Guglöd genannt. Er war mit den genannten Neubauten und Ausbesserungsarbeiten beschäftigt.

Bürokräfte: Mit dem Fahrbetrieb eng verbunden, waren auch die Bürokräfte. Sie arbeiteten im Kanzlei-Gebäude, in dem auch der Werkmeister und der 1. Lokführer Moser Lorenz jun. wohnten. Die Aufgabe der Bürokräfte war es, die vom Werkmeister erhaltenen Zettel über die transportierten Holzmengen und **Wiege-Zettel** in Listen zu übertragen. Ein wichtiger Teil der Arbeit war das Führen der **Lohnlisten** in der **Lohnbuchhaltung** und jede Woche die Auszahlung aller Beschäftigten der Waldbahn. Der Büroleiter des Maschinenbetriebes war Josef Goldmann.

Nebenanlagen: Zur Wasserversorgung der Dampflokomotiven war im Boden der Lok-Halle ein Wasserbehälter mit 2,8 m^3 Fassungsvermögen eingelassen. Die Versorgung mit Wasser auf der freien Strecke erfolgte mit dem Saugheber (Elevatoren) an den Lokomotiven aus den Bächen. Für die Versorgung der Motorlokomotiven mit Kraftstoff war ein 3.000 Liter–Tank vorhanden: Durch eine Stickstoff-Sicherung des Systems *Martini & Hüneke* gegen Explosion geschützt. Gegen Benzin- und Ölbrände standen **Feuerlöscher** der Marke *Perkeo* zur Verfügung.

Zum Wenden der Lokomotiven und als platzsparende Möglichkeit der Zufahrt in die Lokschuppen ist eine **Drehscheibe** von 5 m Durchmesser eingebaut worden. Sie war mit Holz abgedeckt und besaß ein Zufahrtsgleis und vier Strahlengleise: Eines zum östlichen Hallengleis und drei zum Diesellokschuppen. Die Lok ist auf die Drehscheibe gefahren: Durch Schieben mit der Kraft von vier bis fünf Mann wurde die Scheibe gedreht.

Im Jahre 1925 wurde schließlich noch eine stationäre **Kleinbahnwaage** mit 15 t Tragkraft eingebaut. Sie befand sich im Ausweichgleis der Einfahrgruppe wenige Meter westlich des Sägewerkes Zucker, später Reinert, später Bartels. Um dieselbe Zeit wurde auch im Industriegleis eine **Bahnwaage** für Vollbahnwagen eingebaut. In der Werkstatt waren 1922 24 Personen, nach dem Windwurfjahr 1929 10, in den 30er Jahren 5-6 und bis 1952 drei Personen beschäftigt (Abb. 183).

---

[50] Unterlagen von Josef Goldmann, Spiegelau

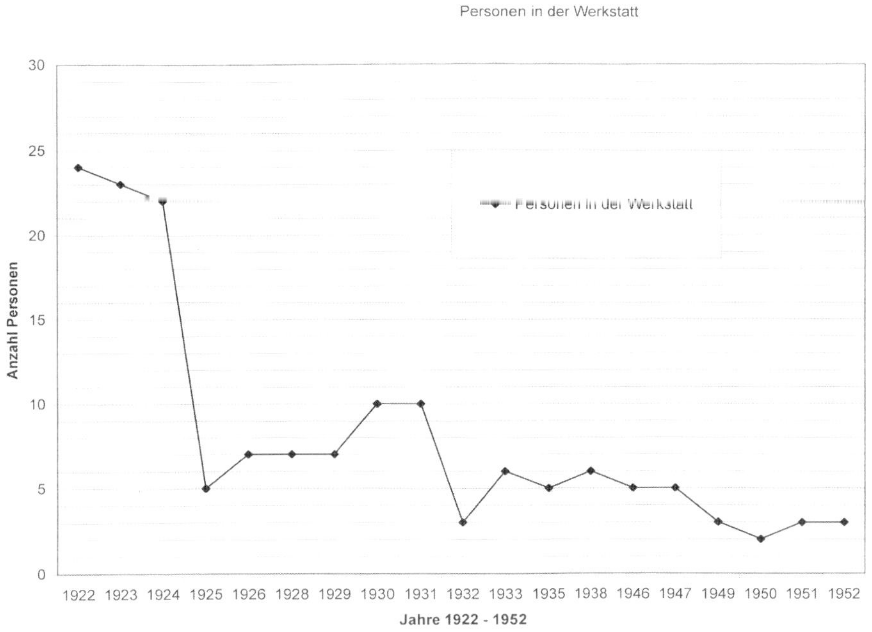

Abb. 183: Die Anzahl der beschäftigten Personen in der Werkstatt der Waldbahn in Spiegelau von 1922 bis 1952.

16 Betriebserfolg der Waldbahn

Die Spiegelauer Waldbahn war ein Unternehmen der bayerischen Staatsforst-Verwaltung, in das von 1900 bis 1960 etwa 95 km (zeitweise 110 km) Gleisanlagen, 7 Dampf-Lokomotiven, 4 Diesel Loks (zusammen 11, 1946), 418 Trucks (1951) an „*rollendem Material*" und moderne Werkstätten investiert wurden. Beim Bau der Strecken waren 600 Personen (1929, 1930), im Fahrdienst 18 (1946), für den Unterhalt der Strecken 15 (1933), als Holzverlader 40 (1935), in der Werkstatt 10 (1930, 1931), zusammen (ohne den Streckenbau) 83 Personen beschäftigt. Damit war die Waldbahn als Arbeitgeber ähnlich wichtig, wie die beiden Glashütten in Spiegelau und Riedlhütte.

In der Forstgeschichte des bayerischen Waldes gibt es kaum Beispiele über erfolgreiche Betriebe, bei denen der Staatsforst sich als Unternehmer betätigte: Zu erinnern ist hier an die Fassdauben-Fabrik in Zwiesel für die Salzsiedereien in Reichenhall und die staatliche Pottasche-Siederei in Zwieseler Waldhaus. Vielleicht war das auch der Grund, warum die Vorgesetzten in der Münchner Forstbehörde der Spiegelauer Waldbahn lange Zeit mit viel Argwohn gegenüber standen. Sliwinski, 1991, 121f, konnte aus den jährlichen Betriebsabschlüssen Einblicke in die Tarife der Waldbahnfrachten, die beförderte Holzmenge, die gefahrenen Kilometer und die Gewinne und Verluste gewinnen.

Fracht-Tarife: In den Fracht-Tarifen der Waldbahn mussten mehrere Gesichtspunkte berücksichtigt werden: Die Waldbahn hatte die Aufgabe, Holz aus dem Staatswald und die Schnittware der ortsansässigen Sägewerke an den Bahnhof in Spiegelau zu bringen. Dabei stand sie auch immer in scharfer Konkurrenz mit der „*Achsfracht*" der heimischen Pferdehalter und Fuhrunternehmer. Sie haben die Schäden an den Straßen verursacht: Die Kosten für die Reparatur haben die Erlöse aus dem Verkauf von Staatswaldholz verringert. Ein wichtiges Argument für den Bau der Waldbahn war, die hohen Kosten für den Wegebau, die Instandhaltung der Straßen und die Ausgaben für die Trift in den 4 Waldbahn-Forstämtern Klingenbrunn, Spiegelau, St. Oswald, Mauth-West und Mauth-Ost zu entlasten. Den wichtigsten Grundsatz aber legte bereits Fellmeth, 1926, 622, fest, dass die Waldbahn „*...aus ihren Einnahmen, sämtliche Ausgaben sowie eine angemessene Verzinsung und Amortisation des Anlagekapitals decken, also sich selbst ohne weitere Zuschüsse erhalten soll*". Das war ein hochgestecktes Ziel.

Abgerechnet wurde bei der Waldbahn nach festen Frachtsätzen. Der Fracht-Tarif war unterteilt nach Langholz und Werkholz, nach den Abschnitten „hart" (Buche u. a.) und „weich" (Fichte u. a.), nach Schichtholz hart und weich, nach Brennholz hart und weich und nach dem Gewichtsgut der Schnittwaren der Sägewerke (Balken, Bretter) am Hauptstrang. Der Umschlag auf die Reichsbahn erfolgte in Spiegelau und Klingenbrunn. Außer Stammholz und Brennholz wurde auch Schälholz, Tonholz, Grubenholz, Schwellenholz, Papierholz und Rinde für Gerbereien verladen. Die Frachttarife der Waldbahn orientierten sich zunächst an den vorhandenen Holzlagerplätzen im Hochwald und den Sägewerken entlang der Hauptstrecke. Mit der Ausweitung des Netzes wurden jedoch dann die Preise in Abhängigkeit von der Entfernung und der Holzart eingeführt.

Die Frachttarife gliederten sich in der Zeit der größten Streckenlänge (1930-1953) in elf 2 km-Stufen: Dabei wurde der Frachtsatz je Festmeter mit zunehmender Entfernung relativ geringer. Da die Züge immer voll beladen nach Spiegelau und leer zurück fuhren, wurde der Zugbetrieb auf der Strecke in Richtung Mauth immer weniger. Als weiterer Anreiz ist deshalb ein ermäßigter Frachtsatz ab einer Transportweite von 4 Kilometern für die Richtung nach Mauth eingeführt worden. So sollte auch ein Anreiz für die Sagwassersäge geschaffen werden, die vorübergehend auch als Lohnschnittbetrieb für die Staatsforst-Verwaltung arbeitete.

Der tatsächliche Tarif setzte sich aus der reinen **Fracht**, der „***Güterbeförderungs-Steuer***" und den **Laderlöhnen** im Wald zusammen. Eine empfindliche Belastung des Betriebsabschlusses war die nach dem Reichsgesetz im Güterverkehr zu entrichtende Steuer von 7/107 (0,065 %) der reinen Frachteinnahmen. Das Transportgut wurde je nach der Holzart in Festmeter(Fm, Sorte) getrennt erfasst:

Nutzholz: Lang- und Werkholz je Festmeter (Fm); Abschnitte: hartes Holz je Fm, weiches Holz je Fm; Schichtholz: hartes Holz je Ster, weiches Holz je Ster.

Brennholz: hartes Holz je Ster**,** weiches Holz je Ster.

Gewichtsgut: (ohne Auf- und Abladen); Normaltarif: Säge- und Schnittwaren der Sägewerke; Sondertarif: Sägemehl, Bündelholz, Abfall-Latten für Brennzwecke, Lohrinde, Ziegelsteine, Dachplatten, Sand, Kies, Zement, Kalk, Kunstdünger und Torfstreu.

Die hier erwähnte **Lohrinde**, Fichtenrinde, für die Verwendung in der **Gerberei**, wurde in der Rindenhütte am Waldbahnhof vor dem Versand gelagert. Für die Erfassung dieses Gewichtsgutes wurde am Waldbahnhof in Spiegelau eine **Kleinbahnwaage** eingerichtet und je Wagen eine Wiegegebühr erhoben. Auch für die Benutzung der insgesamt 56 Waldbahn-Lagerplätze, wenn das Holz mit dem Fuhrwerk oder der Trift weiterbefördert werden sollte, wurden Gebühren erhoben. Die Rechnung für die Waldbahnfracht sind dem Holzkäufer vom Forstamt Spiegelau gestellt worden. Für die Übergabe des Holzes an den Lagerplätzen, die Holzüberweisung an den Holzkäufer jedoch, war das örtliche Forstamt zuständig in dem der Lagerplatz lag.

16.1 Einnahmen, Ausgaben, Überschuss

Die Waldbahn wurde nach den Grundsätzen eines privaten Unternehmens geführt. Deshalb ist jedes Jahr ein **Geschäftsbericht** mit einer **Gewinn- und Verlust-Rechnung** und allen Leistungszahlen erstellt worden. Diese Bilanz enthielt aber auch Kosten, die erklärt werden müssen: Als Beispiel führte Sliwinski, 1991, 123f, das Geschäftsjahr 1931 an, um das Vorgehen bei der Gewinn- und Verlustrechnung zu erläutern. Der Leser gewinnt den Eindruck, dass die Forstbeamten in München in den Geschäftsberichten jedes Jahr auch einen Gewinn ausgewiesen sehen wollten. Um diesen Gewinn leichter ausweisen zu können, enthielt die Bilanz den nicht eindeutig zu bestimmenden Betrag „*Indirekte Einnahmen*". Darunter verstand man geschätzte Beträge, die am Forstamt ausgegeben worden wären, wenn die Waldbahn nicht bestehen würde. Es waren drei Arten von Einsparungen oder **indirekten Einnahmen** möglich:

Indirekte Einnahmen: Nachdem die Waldbahn ihre Strecken und Lagerplätze bis in die Hochlagen gebaut hatte, wurden die Entfernungen für den Schlittenzug im Winter erheblich kürzer. So konnten also Löhne der Holzzieher eingespart werden. Durch die Waldbahn konnten ferner Wege-Neubauten und Wege-Reparaturen sowie die aufwendigen Ausbauten der Bäche zur Trift erheblich eingespart werden. Schließlich wurde noch ein „*Gewinn an Holzwert*" ausgewiesen. Bei diesem „*Gewinn*" oder einem **Mehrwert** dachte man vor allem an die alten Buchenbestände, die in den zurückliegenden Jahren über die Trift in den Bächen nicht dem Verkauf zugeführt werden konnten: Buchenblöcher sind in den Bächen nicht geschwommen. Nur mit der Waldbahn konnten diese wertvollen Buchen verkauft und dadurch ein Mehrwert erzielt werden. Gegen diese drei Arten eines Gewinns ist sicher nichts einzuwenden. Sie hatten allerdings den erheblichen Nachteil, dass sie nur sehr grob, überschlägig und kaum kontrollierbar geschätzt werden konnten. Vor diesem Hintergrund ist als Beispiel die Geschäftsbilanz des Betriebes der Waldbahn von 1931 zu sehen. In diesem Jahr wirkte auch das Windwurfjahr von 1929 noch nach (Tabelle 4):

Tabelle 4: Geschäftsbilanz des Betriebes der Waldbahn von 1931, Beträge in Reichsmark (RM).

A: Indirekte Einnahmen (Gewinne) der Waldbahn:

a) Verkürzung Holzzüge: Einsparung Zieherlöhne 50.051.-

b) Weg- und Triftbaukosten: Einsparung: Wege-Neubau, Wege-Reparatur,Triftbau.........29.700.-

c) Gewinne an Holzwert 11.000.-

Summa A 90.751.-

B: Einnahmen 1931

Frachtgebühren 211.957.-

Wiegegebühren 147.-

Lagerplatzgebühren 620.-

Mieteinnahmen aus Gebäuden 405.-

Nebeneinnahmen 1.025.-

Indirekte Einnahmen (Gewinne aus A) 90.751.-

Summa B Einnahmen 1931 ....304.905.-

C: Ausgaben 1931

I. Ausgaben des laufenden Betriebes:

1) Gehälter der Beamten und Angestellten 9.672.-

2) Kosten des regelmäßigen Fahrbetriebes:

a)Löhne für Facharbeiter 45.141.-

b)-d) Betrieb der Lokomotiven 21.232.-

e) sonstige Betriebsstoffe 9.910.-

f) Brems-Sand 544.-

g) Unterhaltung d. Benzintank 89.-

h), i) Beleucht., Licht, Kraftstrom 491.-

k) Schnee-Räumarbeiten 1.395.-

m) Verschiedene Frachten 906.-

n) Laderlöhne 54.590.-

o) Industriegleis, Gebühr, Unterhaltung 1.041.-

Summa Nr. 2 ....132.339.-

3) Strecken-, Gebäudeunterhaltung, Material 56.231.-

4) Kosten für Sozial-Lasten 6.000.-

5) Reichssteuer f. Güterbeförderung 27.859.-

6) Kleinbahn-Waage, Unterhaltung 46.-

7) Sonstige Ausgaben 1.062.-

Summa I) Ausgaben d. lauf. Betriebes 233.210.-

II)Abschreibung des Anlage-Kapitals: 0,0

D: Abgleichung: Einnahmen - Ausgaben:

Einnahmen 1931 ....304.905.- RM

Ausgaben 1931 ....233.210.- RM

Einnahme-Überschuss ....71.695.- RM

Den Einnahmen von 1931 stehen hohe Ausgaben mit einem Einnahme-Überschuss von nur 71.695 RM gegenüber. Diese Differenz ist wesentlich kleiner als der geschätzte, nicht exakt zu ermittelnde indirekte Gewinn von 90.751 RM. Wäre dieser nicht angesetzt worden, hätte die Waldbahn 1931 mit einem Minusbetrag abgeschlossen.

Ausgaben im Überblick: Das gesamte Anlagekapital der Spiegelauer Waldbahn war nach der Bilanz von 1930 bereits abgeschrieben. Viele Gleise, Trucks und Lokomotiven konnten oft kostenlos von anderen Forstämtern übernommen werden. Als Belastung wurde für 1931 deshalb 0,0 RM angesetzt. Ordnet man diese Geschäftsbilanz von 1931 nach den Ausgaben, zeigt sich folgendes Bild (Abb. 184).

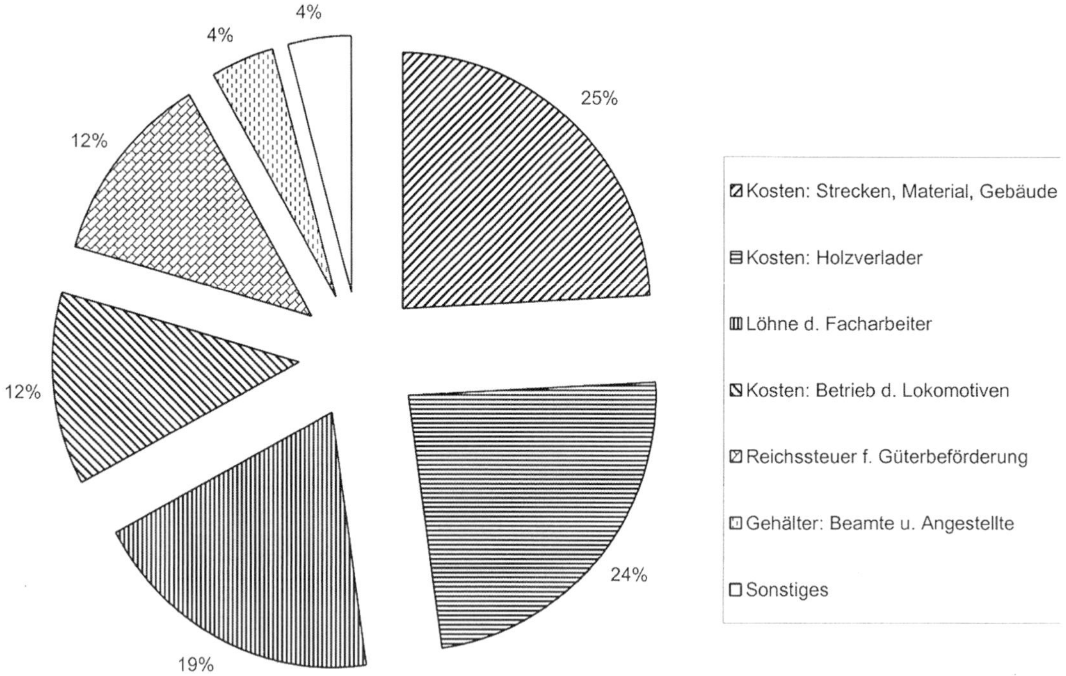

Abb. 184: Ausgaben: Kosten (%) Unterhalt Strecken, Gebäude; Löhne Holzverlader, Löhne Facharbeiter (Schmied u.a.); Kosten Betrieb der Lomotiven; Reichssteuer Güterbeförderung; Gehälter Beamte.

Nahezu die Hälfte der Ausgaben waren zu fast gleichen Teilen für den Unterhalt der Strecke, für das Material und die Gebäude (25%) sowie für die im Akkord arbeitenden Holzverlader (24%) notwendig. Es folgen die Löhne der Facharbeiter in der Werkstatt (19%) und die Kosten für den Betrieb der Lokomotiven (12%). Den gleichen Betrag nimmt die Reichssteuer für die Güterbeförderung (12%) ein: Etwa die Hälfte der Laderlöhne. Dieser Betrag wird von den kostenbewussten Betreibern als besonders ungerecht empfunden worden sein. An Gehälter für Beamte und Angestellte im Kontor wurden 4% gezahlt.

Die Waldbahn stand im harten Wettbewerb: Auf der einen Seite standen die örtlichen Pferdehalter und Fuhrunternehmer, die einen preiswerten Holztransport an den Bahnhof in Spiegelau anbieten konnten. Auf der anderen Seite erwartete das Ministerium in München jedes Jahr die Ausweisung eines Gewinns. Die Waldbahnen hatten dort einen schlechten Ruf: Seit die Waldbahn von Ruhpolding nach Reit im Winkel, um 1920 gebaut, in Bankrott ging, wurden alle Waldbahnbetriebe im Staatsforst mit größter Zurückhaltung betrachtet. Interessant ist ein Vergleich dieser Einnahmen, Ausgaben und dem Überschuss in den 21 Jahren von 1910 bis 1950. Für einige Jahre waren keine Zahlen vorhanden. Den höchsten Überschuss erzielte die Waldbahn nach der Aufarbeitung des Windwurfes von 1929 im Jahre 1930. Im Folgejahr 1931 war das zweitbeste Ergebnis zu verzeichnen. Trotzdem war der erzielte Überschuss geringer als der grob geschätzte indirekte Gewinn. Das bedeutet, dass die Betriebsleitung der Spiegelauer Waldbahn in den 21 Jahren von 1910 bis 1959 (Ausnahme 1930) nur durch die Schätzung eines indirekten Gewinns ohne Verlust abschneiden konnte. In den Jahren 1923, 1925 und 1956 wurde trotzdem noch ein Minusbetrag errechnet (Abb. 185). 1956 begann bereits ein Abbau von Strecken .

Wollte die Betriebsleitung der Waldbahn den Holzaufkäufern günstigere Frachttarife anbieten, traf es meistens das schwächste Glied in der Kette, nämlich die Holzverlader. Ihr Verdienst wurde jedes Jahr zu Beginn der Ladetätigkeit zwischen dem Partieführer und dem Forstmeister von Spiegelau ausgehandelt. Am Fahrbetrieb und den Gehältern der Angestellten, Facharbeiter und Beamten waren kaum Einsparungen möglich.

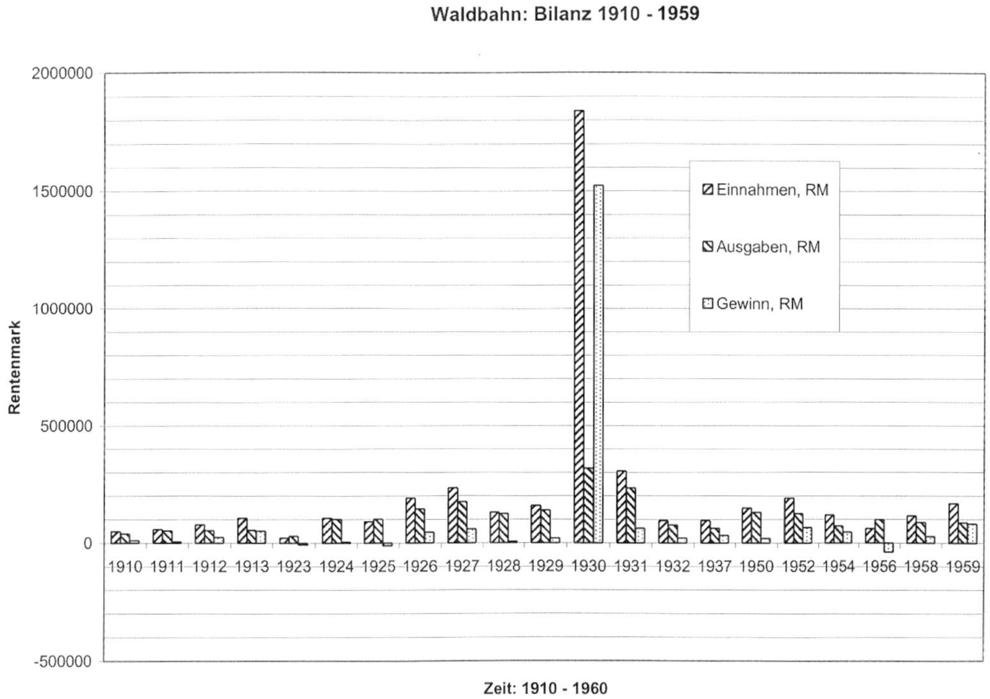

Abb. 185: Die Einnahmen, Ausgaben und der Überschuss der Waldbahn in der Zeit von 1910 bis 1959. Das gute Ergebnis 1930 war eine Folge der Aufarbeitung des Windwurfs von 1929.

16.2 Transportleistung, gefahrene Kilometer

Auch über die transportierten Holzmengen der Waldbahn in Festmeter konnte eine Übersicht erstellt werden. Das Holz wird nach der Verwertung als Rundholz oder Langholz (Blöcher), Schichtholz (Faserholz oder Schleifholz) und Brennholz unterteilt. Die Zahlen stehen nur für die 35 Jahre von 1922 bis 1957, dem Jahr des Abbaus der Waldbahn, zur Verfügung. In dieser Zeit sind beachtliche Leistungen erzielt worden. Geordnet nach der größten transportierten Menge sind die Jahre 1930, 1931, nach der Aufarbeitung des Windwurfes von 1929 sowie die Jahre 1927 und 1926 zu nennen. 1948 wurde die größte Menge an Brennholz transportiert: Auf die hohen Brennholzlieferungen nach dem Krieg hat auch der Holzverlader Leo Hawalik bei unserer Befragung hingewiesen. Als jährliche Transportleistung seit Bestehen der Waldbahn werden 25.000 Festmeter (fm) angenommen. Betrachtet man jedoch die Darstellung ist eher von 35.000 fm auszugehen (Abb. 186, 187.

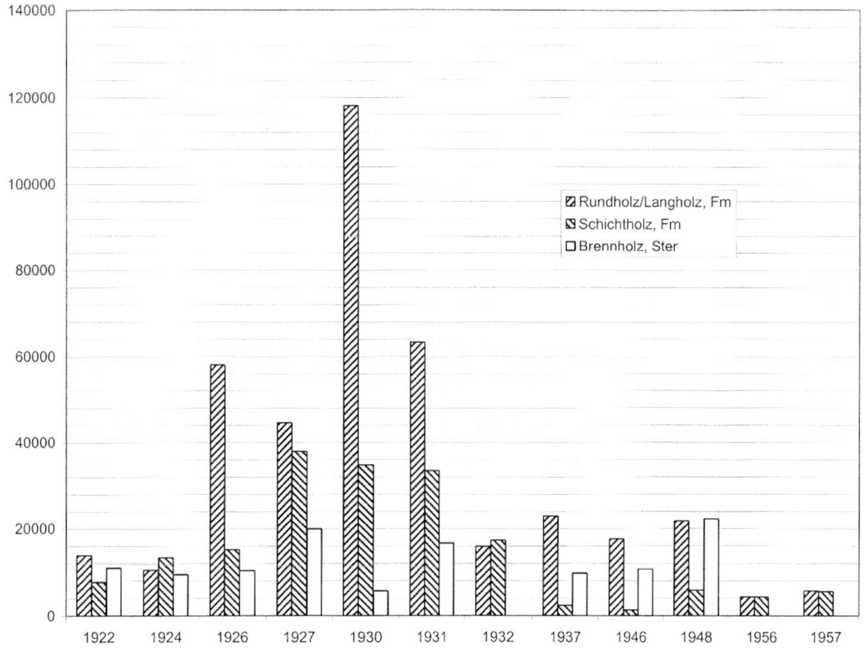

Abb. 186: Die Transportleistungen der Waldbahn an Rundholz, Schichtholz und Brennholz in den 35 Jahren von 1922 bis 1957.

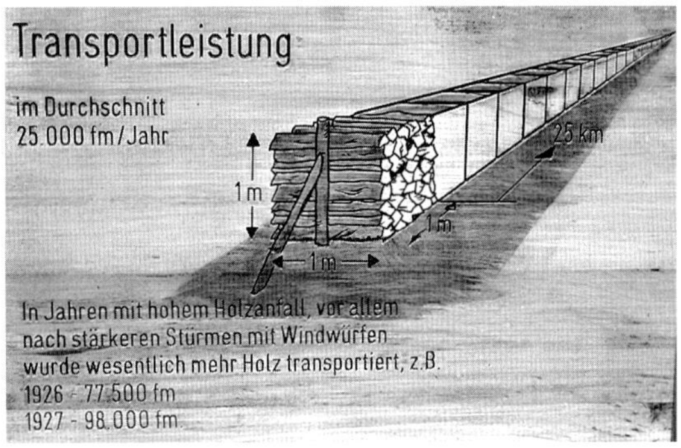

Abb. 187: Darstellung der jährlichen Transportleistung der Waldbahn von 25.000 Festmeter als Holzstapel von 1x1x1 m (Ster) als Strecke von 25 Kilometer Länge in einer Informationstafel im Nationalpark am Reschbach.

Unvorstellbares wird anschaulich: Die gewaltige Transportleistung von 25.000 Festmeter (fm, m^3) Holz im Jahr soll mit einigen Vergleichen veranschaulicht werden. 25.000 Festmeter (fm, m^3) entsprechen, 25.000 x 1,25 = 31.250 Raummeter (rm), gerundet 31.000 rm oder Ster: Der Grund ist, dass die Scheiter von 1 Ster Holz mit Zwischenräumen gestapelt sind. Diese 31.000 Raummeter (1x1x1 m) sind hintereinander gereiht, 31 Kilometer (km) lang. Als Holzstapel dargestellt, entspricht das einer Strecke von Spiegelau bis Deggendorf. In der Zeit von 1910 bis 1957 (47 Jahre), den Beginn des Abbaues der Waldbahn, sind 31.000 x 47 = 1.457.000 Raummeter Holz transportiert worden. Hintereinander gereiht sind das 1.457 km: Ein unvorstellbar langer Holzstapel, welcher der Strecke von München nach Hamburg Hin und Zurück entspricht.

Von den Holzverladern der Sammer-Partie erfahren wir, dass am Bahnhof in Klingenbrunn auf 2 Waggon der Reichsbahn 96 Ster Schleifholz verladen wurden: Je Waggon 48 Ster. Wieviel Waggon sind in der Zeit von 1910 bis 1957, in 47 Jahren, verladen worden? In den 47 Jahren sind 1.457.000 rm / 48 Ster = 30.354 Waggon verladen worden. Die Länge eines Güterwaggons mit Puffer war 10 m. Dann entspricht das einer Zuglänge von 303.540 m oder 303 km. Diese Zuglänge entspricht beinahe zweimal einer durchgehenden Strecke von Spiegelau bis nach München.

Gefahrene Kilometer: Wie genau das Berichtswesen der Waldbahn war, zeigt die Übersicht über die in den Jahren von 1922 bis 1948 gefahrenen Kilometer. Berücksichtigt sind hier die Fahrten mit beladenen Zügen, die Leerfahrten um die Züge an die Verladeplätze zu bringen und die Rangierfahrten. Für diese Zeit errechnete sich eine mittlere Fahrleistung je Jahr von 25.000 km. Ganz besonders fallen hier die Fahrleistungen von 1930 und 1931 nach dem Windwurfjahr von 1929 mit 59.114 km und 480.000 km auf. Das war 1931 mehr als das Zweifache eines mittleren Jahres und wurde auch nie mehr erreicht. Überträgt man diese mittleren, gefahrenen Kilometer auf die 50 Jahre von 1910 bis 1960 kommt man auf 1.250.000 km. In dieser Zeit hat die Spiegelauer Waldbahn 31 Mal die Erde umrundet. Der Erdumfang am Äquator beträgt 40.077 km: In den Jahren 1930 und 1931 wurde dieser Erdumfang ganz wesentlich übertroffen (Abb. 188).

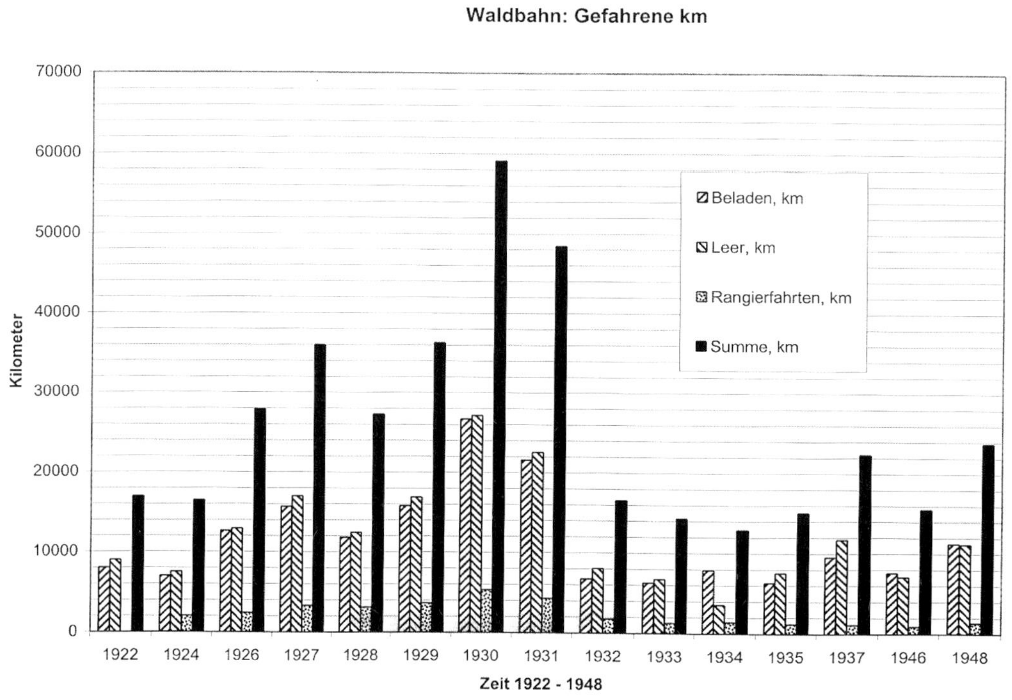

Abb. 188: Die gefahrenen Kilometer der Waldbahn von 1922 bis 1948: Beladene Fahrten, Leerfahrten, Rangierfahrten.

Frachten und Entfernung der Lagerplätze: Von Interesse ist auch, wie häufig die Waldbahn das Holz von den 56 Lagerplätzen in bestimmten Entfernungen um die Bahnhöfe Spiegelau und Klingenbrunn heran gefahren hat. Im langjährigen Mittel wurde am häufigsten das Holz aus einer Entfernung zwischen 3 und 6 km transportiert. 1927 wurden über 88 % aller Güter über eine mittlere Entfernung von 4,1 km und 1 Festmeter Holz im Mittel 5,8 km transportiert. Im Windwurfjahr 1930 waren es 5,5 km. Diese Werte zeigen, dass die Waldbahn ihre Hauptaufgabe und größte Wirtschaftlichkeit im Nah- und Mittelstrecken-Verkehr um die Verlade-Bahnhöfe Spiegelau und Klingenbrunn hatte. In diesem Bereich war auch das Steckennetz am dichtesten (Abb. 189).

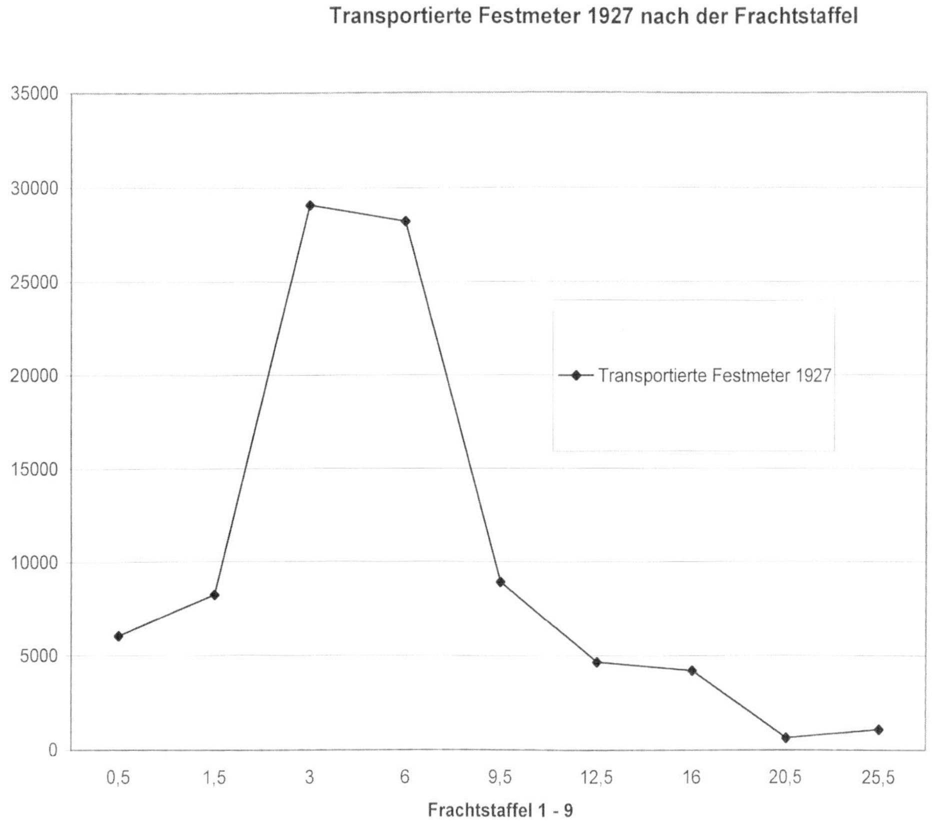

Abb. 189: Übersicht über die transportierten Frachten in Festmeter (Senkrechte) im Jahre 1927 in Abhängigkeit von der Entfernung der Lagerplätze von 0,5 bis 25,5 km (Waagrechte).

Aus diesen Zahlen wird allerdings auch ersichtlich, dass der Alte Hauptstrang ab der Sagwassersäge, ab Kilometer 17,5, schon um 1927 nicht mehr wirtschaftlich war. Das betraf noch mehr die 10 weiteren km der Strecke bis unterhalb Mauth bei Kilometer 27,0 und den weiteren Verlauf der Strecke mit 5,6 km bis zur Hackl-Reibn: Von der Sagwasser-Säge aus also insgesamt 15,6 km. Für diese 15,6 km der Strecke mit sehr geringem Frachtaufkommen musste ein hoher Aufwand für die Instandhaltung erbracht werden. Die Folge war, dass nach dem Zweiten Weltkrieg 1945 diese Strecke ab der Sagwasser-Säge als erstes stillgelegt und abgebaut wurde.

17 Ende der Spiegelauer Waldbahn

Kurz nach den Krieg, 1948, im Jahr der Währungsreform, wurde die Spiegelauer Waldbahn vom Wegebau-Referenten des Regierungs-Forstamtes in Regensburg besucht und begutachtet.

1948; Waldbahn leistungsfähig: In seiner „*Niederschrift*" vom 10. Juni 1948 beschreibt er die Waldbahn noch als ein leistungsfähiges und Zeit gemäßes Transportmittel, um Holz aus den Wäldern zu bringen. Er unterbreitete auch noch Vorschläge für den Neubau von Strecken, die das bestehende Netz sinnvoll ergänzen und vervollständigen sollten.[51] Hat der Referent damals die Zeichen der Zeit nicht erkannt? Seine Stellungnahme wird durchaus verständlich, wenn man bedenkt, dass kurz nach dem Krieg ein Mangel an **Lastkraftwagen** herrschte. Ein neuer LKW war auch kaum zu bezahlen. 1948 wurde auch die größte Menge an Brennholz seit dem Bestehen der Waldbahn transportiert: Leo Hawalik berichtete, dass damals viel Brennholz für die Amerikaner nach München

[51] StAA, Oberforstdir. Nr. 8669: Nied. Schrift vom 10.6.1948 d. Referenten V d. Reg.forstamtes Regensburg

geliefert wurde. Dieser Bedarf an Brennholz und die unsichere, wirtschaftliche Lage Deutschlands in den Nachkriegsjahren, ließ den vorsichtigen Wegebau-Referenten zu dieser Schlussfolgerung kommen. In seine Überlegungen ist sicher auch eingeflossen, dass die Waldbahn zum Ende des Krieges noch mit fast neuen **Triebfahrzeugen** ausgestattet werden konnte. Diese Loks belasteten die Bilanz der Waldbahn nicht durch hohe Abschreibungen: Sie waren eine **Kriegsbeute** aus Polen. Durch den vorhandenen Fuhrpark war der Weiterbetrieb der Waldbahn auf längere Zeit sicher gestellt. Doch der Zustand der Waldbahnstrecken war längst nicht mehr auf dem Stand der Vorkriegszeit. Die wehrfähigen Männer waren während des Krieges alle zum Kriegsdienst eingezogen. Der Mangel an Arbeitskräften war allgemein groß. Doch der Fahrbetrieb lief durch den hohen Einsatz des Fahrpersonals und der Streckenarbeiter noch recht gut. Die Waldbahn wurde in diesen Jahren sogar noch Mitglied im *„Verband deutscher nichtbundeseigener Eisenbahnen"* (VDNE). Das brachte einige Vergünstigungen im Bezug von Treibstoffen. Die technische Oberaufsicht für den Oberbau lag nach dem Krieg beim Landesbevollmächtigten für Bahnaufsicht bei der Bundesbahn-Direktion in Regensburg. Die Diesel-Loks unterstanden der Gewerbeaufsicht. Die Dampf-Loks wurden alle zwei Jahre vom TÜV in München untersucht.

Das Ende der Waldbahn wurde durch wichtige Entwicklungen eingeleitet: Während des Zweiten Weltkriegs bestand ein großer Mangel an Arbeitskräften. Die arbeitsfähigen Mitarbeiter leisteten Kriegsdienst. Kurz nach dem Krieg fehlte aber das Geld: So konnten die Bahnanlagen nicht mehr im gewohnten Umfang unterhalten werden. Es entstanden viele Mängel. Hinzu kam, dass in dieser Zeit eine verstärkte Überprüfung der Bahnanlagen durch die amtliche Bahnaufsicht erfolgte. Diese Mängel an den Bahnanlagen trafen auf den allgemeinen Trend, das Holz im Wald frei Waldstraße zu verkaufen und mit dem LKW abzufahren. Dieser Trend wurde von den Sägewerken eingeleitet und bestimmt. Die Sägewerke beschafften sich eigene Langholz-LKW's. Der für die Bilanz der Waldbahn gewinnträchtige Nahtransport von Holz an die ortsansässigen Sägewerke in Spiegelau, wurde immer weniger. Nur der Transport von Schnittholz von der Graup-Säge zum Bahnhof in Spiegelau war noch vorhanden. Die Bahnaufsicht, die damals die Fachaufsicht hatte, überprüfte nun regelmäßig die gesamte Bahnanlage und stellte immer öfter Mängel fest.

1950: Generalüberholung empfohlen: Auch 1950 hat die Bahnaufsicht die Waldbahn besichtigt. Nach einer Überprüfung der Anlage wurde eine Generalüberholung gefordert: Das hätte damals ½ Million DM gekostet. Mit den erzielten Überschüssen waren diese Kosten nicht zu tragen. Der Fahrbetrieb wurde trotzdem weitergeführt. Zunächst musste nach einer Überprüfung die Kreuzung der Waldbahn mit der Bundesbahnstrecke westlich vom Bahnhof Spiegelau zum Preis von 7.610 DM erneuert werden. Bei dieser Kreuzung am Schneiderbach, zweigte ein Waldbahngleis zum Staatlichen Sägewerk ab und überquerte die Bundesbahn. Im Jahre 1951 wurde dann die Reschbach-Strecke wegen zu geringer Rentabilität abgebaut. Schon damals ist die Einstellung des gesamten Betriebes der Waldbahn diskutiert worden. Zeitler, 1992, teilt noch mit, dass sich die Ansichten über die Waldbahn in Spiegelau zwischen der Bundesbahndirektion Regensburg und der Hauptverwaltung in Frankfurt unterschieden haben. Regensburg war der Ansicht, dass die Waldbahn eine Feldbahn und keine Schienenbahn im Sinne des Eisenbahngesetzes sei. Sie schlugen deshalb vor, sie *„nicht in die durch die Deutsche Bundesbahn auszuübende eisenbahntechnische Aufsicht einzubeziehen"*. Nach den folgenden Ereignissen gewinnt man den Eindruck, dass sich bei dieser Auseinandersetzung die Hauptverwaltung in Frankfurt durchgesetzt hat.

1956; lange Mängelliste: Den entscheidenden Anstoß lieferte jedoch die Überprüfung der Strecken durch die Bahnaufsicht der Vertreter der Oberforstdirektion Regensburg. Hier der Auszug aus dem Protokoll vom 12. Juli 1956: *„...Es wurden befahren: Alter Hauptstrang bis km 6,5; Seebachstrecke bis km 11,0; Obere Fellmeth-Strecke* (von Rachel-Diensthütte bis zur Stiegen-Hütte) *und ein Teil der Brandfleck-Strecke"*. Bei diesen *„Bereisungen"* der Strecke war die Mängelliste erschreckend lang: *„Verbesserungen in Weichen und Gleisbögen nötig. Lichtraum stark durch Sträucher und Astwerk eingeengt. Kreuzungs- und Abzweigstellen weisen starken Grasbewuchs auf. Unter Umständen Unfallgefahr beim Zugpersonal. An Großteil der Bahnübergänge fehlen Adreas-Kreuze* (Verkehrszeichen). *Spurhaltung, besonders bei unmittelbarer Schienen-Auflagerung mangelhaft. Eckenbildung in Gleisbögen. Bahnkörper teilweise tiefer als die Straße, ohne Graben dazwischen. Moor- und Sumpfstellen nicht ausreichend entwässert. Viele Weichen in desolatem Zustand. Entgleisungen durch Aufschneiden der Zungen. Brandfleck-Strecke ist untertieft. Holzstapel teilweise nicht profilfrei gelagert.* Ganz besonders schwerwiegend aber waren folgende Mängel: *„... außerdem Überholung des gesamten Rollmaterials (der Trucks und Lokomotiven) und Austausch des gesamten Fahrpersonals gegen jüngere Kräfte"*.

Mängel an den Strecken behoben: Zur Behebung der wichtigsten Schäden wurde ein Kostenvoranschlag erstellt: Er belief sich auf 42.000.- DM. Die Mängel an der Strecke sind behoben worden. Teilweise ist die Strecke sogar mit den noch brauchbaren Gleisen des Alten Hauptstranges von der Reschbach-Strecke neu belegt worden. Die Arbeiten der Ausbesserung hatten sich gelohnt. Bei der nächsten Inspektion durch den Landesbevollmächtigten für die Bahnaufsicht, nur ein Jahr später, am 4. und 5. Juni 1957, wurde das Gesamtnetz befahren. Es bestanden zwar noch kleinere Mängel, doch für eine Geschwindigkeit von höchstens 10 km je Stunde, wurde sie als betriebssicher erklärt.

1957; Waldbahn wird abgebaut: Die weitere Forderung der „*Überholung*“ des Rollmaterials, Trucks und Lokomotiven, und die Verjüngung des Fahrpersonals war viel schwieriger zu erfüllen. Der Kostenvoranschlag hierzu hätte zur Aufrechterhaltung des Fahrbetriebs, Aufwendungen von etwa 500.000.- DM erfordert. Die in früheren Zeiten so erfolgreiche Spiegelauer Waldbahn war nun nicht mehr zu retten. Schon am 21 September 1957, nur drei Monate nach der Inspektion, wurde nach einem Schreiben der Oberforstdirektion Regensburg beschlossen, die Waldbahn restlos abzubauen. Als Frist wurde die Zeit bis 1. Oktober 1960 angesetzt. In diesen drei Jahren sollte ein Ersatzwege-System geschaffen werden. Für die bei der Waldbahn beschäftigten Menschen, die Waldbahnerer, war diese Entscheidung 1957 ein schwerer Schlag: Ihnen war bewusst, dass sie die Zeit bis 1960 nutzen mussten, um eine andere Arbeit zu finden. Mit dem Abbau und dem Verkauf von Schienen, Trucks, Lokomotiven und anderem Material hat man schon 1957 begonnen. Ende des Jahres 1958 hatte der Verkauf von Altmaterial bereits 129.500.- DM eingebracht (Abb. 190, 191).

Abb. 190: Abbau der Waldbahn bei der Graupsäge: Die Arbeiter haben die Gleise abgebaut und auf Trucks verladen. Foto, Reinhard Janka, Neuschönau.

Abb. 191: Abbau der Waldbahn bei der Graupsäge: Die Arbeiter haben im Vordergrund, rechts, Gleise und Schwellen entfernt und auf Trucks, hinten links, verladen. Foto, Reinhard Janka, Neuschönau.

Abschluss-Fahrt mit Wehmut: Der Abbau von 95 Kilometer Gleisanlagen schritt in den drei Jahren von 1957 bis 1960 zügig voran. Die Waldbahnleitung kam 1960 auf die Idee, auch die einheimische Bevölkerung in diesen Abbau mit einzubeziehen. So fanden vor der endgültigen Einstellung des Betriebes der Waldbahn für die Bevölkerung von Spiegelau und Umgebung auf den verbliebenen Reststrecken noch Abschlussfahrten statt. Auch die allerletzte, offizielle Abschlussfahrt der Waldbahn wurde festgehalten (Abb. 192). Im Frühjahr des Jahres 1960, am 11. Mai, dampfte und fauchte der letzte Waldbahnzug durch die Wälder am Fuße von Rachel und Lusen. Was für die Natur mit dem zaghaften Austrieb der Buchen ein Neubeginn war, sollte für die Waldbahn das endgültige Ende bedeuten.

Abb. 192: Vor der endgültigen Einstellung des Waldbahnbetriebes fanden im Frühjahr 1960 noch Abschlussfahrten für die Bevölkerung auf den verbliebenen Reststrecken statt.

Am 8. September 1960 waren dann bereits alle Gleise auf der ehemals 95 Kilometer langen Strecke und den 56 Holzlagerplätzen abgebaut. Nur am Waldbahnhof in Spiegelau lagen noch einige Gleise, um das Altmaterial auf die Waggons der Bundesbahn zu verladen. Nur wenige Tage später, am 21. September 1960 fand dann noch im Gasthof „*Zur Post*" in Spiegelau eine Abschlussveranstaltung für die ehemals Beschäftigten der Waldbahn, die „*Waldbahnerer*" statt. Bei dieser Veranstaltung war der Leiter der Oberforstdirektion Regensburg Dr. **Norgauer** mit anwesend: Die Spiegelauer Waldbahn hatte aufgehört zu bestehen.

18 Radwanderung, Spuren der Waldbahn

Bezieht man die ersten Vorarbeiten mit 2.000 m Gleisanlagen im Jahre 1900 mit ein, bestand die Spiegelauer Waldbahn insgesamt 60 Jahre: Mehr als zwei Generationen lang. Welche Spuren findet jemand, der sich heute, viele Jahrzehnte nach dem Abbau der Waldbahn, von Spiegelau aus entlang dem alten Hauptstrang und in das weitverzweigte Streckennetz mit einer Länge von 95 km auf eine Radwanderung begibt? Wir beginnen in Spiegelau. Wir empfehlen, die im Buch enthaltenen Karten mit den eingezeichneten Waldbahn-Strecken im Maßstab von 1: 25.000 mitzuführen. Wenn der Wanderer sich an den einzelnen Stellen in den angegebenen Kapiteln näher informiert, versprechen wir, dass 60 Jahre Spiegelauer Waldbahn gegenwärtig werden.

Im ehemaligen Gelände des Waldbahnhofes, 700 m nordwestlich vom Bahnhof der Bundesbahn, ist der Ausgangspunkt unserer Wanderung: Hier befinden sich noch ehemalige Betriebsgebäude der Waldbahn. Im aktuellen Ortsplan von Spiegelau sind diese Gebäude und ein Teil der Strecke auf dem ehemaligen Hauptstrang auch eingezeichnet (Abb. 193).

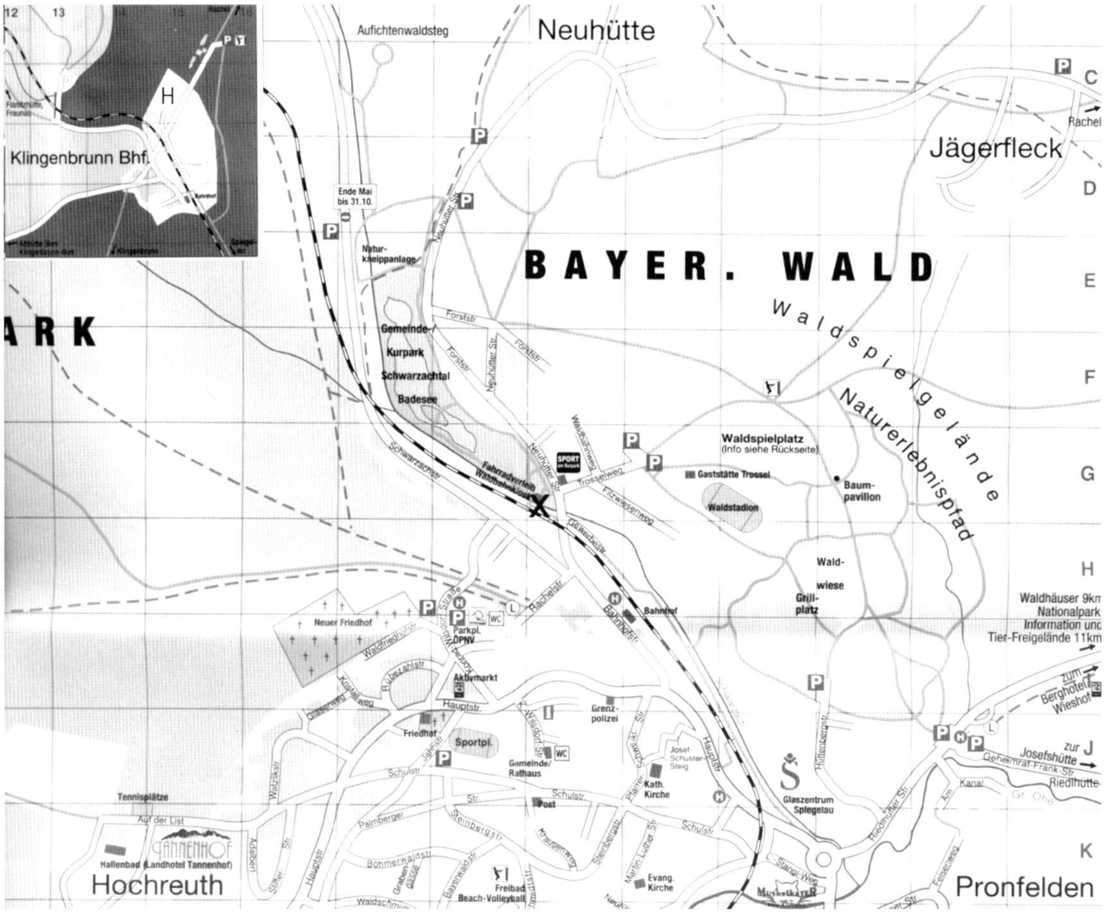

Abb. 193: Ortsplan Spiegelau: Die Gebäude des alten Waldbahnhofes Spiegelau(x) und des Holzhofes am Bahnhof Klingenbrunn (H) im aktuellen Ortsplan 1: 5.000 von Spiegelau. Der alte Verlauf der Waldbahn Richtung Mauth ist heute ein Wanderweg.

Die ehemalige Lok-Halle und ein Schuppen haben die Zeiten überdauert: Die Baufirma Max Hilz in Spiegelau nutzt diese Gebäude als Werkstatt und Lager. Auf dem weitläufigen, ehemaligen Umladeplatz von der Waldbahn auf die Staatsbahn zwischen der Schwarzach und den Gleisen der DB bis zum Schneiderbach stehen heute deren Baumaschinen. Auf diesem großen Holzlagerplatz waren früher hier die Holzverlader tätig: Vor allem die Verladerpartie Sammer in Riedlhütte-Häuser sorgte für eine rege Betriebsamkeit (Kapitel 14. Holzverlader).

Abb. 194: Lorenz Moser jun., der letzte Lokführer der Waldbahn.

Auch das ehemalige Kanzlei-Gebäude der Waldbahn steht noch. Hier wohnte der letzte Lokomotivführer der Waldbahn, Herr Lorenz Moser jun. (Abb. 194) Heute wird dieses renovierte Gebäude von seinen Nachkommen als Wohnhaus und Pension für Feriengäste genutzt. Im Haus erinnern noch viele alte Bilder an die Zeiten, als am Waldbahnhof jeden Werktag die Lokomotiven mit „Leergarnituren“ zu den Lagerplätzen gefahren und vollbeladen wieder eingefahren sind. Während des Sommers kann man hier auf der Terrasse unter einem Sonnenschirm sich besonders gut über die alte Waldbahn unterhalten: So saßen wir hier im August 2003 mit Herrn Sliwinski mit Frau zusammen: Das Buch „Spiegelauer Waldbahn“ haben wir hier besprochen. Hier könnten sich die *„Freunde der Spiegelauer Waldbahn“* treffen, um über die alten Zeiten zu reden.

Von der Pension Moser ausgehend, überqueren wir nordwestlich den alten Waldbahnhof (heute Betriebsgelände der Fa. Hilz, Spiegelau). Wir gehen an der alten Lok-Halle und den Baumaschinen vorbei und erreichen am Schneiderbach die Schwarzach-Straße. Ihr folgen wir nordwestlich und fahren 500 m weiter bis zur **Natur-Kneipp-Anlage**. Wenige Meter nordwestlich ist die alte Waldbahn-Brücke über die Schwarzach noch vorhanden. Die Waldbahn überquerte hier die Schwarzach. Um Höhe zu gewinnen, verlief die Strecke in einem weiten Bogen entlang der Hüttenhäng und berührte bis auf wenige Meter das heutige Wohngebiet an der Forststraße. Die alte Waldbahnstrecke ist heute als Wanderweg ausgebaut.

Bremser Sepp Blöchinger ist hier verunglückt: Hier ereignete sich auch der tödliche Unfall des Bremsers Sepp Blöchinger aus Riedlhütte-Windschnur (s. Kapitel 13.8).

Gedenkstein für die Waldbahn: Als man im Jahre 1983 den über Jahrzehnte bestehenden *„Forstlichen Maschinen-Stützpunkt“* in Spiegelau auflöste, wurde nur wenige Meter oberhalb des heutigen Waldspielplatzes ein kleines Denkmal, ein Gedenkstein für die Trift, die Waldbahn und die Straßenerschließungsarbeiten aufgestellt. Auf dem grobkörnigen Granitquader befindet sich eine Informations-Tafel mit folgendem Wortlaut: *„Erinnerung an die Erschließung der Grenzwälder im Bayerischen Wald:*

Ab 1835: Die Wälder um Rachel und Lusen werden von der Bayerischen Krone erworben. Beginn einer geregelten Forstwirtschaft. Erschließung der unwegsamen Wälder mit Begang-Steigen und Schlitten-Ziehbahnen. Ausbau der Bäche für die Holztrift. Errichtung von Triftklausen.

1909: Bau einer Schmalspur-Eisenbahn, eigens für den Abtransport des Holzes. Das Streckennetz erreicht über 100 km. (Anmerkung: Vorarbeiten bereits seit 1900).

1960: Der Betrieb der ‚Spiegelauer Waldbahn’ wird eingestellt. Den Abtransport des Holzes übernehmen Lastautos und Spezialmaschinen. Der Staatswald wird mit einem Netz von Forst-Strassen und Zubringer-Wegen erschlossen.

1983: Der staatliche Maschinen-Betrieb Spiegelau, der an der Erschließung der Wälder maßgeblich beteiligt war, stellt seinen Betrieb ein. Diese Gedenk-Tafel steht auf einem alten Bahndamm der Wald-Eisenbahn“ (Abb. 195).

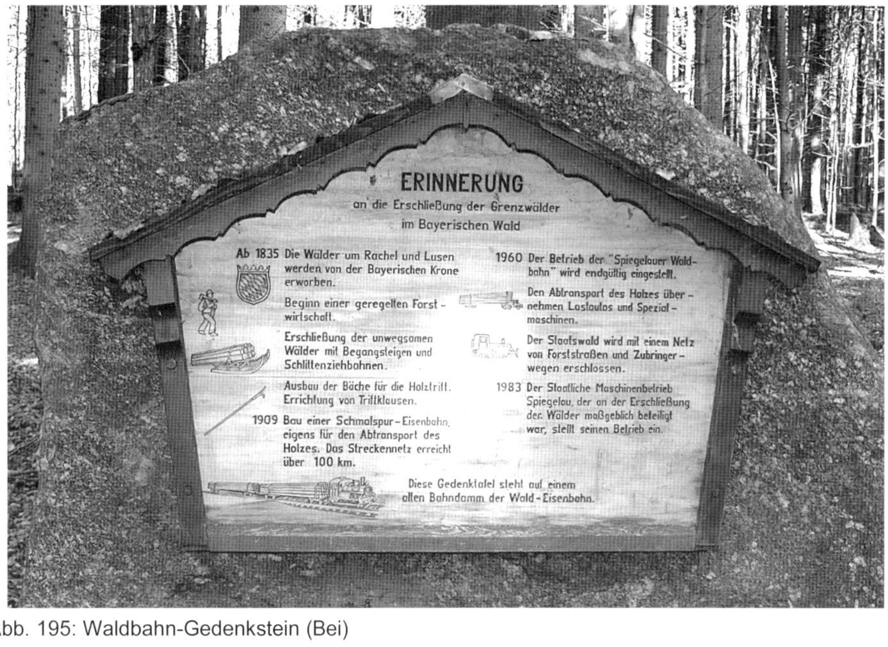

Abb. 195: Waldbahn-Gedenkstein (Bei)

Waldbahn im Nationalpark? Vorschlag 1986: Im Jahre 1986 gab es noch einmal einen Hoffnungsschimmer, die Spiegelauer Waldbahn erneut einzurichten: 26 Jahre nach ihrem Abbau. Der Vorschlag kam von Prof. Ammer (Universität München). Er wurde vom Ministerium für Landwirtschaft und Forsten beauftragt, für die weitere Entwicklung des Nationalparks einen Zehnjahres-Plan zu erstellen. In seinem Gutachten hat er vorgeschlagen, den Nationalpark mit der alten Waldbahn als zusätzliche Attraktion zu bereichern: Der Nationalpark-Beirat und die Vertreter des Fremdenverkehrs im Grafenauer Land waren begeistert. Auch für den damaligen Landwirtschafts-Minister Dr. Hans **Eisenmann** war diese Idee eine *„Bereicherung des grenznahen Raumes“*, mit dem Effekt, den Verkehr auf der Nationalpark-Straße zu vermindern. Er gab eine Projekt-Studie in Auftrag. Sie sollte prüfen, ob die Wiedereinführung der Waldbahn, finanziell und technisch, verwirklicht werden könnte. Mit diesem romantischen Verkehrsmittel, sollten von Spiegelau aus alle interessanten Einrichtungen des Nationalparks erreicht werden: So die Gehegezone, das Nationalparkhaus und die Felswanderzone. Große Unterstützung fand die Idee auch bei der örtlichen Presse (Binder, 1986, 1988). Die Verwirklichung dieses Planes scheiterte jedoch an den Kosten. Ein weiteres Problem war auch die Beförderung von Personen mit den besonderen Auflagen für deren Sicherheit.

Die Trasse des Alten Hauptstanges wird heute zum Teil als Wanderweg und Langlauf-Loipe genutzt. Wir folgen auf unserer Radwanderung westlich vom Waldbahnhof nach der großen Kurve 1250 m in östlicher Richtung diesen Wanderweg auf der ehemaligen Waldbahntrasse bis zur Martinswiese. Hier befand sich der erste Holzlagerplatz mit Verladegleisen. Von hier ging auch eine Abzweigung der Gleise entlang dem **Hammerwald** in Richtung **Hohe Scheitstatt**: Diese ehemalige Waldbahn-Trasse blieb nach dem Abbau der Gleise unverändert sich selbst überlassen: Es lohnt sich, ein Stück auf einer dieser Strecken durch die Geländeeinschnitte oder den Erhöhungen an vernässten Stellen zu wandern. Besonders gut lässt sich hier beobachten, wie die üppige Vegetation von Fichtenjungwuchs, diese Einschnitte im Gelände langsam wieder zuwachsen lässt.

Zwei Holzkohlemeiler: Die ehemalige Waldbahntrasse in Richtung Hohe Scheitstatt führte wenige Meter östlich vom Parkplatz Martinwiese auch an den beiden früheren Holzkohlemeilern der Waldbahn vorbei: Hier wurde die Holzkohle für die Schmiedearbeiten in der Werkstatt erzeugt.

Zwei Steinbrüche (Kapitel 9.2): Unsere Radwanderung führt weiter am alten Hauptstrang entlang. Etwa 350 m vor der Abzweigung der Straße zur Rachel-Diensthütte ist der erste Steinbruch zu erreichen. An der Stelle, wo eine Forststraße (gesperrt) zum Klosterfilz führt, ist nördlich die Nationalparkstraße zu überqueren. Nach etwa 100 leicht bergan, erreicht man den ehemaligen Steinbruch der Waldbahn. Er war durch einen Gleisanschluss mit dem Hauptstrang verbunden. Hier wurden Gneisfelsen mit dem Kompressor angebohrt und mit Sprengstoff gesprengt. Der Stoabeißer stand hier und zerkleinerte diese Bruchsteine. Der Schotter wurde auf Rollwägen verladen und für den Unterbau und Oberbau der Trassen verwendet.

Wieder zurück an die Abzweigung zur Diensthütten Straße, folgen wir ihr 350 m auf der ehemaligen Rachelstrecke in nördliche Richtung. Direkt westlich an der Straße befindet sich hier der *„Schwarze Stoabruch“*, so genannt wegen dem harten, schwarzen und seltenen Gestein Serpentinit, das hier gebrochen wurde. Die Rachelstrecke war an der Grüben-Brücke, an der Diensthütte und bis zur Stiegenhütte ein besonders weit verzweigtes Waldbahn-Netz.

Nach dem Abbau der Waldbahngleise konnten die Forstarbeiter Schienen günstig erwerben. Die Waldler waren dabei recht erfinderisch, sie sinnvoll zu verwenden. Durch diesen Umstand, sind viele alte Waldbahnschienen zu entdecken: Die Kleinstlandwirte haben mit diesen Schienen gerne ihre Hocheinfahrten in den Heustadel über dem Kuhstall überbrückt. Das Heueinfahren mit dem Schlepper wurde dadurch sicherer. Vor dem Parkplatz Diensthütte fanden alte Schienen der Waldbahn als Brückengeländer Verwendung. In Guglöd beim Anwesen **Schmutzer Georg** sind alte Schienen der Waldbahn als Zaunsäulen zur Einzäunung einer Wiese verwendet worden (Abb. 196).

Abb. 196: Die früheren Gleise der Waldbahn fanden, wie hier in Guglöd, oft als Zaunsäulen, Brücken und Brückengeländer Verwendung. (Rei)

Aufschläger-Säge: Die Schneidsägen am alten Hauptstrang werden im Kapitel 6.1 beschrieben. An der Abzweigung der Straße in die Diensthütte, dort wo die Nationalparkstraße die Große Ohe überquert, stand an der alten Straße die ehemalige Aufschläger-Säge. Hier befand sich ein sehr großer Holzlagerplatz mit Gleisanschluss. Auch wurde hier das Brennholz für die Holzhauer gelagert.

Graup-Säge: Von der Aufschläger-Säge in Richtung Mauth ist die alte Waldbahn-Trasse nicht mehr zu finden. Sie verlief im Bereich der heutigen Nationalpark-Straße. Nördlich von der Abzweigung der Straße nach St. Oswald geht die alte Waldbahn-Trasse als Forststraße in nördliche Richtung bis an die südliche Flur von Guglöd. Sie umging hier im weiten Bogen das Feuchtgebiet der Langbruckau. Wir folgen der alten Waldbahn-Trasse nun hinunter bis in das Tal der Kleinen Ohe, wo sich die Graup-Säge befand. An der ehemaligen Graup-Säge, heute ein Bauhof des Nationalparks, wird der Spurensucher wieder fündig: Das alte Gebäude, in dem sich die Sägegatter befanden, ist noch in sehr gutem Zustand erhalten. Auf der östlichen Seite vor dem Gebäude führen noch die alten Gleiskörper in einem Betonbett in das Gebäude. Man kann sich heute die rege Betriebsamkeit einer Schneidsäge, mit vielen hier beschäftigten Menschen nicht mehr vorstellen. An der Nordwand des Gebäudes befindet sich noch ein Gleiskörper mit verschraubten Eisenschwellen: Ein fliegendes Gleis, wie es für Strecken verwendet wurde, die nur wenige Jahre im Einsatz waren. In einem offenen Schuppen ist auch noch ein **Rindler-Bock** mit den Werkzeugen zur Fixierung von Schleifholz-Rundlingen zu sehen. Sie wurden von den vielen **Schleifholz-Rindlern** an den Holzlagerplätzen verwendet.

Bremser Schwiewagner verunglückte: Wir folgen von der Graup-Säge der Waldbahntrasse bis zur Abzweigung der Böhmstraße zum Lusen-Parkplatz. Hier ist der Bremser **Schwiewagner** aus Spiegelau um 1950 tödlich verunglückt. Ein Marterl am Parkplatz erinnert an diesen Unglücksfall.

Sagwasser-Säge: Von der Böhmstraße aus, verlief die alte Waldbahn-Trasse zunächst südlich von der Nationalparkstraße. Sie überquerte diese dann und folgte den Höhenlinien nördlich der Nationalparkstraße bis zum Parkplatz an der Sagwasser-Säge. Sie war die dritte Säge am Alten Hauptstrang. Früher hieß sie Jolas-Säge, benannt nach einem Besitzer. Hier lässt sich der alte Sägebetrieb im erhaltenen Gattergebäude noch besonders gut erkennen: Erst 2003 wurden die Gleise vor dem Gattergebäude herausgerissen und der Hofraum gepflastert. Das alte Gattergebäude, heute im Besitz der Familie **Rotkopf** ist mit einem arbeitsfähigen Sägegatter erhalten. Bis in die jüngste Zeit hat hier Herr Rotkopf nach seinen Aussagen **Resonanz-Bretter** für **Musikinstrumente** geschnitten. Hinter dem Gebäude sind noch alle Verladegleise vorhanden, die aus dem Gattergebäude führen. Herr Rotkopf hat sich bereit erklärt, die Gleise dem Heimatverein Riedlhütte für den Aufbau der Schmalspur-Bahn in Riedlhütte zu schenken. Vom Holzlagerplatz aus, zweigte hier die Waldbahn westlich vom Sagwasser an den Sagwasserhängen entlang bis zur Grenze des Staatswaldes beim Schönauer **Katzberg** ab. Heute ist diese ehemalige Waldbahn-Strecke als Lehrpfad ausgewiesen und mit dem Fahrrad gut zu befahren.

Die ehemalige Sagwasser-Säge ist heute noch das letzte Denkmal der Geschichte alter Sägen an der Waldbahn. So lange sie im Betrieb war, ein wichtiger Arbeitsplatz der Menschen der Umgebung. Auch sie wird bei der nächsten Baumaßnahme verschwinden. Erst dann wird man erkennen, dass man diese Säge hätte erhalten müssen. An der Sagwasser-Säge sind am heutigen Parkplatz noch die Fundamente der Brücke über das Sagwasser erhalten. Die Heizer der Dampflokomotiven haben hier bei ihren Fahrten jahrzehntelang den Wasservorrat im Tender mit dem Elevator aufgefüllt. Von der Abzweigung der Straße zu den Schönbrunner-Häusern in Richtung Mauth, ist die ehemalige Waldbahn-Trasse durch den Bau der Nationalparkstraße zerstört worden. Die Waldbahntrasse verlief dann bis zum heutigen **Jugendwaldheim** südlich von der Nationalparkstraße, dann wieder bis in das Tal des Reschbaches nördlich von der Nationalparkstraße.

Reschbach-Strecke (Kapitel 6.27): Die Reschbach-Strecke verlief 6 km in nördlicher Richtung. Sie führte westlich von der Fahrstraße, dem Resch-Bach entlang bis zur Hackl-Reib'm (Kurve), unterhalb des Freilichtmuseums Finsterau (heute ein Parkplatz). Diese Waldbahn-Trasse wurde wegen zu geringer Wirtschaftlichkeit als Erste abgebaut. An der westlichen Seite der Reschbach-Straße, kann man im Hochwald heute noch gut den ehemaligen Trassenverlauf erkennen. Auch die für die Holzverlader so wichtigen Laderampen an den Ladegleisen sind im Gelände noch zu sehen.

Bremser Heinrich Boxleitner verunglückt: Auf dieser Strecke weist noch ein Marterl auf einen tödlichen Unfall bei der Waldbahn hin (Kapitel 13.8). Es befindet sich unterhalb von Mauth in Richtung Norden auf der linken Seite der Straße. Es trägt folgende Inschrift: „Zum Gedenken an Heinrich Boxleitner, Waldbahnarbeiter aus Unterkatzberg, welcher am 21. Juni 1939 im Alter von 57 Jahren mit der Waldbahn verunglückte. O Herr, gib' ihm die ewige Ruhe! Heinrich Boxleitner übte den gefährlichen Beruf des Bremsers aus. Die genauen Umstände dieses Unfalles kennen wir nicht. Am Ende der Reschbach-Strecke (Kapitel 6.27), an der Hackl-Reib'n wurde eine Informations-Tafel für die Waldbahn errichtet sowie einige Gleise und Weichen zur besseren Anschauung verlegt. (Abb. 197-199).

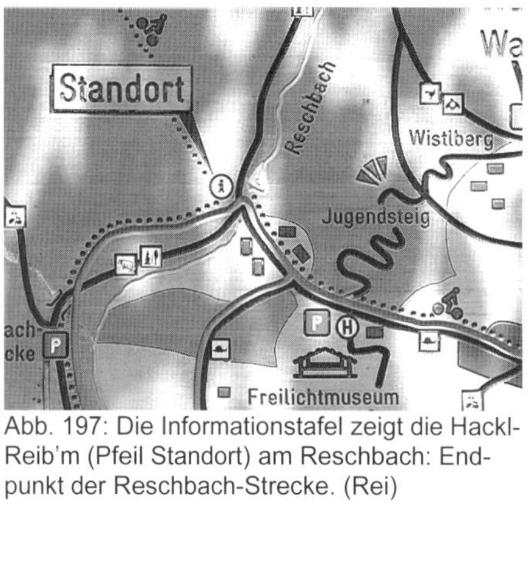

Abb. 197: Die Informationstafel zeigt die Hackl-Reib'm (Pfeil Standort) am Reschbach: Endpunkt der Reschbach-Strecke. (Rei)

Abb. 198: Ein Stück Gleis mit alten Holzschwellen dient der Anschauung, wie das Streckennetz von 95 km ausgesehen hat. Ort: Ende der Reschbach-Strecke an der Hackl-Reib'm. (Rei)

Abb. 199: "Fliegendes Gleis" mit Eisenschwellen. (Rei)

Hier wurde empfohlen, bei einer Radwanderung auf den Spuren der Waldbahn, dem alten Hauptstrang und der Fahrstraße neben der Reschbach-Strecke zu folgen. Reizvoll ist es aber auch, bei einer Radwanderung in den höheren Lagen immer wieder das Fahrrad stehen zu lassen und mit den Karten 1: 25.000 in diesem Buch, auch den nicht zu Forststraßen umgebauten Gleisanlagen des 95 km langen Streckennetzes zu folgen. Diese Strecken, z. B. in der Föhrau (Kapitel 6.12), sind gut am Schotterbett und am Bewuchs zu erkennen: Der ist meist jünger als die umgebenden Bestände. Die Böschungen sind zu Tausenden von jungen Fichten bewachsen. Samen ist hier angeflogen und fand beste Bedingungen vor. Der geologisch interessierte Wanderer ist auf diesen aufgelassenen, ehemaligen Waldbahn-Trassen, immer wieder überrascht, im Oberbau den seltenen schwarzen Kies, den **Serpentinit** aus dem ***„Schwarzen Kiesbruch"*** an der Abzweigung der Straße zur Rachel-Diensthütte von der Nationalpark-Straße zu finden.

Holzhof Klingenbrunn: Bei einer Radwanderung zu den Spuren der alten Spiegelauer Waldbahn darf auch ein Abstecher zum Klingenbrunn-Bahnhof nicht fehlen. Hier befand sich der zweite große Umschlagplatz für Holz von den Waldbahnzügen in die Waggons der Staatsbahn (Abb. 200).

Wir folgen dem Wanderweg (Loipe) von der Naturkneipp-Anlage zum Klingenbrunn-Bahnhof. Am Bahnhof vorbei fahren wir zur Fahrstraße Richtung Rachel, die hier in der Ortsmitte nach Norden abzweigt. Der Holzhof befand sich westlich von der Straße zum Rachel. Der Holzhof befand sich westlich von der Fahrstraße zum Rachel. Hier konnte auf zwei Ladegleisen der Waldbahn, das Holz in die Waggons der Staatsbahn geladen werden, die auf zwei verschiedenen Normalspur-Gleisen standen

Viele Forststraßen wurden zerstört: Auf dem ehemaligen Streckennetz der Waldbahn sind zur Erschließung des Waldes Forststraßen entstanden. Oberforstmeister Götz, (1967) betonte, dass diese Erschließungsbemühungen auch eine *„Nebenwirkung über ihren wirtschaftlichen Zweck hinaus haben, die nicht vergehen wird, sondern immer größere Bedeutung erlangen dürfte"*. Er

Abb. 200: Der frühere Holzhof Klingenbrunn 2005 von oben gesehen. Deutlich sichtbar noch die Holzlagerflächen (H), die Gleistrassen (G) und die Rachelstraße (RS). (BayV)

weist auf Forstmeister Behringer (+1962) hin, der über die ehemaligen Triftkanäle schreibt: *„... Auf weiten Strecken liegen die alten Kanäle noch im Wald. Es ist eine Freude seltener Art, an ihnen zu spazieren ...“.* So stellte sich Götz auch einmal die Nutzung der alten Forststraßen vor: *„Vielleicht werden auch unsere Holzabfuhr-Straßen noch in fernen Jahren –besser noch als schmale, nur einzeln begehbare Steige- als breite, bequeme Wanderwege dienen. Mögen diese, gänzlich der Waldnatur angepassten heutigen Wirtschaftswege nicht nur der Forstwirtschaft helfen, den Wald zu pflegen. Mögen sie vor allem den Wanderern, die später* (nach 1967!) *in noch viel größerer Zahl als jetzt aus den uferlos wachsenden Großstädten kommen werden, einen stillen Bergwald erschließen und ihnen die Verbindung mit der lebenden und heilenden Natur aufrechterhalten*“. Tatsächlich sind viele, ja fast alle Wander- und Radwege im Nationalpark auf ehemaligen Forstwegen eingerichtet. Viele heute nicht mehr genutzter Forststraßen wurden und werden noch zurückgebaut. Für manche ist es Renaturierung. Für andere ein höchst ärgerlicher Vorgang und verschwendung von Steuergeldern..

18.1 Eine Feldbahn in Riedlhütte

Beim Glasmacherfest am 25. Juli 2004, konnten Besucher erstmals mit einer Feldbahn auf einer etwa 1.000 m langen Strecke mitfahren. Wie kam es zu dieser Feldbahn? Seit 2003 baut ein Münchner Verein in Riedlhütte im Tal der Großen Ohe eine Feldbahn auf. Für den Verein war es schwierig, in München und Umgebung ein geeignetes Gelände zu finden. Der Verkehrsverein und die Gemeinde St. Oswald-Riedlhütte boten dieses Gelände an. Das Besondere an dieser Feldbahn ist, dass es ein historisches, rollendes Material ist. Die Fahrzeuge stammen aus dem Salzbergwerk in Berchtesgaden und waren hier viele Jahrzehnte im Einsatz. Erinnerungen werden wach: Wer ist nicht bei einem Schulausflug während seiner Schulzeit nicht mit diesen historischen Fahrzeugen in **Berchtesgaden** in das **Salzbergwerk** eingefahren? Nun steht die Bahn zu besonderen Gelegenheiten für jung und alt als besondere Attraktion zu Verfügung. (Abb. 201)

Abb. 201: Die Riedlhütter Feldbahn. Eine Schmalspur-Bahn, ähnlich der Spiegelauer Waldbahn, wird von einem Verein betrieben.

Der Verein hat viele Arbeitsstunden in die Anlage gesteckt: Inzwischen wurde ein Lokschuppen mit 3 Gleisen gebaut zum Abstellen der Loks. Vor dem Schuppen befindet sich eine **Schiebebühne**. Inzwischen ist auch ein **Portalkran** angeschafft worden, der mit Fahrrollen ausgestattet, flexibel eingesetzt werden kann. Im Lokschuppen ist eine Werkstatt eingerichtet worden, um die anfallenden Reparaturen und Sanierungsarbeiten vom Verein selbst durchführen zu können. In einem kleinen Ausstellungsraum kann sich der Besucher über die Historie der Feldbahn informieren. Um einen ordnungsgemäßen Ablauf der Fahrten zu gewährleisten, erhielt das Gebäude auch einen überdachten Bahnsteig mit Hinweisen zum Fahrbetrieb. Hier steht bei den Fahrten der Fahrdienstleiter in Uniform, mit Kelle und Signalpfeife, zwickt das Billett der „*Reisenden*“ und lenkt den regen Verkehr.

Weiterer Ausbau: Im rückwärtigen Teil des Gebäudes ist ein Aufenthaltsraum und ein Sanitärraum für die Vereinsmitglieder geplant. Auch ein weiterer Streckenbau ist vorgesehen. So können im Bereich des Fischgutes Birkenhof bei Ismaning alte Gleisanlagen abgebaut werden. Die anfallenden erheblichen Transporte des Gleismaterials können nur nach Bedarf durchgeführt werden.

19 Staatl. Forst-Maschinenbetrieb Spiegelau (1923-1983)

Im November 1957 wurde vom Bayerischen Staatministerium für Ernährung, Landwirtschaft und Forsten in einer Entschließung festgelegt, die Waldbahn bis 1960 abzubauen. Gleichzeitig sollten die Forststraßen am Rachel und Lusen verstärkt ausgebaut werden. Diese neue Aufgabe wurde vom forstlichen Maschinenbetrieb Spiegelau übernommen, der zunächst als Nebenbetrieb, ab 1972 als selbständiger Betrieb arbeitete. Für viele ehemalige Waldbahnerer war es ein Glück, als Maschinenführer oder im Straßenbau einen neuen Arbeitsplatz zu finden. Tragende Säule des Betriebs waren der Werkstattleiter **Kalhammer Edi** und bei der Schließung **Süß Josef**. Oberamtsrat Josef Fritsch hat diesen Maschinenbetrieb ab 1972 geleitet. Er wurde 1983 aufgelöst: 23 Jahre nach dem Ende der Waldbahn. In einem Rückblick wurden die Ziele und Aufgaben so beschrieben (Fritsch, 1983): *„ Am heutigen Tag (24. Sept. 1983), ist es angebracht, im Rückblick über die Entstehung der forstlichen Nebenbetriebe und über die Aufgaben und Ziele im Laufe des technischen Fortschritts, auch über die Auflösung bzw. über die Gründe der Auflösung unseres Betriebes zu sprechen...“*

Holztransport mit LKW: Der Lastkraftwagen zum Transport von Holz aus den Hochlagen, wurde für die Waldbahn vor dem Zweiten Weltkrieg noch nicht als Konkurrenz angesehen. Die fortwährende technische Entwicklung hat aber nach dem Krieg auch hier ein Umdenken gebracht: Man hatte sehr schnell die großen Vorteile eingesehen: Mit dem LKW konnte man die Stämme am Fällort in den Hochlagen aufladen und ohne Umladen das Sägewerk erreichen und abladen: Die Voraussetzung war jedoch, dass gut ausgebaute Straßen vorhanden waren. Neben Trift und Schiene zeichnete sich in dieser Zeit schon bald eine dritte Erschließungswelle ab: Der LKW. Die Übergänge vom Wasser auf die Schiene und anschließend auf die Straße waren fließend und lassen sich schwer einer Jahreszahl zuordnen.

Abteilung für den Straßenbau, 1923: Bei der Spiegelauer Waldbahn hatte sich schon 1923 eine eigene Abteilung entwickelt, die sich überwiegend mit dem Straßenbau beschäftigte (Fritsch, 1983, 7): „*...Es wurden die Steinbrecher, die normalerweise beim Waldbahnbau verwendet wurden, auch im Straßenbau eingesetzt und auch an Gemeinden, Straßenbauämter usw. vermietet. So konnte im Jahre 1936 bereits ein Steinbrecher 33.000 m³ Schotter zu einem Kostensatz von 2,46 Reichsmark herstellen. Das war gegenüber der Herstellung durch Handschlag ein wesentlicher Fortschritt*". In den folgenden Jahren wurden weitere Maschinen für den Straßenbau angeschafft: Straßenwalzen, LKW mit Anhänger, Kompressoren, Teermaschinen, Splittstreuer, Förderbänder, Gleiskettenschlepper und andere Rückefahrzeuge. Die Schwierigkeiten und Engpässe im Transportwesen während des Krieges und der Nachkriegszeit, haben diese Erweiterung eines motorisierten Straßenfuhrparks veranlasst. Vor der Währungsreform waren die Tierhalter nicht bereit, gegen wertlose Geldscheine Holz zu rücken. Deshalb wurden damals schon Holzrückefahrzeuge angeschafft.

Staatl. Forst-Maschinenbetrieb, 1949: Im Geschäftsbericht des Jahres 1949 ist bereits zu lesen: „Dem Forstamt Spiegelau ist der Maschinenbetrieb des Regierungsforstamtes Niederbayern als gesonderter Nebenbetrieb angegliedert." Ein leistungsfähiger Straßenbaubetrieb bestand aber schon 21 Jahre vor dem Ende der Waldbahn 1960. In den Jahren 1952 und 1953 sind bereits Seilgeräte eingesetzt worden: So der **Wyssen-Kran** im Rachelgebiet (über 1300 m Entfernung vom Waldschmidthaus ins Tal) und **Kleinseilanlagen,** wie der Bergkuli oder die Flottriese. In den Nachkriegsjahren war der Maschinenbetrieb ein Vorreiter beim Schneeräumen: Hier wurde die erste Schneeschleuder und Schneefräse, zunächst bei der Waldbahn und dann auf den Straßen, eingesetzt. Diese Geräte wurden zum Schneeräumen am Brotjacklriegel, in Buchenau, Finsterau, Bischofsreuth und auch in Waldhäuser eingesetzt. In den 50er Jahren setzte sich der LKW immer mehr durch. Die Konkurrenz zur Waldbahn war nicht mehr zu übersehen. Das Frachtaufkommen auf der Schiene ging immer mehr zurück.

Waldbahn dem LKW unterlegen: So kam es 1957 zu der Entschließung, die Waldbahn abzubauen und durch Forststraßen zu ersetzen: „Betreff: Waldbahn Spiegelau. Die Oberforstdirektion wird beauftragt bis 1. 2. 1958 einen Plan über den Abbau der Waldbahn in Spiegelau und den damit verbundenen Ausbau von Straßen und Wegen vorzulegen. Die Planung ist auf die Wirtschaftsforstjahre 1958, 1959 und 1960 abzustellen. D. h. am 1. 10. 1960 muss die Waldbahn restlos abgebaut sein und das notwendige Ersatzwegenetz stehen."

In dem Umfang wie der Abbau der Waldbahn voranschritt, wurde der Forst-Maschinenbetrieb Spiegelau aufgestockt. So wurden die Einnahmen aus dem Verkauf der Schienen und des rollenden Materials der Waldbahn, zum Ankauf von Maschinen für den Straßenbau verwendet. Seit 1953 hatte der Maschinenbetrieb bereits Erfahrungen beim Einsatz von Planierraupen im Waldstraßenbau: Wenn man bedenkt, dass vor dem Krieg alle Autobahnen in Handarbeit noch mit Pickel, Spaten und Schaufel gebaut worden sind, war das eine Sensation.

Maschinen für den Forststraßenbau: Der „*Ersatzwegeplan*" von 1958 sah den Umbau der Waldbahn-Strecken und auch den Neubau von LKW-fähigen Forststraßen vor. Der Neubau scheiterte in vielen Fällen oft an den zahlreich vorhandenen Nassböden. Deshalb sind in der Hauptsache die ehemaligen Waldbahn-Strecken zu Forststraßen umgebaut worden. Bei diesem Umbau hat sich der gut erhaltene Oberbau, das Planum der alten Waldbahn-Trassen, bestens bewährt. Dieses Planum konnte in die Forststraßen eingebaut werden. Das Strecken-Netz der Waldbahn war sehr weit verzweigt. Durch den Bau von Forststraßen ist die Erschließung kaum verbessert worden. Oft wurden die Entfernungen zum Rücken von Langholz sogar schlechter: Im Forstamt Klingenbrunn verteuerte sich der Festmeterpreis je nach Abteilung um bis zu 5.- DM. Der Wegebau zog sich länger hin als von der vorgesetzten Behörde geplant. Erst ab Mitte 1961 stand ein einsatzfähiges Ersatz-Wegenetz für den Holztransport zur Verfügung. Für diesen Forststraßenbau standen moderne Maschinen zur Verfügung. Besonders schwierig war es oft, die Straßen durch Nassstellen zu verlegen. (Abb. 193 - 200).

Unterhaltung der Forststraßen: Neben dem Neubau von Forststraßen hatte der Maschinenbetrieb auch die gebauten Forststraßen zu unterhalten (**Wegeunterhaltungprogramm**). Bei diesen Arbeiten wurden Grader zur Nivellierung der Oberfläche von Straßen und Bagger notwendig. Eine eigene Schüttkolonne wurde aufgestellt mit Ladegerät, Radlader, mehrere LKW, Walze und Tieflader. Immer wieder wurden neu auf dem Markt erschienene Maschinen geprüft und in Versuchseinsätzen über längere Zeit beobachtet. Im Laufe der Zeit wurden etwa 200 verschiedene Fahrzeuge, wie Lastwagen, Anhänger, Bagger, Raupenfahrzeuge, Walzen, Grader, Kompressoren, Steinbrecher, Teermaschinen, Splittstreuer, verschiedene Schlepper, verschiedene Schneeräumgeräte, Seilgeräte usw. durch den Maschinenbetrieb betreut (Abb. 202 - 209).

Abb. 202: Beim Forststraßenbau mussten zuerst die Bäume auf der Trasse gefällt und weggebracht werden.

Abb. 203: Für den Forststraßenbau war der Maschinenbetrieb mit modernen Geräten ausgestattet.

Abb. 204: Für damalige Zeiten modernste Spezialfahrzeuge.

Abb. 205: Weder Schlamm noch Wasser dürfen die Maschinen aufhalten.

Abb. 206: Walze für den Forststraßenbau mit Fahrer.

Abb. 207: Der selbstfahrende Steinbrecher im Einsatz.

Abb. 208: Eine Kolonne beim Aufbringen von Split auf eine Teerdecke: V.l.n.r: Griebl Franz, Neuschönau; Rosenthaler Karl-Heinz; Seiler Max, Neuschönau; Griebl Anton, Neuschönau; Moosbauer, Guglöd.

Abb. 209: Schneefräse für den forstlichen Winterdienst.

Tests von Geräten für den Waldeinsatz: Neben dem Bau von Forststraßen war der Forst-Maschinenbetrieb als Daueraufgabe damit beschäftigt, neue Geräte und Maschinen für den Einsatz im Wald ausfindig zu machen. Oft waren zusammen mit den Herstellern Verbesserungen anzubringen oder nach eigenen Ideen, Maschinen auch im Eigenbau herzustellen. Die Maschinenbetriebe im Staatforst in Bayern hatten dabei neben ihrer allgemeinen Aufgabe auch bestimmte Schwerpunkte: So wurden im Gebirge Seilanlagen und der Hubschraubereinsatz bei der Holzbringung geprüft. Der Schwesterbetrieb in Bodenwöhr in der Oberpfalz hatte neben der Bodenbearbeitung von Waldböden als Schwerpunkt die Entwicklung von Entrindungsmaschinen. (Abb. 210 – 212)

Abb. 210: Rückeschlepper mit Buchenlangholz.

Abb. 211: Fahrbare Motorseilwinde beim Blöcher-Rücken.

Abb. 212: Eine frühe Entrindungsmaschine im Einsatz um 1970.

Holzrückung: In Spiegelau hat sich der Maschinenbetrieb als Schwerpunkt mit der Holzrückung und der dazu gehörigen Feinerschließung der Bestände beschäftigt. Diese Arbeiten reichten von der Auswahl der Rückemaschinen über die passenden Maschinen mit Spezialausrüstung zum Bau für die Feinerschließung. Aber auch tarifliche Regelungen der Maschinenführerlöhne, wie Rückeleistungsprämien und Leistungsprämien für den Rückewegebau sowie Schulungen in den Forstämtern wurden bearbeitet.

Durch die kurze schneefreie Zeit und die langen Winter am Rachel und Lusen war es schwierig, die teueren Maschinen wirtschaftlich zu nutzen. Dieser Umstand führte dazu, dass der Maschinenbetrieb sein Einsatzgebiet zwangsweise weit über Niederbayern hinaus ausgedehnt hat: Einsätze in der Oberpfalz, in Oberbayern, in der Röhn und jahrelange Winter- und Frühjahrseinsätze im Spessart wurden durchgeführt. Im Jahre 1982 war der Maschinenbetrieb in 34 Forstämtern im Einsatz. Mit den speziell ausgerüsteten Maschinen, waren die Spiegelauer besonders bei Schneebruchkalamitäten im Einsatz. Aber auch am Eixendorfspeicher, in der Frauenauer Trinkwassertalsperre und auch im Bundeswehrübungsgelände Regen. Diese weit entfernten Einsätze brachten viele Probleme für die Maschinenführer und ihre Familien.

Personalstand: Den Unterlagen über den Maschinenbetrieb ist im Jahre 1956 ein **Personalstand** von 14 Beschäftigten zu entnehmen: 2 Mechaniker, 2 Planierraupenfahrer, 4 Kraftfahrer, 1 Beifahrer, 3 Walzenführer, 2 Steinbrechermaschinisten. Im Jahre 1960 waren beim Spiegelauer Maschinenbetrieb folgende 19 Personen beschäftigt. Viele leben unter uns oder sind inzwischen verstorben: **Schwankl Josef, Kalhammer Eduard, Süß Josef, Süß Hubert, Steer Karl, Atzinger Alfons, Gress Rudolf, Jobst Johann, Schreindl Johann, Döringer Josef, Beer Franz, Schreindl Georg, Kaufmann Xaver, Friedl Paul, Friedl Josef, Schreindl Josef, Schuster Johann, Hötzendorfer Josef, Wippich Fritz.**

Ende des Staatl. Forst-Maschinenbetriebs Spiegelau: Der Spiegelauer Maschinenbetrieb war bis 1972 ein forstlicher Nebenbetrieb, danach selbständig. Für den Bay. Obersten Rechnungshof ist ein Betrieb nur so lange zu rechtfertigen, so lange private Unternehmer diese Arbeiten nicht in gleicher Güte erbringen können. Durch diese Vorgaben war den Verantwortlichen bewusst, dass auch der Spiegelauer Maschinenbetrieb einmal aufzulösen sein wird. Am 1.1.1981 wurde der Betrieb als Maschinenstützpunkt dem Forstamt Regen angegliedert. Am 30. November 1983 sollte der Spiegelauer Maschinenbetrieb dann endgültig geschlossen werden.

In der Werkstatthalle in Spiegelau trafen sich am 24. Sept. 1983 alle Mitarbeiter zu einer schlichten Abschiedsfeier und lauschten dem Vortrag von Oberamtsrat Josef Fritsch: „*...Nun das Straßennetz ist im großen und ganzen fertig, die Feinerschließung geht dem Ende entgegen und so sind wir leider gezwungen, unseren Betrieb abzubauen bzw. einzustellen. Die privaten Kapazitäten bei der Holzbringung reichen jetzt aus und es sind leistungsfähige Privatbetriebe in der Lage unsere Routinearbeiten zu übernehmen. Die Betriebsschließung wurde schon vor längerer Zeit beschlossen, die Würfel sind also gefallen und es bleibt uns nichts anderes übrig, als uns bei allen, die mit uns zusammengearbeitet haben und uns in unserer Arbeit laufend unterstützten, zu danken...*".

„Einen besonderen Dank an unsere Maschinenführer, dem Werkstattleiter, den Angehörigen des Büros und dem Personalrat. Wir sind nun in alle Winde zerstreut und werden wohl noch öfter an den Maschinenstützpunkt Spiegelau zurückdenken. Ich bin am Ende meiner Ausführungen und wünsche allen für die Zukunft alles Gute ...". Die Anwesenden werden es gerne gehört haben, dass *„... ein Großteil unserer Maschinenführer...*" von der Nationalparkverwaltung übernommen wird. Auch der Schwesterbetrieb in Bodenwöhr, Oberpfalz, war bereit, Maschinenführer zu übernehmen und einzugliedern.

So gehört nun neben der Spiegelauer Waldbahn auch der Maschinenbetrieb der Vergangenheit an. Nach Fritsch, 1983, 7: *„... hatte (er) sich bereits im Jahre 1923 bei der Waldbahn (als) eine eigene Abteilung entwickelt, die sich überwiegend mit dem Straßenbau beschäftigte ....*" Der Maschinenbetrieb bestand demnach bis 1983 insgesamt 60 Jahre: Genau solange wie die Waldbahn. Bevor man den Maschinenstützpunkt endgültig auflöste, setzte man auf einer ehemaligen Waldbahntrasse nahe dem Waldspielplatz in Spiegelau noch einen Gedenkstein. Er sollte an die Zeit der Trift, die Waldbahn und die Erschließung der Wälder mit Forststraßen hinweisen. Der Spiegelauer Pfarrer **Hubert Gerstl** erinnerte bei seinem kirchlichen Segen, dass der Boden der weiten Wälder vom Schweiß der hier tätig gewesenen Menschen durchtränkt ist. Bei einem gemeinsamen Vaterunser gedachte die Versammlung auch der im Wald tödlich verunglückten Arbeiter (Binder, 1983). In der Gedenk-Tafel lesen wir: 1983: Der staatliche Forst-Maschinenbetrieb Spiegelau, der an der Erschließung der Wälder maßgeblich beteiligt war, stellt seinen Betrieb ein.

20 Literatur

Adler, G. u. a. (Hrsg.): Lexikon der Eisenbahnen; 6. Auflage, Berlin, 1981.

Angerholzer, A. von: „Bau und Betrieb der Waldweisenbahnen"; Wien u. Leipzig, Verlag W. Frick, 1913.

Atzinger, R., Dietz, A., Öllinger, O., Reiner, L., Vogl, E., Seidl, R. Schopf, H.: Wanderungen zu den Feldkreuzen und Marterl in Sankt Oswald, Riedlhütte und Spiegelau, Bayerischer Wald; Verlag Ohetaler, Riedlhütte.

Bauer, Forstmeister: Die Waldbahn Spiegelau, Organisation: Protokoll vom 23. März 1950.

Bayerische Staatsforst-Verwaltung: Forststatist. Jahresberichte; Jahrgänge 1925-1937, 1946-1960; München.

Bayerische Staatsforstverwaltung; Forststatistische Jahresberichte, Jahrgänge 1932-1953, Auszüge. Unterlagen Waldbahn von Josef Goldmann, Spiegelau.

Bayerisches Staatministerium für Ernährung, Landwirtschaft und Forsten: Der Wald. Umweltschutz in Bayern. Eine Information der Bay. Staatsregierung; 2000.

Beck, S.: Kürzungen im Agrar- und Forstbereich; Süddeutsche Zeitung , Nr. 284, S. 40, 10. Dez. 2003.

Benz, Chr. und Hilz, H.: Überarbeiteter Neudruck: Hilz, Max; Das Buch für Zwiesel und Umgegend im bayerischen Wald vom Jahre 1830 bis 1890; Zwiesel, 1890; Verlag Ohetaler, Riedlhütte, 2003.

Binder, E. M.: Der Erschließung des großen Waldes ein Denkmal gesetzt. Maschinenstützpunkt des Staatsforstes aufgelöst. Ende der 150jährigen Pionierarbeit der Holzhauer; Grafenauer Anzeiger, Nr. 226;13. Okt. 1983.

Binder, E. M.: Die Waldbahn: Kommt sie wieder für den Nationalpark?; Der Bayerwald, 80, 48-49, 1988.

Binder, E. M.: Eisenbahn-Romantik soll im Nationalpark wieder kommen: Die Spiegelauer Waldbahn; Schöner Bayerischer Wald, 51, 31-32, 1986.

Binder, E. M.: Wird Zweckverband die Waldbahn reaktivieren?; Grafenauer Anzeiger, 10. Mai 1986.

Blöchl, F: Es war einmal … Die Spiegelauer Waldbahn. Ein alter Forstverwalter aus dem ehemaligen Forstamt Spiegelau erinnert sich; Kulturwald, Urlauberzeitung u. Gmde-Blatt, St. Oswald-Riedlhütte, Nr. 18, 2004, S. 9.

Burschel, P., Huss, J.: Grundriss des Waldbaus. Ein Leitfaden für Studium und Praxis; Parey Studientexte 49; Paul Parey, Hamburg, 1987.

Christopher, A.: Die Feldbahn; Gifhorn, 1989.

Fellmeth, G.: Die mechanische Technik im Walde; Bayerland, 39. Jahrgang, 1928, 693-697.

Fellmeth, G.: Die Spiegelauer Waldbahn; Forstwissensch. Centralblatt, 48. Jahrgang, 544-559, 614-627, 1926.

Fellmeth, G.: Forstamtsgeschichte Spiegelau. Angelegt 1926 von Forstmeister Fellmeth; S. 1-6.

Forstamt Spiegelau: Beschreibung der Loks und offenen Personenwagen; Karteiblatt Nr. 580-608; Unterlagen Waldbahn von Josef Goldmann, Spiegelau. o. Jahrgang.

Forstamt Spiegelau: Frachttarif der Waldbahn pro 1932; Unterlagen Waldbahn von Josef Goldmann, Spiegelau.

Forstamt Spiegelau: Waldbahn Spiegelau. Fahrzeugbeschreibungen: Dampflokomotiven, Motorlokomotiven, Unterlagen Waldbahn von Josef Goldmann, Spiegelau.

Forstamt Spiegelau: Waldbahn Spiegelau; Betriebsgewinn: 1925-1931, S. 1-5, weitere Seiten fehlen; Unterlagen Waldbahn von Josef Goldmann, Spiegelau.

Forstamt Spiegelau; Besitzstand und Organisation, Standort, Bestände, Holznutzung, Jagd, Nebenbetrieb: Maschinenbetrieb, Waldbahn; nach 1961. Unterlagen Waldbahn von Josef Goldmann, Spiegelau.

Forstamt Spiegelau; Die Spiegelauer Waldbahn. Geschäftsbericht für das Betriebsjahr 1932; S. 1-23.

Fritsch, : Das Holztransportproblem im Wandel der Zeit; Vortrag am forstlichen Maschinenstützpunkt, 24. 9.83

Goldmann, J.: Maschinenbetrieb, Übersicht von 1960 über Maschinen mit den Namen von 19 Mitarbeitern.

Goldmann, J.: Maschinenbetrieb, Verzeichnis der Betriebs-Nr. der Maschinen mit polizeil. Kennzeichen, Art der Maschine, Verkauft am; Stand 1. Jan. 1981.

Goldmann, J.: Waldbahn von 1909-1960; Übersicht über die Lokomotiven: Betriebs-Nr., Anschaffungsjahr, Verkaufsjahr, Art der Maschine. 7. April 1983.

Götz, R.: Holztrift, Waldbahn und Forststraßen. Erschließung und Holzbringung in den Staatsforsten des Bayerischen Waldes; Allgemeine Forst Zeitung, nach 1967, S. 431-433.

Handwerkskammer Oberbayern: Lehrvertrag für Innungsmitglieder vom 16. Dez. 1909.

Hellinger, K. H.: Holztrift auf der Ilz. Die Holzbringung vergangener Tage aus dem Gebiete des Unteren Bayerischen Waldes. Diplomarbeit; Fachhochschule Weihenstephan, Fachbereich Forst; 1983.

Heydenreuter, R.: Die Forstorganisation im Königreich Bayern 1808-1908; In: 250 Jahre Bayerische Staatsforst verwaltung. Rückblicke, Einblicke, Ausblicke; hrsg von Bleymüller, H., Gundermann, E., Beck, R.; Mitteilungen aus der Bayerischen Staatsforstverwaltung Heft 51, Bd.1, 37-47, München, 2002.

Hilz, H., Reiner, L., Rauck, M.: Spiegelungen der Geschichte im Schicksal bayerischer Waldglashütten. Hilz-Stammbaum: Die Nachkommen des Glasmeisters Hans Hilz; Verlag Ohetaler, Riedlhütte, 2001.

Hilz, M.: Das Buch für Zwiesel und Umgegend im bayerischen Wald vom Jahre 1830 bis 1890; Max Hilz, Zwiesel. Neudruck, überarbeitet, Chr. Benz und H. Hilz, Verlag Ohetaler, Riedlhütte, Nov. 2003.

Hohn, M.: Waldbahnen in Österreich; 2. Auflage, Wien, 1989.

Kieper, K., Preuß, R., Rehbein, E.: Schmalspurbahn-Archiv, Berlin, 1980.

Klemm, G.: Aus der Wald- und Forstgeschichte des Nationalpark; Allg. Forst Zeitschrift 12, 1978, S. 281ff.

Koenner, M.: Die Spiegelauer Waldbahn; Lok-Report. Informationen zur Triebfahrzeuggeschichte; 1. Mitt. Nr. 2, 1976, S. 4-8; 2. Mitt. Nr. 3, 1976, S. 3-10.

König, E.: Holz-Lexikon. Nachschlagewerk für die holzwirtschaftliche Praxis; Holz-Zentralblatt Verlags-GmbH, Stuttgart, 1962.

Lby (Kürzel): Waldbahn wieder im Kommen; Grafenauer Anzeiger; 31. Mai, 1986.

Leythäuser, L.: Das Forstamt Zwiesel ältester Ordnung; Verhandlungen d. hist. Vereins f. Ndb, 44, 1908.

Leythäuser, L.: Der obere, mittlere und untere Hochwald in der ehemaligen Herrschaft Pernstein; Verhandl. d. histor. Vereins f. Niederbayern, 50, 1914.

Leythäuser, L.: Die goldenen Steige im Unteren Bayerischen Wald (um 1900).

Leythäuser, L.: Die Trift aus dem Bayerischen Walde nach Passau, in Vergangenheit und Gegenwart; Forstwiss. Centralblatt 1906, 414-440.

Leythäuser, L.: Wirtschaftliche und industrielle Rundschau im Gebiete des inneren Bayerischen Waldes; 1906.

Mantel, W.: Waldbewertung. Einführung und Anleitung; BLV, München, 1968.

N. N.: Neuses von der Feldbahn; Kulturwald, Nr. 18, 2004, S.6.

Orenstein & Koppel: Land- und Forstwirtschaftlicher Katalog; Nachdruck, 1. Auflage, Wien, 1982.

Orenstein & Koppel: Lieferlisten von 1906 – 1912; In: Akten des Verkehrsmuseums Dresden.

Peter, N.: Einst Wien mit Brennholz versorgt. Das Forstamt in Mauth ist aufgelöst worden. Gründung am 1. Juli 1885; Grafenauer Anzeiger, 8. Mai 1990.

Plochmann, R.: 150 Jahre Waldbau im Staatswaldgebiet zwischen Osser und Dreisessel; Beihefte zum Forstwiss. Centralblatt, Heft 13, Paul Parey, Hamburg, 1961.

Poschinger, H., von: 350 Jahre Poschinger in Frauenau, Frauenau, 1955.

Reiner, L, u.a.: Die vergessenen Berufe der Glashütten im Bayerischen Wald; Verlag Ohetaler, Riedlhütte, 1995.

Reiner, L., Schober, L.: Fürstliche Bärenjagden im Bayerischen Wald. Bau und Verfall der Jagdhäuser in Reichenberg und Lalling; Verlag Ohetaler, Riedlhütte, 1999.

Reiner, L., Weber, A., Schopf, H.: Auf den Spuren der Goldwäscher im Goldland Bayerischer Wald und Böhmerwald; Verlag Ohetaler, Riedlhütte, 1996.

Sammer, W.: Chronik der Familie Sammer auf dem Anwesen Riedlhütte, Neuhüttenweg 5; Maschinenschrift, 151 Seiten mit Anhang, 1989.

Sammer, W.: Chronik der Familien Schopf-Sammer auf dem Anwesen Riedlhütte Waldweg Nr. 3; Maschinenschrift, 151 Seiten mit Anhang, 1994.

Schimitscheck, E.: Die Bestimmung von Insektenschäden im Walde nach Schadensbild und Schädling; Paul Parey, Hamburg, um 1960.

Schlögl, A.: Bayerische Agrargeschichte. Die Entwicklung der Land- und Forstwirtschaft seit Beginn des 19. Jahrhunderts; Bayerischer Landwirtschaftsverlag, München, 1954.

Schmidt, J.: Die Glasindustrie im Bayerischen Wald. Geschichtliche Fragmente und Gegenwart. In: Wichtiger aber ist der Mensch. Diözesantag des Katholischen Werkvolkes. Hrsg. Werkvolk-Diözesanverband Passau 1969, S. 103-112.

Schneider, C.: Auf dem Holzweg; Süddeutsche Zeitung, Nr. 13, S. 50 17./18. 1., 2004.

Schober, L.: Anschluss an die Welt, Handel und Wandel. Grafenauer Woche, 7. Juli, 1994.

Schober, L.: Die Bahn ist in Grafenau seit fast 100 Jahren daheim. Die Grafenauer Bürger brachten für diese Bahnlinie viele Opfer; Grafenauer Woche, 8. Sept. 1988, S. 5.

Schwartz, E.: Arbeits- und Lebensbedingungen der Waldarbeiter im 19. und zu Beginn des 20. Jahrhunderts in Deutschland; Kuratorium f. Waldarbeit u. Forsttechnik e.V., Groß-Umstadt, 1998.

Seydel, M. v.: Bayerisches Staatsrecht, Verlag J.C.B. Mohr, Tübingen, 1913.

Sliwinski, R.: Die Waldeisenbahn Spiegelau. Der Wandel der Holzbringung im Ilzer –Trift – Komplex; Diplomarbeit; Betreuer Prof. Klotz; Fachhochschule Weihenstephan, Fachbereich Forstwirtschaft, 1991, 152 Seiten.

Staatsarchiv Amberg: Repertorium Oberforst-Direktion (OFD) Regensburg; Akten-Nummern: 8627, 8632, 8664-8670, 10027-10032.

Staatsarchiv Landshut: Repertorium-Nr.: 168/2: Akten-Nr.: 4144, 4145, 4510-4523.

Stadler, R.: Wenn ma z'ruckdenkt; Selbstverlag, um 2004, Waldbahn S. 50.

Steckbauer: Der „Kreiwacka" war das Leibgericht des Holzziehers. Vom Blöcherziehen in früheren Jahren- Was der Buchinger-Jakob erzählt; Grafenauer Anzeiger, Nr. 2, 3. Jan. 1986.

Strobl, R.: Die Geschichte des Waldes und seiner Besiedlung, Manuskript, um 1980.

VDNE: Verband Deutscher Nichtbundeseigener Eisenbahnen e. V.; Niederschrift: 7. Interne Mitgliederversammlung und Arbeitstagung am 12. und 13. Juni 1956, Heidelberg; Köln, 1956.

Verkehrsmuseum Dresden: Akten: Lieferlisten der Firma Orenstein & Koppel von 1906 – 1912.

Wild, H.: Würdigung bedeutender bayerischer Forstleute: Zum Gedenken an Oberforstmeister Gustav Fellmeth, geboren 6. 7. 1878, gestorben 19. 6. 1984; Informationen d. Bay. Staatsforstverwaltung H. 2, 1986.

Wökel, F.: Leitfaden für den Eisenbahnbau, Köln, 1963.

Zehetner, L. : Bairisches Deutsch. Lexikon der deutschen Sprache in Altbayern; Edition Vulpes, Regensburg, 2005.

Zeitler, W.: Die Eisenbahnen im Bayerischen Wald; Grafenau, 1980.

Zeitler, W.: Die Zwieselauer Waldbahn, Der Bayerwald, Nr. 2, 2003, S. 36-40.

Zeitler, W.: Im Herzen des Bayerischen Waldes; Rachel-Lusen-Nationalpark; Morsak, Grafenau, 1975.

Zeitler, W.: L. Moser war der letzte Lokführer der Spiegelauer Waldbahn. Während der Lehre gab es keinen Urlaub. Fahrt von Spiegelau nach Mauth dauerte zwei Stunden; Grafenauer Anzeiger, Nr. 27, um 1985.

Zeitler, W.: Spiegelauer Bahn dampfte bis in 1.000 Meter Höhe; Heimatglocken. Beilage des Grafenauer Anzeigers für heimatliche Belehrung und Unterhaltung, Nr. 14, 1971, S. 1-3.

Zeitler, W.: Vom eisernen Hund zum TEE; Grafenau, um 1975.

21 Fachbegriffe (*Verweis, Q: Quelle)

Baufahrzeuge: Muldenseitenkipper* (Feldbahnloren), Schnabelrundkipper* (Frontkipper), Kastenwagen*.

Bloch, Bloche, Blöcher: Süddeutsche Bezeichnung für Stammabschnitte (Sägeholz) von meist 4-5 m Länge. Andere Gegenden: Block, Blöcke, Klotz.

Faserholz, Schleifholz*: Rohstoff für die Papier*- und Pappenfabrikation* Geeignete Holzarten: Fichte, Tanne, Buche. Aufarbeitung als Schichtnutzholz (Rollen, Prügel) in Längen von 1-2 m.

Festmeter (fm): Entspricht einem Würfel von 1 m Kantenlänge (= 1 Kubikmeter). Wird nur für langes Rundholz verwendet. Bei kurzem Rundholz Raummeter* (rm), in Süddeutschland = Ster.

Fichtenrinde, Fichtengerbrinde, Lohrinde*: Wurde zum Gerben in den Gerbereien verwendet. Die Stämme wurden für diesen Zweck im Sommer geschlagen und sofort entloht. Bestände mit 50-80 Jahren, bei denen die Rinde noch glatt ist, liefern die beste Fichtengerbrinde. 1 Festmeter = 55-65 kg Rinde.

Grubenholz: Oberbegriff für alle im Bergbau unter Tage zum Schacht- und Stollenausbau verwendeten Rundholzsorten.

Holländerbretter: Bretter aus Langnutzholz (18 m lang, 27 cm am dünneren Zopf-Ende). Waren im Main- und Rhein-Floßhandel nach Holland früher bedeutsam (König, 1962, 312).

Holländerholz: Im Main- und Rhein-Floßholzhandel bedeutsames Langnutzholz. 18 m Mindestlänge und 27 cm Mindestzopf.

Holzschwellen: Meist aus Rotbuche für den Eisenbahnoberbau zur Verlegung der Gleise. Früher durch Behauen mit der Axt, dann durch Verwendung von Sägemaschinen.

Kastenwagen: Transport von Steinen aus den Steinbrüchen zum Steinbrecher und dem Schotter vom Steinbrecher zur Baustelle.

Kehre: Kurve, Weiterfahrt in entgegengesetzter Richtung.

Klangholz, Resonanzholz*, Tonholz: Fichten mit besonders gleichmäßigen Jahresringen für den Klavier-, Geigen- usw. Bau.

Kopfmachen: Lok musste am Rangiergleis an den Anfang des Zuges gesetzt werden.

Langnutzholz: 18 m lang, 27 cm am dünneren Zopf-Ende zum Schnitt der Holländerbretter für den Main- und Rhein-Floßhandel nach Holland (König, 1962, 312).

Lohrinde: Wurde zum Gerben in den Gerbereien verwendet. Die Fichtenstämme wurden für diesen Zweck im Sommer geschlagen und sofort entloht. Bestände mit 50-80 Jahren, bei denen die Rinde noch glatt ist, liefern die beste Fichtengerbrinde. 1 Festmeter = 55-65 kg Rinde.

Muldenseitenkipper (**Feldbahnloren**): Transport von Schotter zur Baustelle.

Papier: Wichtiges Verbrauchsgut der zivilisierten Welt. Einziger Rohstoff früher Lumpen. 1843 gelang es F.G. Keller aus Heinichen in Sachsen aus Holzfasern, Holzschliff, Papier herzustellen.

Papierholz: Alte Bezeichnung für Faserholz.

Papierindustrie: Zellstoff- und Papierfabriken, die Zellstoff und Holzschliff für die Papierfabrikation herstellen.

Pappe: Dicke Blätter aus Papiermasse. Ausgangstoff ist Faserholz.

Raummeter (rm): In Süddeutschland = Ster*. Mit Zwischenräumen geschichtet. Verwendet bei kurzem Rundholz. Holzmenge kleiner als beim Festmeter. Umrechnung Raummeter zu Festmeter, Faktor z.B. 0,8: 450 rm ergeben (450 x 0,8) 360 Festmeter.

Resonanzholz: Fichten mit besonders gleichmäßigen Jahresringen für den Klavier-, Geigen- usw. Bau.

Rindennutzung: Auf der Waldbahn wurde Fichtenrinde zu Gerbzwecken transportiert und gelagert.

Ringschluß: Verbindung von zwei Waldbahnstrecken, die dann in einem Ring oder Kreis befahren werden konnten: Beispiel (geplant): Die Föhraustrecke (s. Kapitel 6.12), sollte mit der Hammerwald Strecke (Kapitel 6.21) einen „*Ringschluß*" bilden.

Sapie: Werkzeug der Waldbahnlader; starkes spitzes Eisenteil ähnlich einer einseitigen Spitzhacke mit Stiel zum Wenden und Ziehen von Blöchern* (Baumstämme). Herkunft unsicher ob von italienisch zappa oder oberitalienisch sapin = Hacke zum Jäten. (Q: Zehetner, 289, 379)

Schäleisen, Schepser*: Stiel mit querliegender breiter Schneide zum Entrinden von Holz. Das geschlagene Fichtenlangholz wurde geschält.

Schepser: Stiel mit querliegender breiter Schneide zum Entrinden von Holz. Das geschlagene Fichtenlangholz wurde geschält.

Schleifholz: Rohstoff für die Papier*- und Pappenfabrikation* Geeignete Holzarten: Fichte, Tanne, Buche.

Schnabelrundkipper (Frontkipper): Transport von Schotter zur Baustelle.

Schnittholz: Sammelbegriff für Bretter, Bohlen, Kantholz, Balken, Latten usw. Durch Auftrennen von Rundholz im Sägewerk entstanden.

Schwellen, Holzschwellen*: Meist aus Rotbuche für den Eisenbahnoberbau zur Verlegung der Gleise. Früher durch Behauen mit der Axt, dann durch Verwendung von Sägemaschinen.

Spitzkehre: In höheren Lagen Steigung nicht über 3 %. Kehren* konnten nicht mehr als weite Kurven ausgeführt werden. Änderung der Fahrrichtung war nur noch durch „*Spitzkehren*“ zu erreichen. Beispiele: Schachtenhöhe (Höhe 836 m), 500 m südlich von der Rachel-Diensthütte.

Ster: Raummeter* .

Ziehweg, Ziehbahnen: Auf diesen Wegen wurde von den Holzhauern im Winter mit dem Zugschlitten, in gefahrvoller Fahrt das geschlagene Holz an die Lagerplätze gefahren.

22 Bildnachweis

Abbildungen sind in der Bildunterschrift jeweils durch Hinweise und/oder Kürzel gekennzeichnet. Die Abbildungen ohne Hinweise stammen aus dem Privatarchiv von Josef Goldmann, Spiegelau.

Umchlag-Abbildung vorn: Abb. 169: Von der Verladerpartie Süss Eduard (stehend vor der Lok) ist ein Waldbahnzug mit schweren Buchenblöchern auf 10 Blöcherwagen gerade fertig verladen worden.

Umchlag-Abbildung hinten: Abb. 21: Die Übersichtskarte mit den Grenzen der Forstämter Klingenbrunn, Spiegelau, St. Oswald, Mauth-West und Mauth-Ost zeigt den Stand der Spiegelauer Waldbahn um 1930 (Maßstab 1:50.000)

Es wurden folgende Kürzel verwendet:

BayV = Bayerische Vermessungsverwaltung. (Das Luftbild wurde aus dem „Bayernviewer“ entnommen. Dieser ist im Internet unter www.geodaten.bayern.de aufrufbar.)

Bei = Hermann Beiler, Spiegelau

Fri = Josef Fritsch, Riedlhütte

Rei = Ludwig Reiner, Riedlhütte / Freising

Sli = Richard Sliwinski, München (Die Seitenzahlen beziehen sich auf: Sliwinski, R.: Die Waldeisenbahn Spiegelau. Der Wandel der Holzbringung im Ilzer –Trift – Komplex; Diplomarbeit; Betreuer Prof. Klotz; Fachhochschule Weihenstephan, Fachbereich Forstwirtschaft, 1991)

Ein Teil der Fotos wurden in der Waldbahn-Ausstellung in der Tourist-Information Spiegelau aufgenommen.

23 Stichwortverzeichnis

24 Über die Autoren

Ludwig Reiner

Geboren am 29. Januar 1937 in Riedlhütte, LK Freyung-Grafenau; verheiratet, 2 Söhne; lebt in Freising und Riedlhütte.

Schulbildung: Volksschule Riedlhütte (1943-1951); landwirtschaftliche praktische Ausbildung (1952-1955); Ausbildung zum Saatzuchttechniker in Weihenstephan (1955-1957); Besuch der Höheren Landbauschule in Bad Kreuznach (1957); Hochschulreife über den 2. Bildungsweg in Baden-Württemberg (1958, in Bayern gab es damals diese Einrichtung noch nicht); Studium der Agrarwissenschaften an den Hochschulen Stuttgart-Hohenheim und Technische Universität München in Freising-Weihenstephan (1959-1962); Promotion zum Doktor der Agrarwissenschaften (Dr. agr.) am Institut für Pflanzenbau in Freising-Weihenstephan über die Brauwertermittlung in der Braugerstenzüchtung (1962-1965).

Berufliche Tätigkeit: Assistentenjahre an den Universitäten Bonn und Weihenstephan (1965-1972); Habilitationsschrift zum Nachweis der Lehrbefähigung (1975); Von 1978 bis zum Ruhestand 2002, Professor an der Fakultät für Landwirtschaft der Technischen Universität München in Freising-Weihenstephan als Leiter der Lehreinheit Ackerbau und Informatik im Pflanzenbau. Während dieser Zeit entstanden 8 Fachbücher, die Buchreihe „*Agrarinformatik*" mit 25 Bänden. Neben den Vorlesungen wurden Projekte der Entwicklungshilfe in vielen afrikanischen Ländern und Brasilien bearbeitet. Insgesamt wurden 40 Doktoranden zum Doktor der Agrarwissenschaften geführt und 2 junge Nachwuchswissenschaftler habilitiert. 1986 entstand als Neugründung aus dem Institut die Firma Agrolab (Oberhummel bei Langenbach): Heute ein erfolgreiches Laborunternehmen mit 350 Mitarbeitern an 7 Standorten in Deutschland, Österreich, Holland und Marktführer in der Umweltanalytik.

Bücher: Im Verlag Ohetaler, Riedlhütte, sind bisher erschienen: 1994: „Die vergessenen Berufe der Glashütten im Bayerischen Wald". 1996: „Auf den Spuren der Goldwäscher im Goldland Bayerischer Wald und Böhmerwald". 1999: „Fürstliche Bärenjagd im Bayerischen Wald. Bau und Verfall der herzoglichen Jägerhäuser in Reichenberg und Lalling" (zusammen mit Dr. L. Schober). 2001: „Hilz Stammbaum. Die Nachkommen des Glasmeisters Hans Hilz, 1466" (zusammen mit Dr. M. Rauck) in: „Spiegelungen der Geschichte im Schicksal bayerischer Waldglashütten" von H. Hilz. 2004: Arbeitswelt der Waldglashütten. Über 280 Berufe und ‚Hantierungen', Werkzeuge, Hüttensprache, Gesundheit". (zusammen mit Willi Steger, Hans Schopf). 2005: „Die Schwankl. 600 Jahre Familiengeschichte vom Bayerischen Wald bis USA". (zusammen mit Ingo ter Meulen, Lilian Ernst, Johann Schwankl, Janis Grittner Johnson).

Anschrift:
Prof. Dr. Ludwig Reiner, Eschenweg 4, 85354 Freising; Tel. 08161 13270; Fax: 08161 534748; e-Mail: Lreiner@weihenstephan.de, Riedlhütte: Tel. 08553 2360

Hermann Beiler

Geboren 1948 in München. Gelernter Kaufmann und Pädagoge (Studium in München und Kassel). Seit über 25 Jahren selbständig. Beratungs- und Fortbildungstätigkeit für Wirtschaftsunternehmen. Lehrbeauftragter und Dozent an verschiedenen Hochschulen. Seit 1990 in Spiegelau.

Autor u.a. von „Kleine Spiegelauer Geschichte", Grafenau, 1998 (vergriffen), „Mit Gott - Geistliche Heimat im Bayerischen Wald", Grafenau, 2001 (vergriffen), „Grob Glaswerck und gemeine Waldgläser", Spiegelau, 2003, ISBN-Nr. 3-937067-00-0.

Anschrift:
Neuhütter Str. 6, 94518 Spiegelau, eMail: email@beiler-spiegelau.de

Richard Leo Sliwinski

Geboren am 21.05.1957 in Darmstadt (Hessen); verheiratet und lebt in München.

Schulbildung: Carlo-Mierendorff-Volksschule in Griesheim b. Darmstadt (1964-1967); Ludwig-Georgs-Gymnasium in Darmstadt (1967-1977); Studium der Vor-und Frühgeschichte an der Johann-Wolfgang-Goethe-Universität (1979-1983) in Frankfurt/Main; Studium der Forstwirtschaft an der Fachhochschule Freising-Weihenstephan (1984-1989); Diplomarbeit 1990/91: Sliwinski, R.: Die Waldeisenbahn Spiegelau. Der Wandel der Holzbringung im Ilzer –Trift – Komplex; Diplomarbeit; Betreuer Prof. Klotz; Fachhochschule Weihenstephan, Fachbereich Forstwirtschaft, 1991,

Berufliche Tätigkeit: Beamter des gehobenen technischen Forstdienstes der Bayerischen Staatsforstverwaltung (seit 1991); z.Zt. Mitarbeiter für Logistik und Forsttechnik an der Bayerischen Landesanstalt für Wald und Forstwirtschaft (LWF) in Freising-Weihenstephan.

e-mail: sliw@lwf.uni-muenchen.de

Josef Fritsch

Revierleiter am Forstamt Spiegelau vom 1.12.52 bis 1.2.1972 für das Gebiet Rachel / Rachelsee.

Leiter des selbständigen staatlichen Forst-Maschinenbetriebes Spiegelau (unterstellt der Oberforstdirektion Regensburg) vom 1.2.1972 bis 1.1.1981. Bis 1983 war dann der ehemalige staatliche Forst-Maschinenbetrieb Spiegelau als Maschinenstützpunkt dem Forstamt Regen unterstellt.

Beamter im Leitungsdienst am Forstamt Regen vom 1.1.1981 bis zur Pensionierung am 1.3.1990

Wohnort: Riedlhütte

Josef Goldmann

Geboren am 24.4.1925 in Reichenberg, LK Freyung-Grafenau.
Verheiratet, 2 Söhne, seit 1950 in Spiegelau.

Schulbildung: Volksschule Riedlhütte 1931 – 1938, Berufsschule München 1941 – 1943.

Berufliche Tätigkeit: Reichsarbeitsdienst und Wehrmacht von 1941 – 1946. Gebirgsdivision, Aufklärungsabteilung. Fünf mal verwundet und 1946 90% kriegsbeschädigt aus der Wehrmacht entlassen.

1947 – 1948 als Angestellter beim Forstamt Spiegelau, 1958 – 1959 Verwaltungstätigkeit an der Waldarbeiterfachschule Goldberg beim Forstamt Kelheim.

1960 – 1972 Verwaltungstätigkeit, Arbeitsüberwachung und Organisation beim Forstamt Spiegelau bei der Waldbahn bis zu deren Auflösung und beim Maschinenbetrieb. Diverse Fort- und Weiterbildungslehrgänge mit Abschluss an der Forstschule Lohr.

1972 bis zur Auflösung 1983 als Büroleiter beim staatlichen Forst-Maschinenbetrieb Spiegelau, (ab 1981 Maschinenstützpunkt Spiegelau).

1983 – 1985 Tätigkeit bei der Nationalparkverwaltung in Grafenau.
Seit 1985 im Ruhestand.

Thomas Klotz

Professor an der Fachhochschule Weihenstephan, Fachbereich Forstwirtschaft, betreute die Diplomarbeit von Richrad L. Sliwinski.

Wenzl Sammer

Geboren am 26. Sept. 1919 in Riedlhütte, verheiratet seit 1956.

Volksschule Riedlhütte von 1925 – 1931, Humanistisches Gymnasium in Passau von 1931 – 1939, Abitur 1939.

Arbeitsdienst, Wehrmacht, Kriegseinsatz von 1939 – 1944, Sowjetrussische Kriegsgefangenschaft von 1944 bis 1950.

Studium der Wirtschaftspädagogik in Frankfurt/Main, Examen-Abschluss als Diplom-Handelslehrer 1950 – 1953.

Schuldienst Städt. Kaufmannsschule Würzburg von 1954 – 1981, ab 1964 Oberstudiendirektor.

Wohnort: 97276 Margetshöchsheim, Zellerstr. 7

Bücher aus dem Ohetaler-Verlag: